블랙벨트 리더십

|김덕수|

박영사

저자 서문

　젊은 학생들에게 리더십을 전파할 생각에서 『게임의 지배법칙으로 자기경영을 하라!』2007는 책을 출간한 지도 어언 10여 년의 세월이 흘렀다. 2009년 공주대의 교양과정에서 〈파워리더십〉 과목을 개설하면서 1차적인 내용보완을 통해서 개정판을 출간한 바 있다. 그때 책 이름도 『파워 리더십』으로 바꿨다. 또 2012년에는 와이북스의 이승주 사장을 만나면서 색다른 체험을 하게 되었다. 즉 20여 개 기업들의 광고협찬을 받아서 올all 컬러판 책을 3차 개정판으로 출간한 후, 전국의 여러 대학에서 공부하는 학생들에게 무료로 나눠주는 이벤트를 진행했다. 나는 지금도 내 책의 내용이 좋았기 때문에 20여 개의 기업들이 3년 동안 책 제작비용을 전액 지원해 주었다고 생각한다. 하지만 경기침체의 여파 탓인지, 기업들의 광고협찬이 예전처럼 이루어지지 못해 2016년 1학기부터는 학생들에게 책을 무료로 나눠주지를 못했다. 따라서 2016년 한 해는 학생들에게 책 내용을 파일로 정리해서 공짜로 제공해 주어야만 했다.

　2007년에 초판이 나온 이후로 2012년까지 2차례 개정판을 출간했음에도 불구하고 나의 역부족 때문에 리더십 이론의 최근 동향을 충실히 반영하지 못했다. 책에서 사례로 들었던 인물이나 시대 상황도 진부한 것들이 많아서 뭔가 변화를 꾀할 필요성이 크게 느껴졌다. 그래서 이번에 제4차 개정판을 내기로 결심하고 약 5개월 동안 대대적인 개정작업을 벌여왔다. 처음에는 책 내용의 전면 수정을 각오하고 개정작업에 돌입했지만, 막상 작업을 하다보니 버리기에는 너무나도 애착이 가는 내용들이 꽤 있었다. 따라서 그런 부분은 살리되 과감한 손질을 가했고, 나머지 부분에 대해서는 전면적인 내용교체를 단행했다. 이번의 성형수술이 젊은 학생들과 독자들로부터 성공적인 수술이었다고 평가를 받았으면 좋겠다.

이번 책에서 확 달라진 것들!

　우선 『파워리더십』이라는 책 이름을 『블랙벨트 리더십』으로 바꾸고 1개의 부제, 즉 '내면에 잠재된 리더의 유전인자를 캐내라!'를 가미시켰다. 일반적으로 세상 사람들은 검은색을 좋아하지 않는다. 그것이 '죽음'을 연상시킨다고 생각하기 때문이다. 하지만 나는 그것 또한 편견이라고 생각한다. 유도, 태권도, 주짓수의 유단자들이 허리에 두르는 띠는 하나같이 검은색이다. 이때의 검은색은 무술의 경지가 고수에 이르렀음을 상징하는 색깔이다. 또 내가 명예조종사로 있는 대한민국 공군 특수비행팀 블랙이글스의 상징도 검은색이다. 이때의 블랙이글스blackeagles는 대머리 독수리가 아니라 머리숱이 짙은 갈색인 검독수리를 의미한다. 바로 그 블랙이글스가 2012년 세계에서 가장 권위있는 영국의 와딩턴 국제 에어쇼Waddington International Airshow와 리아트 국제 에어쇼RIAT International Airshow에서 최우수상과 인기상을 거머쥠으로써 우리 공군 특수비행팀의 에어쇼 수준이 세계 최고임을 입증한 바 있다. 내가 책 이름을 『블랙벨트 리더십』으로 바꾼 이유도 이 책을 읽은 학생들과 독자들이 모두 리더십의 유단자가 되고 블랙이글스처럼 세계적인 리더로 변신하기를 바라는 마음에서다.

제13장에 여성 리더십을 추가시킨 것도 이전의 책과 확실히 다른 측면이다. 한국 사회는 최순실이라는 천박한 여성의 국정농단으로 미증유의 위기상황을 경험해야만 했다. 온 국민의 관심과 축복 속에 헌정사상 최초의 여성 국가지도자가 된 박근혜 대통령은 성난 민주시민들로부터 하야 요구를 받았을 만큼 대통령 리더십에 커다란 타격을 입었다. 그것은 대통령 자신이 추악한 비선 실세들에 둘러싸인 채, 시대정신과 국민들이 원하는 것을 제대로 읽지 못하고 불통과 오만의 3류 정치를 했기 때문이다. 이제 우리 역사에서 박 대통령과 같은 시대착오적인 여성 리더가 더 이상 나오지 않기를 바라는 심정으로 여성 리더십을 새롭게 집필했다. 학생들과 독자들이 여성 리더십의 본질과 성공조건을 쉽게 이해하고 자신의 실생활에 접목해 볼 수 있기를 기대한다.

또한 각 장의 시작과 끝부분에는 해당 장에서 언급할 리더십의 내용과 잘 부합되는 '읽을거리'를 제시했다. 전체의 글 가운데 97% 이상은 내가 직접 쓴 글이고 나머지 3% 정도의 글은 타인의 글을 인용하면서 부분적으로 각색한 것이다. 또 제3차 개정판의 내용 가운데 재미없는 칼럼들은 교체했고 약 40% 정도의 칼럼은 『블랙벨트 리더십』의 출간을 위해 내가 다시 쓴 것이다. 특히 이번에 새로 도입한 '리더십에 대한 신의 한수'는 독자들에게 색다른 시각과 책 읽는 묘미를 선사해 줄 것으로 확신한다. 또 총 40여 개의 칼럼은 리더십의 진수를 이해하는데 도움을 주는 것은 물론 지적 교양수준까지 높여줄 것으로 믿어 의심치 않는다.

이번 책에서는 제3차 개정판에서 사용했던 사진들도 거의 대부분 교체했다. 진부한데다 일부 사진은 내용이나 의미전달에 도움이 되지 않는다는 판단이 들었기 때문이다. 이번 책에서 사용된 사진들 가운데 내 소유가 아닌 것에 대해서는 일일이 출처를 밝혔다. 사진 원본과 소유주가 밝혀진 것에 대해서는 소정의 과정을 밟아서 사전 승인을 구하거나 사용료를 지불했다. 또 각 장의 말미에는 요약, 객관식 및 단답식 시험문제를 게재해 놓았다. 제3차 개정판의 내용을 수용하면서 좀 더 세련된 시험문제로 교체해 놓았음을 밝힌다. 각 대학에서 리더십을 교양과정으로 수강하는 학생들은 이런 객관식과 단답식 시험문제를 풀어보며 공부를 하면 성적관리는 물론 학습의 효율성 제고에도 큰 도움이 될 것이다. 하지만 일반 독자들은 그런 문제들은 그냥 무시하고 책을 읽어주어도 무방하다.

그동안 도움을 주신 모든 분들께 감사드린다!

내가 '리더'라는 단어에 묘한 매력을 느끼고 그들을 찾아 나선 지 올해로 꼭 22년의 세월이 흘렀다. 1995년 10월부터 본격적으로 충무공 이순신 장군을 공부했던 것이 계기였다. 또 충무공의 5대 조상인 이변 어른이 세종 때의 명신이자 훈민정음 창제에 깊이 연관되어 있음을 깨닫고 세종대왕에 대한 공부도 나름대로 열심히 해오고 있다. 그런 의미에서 이 책은 조선의 대표브랜드라 할 수 있는 세종대왕과 충무공 이순신 장군의 리더십을 프로토타입으로 해서 집필된 책이라고 해도 과언이 아니다.

그동안 내가 리더십 책을 집필하고 학생들을 가르치거나 외부강연을 하는 과정에서 크고 작은 도움을 주신 분들이 너무나도 많았다. 또 책 제작비용을 후원해 줌으로써 학생들에게 무료로 책을 나눠줄 수 있도록 도와준 기업이나 단체도 무척 많았다. 특히 이건희 삼성그룹 회장님, 구본무 LG 그룹 회장님, 윤석금 웅진그룹 회장님을 비롯한 대기업 CEO님들, 이형집 대성 인더스트리 회장님, 박병엽 팬택㈜ 부회장님을 비롯한 중견기업 CEO님들께 감사드린다. 또 내가 공군 애호활동을 하는 과정에서 늘 큰 관심과 격려를 아끼지 않으셨던 김두만, 이억수, 성일환, 최차규, 정경두 공군참모총장님과 최영훈 공군역사기록관리단장님을 비롯한 여러 공군인들께도 마음의 빚이 남아있다. 내가 리더십 연구자로서 『블랙벨트 리더십』이란 책 이름에 걸맞게 리더십의 고수인 분들을 많이 만날 수 있었던 것은 무척 영광스럽고 행복한 일이었다. 그런 만큼 앞으로 나도 그런 리더들에 버금가는 존재가 되기 위해 끊임없이 노력할 것을 약속드린다.

끝으로 나는 불완전한 사람이다. 지금까지 나름대로 완벽한 책 출간을 위해 최선을 다했지만 여전히 많은 문제점과 미숙한 부분이 남아 있을지도 모른다. 그 부분에 대해서는 불치하문不恥下問과 부진즉퇴不進則退의 자세로 성실히 연구하면서 수정 및 보완작업을 계속해 나갈 것임을 약속드린다. '역사는 인간의 끝없는 진화 욕구로 인해 발전한다'는 것을 믿고 있기 때문에 리더십 연구는 앞으로도 계속해 나갈 것이다. 사랑하는 학생들과 독자 여러분의 따뜻한 가르침과 질정叱正을 부탁드린다.

2017년 3월 5일
김 덕 수

차 례

CHAPTER 01

무엇이 리더십인가? 또 그것을 배워야 하는 이유는 뭘까?

CHAPTER 02

지식정보화 사회를 선도할 리더십의 절대 덕목에 대해 학습하라!

CHAPTER 03

리더는 비전을 팔면서 미션을 수행하는 사람이다!

CHAPTER 04

리더십의 핵심은 인재관리에 있다!

CHAPTER 05
커뮤니케이션을 잘해야 진짜 리더다!

CHAPTER 06
전략적 사고를 잘하는 사람이 1등 리더다!

BLACK BELT LEADERSHIP

CHAPTER 13
우먼파워가 세상을 바꾼다!

CHAPTER 14
21세기를 선도할 한국적 리더십을 새롭게 정립하자!

CHAPTER 01

무엇이 리더십인가?
또 그것을 배워야 하는
이유는 뭘까?

영국 에어쇼에서 세계를 제패한 우리 공군의 특수비행팀 블랙이글스
(출처: 공군본부)

리더십을 제대로 배워야 하는 이유

세상을 살면서 글이 말보다 더 호소력이 짙은 경우를 종종 경험하게 된다. 2012년 8월 30일 조선일보 오피니언란에 실린 내 칼럼인 '떠난 자리도 깨끗한 어느 공군조종사의 일기'가 그 대표적인 경우다. 그 내용이 게재된 후, 나는 3일 동안 백여 통의 전화를 받았던 기억이 있다. 청와대의 대통령비서관으로부터 이름 모를 독자에 이르기까지. 내 생애 동안 한꺼번에 그렇게 많은 격려전화를 받은 적이 없다. 그 전문을 소개하면 아래와 같다.

인간은 누구나 죽는다.

그러나 관 뚜껑을 덮을 때 나는 청탁淸濁의 소리는 제각기 다르다.

최근 개봉한 전투조종사들의 애환을 담은 영화 '알투비'R2B를 보고 한 공군애호단체 모임에서 들었던 어느 순직 조종사의 이야기가 떠올랐다. 그 주인공은 2010년 3월 2일 신참 조종사의 비행훈련을 돕기 위해 F-5/F 전투기에 동승했다가 추락사고로 순직한 고故 오충현 공군 대령이다. 그는 공사38기를 수석 졸업한 인재였고 유도도 잘했다.

또 축의금 봉투에는 항상 '대한민국 공군 중령 오충현'이라고 썼을 만큼 공군에 대한 자부심이 강했고, 비행시간도 2,792시간이나 되는 베테랑 조종사였다. 그는 공군 역사에 비행훈련 중 순직한 첫 번째 비행대대장으로 기록되었을 만큼 솔선수범과 책임정신이 투철했던 지휘관이었다.

무엇보다 나를 숙연하게 만든 것은 그의 일기장이다. 인간은 의식이 언어를 주관하고, 언어가 행동을 지배한다. 내가 오 대령의 일기에 주목했던 것도 그 때문이다. 그는 1992년 12월 한 동료의 장례식장을 다녀오면서 마치 18년 후에 있을 자신의 유언처럼 일기를 썼다.

'내가 죽으면 우리 가족은 내 죽음을 자랑스럽게 생각하고 담담하고 절제된 행동을 했으면 좋겠다. 장례는 부대장으로 치르되, 요구 사항과 절차는 간소했으면 한다. 또 장례 후 부대장과 소속 대대에 감사 인사를 드리고, 돈 문제와 조종사의 죽음을 결부시킴으로써 대의를 그르치는 일은 일절 없어야 한다. 조국이 부대장을 치러주는 것은 조종사인 나를 조국의 아들로 생각하기 때문이다. 그러니 가족의 슬픔만 생각하지 말고, 나 때문에 조국의 재산이 낭비되고 공군의 사

• 출격을 위해 F-5/E 전투기에
오르는 故 오충현 대령 •

기가 실추되었음을 깊이 사과해야 한다. 군인은 오로지 '충성'만을 생각해야 한다. 비록 세상이 변하고 타락한다 해도 군인은 조국을 위해 언제 어디서든 기꺼이 희생할 수 있어야 한다. 그것이 대한민국 전투조종사의 운명이다.'

그의 일기를 읽으면서 '난중일기'를 쓰며 해전 승리에 골몰했던 이순신 장군을 떠올려 보았다. 故 오충현 공군 대령! 그는 '독수리는 떠난 자리도 깨끗하다'는 전설을 남겼다. 이기주의와 보신주의가 판치고 권도權道가 상경常經을 밀어내는 혼탁한 세상에 참 군인정신을 우리 가슴에 각인시키고 홀연히 먼 길을 떠난 그의 순수한 조국애와 숭고한 희생에 깊은 애도와 존경을 표한다. 지금 이 순간에도 한쪽 발은 이 세상에, 나머지 한쪽 발은 관棺 속에 넣고 애기愛機에 올라 우리나라 영공 수호에 전념하는 전투조종사들의 안전한 '리턴 투 베이스'R2B를 기도한다.

이 작은 칼럼이 어느 누구도 예상하지 못한 사회적 반향을 불러일으키자 조선일보는 이틀 동안 '사설'과 별도의 지면을 할애해서 오 대령의 삶과 군인정신을 조명해 주었다. 또 이명박 대통령은 2012년 10월 1일 국군의 날 기념행사장에서 오 대령의 이름을 직접 언급하면서 "나도 그의 일기를 읽고 눈물을 흘렸다"고 고백했다. 당시 서울대학교 오연천 총장도 2012년 10월 6일, 오 대령의 유족을 서울대로 초청해서 학생 대표들과 함께 오 대령의 나라사랑 정신을 되새기는 자리를 가졌다. 조선일보 유용원 논설위원은 2012년 11월 16일자 칼럼을 통해 "오 대령을 교과서에 싣자"고 주장했다. 공군에서도 이에 상응하는 조치가 이루어졌다. 공군사관학교 총동창회는 2013년 6월 26일 오 대령에게 '자랑스런 공사인空士人상'을 수여했고, 성일환 공군참모총장은 그의 일기 내용을 돌비석에 담아 공군사관학교 교정에 세워주며 후배 생도들의 귀감이 되도록 했다.

리더십!

사람들은 그 용어를 자신과는 무관한 개념으로 치부한다. 즉 리더십은 대통령이나 재벌 회장처럼 크게 성공한 극소수 사람들에게만 해당되는 얘기라고 간주한다. 하지만 리더십은 그런 게 아니다. 대통령은 국가의 리더, CEO는 기업의 리더, 가정의 리더는 아버지와 어머니다. 또 학생들의 리더는 학생 대표이고, 오 대령과 같은 공군의 전투비행대대장은 약 ○○대의 전투기와 그것을 운용하는 ○○명의 전투조종사들을 지휘 관리하는 리더다. 따라서 이 시대를 살아가는 사람들은 누구나 한 조직의 리더가 될 수밖에 없다. 다만, 그 조직이 크냐, 작으냐의 문제만 있을 따름이다. 따라서 우리는 리더십의 의미와 실천방안에 대해 철저하게 학습할 필요가 있다. 그래야만 조직구성원들과 함께 즐겁고 의미 있는 삶을 영위해 나갈 수 있기 때문이다.

오 대령은 공군에서 중견급 간부에 해당되는 직책을 맡고 있었다. 또 그는 극빈층 가정에서 어린 시절을 보냈고 피나는 노력을 통해 공사를 1등으로 졸업하고 전투조종사로서 복무했다. 세칭 흙수저 출신으로서 자신의 꿈을 멋지게 이뤄냈던 것이다. 그는 죽는 순간까지 현실에 대해 비관하거나 자포자기自暴自棄하는 삶을 살지 않았다. 오히려 자신의 삶에 대한 뜨거운 열정과 미래비전을 가슴에 안고 무소의 뿔처럼 묵묵히 앞만 보고 내달렸던 인물이었다. 또 솔선수범을 생활화하면서 늘 개인보다 국가와 국민을 먼저 생각하고 걱정했던 참군인으로서 빛나는 리더십을 발휘했기에 많은 국민들에게 뜨거운 감동을 선사할 수 있었던 것이다. 우리도 오 대령처럼 보이지 않는 곳에서 제대로 된 리더십을 발휘할 수 있다면 주변 사람들로부터 많은 사랑과 존경을 받게 될 것이다. 바로 그것이 우리가 리더십을 공부해야 하는 이유인 동시에 목적인 것이다.

• 오충현 대령이 남기고 떠난 일기장 •

리더십에 대한 정의부터 정확하게 알아보자!

리더십은 추종자, 책임, 경영성과, 인센티브, 시대정신 측면에서 설명할 수 있다.

추종자 follower

리더십은 리더를 따르는 추종자들이 많을 때, 그 진가를 발휘할 수 있다. 비록 출중한 리더라고 해도 추종자가 없다면, 그는 제대로 된 리더십을 발휘하기 어렵다.

책임 Responsibility

리더십은 단순한 권한, 지위, 계급, 특권을 의미하지 않는다. 오히려 '리더십은 책임이다.'라는 말이 더 큰 의미를 갖는다. 리더는 의사결정의 최종 주체인 동시에 자신이 내린 결정이나 선택에 대해 무한책임을 져야 하는 고독한 사람이다. 또 공론公論[1]을 도출하고 그것에 입각해서 조직을 리드해야 하는 것도 리더의 덕목이다.

경영성과 Management Performance

리더십은 최종적으로 경영성과에 의해 판가름이 날 수밖에 없다. 따라서 경영성과가 부실한 사람은 유능한 리더로서 인정받지 못하고 퇴출을 강요받을 수밖에 없다.

인센티브 Incentive

리더십은 추종자들에게 꿈과 비전, 조직이 달성해야 할 미래 목표를 제시하고 그들이 목표 달성을 위해 최선을 다하도록 다양한 인센티브를 제공할 수 있는 능력을 갖고 있어야 한다.

---

1 공론이란 개인의 이해관계를 떠나 오로지 조직의 발전만을 생각하며 내린 의견을 지칭한다. 사람들은 공론을 다수결로 결정된 의견으로 이해하지만 이는 잘못된 생각이다. 율곡 이이는 『동호문답』에서 "공론이 없으면 나라가 어지럽게 된다"고 일갈한 바 있다. 지극히 옳은 말씀이다.

시대정신 a Spirit of the Age

리더는 그 시대가 필요로 하는 정신에 부합해야 한다. 지식정보화 사회의 리더는 산업화 사회의 리더와 다를 수밖에 없다. '새 술은 새 부대에!'라는 말이 있듯이 성공적인 리더가 되기 위해서는 그 시대에 적합한 리더십 이론으로 무장해야 한다.

1.3

리더십에 대한 오해와 편견을 바로잡자!

많은 사람들이 리더십에 대해 잘못 이해하고 있는 사항을 정리하면 다음과 같다.

오류 1 리더는 태어날 때부터 결정된다!

그렇지 않다. 리더는 태어날 때부터 결정되는 게 아니다. 오히려 개인의 후천적인 노력에 의해 훌륭한 리더가 되는 경우가 훨씬 더 많다. 토마스 A. 에디슨Thomas A. Edison의 말처럼 리더는 1%의 선천적인 능력과 99%의 후천적인 노력에 의해서 이루어진다.

오류 2 리더의 전제조건은 카리스마다!

그렇지 않다. 물론 카리스마가 리더십에 미치는 영향은 무시할 수 없다. 하지만 그것이 전부는 아니다. 지식정보화 사회에서는 추종자들과 격의 없이 소통하고 견고한 휴먼 네트워크를 구축할 수 있는 사람이 더 훌륭한 리더로 발돋움할 수 있다. 타인에 대한 헌신과 봉사를 강조하는 서번트servant리더십이 중시되는 것도 그 때문이다.

오류 3 리더십은 조직의 최고위층 인사만이 갖고 있는 능력이다!

그렇지 않다. 리더는 조직의 최고위직 인사만을 지칭하지 않는다. 리더는 말단 직원부터 중간관리자, 그리고 최고층 직위에 이르기까지 다양하다. 계장은 계원들의 리더, 과장은 과원들의 리더, 팀장은 팀원들의 리더, CEO는 그 기업 전체의 리더일 뿐이다.

오류 4 리더십은 모두 상식적인 얘기에 속한다!

그렇지 않다. 모든 지식이 상식과 일맥상통한다는 점에서는 리더십도 상식에 속한다고 볼 수 있다. 하지만 리더십은 전문지식과 심오한 이론으로 구성되어 있다. 따라서 리더의 위치에 있거나 미래의 리더를 꿈꾸는 사람들은 리더십에 대한 전문지식과 다양한 사례들을 습득하기 위해 부단한 학습과 노력을 기울여야 한다.

리더십이 절실하게 요구되는 이유는 뭘까?

리더는 비행기 조종사나 배의 선장과 같은 존재다. 'Leadership'에 '선박'를 의미하는 'Ship'이 들어가 있는 것도 우연의 일치는 아닐 것이다. 승객을 가득 태운 비행기나 선박이 난기류와 폭풍우 속을 안전하게 통과하기 위해서는 무엇보다도 그것의 운항을 책임진 조종사와 선장의 리더십이 절대적으로 필요하다. 만약 조종간을 잡은 조종사나 키Key를 잡은 선장이 함량미달자라면, 그 비행기나 선박에 탄 승객들의 운명은 어떻게 될까? 아마도 그들의 운명은 비극적일 가능성이 높다.

오래 전, 독일의 사회학자 울리히 벡Ulich Beck은 자신의 책 『위험사회』에서 현대사회를 위험사회라고 진단했다. 사실 현대사회가 직면한 위기는 인과관계의 복잡성과 특정 지역에서 발생한 위험이 전 세계로 빠르게 확산되는 것과 밀접하게 연관되어 있다. 일례로 사람들의 건강을 위협하는 산업공해나 중금속오염은 직접적인 원인 제공자가 누구인지 밝혀내기가 쉽지 않다. 그로 인한 피해 역시 서서히 나타나기에 인과관계를 발견하기도 어렵다. 또 특정 지역에서 발생한 급성호흡기증후군SARS이나 지카ZIKA바이러스 등이 전 세계로 퍼져나가는 것도 예전에 보지 못했던 새로운 현상이다. 게다가 이해하기 힘든 괴물집단 IS의 등장, 영유권과 에너지 자원을 둘러싼 국제영토분쟁, 북한 핵과 미사일, 경주의 지진과 같은 자연재해 등도 새로운 위험요소로 우리의 삶을 위협하고 있다.

• 북한의 장거리 미사일 발사 모습 (출처: 미주 한국일보)

기업 경영도 마찬가지다. 안정적인 기업 경영을 위협하는 위험요소는 언제나 상존하며 그 종류 또한 매우 다양하다. 따라서 지식정보화 시대에서는 리더의 사소한 판단착오나 경영상의 작은 실수가 기업에 치명적인 문제를 불러일으킬 수 있다. 이런 문제를 미연에 방지하기 위해서는 기업 내부에 실패 학습 프로그램과 실패 예측 시스템을 구축한 후, 그것을 효율적으로 작동시켜야 한다. CEO는 기업 경영을 둘러싼 다종다양한 위험요인을 정확하게 직시하고 그것을 조기에 해결함으로써 조직구성원들의 지속적인 발전을 도모해 나갈 책임이 있다. 이런 제반 문제를 슬기롭게 해결하기 위한 첩경은 제대로 된 리더십의 발휘에 달려 있다. 우리가 리더들의 리더십 함양을 강조하는 것도 그 때문이다.

리더의 4가지 역할에 대해서 숙지하자!

리더의 역할은 크게 미래와 현재, 외부와 내부 등 4영역으로 나눠 살펴볼 수 있다. 우선 미래와 외부로 특징 시어지는 제1상한의 (Ⅰ)영역에서 리더는 외부세계에 조직을 대표하며 조직의 미래 비전을 설계하는 목표설정자의 역할을 수행해야 한다. 즉 리더는 조직이 추구해야 할 미래 비전과 향후 조직이 달성해야 할 구체적인 목표가 무엇인지를 정확하게 설정해야 한다.

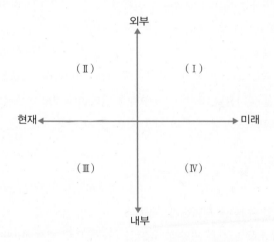

제2상한인 (Ⅱ)영역에서 리더는 외부세계에 대해 조직을 대표하면서 조직이 직면한 각종 대외 현안문제를 합리적으로 해결해야 한다. 이 영역에서 리더의 핵심역할은 코디네이터coordinator이다. 일례로 리더는 외부 고객들과의 긴밀한 소통을 통해 자신이 이끄는 조직의 대외 이미지 개선을 위해 많은 노력을 경주해야 한다. 특히 자사 제품의 예기치 않은 리콜 사태나 소비자 고발과 같은 일이 발생하지 않도록 각별히 유념해야 한다.

제3상한인 (Ⅲ)영역에서 리더의 핵심 역할은 조직 내부의 현안문제를 원만하게 해결하고 조직구성원들에게 강력한 동기부여를 제시해주는 '멘토'mentor이다. 즉 리더는 다양한 인센티브

incentive제도의 강력한 실행을 통해 조직구성원들이 최고의 역량을 발휘할 수 있도록 도와주어야 한다. 채찍이나 처벌보다는 승진, 칭찬, 경제적 보상과 같은 유인책이 더 큰 효과를 거둘 수 있음에 유념할 필요가 있다.

제4상한인 (Ⅳ)영역에서 리더는 조직의 최고 책임자로서 미래 먹거리를 만들기 위해 뼈를 깎는 내부혁신을 도모해야 한다. 이 영역에서 리더의 핵심역할은 '혁신 매니저'manager다. 어느 조직이든, 조직은 생물체와 비슷하다. 마치 물이 간 생선은 먹을 수 없듯이, 내부혁신을 거부하는 조직은 생존을 보장받기 어렵다. 리더는 미래의 선순환적 변화를 주도면밀하게 예측하면서 Restructuring, Reengineering, Repositioning 등 3R을 주도하는 '혁신 매니저'의 역할을 당당하게 수행해야 한다.

3R에 대한 보론

1 Restructuring(구조조정)

구조조정이란, 급변하는 대내외 경영환경 변화에 탄력적으로 대응하면서 가까운 장래에 강력한 경쟁우위를 확보하기 위해서 인원감축, 신규 사업분야의 발굴, 주력사업의 교체, 중복사업의 통폐합 및 축소를 단행하는 일련의 과정을 말한다. 여기서 대외 경영환경 변화는 글로벌화, 무한경쟁, 기술 및 제품의 라이프사이클 단축, 기술혁신, 오일쇼크, 환 리스크, 무역장벽 등과 같은 것을 의미한다. 또 대내 경영환경 변화로는 소비자 트렌드 변화에 따른 매출액 감소와 수익성 악화, 노사분규 등과 같은 것을 들 수 있다.

2 Reengineering(업무혁신)

1990년 마이클 M. 해머Michael M. Hammer; 1948~2008가 제창한 것으로서 기업의 체질 개선을 위한 근본적인 업무혁신을 의미한다. 제품과 서비스의 품질 개선, 생산비용 절감, 부가가치 제고, 스피드 경영 등과 같은 경영성과지표를 비약적으로 개선시키기 위해 기존에 해오던 업무방법을 획기적으로 변화시키는 것을 지칭한다. 리엔지니어링의 개념에는 업무혁신을 위한 조직재편, 근로자에 대한 재교육 및 연수 강화, 권한위임, 인력감축 등이 포괄적으로 포함된다. 이는 기존의 업무프로세스를 기업의 생존전략에 맞도록 재설계하는 것으로서 리엔지니어링에 성공할 경우 기업의 발전가능성은 비약적으로 높아질 수밖에 없다. 리엔지니어링을 처음으로 시도한 기업은 크라이슬러(주)였고, 이어서 제록스, 포드자동차, 모토로라 등이 그것을 도입해서 큰 성공을 거둔 바 있다. 하지만 리엔지니어링 기법의 도입으로 많은 실업자가 양산되었던 것도 부인할 수 없는 사실이다.

3 Repositioning(업무재배치)

일반적으로 리포지셔닝이라고 하면 업무재배치를 의미한다. 즉 마케팅 능력이 뛰어난 사람은 영업부서로 가게 하고 기획능력이 출중한 직원은 경영기획실로 보내서 업무능력을 마음껏 발휘하도록 하는 것을 지칭한다. 하지만 경우에 따라서는 소비자의 욕구 및 경쟁환경 변화에 따라 기존 제품이나 서비스가 갖고 있던 포지션을 분석하여 새롭게 조정하는 활동을 의미하기도 한다.

리더십 연구의 발전과정에 대해 알아보자!

그동안 리더십 연구는 리더의 개인적 자질을 중시하는 특성이론적 접근에서 시작해서 리더십에 대한 행태론적 분석, 상황적응이론적 분석, 통합론적 분석으로 발전해오고 있다. 또 그들 각각의 연구방법론에 대한 주요 특성을 언급하면 아래와 같다.

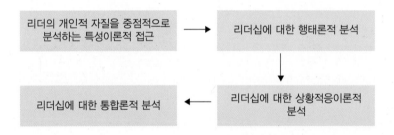

특성이론적 접근에 기초한 리더십 연구

① 리더와 리더가 아닌 사람 간에는 신체적 특성, 인성, 교육배경, 세계관 등에서 명확하게 구별되는 특성과 자질이 있다고 보는 연구방법론이다.
② 사회적으로 크게 성공한 리더들로부터 공통적으로 발견되는 특성을 집중적으로 연구해서 개념화시킨 리더십 이론이다.
③ 그동안 특성이론적 접근에 기초한 연구결과를 보면 성공적인 리더와 리더가 아닌 사람 간에는 자부심, 열정, 지적 능력, 용기, 신념, 권력 욕구, 인맥의 넓이와 깊이, 감성, 대인관계, 카리스마 등에서 큰 차이를 보이고 있다.
④ 특성이론적 접근의 한계는 상황적 요인이 무시된 점, 다양한 특성 가운데 어느 것을 중점적으로 살펴보아야 하는지의 문제, 특성이 선천적인 것인가 아니면 후천적인 것인가에 대

한 논란 등을 들 수 있다. 또 리더로서 성공한 사람들의 자질이 제각기 다르다는 점도 이 연구방법론의 한계로 지적될 수 있다.

⑤ 특성이론적 접근을 통해 리더십 문제를 분석했던 대표적인 연구로는 랠프 M. 스토그딜 Ralph M. Stogdill,[2] 채스터 I. 바나드Chester I. Barnard,[3] 세실 A. 깁Cecil A. Gibb[4]의 연구가 있다.

행태론적 분석에 기초한 리더십 연구

① 행태론적 분석은 리더의 개인적 자질이나 특성보다는 리더로서의 행동거지에 주안점을 둔 연구방법론이다.

② 특히 리더가 조직을 이끌면서 보여준 여러 가지 행동들, 즉 의사결정방식독재자형, 민주주의형, 처세술 및 세상을 바라보는 안목, 조직구성원과의 의사소통방식, 영향력의 행사 방식에 대한 분석이 주류를 이루고 있다.

③ 행태론적 분석 역시 리더십의 행동론적 결정요인을 완벽하게 해명할 수 없다는 한계가 있다.

④ 행태론적 분석의 대표적인 연구로는 미시간 대학의 연구, 오하이오 주립대학의 연구, 로버트 블레이크Robert Blake와 제인 무튼Jane Mouton에 의해 제시한 관리격자이론managerial grid theory[5] 등이 있다.

상황적응이론적 분석에 기초한 리더십 연구

① 상황적응이론의 본질은 시대적 필요나 환경적 상황변화에 적합한 인물이 리더가 될 수 있다는 점이다. 즉 상황적응이론적 분석에 기초한 리더십 연구는 리더와 상황변화 간의 관계를 밀도있게 분석한다. 이러한 리더십 연구가 내린 결론은 간단하다. 유일한 최고의 리더십은 존재하지 않으며 다양한 상황에 적절한 조화를 이루며 높은 성과를 창출하는 리더십을 최고의 리더십으로 간주한다.

---

2 랠프 M. 스토그딜은 리더에게서 나타나는 주요 특징으로 지적 능력, 경륜(소양, 경험), 책임감, 사회적 활동성, 지위(인기, 사회적 세력) 등이 있다고 주장했다.

3 채스터 I. 바나드는 리더의 특성을 기술적 특성(체력, 기능, 기술, 지각력, 지식, 기억력, 상상력 등)과 정신적 특성(결단력, 지구력, 인내력, 용기 등)으로 분류하고, 성공적인 리더가 되기 위해서는 기술적·정신적 측면에서 모두 우월성을 지녀야 한다고 주장한다.

4 세실 A. 깁은 리더십은 ① 지도자 ② 집단 ③ 추종자 ④ 상황 ⑤ 과업 등 5가지 요소로 구성되며, 이들 요소에서 리더의 특성을 살펴볼 수 있다고 주장했다.

5 관리격자이론은 리더십 스타일은 '생산에 대한 관심(Concern for Production)'과 '사람에 대한 관심(Concern for People)'의 2가지 축을 결합시킨 행태론적 연구방법론의 유형을 띠고 있다. 본래 이 이론은 리더의 행태를 배려(Consideration)와 구조주도(Initiating Structure)라는 2가지 유형으로 집약해서 분석한 Fleishman의 연구로부터 큰 영향을 받은 것 같다. 여기서 배려는 리더와 추종자 간의 감정적 유대관계를 말하고, 구조주도는 조직의 설정한 목표를 달성하기 위해서 리더와 추종자가 어떻게 활동을 조직화하는가를 의미한다. 그러나 블레이크와 무튼은 Fleishman 모형의 행동적 속성보다는 태도적 속성을 이용했다. 즉 그들은 수평(X)축에 생산에 대한 관심을, 수직(Y)축에 인간에 대한 관심으로 구분하고 이를 격자로 계량화하여 리더의 스타일을 5가지 유형(무관심형, 인기형, 과업형, 팀형, 중용형)으로 분류했다.

② 또 상황적응이론은 상황변화가 리더와 추종자 간에 상호영향을 주고받으면서 자연스럽게 형성되는 역동적 관계에 초점을 맞춘 리더십 이론이다. 이때 고려되는 3가지 구성요소는 리더스타일, 특성, 행동, 직위, 추종자욕구, 성숙도, 훈련, 응집력, 환경적 상황과업, 조직구조, 시스템, 환경이다. 특히 이들 간의 조화가 무엇보다 중요하다고 간주한다.

③ 일례로 영국의 윈스턴 처칠Winston Churchill 수상은 위대한 리더였다. 그는 제2차 세계대전 당시 뛰어난 리더십으로 영국 국민들을 단합시켜 독일과의 싸움에서 승리했다. 하지만 전쟁이 끝난 후, 영국 국민들은 처칠의 리더십에 염증을 느꼈고, 그는 결국 실각하고 말았다. 전쟁이 끝난 이후의 새 시대에는 새로운 리더십이 필요했기 때문이다. 상황적응이론 contingency leadership theory은 이런 현상을 설명하기 위해 등장한 이론이라고 볼 수 있다.

④ 상황적응이론에 대한 대표적인 연구로는 프래드 E. 피들러Fred E. Fielder의 상황 모형 contingency model, 폴 허쉬Paul Hershey와 켄 블랜차드Ken Blanchard의 상황 모형, 빅터 H. 브룸Victor H. Vroom과 야고Jago A. G의 상황 모형이 있다.

통합론적 분석에 기초한 리더십 연구

① 자질론, 행태론, 상황적응이론 등을 종합하면서 조직의 변화와 내부혁신을 도모해 가는 리더의 역할과 내면적 측면을 심도있게 분석하는 연구가 통합론적 분석에 기초한 리더십 연구다. 요즘들어 새로운 리더십 연구의 트렌드로 각광받고 있다.

② 주요 이론으로는 다니엘 골만Daniel Goleman에 의해 제시된 감성지능Emotional Intelligence이론과 짐 콜린스Jim Collins의 Level 5 Leadership 이론 등이 있다.

CEO형 리더가 되기 위한 7가지 절대 덕목

모든 CEO가 리더로서 성공하는 것은 아니다. 오히려 실패하는 CEO들이 훨씬 더 많은 게 현실이다. 조직 내 갈등과 분열을 치유하지 못하고 떠나는 CEO도 있고, 경영실적이 부진해서 물러나는 CEO도 적지 않다. 어떤 경우에는 자신의 임기조차 채우지 못하고 도중에 불명예스럽게 하차하는 CEO도 심심찮게 볼 수 있다. 시대가 산업화 사회에서 디지털 사회로 변화한 만큼, 이제는 리더십의 패러다임도 제왕적 리더십이나 관리자형 리더십에서 CEO형 리더십으로 바뀌어야 한다는 게 우리 사회의 공론인 것 같다. 하지만 CEO형 리더십은 다음과 같은 7가지 절대 덕목이 전제되어야만 크게 성공할 수 있다.

CEO형 리더십의 7가지 절대 덕목

첫째는 지혜다. 지금은 강도 높은 노동경쟁의 시대가 아니라 변화와 속도, 신뢰관리가 필요한 전략경쟁의 시대다. 따라서 리더는 사회 변화의 방향과 속도를 정확하게 가늠할 수 있는 수준 높은 안목과 균형감각을 갖고 있어야 한다. 그런 점에서 과거 한국경제를 파탄시켰던 어느 누구처럼 "머리를 빌릴 수는 있지만, 건강은 빌릴 수 없다."라고 주장하며 조깅에 열중했던 사람과 같은 부류의 리더는 더 이상 디지털 사회를 이끄는 리더가 될 수 없다.

둘째는 감성感性의 소유다. 디지털 사회는 느낌, 즉 감성의 시대다. 느낌과 감성의 공명共鳴이 신뢰trust형성의 기본이고, 고부가가치를 낳는 콘텐츠 개발 역시 고감도 감성이 전제되어야만 가능하다. 3류 배우 출신인 로널드 W. 레이건Ronald W. Reagan이 미국의 대통령직을 두 차례나 수행할 수 있었던 것도 그의 탁월한 감성지능 때문이었다.

셋째는 신뢰를 바탕으로 휴먼−네트워크를 견고하게 설정할 수 있는 능력이다. 이는 부정부패의 온상이 되어 온 학연, 혈연, 지연, 종교연, 군대연을 미련 없이 떨쳐버리고 지식과 업무 중심의 선순환적善循環的 연결고리를 만들어 나갈 수 있는 능력을 말한다. 따라서 편협한 민족주의나 지역감정을 선거에 악용하면서 끼리끼리의 횡포를 즐기려는 사람들은 디지털 리더로서의 자격이 없다.

넷째는 깨끗한 도덕성이다. 디지털 사회는 '어항 속의 금붕어'처럼 모든 것에 대해 검증이 가능한 투명사회다. 일례로 스마트카드를 추적해 보면, 언제 어디서 누구와 무엇을 먹었는지, 또 언제 어느 곳을 다녀갔는지까지 자세히 알 수 있다. 이는 모든 것이 철저하게 공개되고 낱낱이 파헤쳐지는 투명사회에선 감출 것이 전혀 없는, 도덕적으로 깨끗하고 양심적으로 떳떳한 사람들이 위대한 리더십을 발휘할 수 있다. 그래서 과거 권력남용이나 부정부패와 관련된 사람들은 이제 리더의 길을 단념하고 집에서 소일하는 게 국가와 민족의 장래를 위해서 바람직스럽다.

다섯째는 변화와 혁신에 대한 강한 열정이다. 디지털 사회의 주된 특징은 변화의 속도가 빠르고, 혁신에 대한 요구가 크다는 사실이다. 그런 변화와 혁신을 즐기고 주도해야만 진정한 리더로 거듭날 수 있다. 왜냐하면 변화와 혁신에 대한 리더의 강한 열정이 조직 전체를 살아 숨 쉬게 하고, 조직의 비약적인 발전을 촉진하기 때문이다.

여섯째는 미래 비전과 분명한 목표 제시를 들 수 있다. 목적지에 도달하는 길은 한 개만 존재하는 게 아니다. 하지만 남이 가지 않았던 낯선 길을 만나면 누구든 망설이게 마련이다. 이때, 리더는 추종자들에게 단호한 자세로 미래의 꿈과 희망을 심어주며 명확한 이정표里程標를 제시해야 한다. 무모한 전진 나팔과 가혹한 채찍질로 추종자들을 이끄는 사람은 더 이상 훌륭한 리더가 될 수 없다. 저 산 너머에 무엇이 있는지, 또 그곳을 향해 가장 안전하고 신속하게 갈 수 있는 방법이 무엇인지, 구체적으로 가르쳐줄 수 있는 사람이 바로 디지털 사회의 진짜 리더다.

일곱째는 과언다문寡言多聞과 언행일치言行一致를 빼놓을 수 없다. 과언다문이란, 말은 가급적 적게 하고 귀는 크게 열어 놓아야 한다는 뜻이다. 말을 많이 하면 그만큼 실언失言할 가능성이 높다. 과거 노무현 대통령이 국민들로부터 신뢰를 받지 못했던 것도 그가 리더로서 품위 없는 말을 많이 했기 때문이다. 리더의 영어 첫 자가 엘L로 시작하는 것도 어쩌면 '듣기Listening를 잘하라!'는 뜻에서 비롯된 것이 아닐까 한다. 일찍이 피터 드러커Peter. Drucker도 "Listen first, Speak last!"라고 말한 바 있다. 이것은 상대방이 제시하는 메시지와 핵심 아이디어에 집중하며, 편견을 갖지 말고 그의 말을 끝까지 경청하라는 의미로 한 말이다. 우리나라의 정치 리더들이 가슴 속 깊이 새겨놓을 만한 충고가 아닐 수 없다.

또 리더에게 강조되는 것은 '말과 행동이 일치되어야 한다'는 점이다. 한 입 갖고 두말하는 리더를 신뢰하고 지지할 추종자들은 어디에도 없다. 인간이 하는 각종 말과 약속은 지켜지기 위해서 탄생한 것이다. 따라서 존경받는 리더가 되기 위해서는 무엇보다도 자신이 한 말이나 약속을 철저하게 지키려고 노력하는 진실된 자세가 중요하다. 리더는 한 입으로 약속을 했지만, 추종자들은 두 눈으로 그것의 이행 여부를 냉철하게 감시하고 있다는 사실을 명심해야 한다. 참된 리더는 말로 시작해서 강력한 실행으로 끝나는 사람이다.

CEO형 리더는 자기혁신에 적극 나서야 한다!

그러나 이러한 7가지 전제조건을 완벽하게 실천하는 CEO형 리더는 존재하지 않을지도 모른다. 그렇다고 해서 이들 조건 가운데 한두 개쯤은 생략해도 된다는 얘기는 결코 아니다. CEO형 리더는 자신에 대해 엄정한 자기평가와 자기혁신에 최선을 다해야 한다. 그리고 자신에게 부족한 측면을 정확하게 진단한 후, 그것을 보완하는데 만전을 기해야 한다. 만약 자신의 노력만으로 그것이 불가능하다면, 외부에서 유능하고 참신한 인재를 영입해서라도 자신의 한계를 보완하여 리더로서의 잠재적 역량을 최대한 키워야 한다. 그래야만 조직과 추종자들의 생존과 번영이 보장되고, 자신 또한 리더로서 성공할 수 있다.

지역주의를 깨트리기가 결코 쉽지 않은 이유

지난 2012년 4월 11일에 있었던 총선에서는 정치적 지역주의가 결코 깨지지 않았다. 아니 그것이 깨질 수 있다고 보았던 내 생각이 잘못이었다. 그런 의미에서 애초부터 깨지는 싸움인줄 알면서도 고난의 길을 기꺼이 걸어나갔던 이정현, 김부겸, 정운천 후보에게 따뜻한 위로의 인사를 전하고 싶다. 그들의 후회 없는 석패惜敗는 훗날 동서화합을 이루는 밑알로서 작용할 것이 확실하기에.[6]

혹자는 뿌리 깊은 지역주의가 박정희 대통령의 탓이라고 비난한다. 어떤 이들은 "김영삼, 김대중 대통령도 지역주의로부터 자유롭지 못하다"고 주장한다. 그와 같은 주장이 과연 옳은 얘기일까? 나는 "그렇지 않다!"라고 단언한다. 지역주의는 근 반만 년을 살아온 우리 한국인들의 유전인자 속에 깊이 뿌리박혀 있는 DNA일 뿐이다. 나는 그 근거를 집 가家라는 한자에서 찾고자 한다.

한국인들은 자신의 집에서부터 저 멀리 떨어진 우주까지 모두 '집'으로 파악한다. 인간이 생활을 영위하는 최소 단위가 집家이다. 집보다 더 큰 개념은 사회라고 볼 수 있다. 그런데 한국인들은 이 사회를 완전히 남남으로 구성된 사회로 보지 않고 일가친척一家親戚으로 간주하는 속성이 있다. 일례로 밖에서 낯선 타인을 부를 때, "어! 이봐요"보다는 "아저씨, 혹은 아주머니!"라는 용어를 더 많이 그리고 더 자주 사용한다. 그런데 아저씨나 아주머니라는 말은 아주 가까운 일가친척들을 부를 때 사용하는 호칭이다. 사회보다 더 큰 개념은 국가다. 그런데 국가는 '나라 국'國자 하나만 있어도 통한다. 왜냐하면 '國'자 속에는 이미 '나라'라는 의미가 내포되어 있기 때문이다. 그런데도 한국인들은 '국'國자에다 반드시 '가'家를 덧붙인다. 그러면서 임금이나 훌륭한 대통령을 국부國父, 왕비나 대통령의 부인인 영부인을 국모國母라고 부른다. 즉 국가의 최고 권력자와 그의 부인을 한 집안의 아버지와 어머니와 동일시하는 것이다.

국가보다 더 큰 개념은 세계다. 그런데 한국인들은 세계를 지구촌地球村이라고 말한다. 그런데 '촌'村은 우리에게 어떤 의미인가? '촌'은 같은 성씨를 가진 사람들이 함께 모

---

6 하지만 이 고질적인 지역주의는 2016년 4·13총선에서 여지없이 깨졌다. 순천 및 곡성지역의 이정현, 대구 수성갑(甲)의 김부겸, 전북 전주을(乙)의 정운천 후보가 당당하게 국회의원에 당선되었다.

여 살았던 집성촌集成村을 의미한다. 이를테면 청풍 김씨, 경주 김씨, 밀양 박씨, 전주 이씨, 광주 이씨, 덕수 이씨처럼 같은 성씨를 가진 사람들이 한 동네에 집단으로 모여 살면서 향약, 대동계, 품앗이 등을 통해 농사일의 어려움과 대내외 위험을 공동으로 대처해나갔던 그 집성촌을 뜻한다. 그렇다면 세계보다 더 큰 개념은 무엇일까? 그것은 우주宇宙다. 그런데 재미있는 것은 이 우주조차도 한국인들은 철저하게 집으로 파악한다는 사실이다. 내가 그렇게 말하는 이유는 간단하다. 우주라는 한자를 떼어보면 각각 '집우'宇, '집주'宙로 나눠지기 때문이다. 결국 한국인들은 각자의 가정에서부터 저 멀리 떨어진 우주까지를 '집'家으로 파악한다.

여기서 바로 우리가 담장이라고 부르는 울타리 개념이 튀어나온다. 집이 성립하려면 반드시 담장, 즉 울타리가 있어야 한다. 그런데 우리가 일상생활을 하면서 가장 많이 사용하는 단어는 '우리'일 것이다. 우리 학교, 우리 학과, 우리 선생님, 우리 친구, 우리 엄마 등등. 그런데 많은 한국인들은 '우리'의 어원이 '울타리'라는 사실을 알지 못한다. 우리의 어원은 울타리이고, 그때의 '우리'는 바로 '집'을 뜻한다. 돼지우리가 곧 돼지집인 것을 알면, 내 얘기에 동의할 것이다. 그런데 이 울타리가 고질적인 지역주의의 원천이라고 생각한다. 대다수의 한국인들은 저마다의 뇌리와 가슴속에 이런 울타리를 최소한 5개 이상 갖고 있다. 학연學緣, 지연地緣, 혈연血緣, 종교연宗敎緣, 군대연軍緣이 그것이다. 우리는 이미 '고소영'이라는 단어를 통해 그 진가를 확인한 바 있다. 고소영은 탤런트 고소영 씨가 아니라 '고려대, 소망교회, 영남 출신의 영－포라인'이 아니면 이명박 정부에서 행세하기 힘들었다는 자조 섞인 얘기였다.

우리가 진정으로 지역주의를 깨트리려면 박정희, 김영삼, 김대중 대통령을 탓할 게 아니라 기존 5개의 울타리를 새로운 2개의 울타리로 과감하게 교체시켜야 한다. 즉 어느 누가 전문지식을 갖고 있느냐의 지연知緣과 어느 누가 어떤 일을 잘하느냐의 사연事緣이다. 이 두 가지 울타리만 잘 선택해서 운영하기만 해도 대한민국의 국운國運 상승은 따 놓은 당상이다. 또 그렇게 하는 것이 진정한 동서화합이요, 탕평책의 첨경이다. 특히 2016년 4월 13일 총선에서 당선된 이정현, 김부겸, 정운천 국회의원이 우리 한국인의 고질병인 '지역주의'의 타파를 위해 적극 나서주길 기대한다. 이 지역주의가 없어져야만 진정한 남북통일도 가능할 수 있기 때문에 더더욱 그렇다.

💡 아이젠하워 장군으로부터 배우는 지혜

이 얘기는 동료 교수에게서 전해들은 얘기다. 하루는 드와이트 D. 아이젠하워Dwight D. Eisenhower 장군에게 어느 한 부하 장교가 다가왔다. 그는 장군에게 거수경례를 한 후, "장군님! 어떻게 하면 리더십을 가질 수 있습니까?"라고 물었다. 그러자 장군은 자신의 책상 위에 놓여 있는 끈을 가리키며 부하에게 이렇게 말했다.

"저 끈을 뒤에서 한번 밀어보게."

• 아이젠하워 장군과 그의 아들 (출처: 세대공감 6·25) •

부하 장교는 장군이 시키는 대로 했지만 그 끈은 똑바로 나가지 못하고 비틀리다가 뭉쳐져 버렸다. 장군은 그것을 보고 또 다른 얘기를 했다.

"이번에는 앞에서 그 끈을 한번 당겨 보게."

부하 장교는 이번에도 장군이 말한 대로 앞에서 끈을 잡아당겼다. 그랬더니 그 끈은 부하 장교가 이끄는 대로 곧고 바르게 따라왔다. 그것을 쳐다본 장군은 입가에 엷은 미소를 띠며 이렇게 말했다.

"그래서 리더는 이렇게 앞에서 이끌어야 하는 것일세."

부하 장교는 장군의 말을 듣고 이렇게 생각했다.

"장군의 어깨 위에서 빛나는 4개의 별은 그냥 얻은 것이 아니었군."

1 리더는 조직의 생존과 미래 번영을 위해 고독한 의사결정을 행하며 그 결과에 대해 무한책임을 지는 사람이다. 리더십은 리더가 조직구성원들에게 꿈과 미래 비전, 조직이 도달해야 할 목표를 분명하게 제시하고 그것의 달성을 위해 다양한 인센티브를 제공할 수 있는 총체적인 능력을 의미한다.

2 리더십은 선천적이라기보다는 후천적인 노력에 의해서 결정된다. 또 리더라고 해서 조직의 최고 권력자만을 지칭하지 않는다. 조직의 각 계층마다 여러 종류의 다양한 리더들이 존재한다. 팀장, 과장, 계장도 조직을 이끌어가는 중요한 리더다.

3 『위험사회』의 저자인 독일의 사회학자 울리히 벡은 현대사회를 위험사회라고 진단했다. 그는 현대사회의 특징으로 빠른 변화속도, 위험요소의 광범위성과 불확실성을 지적했다. 이러한 상황에서는 조직이 나아가야 할 방향과 속도를 올바르게 가늠하는 것이 매우 중요하다. 우리가 리더십을 체계적으로 학습하는 이유도 그같은 사회적 요구에 능동적으로 대처하기 위함이다.

4 외부와 내부, 현재와 미래라는 4가지 관점에서 리더의 역할을 정리하면 크게 목표설정자, 코디네이터, 멘토, 혁신매니저로 요약된다.

5 리더십에 대한 기존 연구는 리더 개인의 특성이론적 분석으로부터 출발해서 행태론적 분석, 상황적응이론적 분석으로 발전해 왔으며 최근에는 이들 제반 이론을 통합적으로 분석하는 통합론적 연구가 주류를 이루고 있다.

01 다음 중에서 CEO형 리더십의 절대 덕목이 <u>아닌</u> 것은?

① 열정   ② 감성   ③ 불굴의 신념과 도전정신

④ 지연地緣에 따른 인맥 구축

02 다음 기술한 것 가운데 <u>틀린</u> 것은?

① 최근의 리더십 이론은 상황적응이론적 분석이 대세다.

② 리더의 역할은 추종자들에게 미래 비전과 꿈을 제시하는데 있다.

③ 훌륭한 리더는 선천적 요인보다 후천적인 노력에 의해 결정된다.

④ 리더는 여러 종류의 리더들이 존재하며, 최고 권력자만을 지칭하지 않는다.

03 다음 중 기업의 내부혁신과 관련된 3R과 거리가 <u>먼</u> 것은?

① Restructuring   ② Reverse engineering

③ Repositioning   ④ Reengineering

04 다음 중에서 영국 처칠 수상의 실각을 설명해줄 수 있는 리더십 분석 방법은?

① 특성이론적 분석   ② 행태론적 분석

③ 상황적응이론적 분석   ④ 통합론적 분석

05 다음 설명 중 <u>틀린</u> 것은?

① 인간관계와 밀접한 연관을 맺고 있는 것은 '지혜'다.

② 스마트카드와 밀접한 관련을 맺고 있는 것은 '깨끗한 도덕성'이다.

③ 지식정보화 사회는 노동경쟁의 시대가 아니라 전략경쟁의 시대다.

④ 고부가가치를 낳는 콘텐츠 개발은 감성지수와 밀접한 연관이 있다.

※ 다음 빈칸에 들어갈 알맞은 용어를 적으시오.

01 『위험사회』라는 책을 통해 현대사회에 내재된 위험의 다양한 특성을 예리하게 갈 파했던 독일인 사회학자는 (   )(이)다. 단, 한글로 쓸 것!

02 외부와 내부, 현재와 미래의 4가지 영역에서 (현재, 내부)의 영역에 적합한 리더의 역할은 (   )(이)다.

03 미래의 변화를 주도면밀하게 예측하면서 조직을 잘 이끌어나가는 리더가 되기 위 해서는 무엇보다도 3R의 혁신, 즉 Restructuring, (   ), Repositioning 에 성공해야 한다.

04 2010년 3월 2일, 공군 제18전투비행단 제105전투비행대대장으로서 국민들에게 참 군인정신을 각인시키고 창공에 묻힌 전투조종사는 고 ( ) 공군대령이다.

05 리더의 절대 덕목으로 '말'의 중요성을 강조하면서 "Listen First, Speak Last!"를 주 창했던 세계적인 경영학자는 (   )(이)다. 단, 한글로 쓸 것!

| 정답 |

객관식   01 ④   02 ①   03 ②   04 ③   05 ①
단답식   01 울리히 벡   02 멘토   03 Reengineering   04 오충현   05 피터 드러커

CHAPTER 02

지식정보화 사회를 선도할
리더십의 절대 덕목에 대해
학습하라!

페이스북의 설립 운영자인 마크 저커버그
(출처: 비즈니스포스트)

'업'은 용기와 시련을 먹고 성장한다!

용기勇氣에 대한 사전적 정의는 '씩씩하고 굳센 기운'이다. 그런데 노란색의 진가를 알려면 그것을 검정색과 대비시켜 보아야 하듯이, 용기의 참뜻을 알려면 그것을 절망과 견줘볼 필요가 있다. 우리는 인생을 살면서 절망이란 회색빛 그림자를 자주 만나게 된다. 하지만 철鐵은 자기 몸에서 나온 녹綠으로 스스로를 망가트리듯이, 절망 역시 그것을 받아들이고 체념하는 자에게만 좌절감과 무력감을 안겨준다. 절망을 이겨내는 가장 좋은 방법은 담담한 자세와 용기로 그것에 정면으로 맞서는 것이다. 용기는 실패를 두려워하지 않는 담담한 마음인 동시에 극한 상황을 슬기롭게 극복할 수 있는 늠름한 기상氣像이다. 용기 있는 사람은 어떤 실패에도 좌절하지 않는다. 오히려 실패에서 값진 교훈을 찾고, 그것을 거울삼아 또 다른 도약을 모색하는 사람이다.

세상은 저지르는 자의 것이다!

KBS의 아줌마 아나운서인 이숙영 씨가 오래 전에 출간한 『애첩기질 본처기질』이란 책을 보면, 용기와 관련된 2가지의 재미있는 일화가 나온다. 그런데 그것의 소제목은 '상은 저지르는 자의 것이다.'라고 되어 있다. 그 내용은 아래와 같다.

> **일화 1**
>
> 옛날 어느 마을에 과거시험을 준비하는 두 형제가 있었다. 무더운 여름날, 책이 머리에 들어오지 않자 평소 호탕한 성격의 형이 동생에게 "잠시 동안 기방妓房에 들러 머리를 식히고 오자"고 제안했다. 그러나 체면을 중시하는 동생은 기방에 가고픈 마음은 굴뚝같았지만, "점잖은 선비 체면에 무슨…?"하면서 그 제안을 일언지하에 거절했다. 하루 저녁을 잘 놀다온 형은 곧바로 글공부에 몰두했지만, 호기심으로 머릿속에 온통 여체女體가 어른거리는 동생은 형에게 "기방에서 여체를 만진 기분은 어땠느냐?"며 계속해서 물었다. 처음 몇 번은 농담으로 받아넘기던 형이 나중에는 견디다 못해 화를 버럭 내며 동생한테 이렇게 말했다. "나는 3시간 동안 계

집을 안고 돌아왔지만, 너는 30시간 동안 계집을 품고 있으니, 그래 앞으로도 얼마나 더 그 얘기를 끄집어 낼 작정이냐?"라고.

일화 2

옛날 어느 두 스님이 장맛비로 물이 불어버린 개울을 건너고 있었는데, 그때 마침 발을 헛디딘 한 여인이 물살에 떠내려가며 "살려 달라!"고 구조를 요청했다. 한 스님은 그 여인을 업어주고 싶었지만, 옷이 물에 젖어 몸의 곡선이 적나라하게 드러난 여인을 바라보기가 남사스러워서 속마음과는 달리 구조요청을 외면해 버렸다. 그러나 다른 한 스님이 개울물로 뛰어들어 그 여인을 구조한 후, 등에 업고 개울을 건넜다. 여인에게 고맙다는 인사를 받고, 두 스님은 계속해서 산길을 걸어오는데 구조를 망설였던 스님이 여인을 업어서 개울을 건넌 스님에게 "여인을 업었을 때의 기분이 어떠했냐?"며 산길 내내 물었다. 그러자 잠자코 있던 그 스님 왈, "허허 이 사람아. 나는 불과 10여 분 동안 그 여인을 업었지만, 자네는 10리 동안 그 여자를 줄곧 업고 있구만…"

이숙영 저, 『애첩기질 본처기질』(1990), 문학사상사, pp.72~73.

내 빛바랜 독서카드를 들춰보니까, 위의 2가지 일화는 약 15년 전쯤에 읽고 정리한 것으로 기록되어 있다. 또 거기에는 같은 시기에 읽었던 '산양山羊의 우화寓話'까지 메모되어 있었다. 산양의 우화란, 산양의 우유부단함을 비판하는 것으로서 산양의 좌우 양쪽에다 똑같은 분량의 먹이를 갖다 놓으면, 그 녀석은 "어느 쪽부터 먹을까?"를 놓고 고민만 하다가 결국 그 자리에서 굶어죽고 만다는 것이었다. 그것은 일본인 경영 컨설턴트인 가사마끼 가쓰토시가 쓴 『일하기 싫을 때 읽는 책』에 나오는 얘기다. 우리가 위의 2가지 일화와 산양의 우화를 통해 얻을 수 있는 교훈은 어떤 실패나 실수가 따른다고 해도 그것에 겁먹지 말고, 과감한 선택과 실행에 옮기는 용기와 결단력을 가져야 한다는 점이다. 왜냐하면 적어도 그런 자세를 가져야만 험난한 세상살이에서 남에게 뒤지지 않을 수 있기 때문이다.

용기와 결단력, 불굴의 신념은 인간승리를 위한 동반자다!

삶의 의미이자 생존수단인 직업의 선택, 배우자의 선택, 대학의 선택에는 많은 고뇌와 번민이 따르기 마련이다. 또 그것에 대한 최종 선택에는 엄청난 용기와 결단이 필요하다. 그런데 선택이 요구되는 시기에 선택 자체를 포기하거나 남에게 선택의 주도권을 넘기는 사람은 결코 자신이 주체가 되는 능동적인 삶을 영위할 수 없다. 그러나 선택을 했다고 해서 그것이 항상 성공을 보장하는 것은 아니다. 오히려 그 반대인 경우가 다반사다. 용기는 실패와 좌절의 극복과 치유를 위해서 탄생한 개념이다. 만약 용기가 존재하지 않았다면, 실패한 사람들은 실존주의 문학가 알베르 까뮈Albert Camus가 말했던 것까뮈는 '인간이 자살한다는 것은 곧 인생이 살만한 가치가 없다는 것을 고백하는 일'이라고 얘기했다처럼 자살을 선택했을 것이다. 그러나 사람들의 마음속에는 용기가 자리 잡고 있기 때문에, 설령 실패를 경험했더라도 그것에 좌절하지 않고 계속 전진할 수 있는 것이다. 그런 의미에서 용기와 결단력, 불굴의 신념은 인간승리를 위해 함께 가는 동반자요, 아름다운 연인이라고 말할 수 있다.

나는 '업'의 가치를 매우 중시하는 사람이다. 내 글을 한번이라도 읽은 독자라면, '업'에 대한 정보와 지식을 얻었을 것이다. '업'에 대해 생소한 독자들을 위해 한 번 더 설명하면, 업은 다른 사람들과 분명하게 차별될 수 있는 자기 고유의 핵심역량core competence을 의미한다. 또 업은 자신의 능력에 대한 냉철한 자기성찰과 단호한 선택을 필요로 한다. 그런 일련의 과정을 거쳐서 자신의 업을 갖는데 성공한 대표적인 리더로는 충무공 이순신 장군, 토머스 A. 에디슨Thomas A. Edison, 빌 게이츠Bill Gates 등이 있다.

이순신의 개인적 불행이 그의 '업'을 키웠다!

이순신부터 살펴보자. 그는 1593년 1월 26일자로 조선 조정에 올린 장계에서 '…臣雖專門水戰 於陸戰之備 念不少弛; 신이 비록 수전해전을 전문으로 하는 장수이지만 육전에 대한 방비도 게을리하지 않고 있습니다.'라고 썼다. 즉 자신의 업이 해전海戰에 있음을 선조 임금이하 선조에게 공개적으로 밝혔던 것이다. 약 4세기 전의 인물인 이순신이 '업'을 명확하게 인식하고 있었다는 점은 가히 놀라울 일이다. 1593년 8월 15일, 선조는 그에게 삼도수군통제사를 제수하면서 1592년에 치렀던 10번의 해전에서처럼 일본 수군의 섬멸에 최선을 다해줄 것을 기대했다. 하지만 현실은 선조의 기대와는 정반대 방향으로

• 이순신의 **명량해전도** (출처: 현충사관리사무소) •

흘러갔다. 일본 수군들이 이순신 함대와의 해전을 기피하는데다 전염병의 창궐에 따른 병력 손실로 조선 수군은 해상작전을 제대로 수행할 수 없었다. 그러자 선조는 이순신을 불신하기 시작했다. 그 와중에 이순신을 제거하기 위한 왜군 측의 교활한 계략이 펼쳐졌고, 마침내 그들의 앞잡이였던 요시라의 감언이설甘言利說에 속아 넘어간 선조는 이순신을 삼도수군통제사에서 파직하고 그 자리에 원균을 앉히는 졸속 인사를 단행했다. 그러나 원균은 1597년 7월 15일과 16일에 있었던 칠천량 해전에서 일본 수군에게 참패를 당한 후, 도주하다가 왜적의 칼을 맞고 전사했다.

절체절명의 위기감을 느낀 선조는 이순신을 방면한 후, 제3대 삼도수군통제사에 재임명했다.

하지만 130여 척의 판옥선과 여러 척의 거북선, 13,200여 명의 조선 수군은 대부분 바닷속에 수장水葬되었거나 뿔뿔이 흩어진 뒤였다. 그에게는 오직 13척의 판옥선과 약 1,000여 명의 조선 수군만 남아있을 뿐이었다. 그 사실을 전해들은 선조는 이순신에게 "해전을 포기하고 육지로 올라와서 권율과 함께 육전陸戰을 치르라"는 어명을 내렸다. 하지만 그는 선조에게 자신은 13척의 배를 가지고도 일본 수군을 격퇴시킬 수 있다는 신념을 밝히고 해전을 선택했다. 그로부터 얼마 후, 이순신은 명량해전에서 13척의 판옥선으로 133척의 일본 왜선과 싸워 승리함으로써 자신이 해전의 달인임을 만천하에 입증시켰다. 우리는 이 대목에서 해전 승리에 대한 확고한 믿음을 갖고 어명御命까지 물리치면서 조선 수군의 명예와 자존심을 되찾았던 그의 용기와 불퇴전의 정신을 재확인할 수 있다. 한편, 명량해전에서의 승리는 이순신에게 엄청난 개인적 불행을 불러일으켰다. 일본 수군은 패전에 대한 분풀이로 이순신의 아산 본가本家를 급습해서 집에 있던 그의 3째 아들 이면李葂을 살해하는 만행을 저질렀다. 이순신은 그런 불행 속에서도 자신의 선택에 조금도 후회하지 않았다. 자신이 목숨을 걸고 지켜야 할 조국과 불쌍한 백성들의 안위가 먼저였기 때문이다.

실패를 즐기면서 새로운 세계를 창조했던 에디슨의 '업'

한편, 에디슨은 발명을 자신의 '업'으로 선택했던 인물이다. 그는 축전기를 만들기 위해 무려 25,000번의 실험을 했다. 하지만 납을 대체할 만한 새로운 물질을 찾아내는 데는 실패했다. 하루는 어느 지인이 고지식하게 연구에만 몰두하는 그에게 위로의 말을 건넸다. "25,000번의 실험에서 실패만 거듭했으니 얼마나 상심傷心이 크시겠는가?" 그러자 그는 "천만에. 내가 하는 실험에서는 실패란 것이 존재하지 않는다네. 나는 25,000번 실패한 것이 아니라 건전지가 작동하지 않는 25,000가지의 새로운 방법을 발견했을 따름일세."라고 말했다고 한다. 또 '천재는 1%의 영감과 99%의 노력으로 이루어진다.'라는 명언을 남긴 그는 어느 기자와의 인터뷰에서 자신의 인생관을 이렇게 피력했다. "내 앞에 어떤 시련이 닥쳐온다 하더라도 나는 결코 낙담하지 않을 것입니다. 숭고한 목표를 달성하기 위해서는 성실, 인내, 용기, 상식과 같은 4가지 필수조건이 필요하며, 나는 그것에 충실한 삶을 살기 위해 최선을 다해나갈 것입니다." 실패에 수반되는 시련과 역경에 절망하기 보다는 오히려 자신을 새롭게 바라보고 사고의 패러다임paradigm을 바꾸는 계기로 활용했던 그의 낙천적인 인생관과 용기가 그로 하여금 발명왕이 되게 만든 원동력이었다. 에디슨은 생애 통산 1,300여 건의 특허권을 획득하고, 세계 초일류기업인 제너널일렉트릭GE사를 설립하여 미국의 경제발전에 기여했다. 그럼에도 불구하고 현재 GE사의 경영진에는 그의 친인척이 단 한사람도 없다. 할아버지가 재벌 회장이면, 자손대대로 재벌 회장이 되는 우리의 현실과는 너무나도 판이하다. 그는 기업의 오너보다 경영능력이 출중한 전문 CEO가 기업경영을 하는 게 바람직스럽다는 선진 기업문화를 정립한 사람이다. 그런 에디슨에게 있어서 실패와 시련은 단지 새로운 성공을 확대 재생산하는 재료에 불과했다.

대학 중퇴자에서 백만장자가 된 빌 게이츠의 '업'

한국적인 시각에서 보면 빌 게이츠는 분명 괴짜임에 틀림없다. 세계 최고의 갑부 가운데 한 사람인 빌 게이츠는 정보획득과 지식창출의 프로세스에 대한 통제력 확보를 자신의 '업'으로 선택했다. 또 그것을 실현시키기 위해 하버드 대학을 미련 없이 중퇴했다. 그는 지난 1973년에 하버드 대학에 입학했지만, 2년 뒤인 1975년 대학 측에 자퇴서를 제출하고 어릴 적 친구인 폴 G. 앨런Paul G. Allen과 함께 마이크로소프트MS사를 설립했다. 그런데 빌 게이츠가 세계 최고의 명문대학인 하버드 대학을 자퇴하기까지는 엄청난 용기와 결단력이 필요했을 것이다. 남의 시선과 부러움을 한 몸에 받을 수 있는 하버드대 학생의 이점을 모두 포기하고 위험하고 불확실한 자신의 업컴퓨터 운용체계 개발과 IT보안기술 확보에 올인했다. 그 결과, 그는 지금 세계에서 제일가는 백만장자가되었다. 2007년 외신들에 따르면 빌 게이츠는 같은 해 6월 7일 하버드 대학에서 열리는 제356회 졸업식에서 축하연설을 하고 명예졸업장을 받았다고 한다. 지난 2000년도까지 MS사의 CEO로 근무했던 빌 게이츠는, 자신의 친구인 스티브 발머Steve Ballmer에게 CEO자리를 넘겨주고 현재는 회장 직함만 갖고 있다. 그는 지난 2000년도부터 아내인 멜린다 게이츠Melinda Gates와 함께 기금규모330억 달러면에서 세계 최대인 자선단체 '빌과 멜린다 게이츠 재단'을 운영하면서 전 세계인들의 보건향상과 빈곤퇴치, 그리고 교육환경개선을 위한 자선활동을 해오고 있다.

• MS사의 공동창업자인 빌게이츠와 앨런 (출처: 중앙일보) •

2007년도에 빌 게이츠가 하버드 대학에서 받은 명예졸업장은 그가 지금까지 펼쳤던 자선활동에 대한 공로와 무관하지 않다. 아무튼 빌 게이츠는 자신의 업으로 세계 최고의 갑부가 된데다 지난날 사업에 전념하기 위해 자기 스스로 중퇴했던 옛 모교에서 명예졸업장까지 받았으니 그로서는 한꺼번에 두 마리 토끼를 다 잡은 행운아가 된 셈이다. 그러나 인생의 고비마다 중대한 선택을 했던 그의 용기와 결단력, 자신의 업에 대한 비전과 확신, 그리고 백만장자가 된 이후에 보여준 숭고한 나눔의 정신을 고려해 볼 때, 오늘날 그가 받는 사회적 대접은 지극히 당연하다고 생각한다. 오늘날 미국이 세계의 패권을 잡고 있는 이유도 빌 게이츠처럼 자신의 '업'을 찾기 위해 매진하며 국가와 사회를 위해 헌신하는 숨은 인재들이 다른 나라보다 많기 때문이 아닐까? 라는 생각을 해본다.

2.2

리더십의 핵심요소인 8Q를 학습하자!

홀륭한 리더는 대체로 8Q,[1] 즉 MQ, OQ, EQ, IQ, PQ, RQ, MQ, CQ가 높은 사람이다.

다양성 지수 MQ: Multi Quotient

다양성 지수란, 다방면에서 남다른 재능과 역량을 얼마만큼 구비했는가를 나타내는 척도이다. 다양성 지수가 높은 사람을 꼽으라면 단연 르네상스 시대를 대표하는 레오나르도 다빈치Leonardo da Vinci가 제1순위를 차지할 것이다. 그는 과학, 건축, 토목, 수학, 음악, 미술, 조각 부문에서 뛰어난 역량을 발휘하며 르네상스 문명을 완성시켰기 때문이다.

창의력 지수 OQ: Originality Quotient

창의력 지수는 남다른 생각과 발상으로 남들이 미처 생각하지 못했던 것을 찾아낼 뿐만 아니라 새로운 가치를 끊임없이 발굴해서 세상을 변화시킬 수 있는 능력을 지칭한다. 컴퓨터 운영체계인 MS-DOS와 Window, 매킨토시 컴퓨터와 아이폰을 통해 디지털 문명을 선도했던 빌 게이츠Bill Gates나 스티브 잡스Steve Jobs 같은 인재들이 창의력 지수가 높은 대표적 인물이다. 또 창의력 지수는 체력이 아니라 뇌력에 의해서 좌우된다는 특성을 지닌다.

감성지수 EQ: Emotional Quotient

감성지수는 남을 먼저 배려하는 따뜻한 마음으로 주변 사람들과 견고한 휴먼-네트워크인맥를 구축할 수 있는 능력을 말한다. 고래까지 춤추게 할 수 있는 사람이 있다면 그는 분명 감성지수가 높은 사람일 것이다. 현대의 정치지도자들 가운데 감성지수가 제일 높았던 것으로 평가받는 분은 미국의 제40대 대통령을 역임한 로널드 W. 레이건Ronald Wilson Reagan이다. 그는 할리우드의

---

1 8Q를 국내 최초로 주장한 분은 시테크전문가로 유명한 윤은기 박사다. 이 부분에 대한 설명은 윤은기 박사의 아이디어에서 차용해 왔음을 밝힌다.

3류 배우 출신이었지만 탁월한 감성지수로 8년 동안 대통령직을 수행하는데 성공했다. 미국인들이 꼽는 레이건의 최대 공적은 침체의 늪에 빠진 미국경제를 부활시킨 점과 구 소련의 경쟁에서 실추된 미국인들의 자존심을 되찾아 주었다는 점이다. 미국인들은 최신예 항공모함의 이름을 레이건호라고 명명함으로써 고인이 된 그를 추모한 바 있다. 존경할 만한 대통령 하나를 갖지 못한 우리로서는 부럽기 그지없는 일이다.

정보지수 IQ: Information Quotient

정보지수는 디지털 사회를 지탱하는 2개의 엔진인 지식과 정보를 수집, 가공, 재생산해 낼 수 있는 능력을 말한다. 또 지식은 정보를 통해 축적되고 발전되어 나간다는 사실을 고려할 때, 정보의 중요성은 아무리 강조해도 지나치지 않다. '남을 알고 나를 알면, 백번을 싸워도 위태롭지 않다知彼知己 百戰不殆는 손자병법의 가르침도 결국 정보획득의 중요성을 강조하는 말이다. 정보지수의 대가를 꼽으라면 7년 동안 계속된 조일전쟁일명, 임진왜란에서 불패의 신화를 만들어냈던 충무공 이순신 장군을 들 수 있다.

열정지수 PQ: Passion Quotient

열정지수는 어떤 일을 하는데 있어서 목숨을 걸고 최선을 다하는 정신 자세, 즉 혼魂의 정신으로 내가 맡은 일에 책임을 지겠다는 마음가짐을 말한다. 연탄불처럼 기꺼이 자신을 불태워 타인을 따뜻하게 해주려는 사람들에게 발견되는 것이 다름 아닌 열정지수다. 담담한 자세, 거친 도전, 뜨거운 열정으로 오늘날의 현대그룹을 일궈낸 고 정주영 현대그룹 회장 같은 분이 열정지수의 대표적 인물이다.

기록지수 RQ: Record Quotient

기록지수는 자신의 일거수 일투족은 물론 조직의 잘잘못까지 소상하게 기록하면서 그것을 토대로 반성과 심기일전을 도모해 나갈 수 있는 능력을 지칭한다. 또 기록은 부실의 천적이며 자신을 입증해주는 최고의 알리바이다. 매사를 꼼꼼하게 기록하는 사람은 그렇지 않은 사람보다 실수할 가능성이 훨씬 더 적다. 훌륭한 리더 역시 자기 자신을 철저하게 기록하는 사람이다. 어제의 기록은 오늘을 투영하는 거울인 동시에 내일을 예측하는 훌륭한 자료가 된다. 7년 전쟁의 자세한 경과 과정과 조선 조정의 잘잘못을 『징비록』으로 남긴 서애 유성룡 선생 같은 분이 기록 지수가 출중했던 리더라고 생각된다.

도덕지수 MQ: Moral Quotient

도덕지수는 그 사람이 얼마만큼 청렴하며 윤리적으로 깨끗한가를 나타내주는 척도다. 리더에게는 다른 사람들보다 엄격한 도덕성이 요구된다. 도덕지수가 높은 리더는 '어항 속의 금붕어'처럼 어느 방향에서 바라보더라도 투명한 사람이다. 따라서 그런 리더는 어느 누구에게도 주눅들 필요가 없고 항상 당당하게 조직을 이끌 수 있다. 도덕지수가 출중했던 인물로는 세종대왕 때 좌 의정을 역임했던 허조 대감을 들 수 있다. 그는 죽기 직전 "나는 국가 일을 내 일처럼 여기고 항 상 최선을 다했다. 또 나랏돈을 쓸 때에도 그것을 내 돈처럼 소중하게 생각하고 낭비하지 않았 다. 공직 생활을 마무리 하면서 지난날을 홀연히 뒤돌아볼 때, 세상에 부끄러운 점이 하나도 없 다"는 말을 남겼던 조선의 진정한 청백리였다.

변화지수 CQ: Change Quotient

변화지수는 세상이 변화하는 방향과 속도를 정확하게 가늠하고 예측할 수 있는 능력을 의미 한다. 카오스로 특징 지어진 지식정보화 사회는 변화의 속도가 빠른 데다 고객들의 변화 요구 또 한 강하기 때문에 그것에 탄력적인 대응을 하지 못했을 경우에는 살아남기 힘들다. 따라서 리더 의 변화지수가 함량미달이면 그가 이끄는 조직은 마치 폭풍우 속의 돛단배처럼 침몰할 가능성 이 매우 크다. 조선 역사에서 변화지수가 높았던 최고의 리더는 태종 이방원이다. 그는 조선을 개국하는데 일등공신의 역할을 하였고, 성군의 자질을 가진 셋째 아들 이도를 자신의 후계자로 발탁해서 조선 초기의 르네상스 시대를 열도록 했던 인물이다. 그는 개국 초기의 불안정한 대내 외 상황 변화를 동물적 감각으로 직시하며 누구보다도 시대 정신을 정확하게 읽고 그것에 탄력 적으로 대응했던 뛰어난 리더였다.

리더를 리더답게 만드는 요인을 분석하자!

리더를 리더답게 만드는 요인은 크게 선천적인 요인과 후천적인 요인으로 구분한다. 하지만 진정한 리더는 선천적인 요인보다 후천적인 요인에 의해서 창조된다는 사실에 유념할 필요가 있다.

선천적 요인으로는 부모로부터 물려받은 유전인자로서 육체적 및 정신적 건강, 열정, 추진력, 합리적 자세, 인지 능력, 긍정적 사고, 도덕성, 성실성 등을 들 수 있다. 또한 후천적 요인으로는 교육과 훈련, 꾸준한 경력관리 등이 있다. 도전적인 프로젝트에의 참여 경험, 동료나 상사로부터의 코칭이나 지도 유무, 존경하는 인물에 대한 롤-모델의 존재 여부, 성과에 대한 객관적인 평가와 피드백 시스템의 운용 유무 등도 경력관리와 관련된 항목이다.

결론적으로 리더에게 있어서 정말로 중요한 것은 후천적 요인이다. 리더가 되는 과정은 거친 돌을 갈아 닦아 빛나는 보석을 만드는 과정과 동일하다. 제아무리 선천적인 요인이 뛰어나다 해도 리더 본인이 피나는 자기노력을 게을리 하는 한, 훌륭한 리더가 될 수 없다. 즉 후천적인 노력이 가미되어야만 타고난 끼와 재능도 빛을 발할 수 있다는 얘기다.

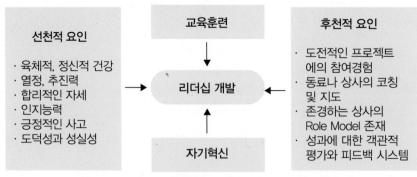

• 이승주 저, 전략적 리더십(2005.3), SIGMA INSIGHT, p.27 참조 •

리더십에 대한 자기평가를 해보자!

과연 나에게도 리더의 자질이 있을까? 아래에 있는 '리더십에 대한 체크리스트'를 읽고 각자 자신에 해당하는 항목을 진지하게 체크해보자.

리더십에 대한 체크리스트

다음 질문을 읽고 YES일 경우에만 □에 ∨자로 표시를 하시오.

☐ 나는 비전을 구체적으로 설정할 만한 지적 능력이 있는가?

☐ 나는 내가 내린 의사결정에 대해 무한책임을 질 수 있는 사람인가?

☐ 나는 현실을 직시하고 미래를 정확하게 예견할 수 있는 통찰력을 지니고 있는가?

☐ 나는 진실에 기초한 도덕성으로 다른 사람들과 견고한 휴먼-네트워크를 구축할 수 있는가?

☐ 나는 견리사의見利思義와 멸사봉공滅私奉公의 자세로 조직과 추종자들을 위해 기꺼이 희생하고 봉사할 수 있는가?

☐ 나는 내가 하고 있는 분야에서 최고의 성과를 도출해낼 수 있는 탁월한 업무능력을 갖고 있으며, 추종자들에게 동기부여를 해줄 수 있는가?

그런 다음 자신이 체크한 항목이 몇 개인지 세어보자. 만약 체크된 항목이 5개 이상이라면 이미 리더로서 자질이 충만한 사람이고 3~5개이면 리더가 될 가능성이 있는 사람이다. 하지만 3개 이하인 경우에는 피나는 노력을 해야만 리더의 반열에 오를 수 있는 가능성이 있다고 판단된다. 하지만 3개 이하라도 절망만큼은 하지 않았으면 한다. 왜냐하면 처음부터 리더인 사람은 없으니까. 누구든 '두드려라, 그러면 열릴 것이다'는 각오로 피나는 노력을 경주하면 리더의 반열에 오를 수 있다는 사실을 믿고 그 길로 일로매진하기를 기대한다.

결과표

☑의 숫자가 5개 이상인 경우: 리더로서의 자질이 충만하다.
☑의 숫자가 3개 이상인 경우: 좀 더 노력하면 훌륭한 리더가 될 수 있다.
☑의 숫자가 3개 미만인 경우: 체계적인 리더십 학습이 필요한 사람이다.

리처드 대프트Richard Daft가 제시한 리더의 변모과정에 대해 학습하자!

Daft는 리더의 변모과정을 크게 4단계로 구분했다. 그리고 그는 각 단계에서 나타나는 리더의 특성에 대해 아래와 같이 설명했다.

제1단계: 리더십에 대한 기본 개념도 없고 리더십에 대한 자신의 능력도 제대로 파악하지 못한 무지, 무능의 초보적인 단계다.

제2단계: 리더십에 대한 기본 교육을 통해 리더십의 기본 지식을 갖고는 있지만 아직 리더십에 대한 경험 부족으로 리더로서의 능력이 미약한 상태다.

제3단계: 리더십에 대한 이론적 지식이 뛰어나고 다양한 현장 경험과 치열한 자기 혁신을 통해 리더로서의 자질과 능력을 배양해가는 리더십의 본격적인 학습단계다.

제4단계: 최고 수준의 리더십을 보유한 상태로서 무의식중에도 자연스럽게 리더십을 발휘하는 수준이다. 한마디로 리더십에 대해 득도得道한 수준이라고 말할 수 있는 단계다.

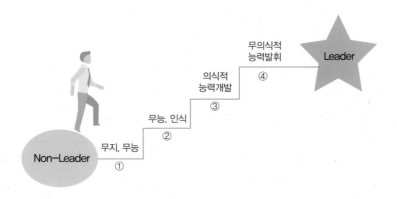

리더십에 대한 6단계의 자기학습과정에 최선을 다하라!

리더십에 대한 6단계의 자기학습과정은 다음과 같이 요약 정리할 수 있다.

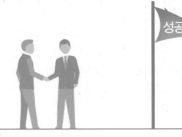

6단계	**훌륭한 리더로서 거듭 태어난다!**
5단계	끊임없는 자기 평가를 통해 장점은 살리고 단점은 보완한다. —피드백 평가를 생활화한다.
4단계	곧바로 행동에 옮길 수 있는 리더십의 실행 전략을 짠다. —리더의 절대 덕목은 무엇이며, 어떻게 행동으로 옮길 것인가?
3단계	리더십에 대한 구체적인 학습목표를 설정한다. —무엇을 버리고, 무엇을 선택할 것인가?
2단계	현재의 자신에 대한 상황진단을 실시한다. —자신에 대한 SWOT(강점, 약점, 기회, 위협) 분석을 실시한다.
1단계	미래의 바람직한 자기 모습을 그려본다. —내가 간절하게 바라고 희망하는 리더상은 무엇인가?

이순신의 8Q 리더십을 학습하라!

2004년 KBS가 주말의 황금시간대에 대하드라마「불멸의 이순신」첫 방송을 내보낼 즈음, 나는『맨주먹의 CEO 이순신에게 배워라』라는 책을 출간했다. 그것은 역사를 전공하지 않은 내가 약 10년여에 걸친 나름대로의 이순신 연구를 1차 결산한 결과물이다. 나는 그 책에서 이순신의 정신세계를 다음과 같은 '가상 어록'으로 정리해 보았다. 당시 이 글은 네티즌들 사이에서 큰 화제를 불러일으키며 많은 사랑을 받은 바 있다. 당연히 저자로서 큰 보

이순신의 가상 어록

① 집안이 나쁘다고 탓하지 마라.
   나는 한미한 가문에서 태어나 가난 때문에 외갓집에서 동네에서 자라났다.
② 머리가 나쁘다고 말하지 마라.
   나는 28세 때 첫 시험에 낙방하고 32세의 늦은 나이에야 겨우 합격했다.
③ 좋은 직위가 아니라고 불평하지 마라.
   나는 14년 동안 변방 오지에서 하급 장교로 근무했다.
④ 윗사람의 지시라 어쩔 수 없다고 말하지 마라.
   나는 불의한 직속상관들의 불화로 몇 차례나 파면과 불이익을 받았다.
⑤ 몸이 약하다고 고민하지 마라.
   나는 평생 동안 고질적인 위장병과 전염병으로 고생했다.
⑥ 기회가 주어지지 않는다고 불평하지 마라.
   나는 왜적의 침입으로 나라가 위태로워진 후에야 47세의 나이로 제독이 되었다.
⑦ 조직의 지원이 없다고 실망하지 마라.
   나는 스스로 논밭을 갈아 군자금을 만들었고, 불패의 신화를 창조했다.
⑧ 윗사람이 알아주지 않는다고 불만을 갖지 마라.
   나는 임금의 끊임없는 오해와 의심으로 모든 전공을 뺏긴 채, 백의종군을 해야 했다.
⑨ 자본이 없다고 절망하지 마라.
   나는 빈손으로 돌아온 전쟁터에서 13척의 판옥선으로 133척의 왜선을 막았다.
⑩ 옳지 못한 방법으로 가족을 사랑한다 말하지 마라.
   나는 20세의 아들을 적의 칼날에 잃었고 다른 아들과 조카들을 데리고 전쟁터로 나섰다.
⑪ 죽음이 두렵다고 말하지 마라.
   나는 왜적들이 물러가는 마지막 전투에서 스스로 죽음을 택했다.

람과 행복을 느꼈던 기억이 있다.

역사에 문외한이었던 내가 이순신이라는 인물에 대해 본격적으로 연구하기 시작한 시점은 1995년 10월이다. 당시 도쿄의 신바시 지역에 머물고 있었던 나는 일본인들이 오래전부터 '이순신 연구회'를 결성해서 그의 삶과 사상, 전략과 전술, 가치관 등을 체계적으로 공부하고 있다는 얘기를 듣고 큰 충격을 받았다. 나는 그것을 계기로 평생 동안 이순신을 연구하겠다고 다짐했다. 그렇게 마음먹은 데는 고등학교 시절 국어 선생님으로부터 우연히 들은 고故 양주동 박사 때문이다. 양 박사와는 한 번도 만난 적이 없지만, 그에 대한 얘기는 지금도 내 뇌리에 단단히 박혀 있다. 원래 양 박사의 전공분야는 향가鄕歌가 아니었으나, 일본인들이 향가 연구에 몰두하는 것을 보고 충격을 받았다고 한다. 그 후 그는 향가 연구에 정진해서 그 분야의 독보적인 존재가 되었다. 나도 양 박사처럼 되고 싶었다.

나는 틈틈이 이순신과 관련된 국내외 문헌들과 학위논문들을 모으면서 그 내용을 정리해 나갔다. 또 짬이 나는 대로 전적지 답사도 게을리 하지 않았다. 수시로 현충사와 이순신의 묘소를 찾아가 그의 영혼과 무언의 대화를 나누면서 우리들에게 물려준 정신적 유산 찾기에 열심히 매달렸다. 약 10년여에 걸친 연구를 통해 나는 이순신이야말로 지나간 역사 속에 화석처럼 굳어버린 존재도, 어설픈 '전쟁 영웅화 작업'으로 박제剝製된 영웅이 아니라는 사실도 깨닫게 되었다. 그의 삶과 사상은 조일전쟁 때보다 더욱 치열한 경제전쟁을 벌여야 하는 현재에도 여전히 의미가 있으며, 그의 전술과 전략 또한 매우 유용하게 쓰일 수 있다는 것도 깨닫게 되었다. 더욱 놀라운 것은 16세기의 이순신에게서 21세기에 요구되는 디지털 인재의 속성이 대거 발견된다는 사실이다. 4세기 전의 무장武將이 21세기의 디지털형 인재라는 점과 그가 21세기 우리나라 정치 리더들이 본받아야 할 디지털 리더십의 소유자란 사실은 매우 놀라운 일이다. 나는 여기서 우리나라 정치 리더들이 벤치마킹해야 할 이순신의 8Q 리더십에 대해 간략하게 소개하고자 한다.

누구도 감히 범접할 수 없는 이순신의 8Q 리더십

1 이순신은 다양성 지수MQ가 뛰어난 르네상스형 칼라의 멀티 플레이어였다. 그는 레오나르도 다빈치Leonardo da Vinci처럼 다방면에 걸쳐 남다른 재주가 많았다. 그는 육전과 해전에 능했고, 전술과 전략에도 조예가 깊었다. 활쏘기와 문학에서도 천부적인 재능을 발휘했다. '한산섬 달 밝은 밤에…'로 시작하는 한산도가閑山島歌를 보면, 그의 뛰어난 문학적 자질과 섬세한 감수성의 깊이를 엿볼 수 있다. 그가 남다른 문학적 소양을 갖고 있었기 때문에, 전쟁보고서인 장계와 『난중일기』를 남길 수 있었고 부하나 백성들과 긴밀하게 소통을 할 수 있었던 것으로 보인다.

2 이순신은 열정지수PQ, 즉 혼魂의 정신으로 조선의 바다를 완벽하게 지켜냈다. 그의 정신세계를 지배했던 혼의 정신은 그가 남긴 여러 명언들에서 선명하게 드러난다. "신에게는 아직도 12척의 전선이 있습니다. 죽기를 각오하고 싸운다면 적들도 우리를 업신여기지 못할 것입니다.", "이 원수를 무찌른다면 지금 죽어도 유한遺恨이 없겠습니다!", "전투가 급하다! 나의 죽음을 알리지 마라"와 같은 그의 말에서 우리는 그가 혼의 화신化神임을 느낄 수 있다. 불꽃같은 열정으로 초인적인 삶을 살다가 극적인 최후를 맞이했기에, 지금까지도 세인들이 그의 무덤 앞에서 옷깃을 여미며 추모의 정을 나누는 것이다.

3 이순신은 탁월한 감성지수EQ로 견고한 휴먼-네트워크를 구축하는데 성공했던 인물이었다. 그는 조실부모한 어린 조카들을 친자식 이상으로 보살피고 가르쳤으며 결혼까지 시켜주었다. 또 자신을 따르는 군졸들과 백성들을 따뜻하게 먹이고 재우고 입히기 위해서 온갖 수고를 아끼지 않았다. 그것은 '비록 전투는 군인이 하지만, 전쟁은 백성들과 함께 해야만 승리할 수 있다'는 그의 신념 때문이었다. 이순신의 따뜻한 인간미에 감동한 백성들은 조선 수군을 돕는데 적극 동참했다. 그에게는 유독 적정敵情에 대한 첩보를 제공해준 사람들당항포해전 때의 김모 및 강탁, 한산도해전 때의 김천손 등과 병력지원이나 물질적 지원을 아끼지 않은 사람들명량해전 때의 오익창, 조정, 마하수 등이 많았다. 그것은 그가 섬세한 감성지수로 백성들과의 휴먼-네트워크 구축에 온갖 정성을 다 쏟았기 때문에 가능했다.

4 이순신의 정보지수IQ는 타의 추종을 불허할 만큼 완벽했다. 그는 독수리의 눈과 거미의 눈을 동시에 구비하고 있었다. 즉 그는 거시적 측면은 물론 미시적인 측면에서도 왜적에 대한 적정敵情 및 전술전략, 함대 이동상황, 전황戰況 등을 정확히 꿰뚫어 보고 있었다. 일반적으로 정보에는 2가지 유형이 있다. 하나는 U2 정찰기, 공중조기경보통제기일명. AWACS機, 군사용 첩보위성과 같은 최첨단 장비를 이용하여 적의 병력이나 전력戰力을 감지하는 시그널 정보SI: Signal Information다. 다른 하나는 휴먼 정보HI: Human Information로써, 이것은 사람들 간에 긴밀한 정서적 교감을 통하여 적에 대한 전술전략, 전력, 적군의 심리상태 등을 알아내는 것을 의미한다. 그런데 이순신은 휴먼 정보에 기초한 정보 획득에 천부적인 재능을 가졌던 인물이다. 그는 함대를 편성할 때에도 반드시 척후장이라는 직책을 두어 활용했다. 특히 주요 해전일 경우에는 함대의 좌우측면에 척후장을 배치시켜 왜적의 급습에 대비했고, 첨사나 만호 급의 고급 장수를 척후장에 임명하였다. 이는 그가 정보를 얼마만큼 중히 여기고 있었는가를 잘 보여준다.

5 '세계 최고', '세계 최초'의 정신을 지향했던 그의 창의력 지수CQ는 불패의 신화를 낳았던 거북선의 창조에서 그 절정에 도달했다. 또 그는 함대운영에 대한 조정의 지원이

부족하자 청어 잡기와 소금 굽기와 같은 어업활동과 둔전경영, 해로 통행첩의 발행을 통해 군자금을 확보했다. 그렇게 조달한 돈으로 장병들의 의식주를 해결하고, 전선戰船 건조, 총통 제작, 화약 및 염초의 생산에 충당했다. 러일전쟁 때, 러시아 제국이 자랑하는 천하무적의 발틱함대를 궤멸시킨 일본의 유명한 해군 제독인 도고 헤이하치로 제독은 "영국의 넬슨 제독은 군신軍神이라고 부를 만한 인물이 못 된다. 세계의 해군 역사에서 군신으로 존경받을 수 있는 제독이 있다면, 그것은 이순신뿐이다."라는 말을 남겼다. 이것은 영국 정부의 강력한 지원 하에 전투를 수행하여 승리를 거둔 넬슨 제독은 조정의 지원이 아주 빈약한 상태에서 창의적인 방법으로 군자금을 모으면서 불패의 신화를 일궈낸 이순신과 비교대상이 되지 않는다는 얘기다. 그렇다면, 이순신의 뛰어난 창의력 지수는 어디에서 나온 것일까? 나는 그 해답을 『난중일기』에서 찾았다. 4세기 전에는 요즘처럼 주 5일제나 주 6일제 근무가 보편화되지 않았다. 『난중일기』를 보면, 그가 나라의 제삿날역대 왕이나 왕비의 기일을 의미이나 자기 조상이나 형제들의 기일忌日에는 공무를 보지 않고 휴식을 취했다는 내용이 나온다. 또 주기적으로 충분한 휴식을 취한데다 평소 많은 문제의식을 갖고 있었기 때문에 그의 창의력 지수가 높았던 것으로 평가된다. 실제로 『일 잘하는 사람들의 휴식 습관』이라는 책을 쓴 제임스 조셉은 "좋은 휴식이야말로 자신감 넘치는 여유, 고도의 집중력과 창의력의 발현, 새로운 동기유발, 기억력 향상, 정보에 대한 객관적 접근, 새로운 기술과 지식의 연상을 가능하게 한다."라고 얘기한 바 있다. 일리 있는 얘기라고 생각한다.

　　6 이순신은 민족문화유산으로 대접받을 만한 『난중일기』를 집필했던 기록지수RQ의 대가였다. 『난중일기』는 한 인간으로서의 고뇌와 사생활은 물론 조국의 바다를 지키며 왜군을 섬멸하는 자신과 조선 수군의 활약상을 눈앞에서 입체적으로 재현시켜주는 명문名文으로 구성되어 있다. 또 『난중일기』에는 당시의 생활상과 군대내 보직자의 이름은 물론 그들의 근무 자세까지 매우 소상하게 기록되어 있다. 오늘을 사는 우리들은 『난중일기』를 통해 당시의 전시행정체제, 해전을 위한 준비상황과 승리의 과정, 조선 수군의 직제職制, 백성들의 생활모습, 죄인들에 대한 형벌 등을 자세하게 파악할 수 있다. 그는 해전을 치른 날 밤에도 장병들을 재워놓고 등불 앞에 홀로 앉아 일기를 쓰면서 하루를 반성하고 내일을 기약하는 자세로 자신의 마음을 가다듬었을 것이다. 지구상에 존재했던 수많은 장군들 가운데 그처럼 자신을 철저하게 기록했던 사람이 있었는가? 단언하건대, 그런 영웅은 일찍이 존재하지 않았다. 그가 보통사람들과 다른 이미지의 인물로 다가오는 것도 그 때문이다. 한편, 그의 정신세계에서는 '장검'으로 대변되는 남성적인 '무'武의 세계와 '달'로 비유되는 여성적인 '문'文의 세계가 서로 갈등을 빚지 않고 조화를

이루고 있다. '장검'이 공문과 장계의 산문이었다면, '달'은 『난중일기』와 시문의 운문이었다고 볼 수 있다. '장검'의 세계에서 그는 제일가는 전쟁영웅이었다. 하지만 '달'의 세계에서 그는 섬세한 문학적 감수성을 지닌 문사文士였고 우수에 젖은 나약한 인간이었다. 우리가 '장검'을 휘두르며 왜적의 목을 베는 전쟁영웅으로서의 이순신만 기억한다면, 그것은 그의 반쪽 모습만을 바라보는 셈이 될 것이다.

7 혼탁한 세상에 한층 빛을 발하는 이순신의 도덕지수MQ가 우리를 숙연하게 만든다. 그는 '어항 속의 금붕어'처럼 투명한 사람이었다. 일생동안 공사公私가 분명했고, 언제나 공을 사보다 우선시했다. 그는 고향에 근친을 갔다 올 때에도 부대에서 배급받아 가지고 갔던 양식이 남으면 부대로 가지고 돌아와서 반납했다. 발포 만호시절에는 자신의 직속상관이었던 전라좌수사 성박이 객사 뜰에 서 있는 오동나무를 베려하자 그것이 나라의 물건임을 이유로 베지 못하게 했으며, 자신의 종친이었던 이율곡이 사람을 보내 인사상의 도움을 주려하자 정중하게 거절했던 일화는 그가 진정한 청백리였음을 보여주기에 조금도 부족하지 않다. 그는 막강한 권한을 가진 삼도수군통제사였음에도 불구하고 자신의 아들을 전쟁터로 내보내는데 조금도 주저하지 않았으며, 심지어 셋째 아들 이면은 왜적과 맞서다가 전사를 당하는 비운을 겪기도 했다. 이처럼 솔선수범과 자기희생이 전제되었기에, 민초들이 그의 명령에 자신의 목숨을 초개처럼 버릴 수 있었고 모든 전투에서 9할대 이상의 높은 승률을 기록할 수 있었던 것이다.

8 이순신은 남다른 변화지수CQ로 위기를 기회로 바꿔놓는데 뛰어난 능력을 발휘했던 인물이었다. 그는 주변의 상황변화를 정확하게 예견하고 탄력적으로 대응할 수 있는 유비무환의 자세를 갖고 있었다. 조일전쟁의 발발을 일찌감치 예상하고 빈틈없는 전쟁 준비에 박차를 가했기 때문에, 판옥선의 보유 숫자나 수군의 숫자 면에서 가장 전력이 약했던 전라좌수영의 조선 수군이 개전 초기부터 승전고를 올릴 수 있었다. 또 그는 끊임없는 정찰과 탐망 활동을 통해 왜군의 예상 침투로와 예상 침투 날짜까지 가늠하여 만반의 전투 대비태세를 갖춤으로써 불패의 신화를 창조할 수 있었다. 중국 고서인 『중용中庸』을 보면, 유비무환과 관련된 2개의 명언이 나온다. '준비가 기회를 만날 때, 행운이 찾아온다'와 '준비를 갖추면 근심이 없다.'이다. 내게 있어 이 말은, 미래를 예측하여 부족한 점을 미리미리 대비했던 선견지명의 대가인 그를 두고 하는 칭찬처럼 다가온다. 그 때문인지 이순신은 『난중일기』1594년 5월 10일자에다 왜적과의 해전에 대한 자신감을 이렇게 피력한 바 있다.

비가 계속해서 내렸다. 새벽에 일어나서 창문을 열고 멀리 바라보았더니 수많은 우리 배가 온 바다에 깔려 있었다. 적이 비록 쳐들어오더라도 쳐부술 수 있을 것이다. 늦게 우후와 충청수사가 와서 장기를 겨루었다(중략).

우리는 그를 통해 앞으로 들이닥칠 일을 사전에 예견할 수 있는 리더를 갖고 있는 국가나 조직은 쉽게 붕괴되지 않는다는 것을 확인했다. 만약 그와 같은 정치 리더들이 존재한다면 우리나라의 운명은 매우 밝을 것으로 믿어 의심치 않는다. 이순신! 그는 우리 역사에서 보기 드문 변화지수의 대가였다.

이제는 NQ가 최고의 경쟁력이다!

아주 오래 전에, 시골 부모님 댁의 처마 끝에서 열심히 거미줄을 치고 있는 거미를 신기롭게 바라본 적이 있다. 처마 밑 돌기 부분과 TV 안테나선 사이로 몇 번의 번지점프를 하면서 마치 자전거의 바퀴살과 같은 모양으로 기본 골격을 만든 다음, 그 위를 일정한 간격으로 빙글빙글 돌면서 동심원 모양의 거미줄을 치는 것이었다. 그 거미줄의 이름이 '포획사'라는 것을 안 것은, 그로부터 한참의 시간이 흐른 뒤였다. 또 우연한 기회에 거미가 거미줄의 이상 유무를 확인하기 위해 거미줄 위로 순찰하는 모습을 보면서 한 가지 재미있는 현상을 목격했다. 그것은 거미가 다니는 길이 자전거 바퀴살 모양의 거미줄 위로만 한정되어 있다는 것이었다. 그 이유 또한 나중에 알게 되었다.

사람들은 거미줄이 끈적끈적할 거라고 생각한다. 하지만 실제 거미줄은 나일론실처럼 매끈매끈하다. 그런데 거미는 자신이 다니는 통로의 거미줄에는 끈끈이를 바르지 않고, 포획사 부분에만 끈끈이를 발라 거기에 걸린 곤충을 꼼짝달싹 못하게 할 뿐이다. 포획사는 거미가 편상선이라는 실샘을 통해 매끈매끈한 줄을 몸 밖으로 뽑아내면, 실샘 양쪽에 있는 초생달 모양의 수상선이 끈끈이를 바르면서 만들어진다는 것이 거미 전문가의 설명이다. 거미줄의 강도强度 또한 우리

• 거미줄과 거미 (출처: 여의도시인 블로그) •

의 상상을 초월한다. 거미는 번지점프, 먹잇감 포획, 고치 만들기, 비행 등을 위해 무려 9가지 종류의 거미줄을 만들 수 있는데, 그중에서 번지점프용 거미줄은 단위당 강도가 강철이나 케블라 섬유인간이 지금까지 만든 것 중에 가장 강력한 섬유보다도 강력한 것으로 알려져 있다. 그 때문에 미국은 군사용 방탄조끼나 낙하산 줄의 제조에 필요한 고강력 섬유를 얻기 위해 거미줄을 연구하고 있다.

거미줄은 휴먼-네트워크의 상징이다!

나는 거미줄을 보면서 우리의 인간관계도 그것처럼 견고하고 끈끈했으면 좋겠다는 생각을 해봤다. 요즘 직장인들은 보면 직장상사, 동료, 부하직원들과의 원만하지 못한 인

간관계로 고민하는 분들이 의외로 많다. 그래서 그런지 요즘에는 NQNetwork Quotient가 개인경쟁력의 새로운 핵심인자로 떠오르고 있다. 그런데 NQ는 그냥 업그레이드가 될 수 있는 게 아니다. NQ의 제고는 상대방의 복잡 미묘한 마음을 잘 읽고, 자신의 입장과 상황을 상대방의 그것과 잘 조화시킴으로써 신뢰와 지지를 얻어낼 수 있을 때만 가능하다. 그러려면 무엇보다도 상대방의 기분을 거스르지 않는 동시에 상대방의 아킬레스건을 건드리지 않는 세심한 배려가 필수적이다. 그런 이유에서 NQ의 업그레이드를 통한 인간관계의 개선에도 고도의 테크닉이 필요하다고 말할 수 있다.

또 NQ는 EQ와도 밀접한 연관관계를 맺고 있다. EQ란, 뛰어난 유머감각과 미소로 주위사람들에게 유쾌함과 편안함을 선사하고 남을 먼저 배려함으로써 따뜻한 휴머니즘을 자아낼 수 있는 능력을 지칭한다. 돼지머리도 웃는 모습이어야만 비싸게 팔리고, 거지도 옷을 잘 차려 입어야 수입이 많은 이유도 EQ와 무관하지 않다. 게다가 EQ는 힘겨운 세상사로 말미암아 절망감에 사로잡혔을 때, 자기 자신에게 자신감과 용기를 불어넣음으로써 그 위기를 슬기롭게 극복하게 해주는 마력魔力까지 지니고 있다. 일반적으로 EQ가 높은 인물의 주위에는 항상 많은 사람들로 인산인해人山人海를 이룬다. 왜냐하면 EQ가 높은 인물일수록 경직된 인간관계를 펀Fun: 재미 중심의 견고한 휴먼-네트워크 체제로 전환시켜주는 감동의 바이러스가 활발하게 작동하기 때문이다. 만약 대통령과 국민들, 장군과 부하들, 기업의 CEO와 직장인들 사이에 거미줄과 같은 휴먼-네트워크 체제가 구축된다면 그 사회는 엄청난 에너지를 발휘할 수 있다. 즉 NQ가 높은 대통령은 안정 속에 번영을 구가하면서 국민들의 삶의 질을 획기적으로 개선시킬 수 있고, NQ가 높은 장군은 어떤 전투에서도 승리할 가능성이 크다. 또 NQ가 높은 CEO는 노사勞使 간에 산업평화의 기조를 유지하면서 자신이 몸담고 있는 기업을 세계 초일류기업으로 탈바꿈시켜 놓을 것이다. 그래서 사람들이 NQ를 중요하게 여기는 것이다.

유대인, 그리고 기러기와 바다거북

이 세상에서 NQ가 가장 뛰어난 민족은 유대인이다. 그들의 정신세계를 집약해 놓은 『탈무드』를 보면, '모든 유대인은 서로를 책임져야 한다All Jews are responsible for one another.'라는 글귀가 나온다. 이 사안에 대해 어떤 유대인들도 이견異見을 제시하지 않는다. 정통주의를 고집하는 유대인, 개혁주의 노선을 지향하는 유대인, 보수주의 노선을 고수하는 유대인들 모두가 이 문제에 관한 한, 한마음 한뜻이다. 따라서 유대인들은 비록 피부색과 언어가 다를 지라도 유대교를 믿으며 유대인의 혈통을 이어받은 사람들은 모두 유대인으로 대접하며 어려움에 처한 유대인들을 돕는데 조금도 주저하지 않는다.

오늘날 유대인들이 금융, 언론 및 방송, 교육, 학문, 영화, 비즈니스, 보험, 백화점, 노벨상 등의 부문에서 일당백—當百의 눈부신 활약을 하고 있는 이면에는 이와 같은 유대인 특유의 NQ가 한몫을 하고 있다.

한편, 동물의 세계에서 NQ가 높은 집단은 기러기와 바다거북이다. 기러기는 암수가 한 쌍을 이뤄 부부생활을 하다가 배우자가 죽으면 나머지 기러기가 재혼하지 않고 절개를 지키는 철새로 유명하다. 우리나라 전통 혼례식에서 나무 기러기인 목안木雁이 등장하는 것도 '세상을 살면서 신랑과 신부가 다른 마음을 먹지 말고 기러기 부부처럼 일생을 함께 해로하라'는 가르침을 전달하기 위함이

• 기러기의 V자형 비행 (출처: 서울고 16회 동기회 블로그) •

다. 또 기러기는 먹이를 찾아 대이동을 할 때에도 꼭 V자 모양으로 떼를 지어 비행한다. 그들의 편대비행에는 고도의 과학적 원리가 숨어 있다. 앞에서 날아가는 기러기의 날갯짓은 공기 중에 양력揚力을 불러일으킨다. 양력이란, 날개의 바깥쪽 부근에서 공기의 흐름을 위로 올라가게 하는 힘을 말한다. 앞서 날고 있는 기러기의 날개 끝에서 비행하는 기러기들은 이러한 양력을 활용해서 힘들이지 않고 쉽게 날아갈 수 있게 된다. 따라서 V자 모양의 편대비행은 기러기들의 에너지를 최소화하면서 먼 거리를 효율적으로 이동할 수 있는 최적의 비행 방법으로 알려져 있다. 또 기러기는 선두에서 날고 있는 기러기가 지치면, 곧바로 후미에서 날고 있던 기러기가 앞으로 나와 편대비행을 리드한다. 특히 기러기들은 "끼륵 끼륵"이라는 소리를 내는데, 이는 동료 기러기들에게 "화이팅"을 외치는 것과 같은 행동이다. 리더 기러기는 동료나 후배 기러기들을 격려해주면서 힘든 여정을 함께 하는 것이다. 만약 인간들도 기러기처럼 동료들 간에 활발한 의사소통을 하면서 상부상조相扶相助한다면, 우리가 사는 세상은 한없이 아름답고 살기 좋은 사회가 될 것이다.

바다거북 또한 우리들에게 NQ의 중요성을 깨우쳐주는 죽비竹篦로 작용한다. 어미 바다거북은 바다에서 그리 멀지 않은 뭍으로 올라와 한 번에 수백 개의 알을 낳고 모래나 흙으로 덮은 다음, 지열地熱에 의한 새끼의 부화를 기대하며 바다로 돌아간다. 그리고 일정기간이 지나면 새끼 바다거북들이 일제히 알을 깨고 나오는데, 거기서부터 그들의 아름다운 협동정신이 나타난다. 맨 위층의 알에서 깨어 나온 새끼 바다거북은 자신들을 뒤덮고 있는 모래나 흙을 파헤치면서 알 구덩이로부터의 탈출을 감행한다. 이때, 중간

부위에 있는 새끼 바다거북들은 위층에서 떨어지는 모래나 흙을 아래로 내려 보내면서 상층부의 새끼 바다거북들이 순조롭게 탈출할 수 있도록 돕는다. 맨 아래층에 있는 새끼 바다거북들은 아래로 내려오는 모래나 흙을 차곡차곡 다지면서 중간부위에 있는 새끼 바다거북들의 탈출을 돕는다. 이렇게 보면 맨 아래층에 있던 새끼 바다거북들만 뒤늦은 탈출로 손해를 볼 것 같은데, 실제로는 그렇지 않다고 한다. 모래나 흙더미 속에서 맨 먼저 탈출한 새끼 바다거북들은 괭이갈매기와 같은 포식자들의 첫 번째 공격목표가 되는데다 탈출로를 잘못 설정하는 바람에 희생당할 확률이 가장 높다. 반면, 맨 나중에 탈출한 새끼 바다거북들은 추종자追從者만이 향유할 수 있는 이점예: 포식자로부터의 해방, 정확한 탈출로의 선택에 따른 높은 생존확률을 누리면서 유유히 바다 속으로 사라져간다는 것이다.

적어도 '꽃게'같은 존재는 되지 말자!

한편, 밥도둑이란 애칭을 갖고 있는 게장의 주인공은 꽃게다. 물론 게장 맛은 민물참게가 으뜸이지만, 그것은 잡히는 양도 적고 값도 비싸기 때문에 일반인들이 흔히 즐기는 것은 꽃게장이다. 그런데 이 꽃게란 녀석이 갖고 있는 고약한 버릇이 우리들의 관심을 끌고 있다. 어부들에게 포획된 꽃게는 대부분 나무톱밥 속에 넣어져 산 채로 운반된다. 살아있어야 제값을 톡톡히 받을 수 있기 때문이다. 그런데 한 가지 재미있는 것은, 횟집이나 매운탕집 주인들이 꽃게의 탈출에 대해서 큰 신경을 쓰지 않는다는 사실이다. 왜냐하면 어느 꽃게가 탈출을 시도하면, 옆에 있던 다른 꽃게가 자신의 집게발로 도망치려는 동료 꽃게의 발목을 꽉 잡아주기 때문이다. 꽃게들이 서로 협조해서 한쪽에서는 망을 봐주고 다른 꽃게들이 탈출을 감행하면, 모든 꽃게들이 도망을 칠 수가 있다. 만약 횟집이나 매운탕 집 근처가 바닷가라면, 생존율도 그만큼 높아질 것이다. 그러나 꽃게들이 상대방의 발목을 잡는 못된 성격을 갖고 있기 때문에, 나무톱밥 속의 꽃게는 결국 게장이나 꽃게탕의 원료가 되고 만다. 사촌이 땅을 사면 배가 아픈 사람들, 잘나가는 사람을 뒤에서 해코지하려는 사람들, 남의 약점을 침소봉대針小棒大하여 곤혹스럽게 하는 사람들은 모두 다 꽃게 근성을 갖고 있다고 말할 수 있다. 그런데 서로가 서로를 미워하고 시기하고 남의 장점을 깎아내리는 사회에서는 견고한 휴먼−네트워크가 형성될 수 없다. 우리 사회의 NQ수준을 높이기 위해서는 무엇보다도 꽃게 근성을 가진 국민성의 개조 작업부터 시작해야 한다. NQ가 낮은 사회는 필연적으로 붕괴할 수밖에 없기 때문에.

우리들이 기억해야 할 대표 리더 ①

🔆 세계 최고의 특수비행팀 블랙이글스

현재 우리 공군은 세계 최고 수준의 특수비행팀인 블랙이글스를 운용하고 있다. 그들의 존재 이유는 국민들에게 공군의 참모습을 보여주고 세계 항공인들에게는 우리 공군의 우수성과 국산 항공기를 홍보하기 위함이다. 또 북한 정권에게는 우리 공군의 항공전력과 전투조종사들의 비행능력을 과시함으로써 전쟁을 억지시키는 것도 그들의 임무 중 하나다. 최근 블랙이글스는 세계 각국의 에어쇼에서 서로 모셔가기 위한 경쟁이 벌어질 정도로 에어쇼 부문에서 최고의 실력을 인정받고 있다. 하지만 그들이 처음부터 에어쇼를 잘한 것은 아니다.

처음엔 미미했으나 나중엔 창대했다!

우리 공군이 에어쇼를 시작한 원년은 6·25남침전쟁이 끝난 직후인 1953년이다. 고작해야 4대의 F-51D전투기일명, 무스탕가 편대비행을 하며 공중사격시범을 보인 게 전부였다. 그리고 에어쇼가 끝나자마자 그들은 곧 소속부대로 복귀했다. 우리 공군은 1994년 초까지 그런 식으로 에어쇼를 펼쳤다. 매년마다 상시적으로 에어쇼를 한 것도 아니다. 필요할 때마다 전투비행대대에서 전투기와 전투조종사를 차출해서 일정기간 합숙훈련을 한 후, 에어쇼를 했다. 그리고 에어쇼가 끝나면 곧바로 팀을 해체시키고 해당부대로 원대복귀 시켜서 영공수호임무에 전념해야 했다. 그때까지만 해도 전투기 운용에 여력이 없었기 때문이다. 공군은 1994년 후반에 경공격기인 A-37B일명, 드래건 플라이 6대로 최초의 상설 특수비행팀을 꾸렸다. 하지만 그마저 오래가지 못하고 2007년에 잠정 해체되는 비운을 맞이했다. 기체 노후화에 따른 추락사고로 조원훈 중령과 김도현 소령이 잇따라 순직한 것이 결정적인 이유였다. 조 중령은 1998년 5월 8일, 김 소령은 2006년 5월 5일 비행사고로 산화했다. 그렇지만 공군과 블랙이글스 멤버들은 절망하지 않고 더 나은 에어쇼 팀을 만들기 위해 피나는 노력을 경주했다. 마침내 공군은 2009년 에어쇼만을 전담할 239특수비행대대를 창설하고 2011년 4월까지 10대의 국산 초음속 훈련기인 T-50B로 전력화를 마쳤다. 그리고 2년이 채 안 된 시점에서 블랙이글스가 에어쇼의 본고장이자 항공선진국인 영국 하늘을 제패하는 일대 기적을 일궈냈다. 세계 항공인과 우리 국민들은 블랙이글스의 눈부신 선전에 반신반의했지만 『블랙이글스에게 배워라』라는 책을 쓴 내 입장에서 그것은 기적이 아니라 당연한 결과였다.

인간사에 기적은 없다. 그것은 도전한 자에게 주어지는 일종의 포상이다!

가난한 나라는 최첨단 항공기를 운용할 수 없다. 엄청난 비용이 수반되기 때문이다. 따라서 상설 특수비행팀을 운용하며 에어쇼를 펼칠 수 있는 나라는 그 자체로 부자 국가임을 나타내준다. 우리나라가 1994년 후반에 상설 특수비행팀 블랙이글스를 갖게 된 것도 '한강의 기적'으로 고도경제성장을 달성했기 때문이다. 한편, 공군지휘부와 블랙이글스는 이때부터 매년마다 2~3명의 조종사들을 국제 에어쇼에 파견해서 해외 특수비행팀들의 다양한 공중기동과 앞선 비행문화를 배워오도록 했다. 또 미 공군의 '선더버드'를 비롯한 해외의 유명 특수비행팀과 친선 교류를 확대하면서 그들의 장점을 열심히 벤치마킹했다. 그러면서 우리 실정에 맞는 공중기동과목들을 하나둘씩 완성시켜 나갔다. 어느 정도 자신감이 생기자 블랙이글스 멤버들 사이에서는 "이제 우리도 국제 에어쇼에 한번 참가해보자"는 열망이 싹트기 시작했다. 문제는 에어쇼 참가를 위한 예산 마련이었다. 난감한 문제였지만 그들은 조금도 좌절하거나 포기하지 않았다. 때를 기다리면서 세계 하늘을 제패할 비장의 무기를 날카롭게 벼르고 있었다. 그런데 그들 앞에 뜻밖의 은인이 불쑥 나타났다.

2011년 6월, 국회의원 보좌관 일행이 블랙이글스가 소속된 원주기지를 방문했던 것이다. 그들의 방문목적은 안보현장을 둘러보며 정책대안들을 점검하기 위함이었다. 그들은 방문일정을 소화한 후, 전투조종사들과 간담회 자리를 가졌다. 그때 블랙이글스 멤버 한분이 "블랙이글스가 국제 에어쇼에 참가할 수 있도록 국회 차원에서 도와 달라"고 부탁했다. 그 자리에 동석했던 이경호 씨_{심대평 의원 보좌관}가 그것을 심 의원에게 건의했다. 마침내 심 의원은 국회 국방위원회에서 "블랙이글스의 국제 에어쇼 참가를 지원해야 한다"는 취지의 발언을 했고, 그것을 계기로 '2012년 방위산업예산요구(안)'에 90억 원이 반영되었다. 하지만 기획재정부는 52억 원이 삭감된 38억 원을 배정했다. 그것은 '블랙이글스가 국제 에어쇼에서 좋은 실적을 거둘 경우, 실질적 수혜자는 한국항공우주산업_{KAI}이기 때문에 KAI도 비용을 분담해야 한다'는 취지에서였다. 이와 같은 정부차원의 지원계획이 확정되자 먼저 움직인 쪽은 KAI였다. 그들은 자사가 생산한 국산 항공기_{KT-1훈련기, T-50훈련기, FA-50전투기}의 수출전략상 남미 칠레에서 개최되는 FIDAE 국제 에어쇼에 블랙이글스가 참가해 줄 것을 희망했다. 그러나 공군지휘부와 방위사업청의 생각은 달랐다. 국제 에어쇼에 처녀 출전하는 블랙이글스의 상징성, 한국의 국제적 위상, 우리 공군력의 대외적 과시를 위해서는 남미보다 에어쇼의 본고장인 영국 에어쇼에 나가는 것이 훨씬 더 낫다고 판단했다. 결국 2012년 1월 중순, 공군과 방위사업청은 KAI와의 실무협의를 통해 영국의 리아트_{RIAT: Royal International Air Tatto}와 판버러_{Farnborough} 에어쇼에 참가하기로 합의했다. 그럼에도 공군지휘부와 블랙이글스의 고민은 여전히 남아 있었다. 왜냐하면 8대의 T-50B가 편대비행을 하지 않고 단기_{單機}기동만을 선보이는 판버러 에어쇼는 그렇게 매력적인 에어쇼는 아니었기 때문이다. 게다가 영국의 변덕스런 기상악화로 인해 리아트 에어쇼에서 제대로 된 능력을 발휘하지 못했을 경우, 블랙이글스가 국가 예산을 낭비했다는 비난여론을 피해갈 수 없는 상황이었다. 공군지휘부와 블랙이글스는 이런 상황까지 고려해서 리아트와 판버러는 물론 와딩턴 에어쇼까지 참가하는 쪽으로 계획을 변경했다. 일종의 안전보험을 하나 더 든 셈이었다. 물론 그것은 KAI측과 충분한 사전논의를 거치지 않고 내부적으로 결정했던 사항이다. 다행스럽게도 블랙이글스 멤버들의 출국과 입국 일정을 크게 변경하지 않더라도 와딩턴 에어쇼에 참가할 수 있게 되자 KAI측도 흔쾌히 동의해주었다. 블랙이글스의 영국 에어쇼 참가를 위한 기관별 지원예산규모도 최종적으로 확정되었다. 총123억 5,900만원의 예산 가운데 방위사업청이 46억 7,900만원을 부담하고, KAI와 공군은 각각 71억 5,000만원과 5억 3,000만원을 지원하는 것으로 최종 합의했다.

블랙이글스가 세계 최강의 에어쇼 팀으로 거듭날 수 있었던 진짜 이유
1 세상을 놀라게 했던 우리 공군의 뛰어난 군수지원능력
2012년 블랙이글스의 영국 하늘 제패와 관련해서 세계인들을 깜짝 놀라게 했던 것은 우리 공군의

뛰어난 군수지원능력이 있었기에 가능했다. 우리 공군은 미국, 영국, 프랑스, 러시아 등 에어쇼 강대국 관계자들의 입을 다물지 못하게 했다. T-50B 항공기는 기체 내부에 공중급유장치가 없다. 또 국내에 공중급유기도 없는 실정이었다. 따라서 공군과 블랙이글스는 'T-50B항공기의 국내 분해 ⇨ 대한항공 화물기로 영국까지 운송 ⇨ 현지 공군기지에서 재조립 및 시험비행 ⇨ 에어쇼 참가'를 기획하고 한 치의 오차 없이 그것을 완벽하게 실행에 옮겼다. 에어쇼를 마치고 T-50 항공기를 국내로 가져올 때는 그와 정반대의 수순을 밟았다. 문제는 이러한 일련의 과정을 제대로 하기 위해서는 정비사의 정비능력과 장비지원능력, 시험비행사의 확보가 전제되어야만 했다. 우리 공군이 이것을 완벽하게 수행하는 것을 보고 세계 각국의 항공인들은 놀라움과 부러움을 금치 못했다. 영국 에어쇼가 끝나고 나서 인도네시아, 필리핀, 페루 정부가 국산 KT-1과 T-50 계열의 훈련기, FA-50전투기를 대량 구매했던 것도 그때 보여준 우리 공군의 군수지원능력과 항공기의 우수성에 대한 믿음이 있었기 때문이다.

• 블랙이글스의 Rain Fall 기동
(출처: 블랙이글스 홈페이지)•

2 우리 공군과 블랙이글스의 위대한 정신

우리 공군의 비전은 '대한민국을 지키는 가장 높은 힘!'이다. 사실 북한군을 압도하는 최고의 전력은 공군이 보유한 항공전력이다. 북한 공군은 우리 공군의 적수가 되지 못한다. 그럼에도 불구하고 공군은 '대한민국을 지키는 가장 강한 힘!'이라는 문구를 사용하지 않는다. 이는 전장戰場에서 함께 싸워야 할 육군, 해군, 해병대를 함께 배려하기 위함이다. 또 공군의 미션은 국가와 국민의 생존권과 재산권을 지키는데 있다. 그래서 그들은 오늘도 '적에겐 전율을! 국민에겐 평화를!'외치며 자신의 목숨을 걸고 하늘로 향한다. 전투조종사를 비롯한 전 공군인들은 비전과 미션을 제대로 수행하기 위해서 도전, 헌신, 전문성, 팀워크라는 핵심가치를 하나의 영혼처럼 공유하며 그것을 실천해나가고 있다. 나는 『블랙이글스에게 배워라!』라는 책을 집필하면서 그들을 오랫동안 관찰할 수 있었다. 내가 본 그들에 대해 짧지만 정직하게 기술해보고자 한다.

첫째로 그들은 '도전'을 생활화하는 사람들이다. 기상악화 때문에 비행할 수 없는 날을 제외하곤 그들은 날마다 저 높은 하늘로 출근한다. 새로운 기동을 연구하고, 에어쇼 관람객들에게 좀 더 절도 있고 다이나믹한 기동을 선보이기 위한 연습에 몰두하기 위해서다. 그런데 애기愛機를 타고 하늘로 치솟은 후에 고난이도 기동을 하는 것은 그 자체로 자신의 목숨을 내놓고 하는 커다란 도전일 수밖에 없다. 왜냐하면 그들은 3차원 공간에서 자신의 신체를 압박해오는 G-포스의 고통을 참아내며 매 순간마다 죽음과의 사투를 벌이기 때문이다. 내가 공군의 모든 조종사들을 사랑하고 존경하는 이유도 그와 무관하지 않다.

둘째로 그들은 '헌신'을 즐기는 만능 엔터테이너들이다. 그들은 적에게는 '우리 영공을 함부로 넘보지 마라!'는 경고 메시지를 보내지만 어린이들에게는 창공에 대한 꿈을 심어주는 희망의 전도사다. 국민들에게는 화끈한 볼거리를 제공해주는 창공의 전위예술가다. 또 군사보안상 전투조종사들이 함부로 공개

할 수 없는 전투기동 중 일부를 소개해주는 역할을 맡는다. 그를 통해 국민들과 공군 간의 거리감을 좁혀주고 군 전체에 대한 국민의 신뢰와 사랑을 갖게 해주는 메신저의 역할을 담당한다. 하지만 정작 자기 가족들에게는 아빠와 남편노릇을 하지 못하는 경우가 부지기수다. 2006년 5월 5일 수원기지에서 '어린이날 기념 축하 에어쇼'를 펼치던 도중, 김도현 소령이 불운의 비행사고로 순직했다. 그는 활동영역이 가장 크고 많았던 블랙이글스의 6번기 조종사였다. 영결식장에서 어느 조종사가 나에게 이런 얘기를 들려

• 블랙이글스의 자랑스런 멤버들
(출처: 블랙이글스 홈페이지) •

줬다. "그날은 도현이 결혼기념일이었습니다. 또 그날 도현이는 자신의 두 아들을 집에 남겨두고 다른 집 어린이들을 즐겁게 해주기 위해서 조종간을 잡았다가 창공에 묻혔습니다. 그래서 제 마음이 더욱 더 아픕니다." 나는 이런 것을 '헌신'이라고 정의하고 싶다.

셋째로 블랙이글스 멤버들은 모두 다 비행의 달인이다. 8대의 T-50B 항공기를 지휘하는 팀장은 전체 조종사들 가운데 비행기량이 5%안에 들어야 하고 다른 멤버들도 전체 조종사들 가운데 비행기량이

30% 안에 들어야만 블랙이글스 멤버가 될 수 있는 자격이 주어진다. 하지만 그것은 최저한의 제한사항일 뿐이다. 대부분의 블랙이글스 멤버들의 비행기량은 전체 조종사들의 10% 안에 들 정도로 고도의 비행실력을 갖추고 있다. 그랬기에 2년이란 짧은 시간 동안 훈련을 해서 에어쇼의 선진국인 미국, 영국, 프랑스의 에어쇼 팀을 제치고 세계 최고의 에어쇼 팀으로 우뚝 설 수 있었던 것이다.

넷째로 블랙이글스 멤버들은 독사진을 잘 찍지 않는다. 그들은 개인플레이를 즐겨하지 않는다. 항상 단체사진을 즐겨 찍고 개인 ○○○보다는 블랙이글스의 넘버 1, 넘버 2, 넘버 3, … 넘버 7, 넘버 8로만 불리기를 원한다. 그들이 팀워크를 중시하는 것은 대형 사고를 방지하기 위함이다. 그들이 조종하는 항공기들의 비행간격은 길어야 1.5m 안팎이다. 아주 근접해서 날다보니 그들은 땀방울이 자신의 눈 속에 들어가더라도 함부로 눈을 깜빡거릴 수가 없다. 잘못했다가는 상하 좌우로 날아가는 항공기와 충돌할 개연성이 크기 때문이다. 그만큼 그들의 비행은 매우 위험한 고난도의 특수비행이다. 따라서 동료 조종사를 100% 신뢰하지 못하면 함께 비행할 수 없다. 그래서 그들은 매 순간마다 팀워크를 강조하는 것이다. 신규 블랙이글스 멤버를 영입하는 경우에도 8명의 조종사와 대대장 그리고 전대장 등 10명의 조종사들이 만장일치로 찬성해야 가능하다. 기존 블랙이글스 멤버 가운데 단 1명이라도 반대하면 그 이유를 묻지 않고 탈락시키는 게 그들만의 불문율이다. 그것 역시 에어쇼는 특수강보다도 더 견고한 팀워크를 필요로 하기 때문이다.

블랙이글스가 세계 최고의 에어쇼 팀으로 우뚝 설 수 있었던 것은 그들이 실천하고 있는 도전, 헌신, 전문성, 팀워크의 정신 때문이라고 본다. 요즘 젊은이들이 취업하기 어렵다고 한다. 그러나 우리 젊은이들이 공군의 4대 핵심가치만 잘 실천한다면 누구든지 성공적인 삶을 살 수 있다고 확신한다. 바로 우리 시대가 그런 영혼을 가진 사람들을 절실하게 원하고 있기 때문이다. 아무쪼록 우리 젊은이들이 블랙이글스 멤버들처럼 도전, 헌신, 전문성, 팀워크의 정신으로 생활해서 모두 다 성공할 수 있기를 기대한다.

1 지식정보화 사회는 다양성 지수MQ, 열정지수PQ, 감성지수EQ, 정보지수IQ, 창의력 지수OQ, 기록지수RQ, 도덕지수MQ, 변화지수CQ를 골고루 구비한 제너럴라이징 스페셜리스트를 요구하고 있다.

2 리더십은 타고난 건강, 열정, 추진력, 인지능력, 긍정적 사고, 성실성 등과 같은 선천적인 능력에 의해서 영향을 받는다. 그러나 교육과 훈련, 경력관리, 끊임없는 자기학습과정 등과 같은 후천적인 노력도 리더십 함양에 더 큰 영향을 미친다.

3 리더십 함양에 앞서 리더로서의 소양과 자질을 가지고 있는가를 체크해 볼 필요가 있다. 즉 비전설정능력, 일에 대한 책임의식, 미래에 대한 통찰력, 휴먼–네트워크의 설정능력, 멸사봉공滅私奉公과 견리사의見利思義의 자세, 최고수준의 업무능력 확보 등에 대한 자기평가를 시도해 보아야 한다.

4 리처드 대프트Richard Daft에 따르면 리더는 4가지 단계, 즉 리더가 아닌 단계리더십에 대한 개념이 없고 리더로서의 능력 부재로부터 초기 단계리더십에 대한 개념 이해, 그러나 리더로서의 능력은 부재, 중간 단계리더십에 대한 개념 이해, 리더로서의 능력 확보를 거쳐 완숙한 리더리더십에 대한 이해 완벽, 리더로서의 능력 출중의 단계로 변모해 나간다고 보았다.

5 리더십 함양에는 6단계의 자기학습과정이 있으며 리더를 꿈꾸는 사람들은 그와 같은 자기학습에 최선을 다해야 한다.

객관식

01 다음 중 지식정보화 사회가 필요로 하는 리더십의 특징이 <u>아닌</u> 것은?
① 위험지수RQ   ② 열정지수PQ   ③ 기록지수RQ   ④ 감성지수EQ

02 다음 중 리더십의 함양을 위한 6단계의 자기학습과정이 <u>아닌</u> 것은?
① 리더십에 대한 학습목표 설정하기
② 끊임없는 자기평가와 피드백 실천하기
③ 자신이 희망하는 바람직한 리더상 그려보기
④ 자신과 경쟁해야 할 사람을 중심으로 SWOT 분석하기

03 유대인, 기러기, 바다거북의 공통점으로 이끌어낼 수 있는 것은?
① EQ   ② NQ   ③ PQ   ④ OQ

04 일본의 도고 헤이하치로 제독은 "영국의 넬슨 제독은 조선의 이순신과 비교할 수 없다"는 말을 했는데, 그 이유와 가장 밀접한 이순신의 리더십 개념은 무엇인가?
① 정보지수   ② 변화지수   ③ 창의력 지수   ④ 다양성 지수

05 유비무환과 관련된 명언, 즉 '준비가 기회를 만날 때, 행운이 찾아온다'의 출처는?
① 『중용』   ② 『손자병법』   ③ 『삼국지』   ④ 『십팔사략』

※ 다음 빈칸에 들어갈 알맞은 용어를 적으시오.

01 리더십의 4단계 변천과정, 즉 리더십에 대한 무지·무능, 무능인식, 의식적인 능력 개발, 무의식적인 능력발휘 단계로 설명한 학자는 리처드 (   )(이)다.

02 U2 정찰기, 공중조기경보통제기, 첩보위성 등을 통해서 적군의 병력이나 전력, 더 나아가 군사 활동까지 감지해내는 정보를 (   )정보라고 한다.

03 '인간이 자살을 한다는 것은 곧 인생이 살만한 가치가 없다는 것을 고백하는 일'이 라고 일갈했던 프랑스의 실존주의 문학가는 알베르 (   )(이)다.

04 『일 잘하는 사람들의 휴식습관』이라는 책을 통해 휴식의 중요성을 일깨워준 사람 은 제임스 (   )(이)다.

05 "비록 전투는 군인이 하지만 전쟁은 백성들과 함께해야 승리할 수 있다."라는 이순 신 장군의 신념을 잘 설명해주는 리더십의 덕목은 그의 8Q 가운데 (   ) (이)다.

정답

객관식 01 ① 02 ④ 03 ② 04 ③ 05 ①

단답식 01 대프트 02 시그널 03 까뮈 04 조셉 05 감성지수 or EQ

CHAPTER 03

리더는 비전을 팔면서
미션을 수행하는 사람이다!

대한민국의 비전을 설계했던 박정희 대통령
(출처: 경제풍월)

한석봉 엄마가 그리운 이유

현재 우리 사회에는 두 부류의 엄마가 존재한다. 하나는 맹자 엄마이고, 다른 하나는 한석봉^{이하 석봉: 1543~1605} 엄마다. 근묵자흑近墨者黑의 논리를 신봉했던 맹자 엄마는 아들 교육을 위해서 자기 집을 공동묘지 근처에서 시장과 서당 가까이로 옮기며 '맹모삼천지교'를 실천했던 맹렬여성이었다.

한편, 석봉 엄마는 아들의 내면적 자율성을 키워주며 자신이 행한 일에 대한 자기평가와 자기혁신을 무언無言으로 강조했던 자유주의형 엄마였다. 그녀는 석봉에게 획일적인 평가기준을 들이대지 않았고, "공부에 올인하라!"며 닦달하지도 않았다. 다만, 촛불을 끈 상태에서 자신은 떡 써는 솜씨로, 석봉은 붓글씨로 그동안 서로의 노력에 대한 상대평가만을 시도했을 뿐이다. 그 결과, 석봉은 자신의 노력이 크게 부족했음을 스스로 깨닫고 학업에 정진한 후, 조선의 대표적인 문필가로 성공했다.

맹자 엄마보다도 더 극성스런 대치동 엄마들

오늘날 우리 사교육 시장을 좌지우지 하는 사람은 대치동 엄마들이다. 그녀들은 자신을 자녀교육의 매니저라고 자처한다. 또 자녀교육을 위해서는 어떤 희생을 감수하고서라도 강남 8학군을 찾아 이사를 감행한다. 소중화작은 중국이 되고자 했던 것을 의미를 꿈꿨던 조선 선비들이 중국보다도 더 중국적인 조선을 추구했던 것처럼, 자녀교육에 대한 그녀들의 극성은 이미 오래 전에 맹자 엄마의 그것을 압도해 버렸다.

또 남편의 경제적 뒷받침에다 시간적 여유까지 확보한 그녀들은 유명강사에 대한 정보를 바탕으로 자기자녀가 입시경쟁에서 낙오되지 않도록 병참과 작전을 총지휘하는 야전사령관의 역할을 빈틈없이 수행한다. 그녀들이 사력死力을 다해 얻고자 하는 것은 크게 두 가지다. 하나는 과외 네트워크를 통해 자기자녀를 부잣집 아이들의 클럽에 편입시키는 것이고, 다른 하나는 세칭 SKY^{서울대, 고려대, 연세대}대학으로 일컬어지는 국내 명문대학에 입학시키는 일이다.

그러나 픽업pick-up; 아이들을 이 학원 저 학원으로 데려다 주는 것을 의미으로 대변되는 그녀들의 자식사랑에는 오로지 제로섬 게임의 룰만 존재한다. 그녀들은 자식들에게 "네가 원하는 대학에 가려면 남을 밟고 올라서야 한다"고 강조한다. 그러면서 자녀들을 경마장의 경주마처럼 오로지 앞만 보고 내달리는 불쌍한 아이들로 조련한다. 그녀들의 뇌리 속에는 무공유사無公唯私: 공은 없고 오로지 개인만 있다는 뜻 또는 무타유사無他唯私: 타인은 없고 오로지 나만 존재한다는 뜻의 논리만 존재한다. 이는 마치 이솝우화 '토끼와 거북이'에 등장하는 거북이처럼 잠자는 토끼를 내버려두고 자기 혼자 몰래가서 비겁하게 우승하는 모습과 조금도 다를 바 없다.

대치동 아이들의 미래는 과연 희망적일까?

그렇게 철저한 개인주의와 이기주의로 일관하는 엄마 밑에서 성장한 아이가 훗날 자기보다 못 배우고 못 사는 사람들의 고통을 십분 이해하고 그들의 후생증진을 위해 노력하는 미래의 동량棟樑이 될 수 있을까? 그에 대한 내 생각은 무척 회의적이다. 세 가지 이유에서다.

첫째, 대치동 엄마와 아이들의 유일한 관심사는 내신등급의 향상을 위한 점수 따기와 명문대 진학이다. 아이들의 정상적인 발육을 위한 전인교육은 지식교육과 생활교육의 적절한 조화를 요구한다. 하지만 대치동 엄마들에겐 생활교육 자체가 아예 실종되었다. 따라서 그런 엄마 밑에서 자란 아이들은 친구 간의 우정, 가난한 이웃에 대한 배려, 웃어른에 대한 공경, 인간관계의 중요성을 제대로 터득하지 못한 채, '어른아이'로 성장할 수밖에 없다. 여기서 어른아이란 몸은 어른인데 생각하는 것은 아이 수준이라는 뜻이다. 그런 아이들에게 원만한 대인관계와 따뜻한 휴머니즘을 기대한다는 것은, 마치 북극지방에서 열대어가 잡히기를 바라는 것과 마찬가지다.

둘째, 대치동 엄마와 아이 사이에는 시험점수를 목전에 둔 긴장관계만 존재한다는 점이다. 명문대 진학만이 인생의 목표로 전락한 그들 간에는 부모의 일방적인 훈계와 협박, 아이들의 순종이나 반발만 있을 뿐이다. 부모 말에 순종하면 모범생으로 칭찬받고, 반발하면 문제아로 낙인찍히는 게 우리의 서글픈 현실이다. 그러나 부모 말에 순종하는 범생이로 자란 아이는 나중에 마마보이가 되어 또 다른 문제예: 결혼 적령기의 여성들이 가장 싫어하는 남성이 다름 아닌 마마보이를 야기할 가능성이 있다. 이 시대를 살아가는 아이들이 진정으로 바라는 부모의 롤 모델role model은 든든한 등대와 같은 역할이다. 즉 아이들은 부모가 자신들에게 인생의 큰 틀에 대한 가이드-라인만 제시해주고, 세부적인 것은 아이 스스로 선택하고 결정할 수 있도록 배려해 주길 바란다. 그러나 대치동 엄마들은 학교와 학원을 오가며 모든 에너지를 소진한 아이들에게 "더 열심히 공부하라!"는 말을 스테레오 타입으로 강요하며 아이들의 의견을 깡그리 무시한다. 어느 아이가 그렇게 매정한 엄마를 인간적으로 좋아하고 존경하겠는가? '집에서 새는 바가지는 나가서도 샌다.'라는 말이 있듯이, 모자母子 간에 건강한 인간관계를 맺지 못한 사람은 사회에 나와서도 남들과 원만한 휴먼-네트워크를 설정하기 어렵다.

셋째, 대치동 엄마들이 주도하는 과외 네트워크는 부잣집 아이들과의 인맥 네트워크 구축에 한몫을 한다. 그런데 남들과 원만한 휴먼-네트워크를 유지하기 위해서는 어릴 적부터 여러 계층의 사람들과 골고루 사귀어볼 필요가 있다. 사람과 사람의 만남은 일종의 문화적 접촉이다. 따라서 다른 사람들과 폭넓게 사귀어 본 사람은 그만큼 다양한 문화적 체험을 통해 남들에 대한 깊은 이해와 배려를 잘하게 되고, 결국 주위 사람들로부터 신뢰와 지지를 받게 될 가능성이 크다. 부모의 고급 승용차를 타고 학교에 출퇴근하는 아이들은 만원버스에 시달리며 땀에 젖은 모습으로 통학하는 가난한 집 아이들의 고통을 이해하지 못한다. 또 그런 아이들이 설령 우리 사회의 리더로 변신한다 해도, 계층 간에 의견대립이나 가치충돌이 발생할 경우, 그것을 해결할 능력을 갖지 못할 것이다. 그런데도 대치동 엄마들은 자기자녀가 가난한 집 아이들과 친하게 지내는 것을 꺼리니, 이보다 더 안타까운 일이 어디에 있는가!

석봉 엄마한테 배워야 할 점

한국의 토종 엄마인 석봉 엄마는 21세기 미래교육의 새로운 좌표를 설정해줄 만한 분이다. 그녀는 자율과 책임을 강조하면서 아들의 지적 호기심을 끊임없이 불러일으키는 멘토mentor역할을 충실하게 수행했다. 그녀는 석봉에게 "열심히 과거科擧준비를 해서 장원급제를 해야 한다!"라는 심리적 부담을 주지 않았다. 그녀는 석봉이 스스로 모든 계획을 수립하고 실천하도록 했으며, 평가나 그에 따른 책임도 본인이 지도록 가르쳤다. 그로 인해 석봉 엄마와 석봉 사이에는 그 어떤 감정대립도 일어나지 않았고, 항상 엄마에 대한 신뢰와 존경이라는 따뜻한 인간관계만 존재했다. 또한 석봉은 자기 엄마의 환상적인 떡 썰기 솜씨를 보고 자신의 노력부족을 절감했다. 그리고 자신의 과거준비를 뒷바라지하기 위해 고생하는 엄마의 노고 앞에서 심한 자책감을 느꼈고, 그것이 면학勉學에 대한 다부진 각오로 이어졌을 것이다. 훗날 석봉의 장원급제 이면에는 엄마에 대한 인간적인 미안함과 존경심이 자리잡고 있었음이 분명하다.

• 6자녀를 글로벌 리더로 키워낸 전혜성 여사 (출처: 중앙일보) •

꽤 오래 전에 자녀교육과 관련하여 세인들의 주목을 받았던 분이 있다. 『섬기는 부모가 자녀를 큰 사람으로 키운다』는 책을 펴낸 전혜성 여사가 그 주인공이다. 그녀는 미국에서 자신의 자녀 6명을 미국 국무부 차관보, 매사추세츠 주 보건후생부 장관, 하버드대학 공공보건대학원 부학장 등으로 키워낸 한국의 토종 엄마다. 그녀는 자신의 책에서, 자기가 지금까지 일관되게 실천해 온 최적의 자녀교육법을 자세히 소개했다. 그녀가 밝힌 내용은 이미 석봉 엄마가 약 400년 전에 실천했던 자녀교육법과 거의 똑같다. 즉 그녀는 "인간에 대한 따뜻한 마음을 바탕으로 왜 공부를 열심히 해야만 하는지?, 그 이유를 스스로 찾고 나중에 이 세상을 위해서 어떤 일을 하며 봉사할 것인지?를 독자적으로 생각할 줄 아는 아이로 키우는 것이 가장 바람직한 자녀교육법이다."라고 말했다. 그녀의 경험담은 시공時空을 초월하는 진리로서 현재 우리나라 교육정책을 입안하는 교육인적자원부의 관리들과 자녀들을 키우는 우리 세대의 부모들이 귀담아들어야 할 소중한 얘기라고 생각한다.

"너 자신을 알라!"

이 세상에서 가장 훌륭한 사람은, 자기 자신에 대해 잘 아는 사람이다. 또 진정한 경쟁은 '아我와 비아非我의 투쟁'에서가 아니라 자신과의 싸움에서 찾아야 한다. 자신과의 싸움에서 패배한 사람은 결코 다른 사람과의 경쟁에서 이길 수 없기 때문이다. 그래서 자기 자신에 대한 진단과 평가를 스스로 할 수 있는 기회와 자율을 보장해주는 것이 "제발 공부 좀 해라!"고 하면서 자녀들을 들볶는 타율적 지시보다 백번 낫다. 고대 희랍의 철학자였던 소크라테스도 "너 자신을 알라"고 외치지 않았던가! 오늘날 석봉 엄마가 우리에게 한국의 위대한 엄마로 다가오는 것도, 자기 아들을 소유의 개념이 아닌 미래의 주체로 바라보고 그의 자율과 책임을 존중하는 자녀교육을 누구보다 앞장서서 실천했기 때문이다.

비전의 개념과 중요성을 제대로 인식하자!

비전vision은 조직이 나가야 할 장기적인 목표와 바람직한 미래상을 말한다. 또 그것을 접했을 때, 가슴이 터질 듯한 벅찬 감동과 희열을 느낄 수 있어야만 진짜 비전이다.

일례로, 보험회사의 지역영업소 벽면에 붙인 "내년에는 우리 모두 노력해서 1등 보험영업사원이 되자!"라는 메시지는 비전이 아니다. 영업 사원들이 그것을 보는 순간, "내년에는 올해보다 몇 배나 들볶이겠군. 차라리 사표를 쓰는 게 마음 편하겠어!"라고 생각할 가능성이 크기 때문이다.

그러나 한국의 개발독재시대를 이끌었던 박정희 대통령이 국민들에게 제시했던 약속, 즉 "1980년대에는 집집마다 마이카를 굴릴 수 있는 시대를 열겠다!"는 말은 분명한 비전이었다. 왜냐하면 그 말을 듣는 순간, 많은 사람들이 미래에 대한 부푼 기대와 희망을 가졌기 때문이다. 한국경제의 고도 압축 성장을 가능하게 했던 정신혁명으로 평가를 받는 '새마을 운동'도 박정희 대통령의 비전제시가 성공했기 때문에 가능했다고 본다.

또한 "세계인이 원하는 정보를 그들의 마우스 끝에다 가져다주겠다!"고 선언했던 마이크로소프트MS사의 빌게이츠 회장의 말도 좋은 비전에 해당된다. 왜냐하면 빌게이츠 회장의 말에, MS사 직원들은 "컴퓨터 하드웨어의 운영체계와 정보기술에 관한 한, 우리가 세계의 표준이다!"라는 희열과 자부심을 느꼈을 것이기 때문이다.

이처럼 비전은 조직구성원들에게 강력한 동기부여를 해줄 뿐만 아니라 조직 활성화까지 가능하게 한다. 즉 비전은 조직이 추구하는 철학과 운영방향, 그리고 미래발전상의 숭고한 가치를 공유하게 함으로써 조직 내의 의사소통을 원활하게 하는 동시에 조직구성원들이 자발적으로 '무언가 한번 열심히 해보자!'는 성취의욕을 강력하게 자극한다. 그 결과, 조직의 잠재적인 역량과 업무생산성이 비약적으로 향상된다. 그것이 바로 비전이 갖는 중요성이다. 그런 의미에서 비전이 없는 사람이나 조직은 이미 사망선고를 받은 거나 다름없다고 해도 과언이 아니다.

리더와 비전, 미션 간의 삼각관계에 정통하라!

리더의 역할은 비전 제시에 있다!

리더는 조직의 장기목표와 미래발전상, 즉 비전을 설계하고 구체화시킬 의무가 있는 사람이다. 그런데 비전을 설정할 능력이 없는 사람이 리더가 되면, 그 조직은 경쟁에서 필패必敗하거나 붕괴될 수밖에 없다.

• 양궁선수들과 과녁 (출처: 울산매일) •

비전은 양궁장의 과녁이나 사격장의 사격표지판과 같다. 사격표지판이 없는 곳에서의 사격이 아무런 의미를 갖지 못하듯이 비전 없는 조직은 '항로를 이탈한 항공기'와 똑같다. 따라서 비전은 리더가 나아가야 할 방향인 동시에 존재 이유가 된다.

조선개국 200주년 기념행사를 조일전쟁으로 대체시켰던 선조 임금, 1900년대 초에 서구열강들의 틈바구니에서 갈팡질팡했던 대원군과 고종 임금, 1997년 12월 3일 IMF 구제금융위기를 자초한 김영삼 대통령의 공통점은 비전 부재의 리더였다는 점이다. 따라서 이런 정치지도자를 닮고 싶지 않다면, 무엇보다도 멋진 비전을 수립하고, 그것을 추종자들과 공유하며, 열정과 강한 추진력으로 비전 완수를 위해 최선을 다해야 한다.

비전과 미션 간의 상관관계

비전이 장기적인 목표와 미래의 발전상이라면, 미션은 '조직이 존재하는 근본적인 이유가 무엇인가?'와 관련된 개념이다. 또 미션은 그 주체가 누구냐?에 따라 그 내용이 각기 다르다는 특성이 있다. 국가의 미션은 국민의 귀중한 생명과 재산권 보호에 있다. 그것을 위해 정부는 국방서비스를 창출하며, 그것에 필요한 재원은 국민 세금으로 충당한다. 기업의 미션은 국가경쟁력을 뒷받침하며, 고객들에게 양질의 저렴한 상품과 서비스를 공급하는 데 있다. 물론 그 과정에서 기업은 이윤극대화를 추구한다. 국민에게 부여된 미션은 개인의 자유와 창의성을 바탕으로 사회의 선순환적 가치를 창조하면서 개인의 발전과 더불어 국가발전에 기여하는 민주시민이 되는 데 있다.

한편, 비전과 미션을 달성하기 위해서는 핵심가치core value에 대한 이해가 선행되어야 한다. 그것은 조직구성원들이 지녀야 할 사고나 행동의 기준이 되는 기본원칙이다. 즉 공직자들의 핵심가치는 국가와 국민에 대한 희생과 봉사다. 따라서 공직자들은 선공후사先公後私의 선비 정신, 견리사의見利思義와 멸사봉공滅私奉公의 솔선수범, 국민을 주인으로 받들어 모시는 서번트 정신으로 무장해야 한다. 그렇지 못한 공직자들은 사이비 공복公僕으로 비판받아 마땅하다. 기업 CEO의 핵심가치는 고객감동의 서비스 실현, 팀워크와 파트너십의 강화, 학습하고 혁신하는 개혁주체, 노동생산성 및 부가가치 제고, 기술혁신 등을 통해 자신이 경영하는 기업을 세계 초일류기업으로 발전시키는 데 있다. 국민의 핵심가치는 자신의 직분에 최선을 다하며 훌륭한 민주시민으로 거듭나는 데 있다. 소비자주권의 확립, 노동공급의 주체로서 산업평화 정착에 기여, 불량식품 제조업자와 악덕기업에 대한 감시와 비판 강화, 사회정의의 실천을 위한 고발정신 강화 등이 그것이다.

끝으로 비전의 설정능력과 실행능력을 기준으로 리더를 평가하면 크게 4가지 종류로 구분할 수 있다. 이들 가운데 우리 사회가 애타게 갈구하는 리더의 형태는 비전의 설정능력과 실행능력을 고루 갖춘 진정한 리더라고 말할 수 있다.

01 방관자형 리더
　　　비전의 설정능력도 없고, 실행능력도 부족한 사람
02 몽상가형 리더
　　　비전의 설정능력은 높지만, 실행능력이 부족한 사람
03 무모한 실행가형 리더
　　　비전의 설정능력은 낮지만, 실행능력은 높은 사람
04 진정한 리더
　　　비전의 설정능력도 높고, 실행능력도 출중한 사람

비전의 수립과정에 대해 올바로 이해하자!

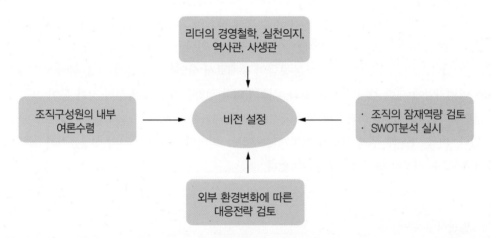

첫째, 조직 내 최고 리더의 경영철학, 실천의지, 역사관, 사생관 등을 종합적으로 인지하고 이해한다.

둘째, 조직구성원의 내부 여론예: 조직의 꿈, 미래 희망, 열정, 도전정신, 팀워크 등을 폭넓게 반영한다.

셋째, SWOT 분석을 통해 조직의 잠재적 역량을 객관적으로 분석·평가한 후 조직에 내재된 강점과 약점, 기회와 위험요인에 대해 전반적으로 검토한다. 그리고 부족한 역량을 어떻게 키워나갈지 고민한다.

넷째, 외부 환경변화에 대한 대응전략을 체계적으로 검토한 후, 자신의 조직이 실행할 수 있는 최적의 비전을 탐색한다.

비전공유를 위한 추진전략을 제대로 세워라!

조직의 발전을 위해서는 비전공유가 절대적으로 필요하고 또 중요하다. 그러나 비전공유는 저절로 되는 게 아니다. 거기에는 치밀한 전략과 행동지침이 있어야만 비전공유에 성공할 수 있다. 비전공유와 관련해서 리더십 이론에서 자주 언급되는 4가지 추진전략을 살펴보면 다음과 같다.

추진전략 1

조직 내에서 내부 공청회 및 분임 토의를 활성화시킬 필요가 있다. 그러기 위해서는 상사와 부하직원 간의 쌍방향 커뮤니케이션이 전제되어야 한다. 그밖에도 리더와 조직구성원 간의 간담회 개최, 부서 내의 티-타임 확대, 조직 내에서의 멘토 제도를 지속적으로 활성화시켜 나가야 한다.

추진전략 2

조직구성원들은 리더가 하루 일과 중 어디에 가장 많은 시간을 할애하는지, 어느 부문에 우선순위를 두는지, 어느 방향으로 리더의 주요 의사결정이 이루어지는지를 두루두루 살펴야 한다. 또 리더는 솔선수범과 자기혁신을 통해 자신을 관찰하며 동조 여부를 탐색하는 조직구성원들과 긴밀한 소통을 통해 비전공유에 적극 나서야 한다.

추진전략 3

리더가 조직구성원들과 비전공유를 시도할 때, 잊지 말아야 할 것은 그들에게 강력한 동기부여를 해줘야 한다는 사실이다. 즉 비전이 실현되면, 그에 따른 과실은 대부분 조직구성원들의 경제적 이익으로 환원될 거라는 확신을 심어주어야 한다는 사실이다. 그렇게 되면 비전공유는 저절로 이루어질 수밖에 없다. 왜냐하면 인간은 사회적 동물이기 이전에 경제적 동물이기 때문이다.

추진전략 4

비전은 간결하면서도, 이해하기 쉽고, 누구나 가슴에 와 닿을 수 있는 표현으로 기술되어야 한다. 그렇게 되면 비전공유는 저절로 이루어진다.

좋은 비전이 되기 위한 10가지 전제조건

① 도전적인 동시에 실현가능한 것이어야 한다.

② 간단명료하고 이해하기 쉬운 개념이어야 한다.

③ 우리 사회와 조직에 선순환적 가치를 창출할 수 있어야 한다.

④ 매력적인 이미지로 형상화시킬 수 있어야 한다.

⑤ 미래에 대해 가슴이 터질 듯한 벅찬 감동과 희열을 불러일으켜야 한다.

⑥ 실현되었을 때, 금전적인 보상이 따르면 더욱 더 좋다.

⑦ 실현되었을 때, 보람있고 가치있는 결과로 받아들일 수 있어야 한다.

⑧ 실현되었을 때, 조직과 조직구성원이 물질적 혜택을 공유할 수 있어야 한다.

⑨ 실현되었을 때, 주위사람들로부터 긍정적인 평가를 받을 수 있으면 더 좋다.

⑩ 조직구성원 간에 위화감이나 지나친 경쟁의식을 촉발하는 것은 바람직스럽지 않다.

– S사의 비전, 미션, 핵심가치의 사례분석을 통한 얻은 결론.

비전, 미션, 핵심가치의 멋진 사례: 대한민국 공군을 통째로 벤치마킹하라!

• 대한민국 영공을 수호하는 F–15K 전투기
(출처: 공군 공감) •

• 공군의 4대 핵심가치 •

① 비   전: 대한민국을 지키는 가장 높은 힘!

② 미   션: 적에겐 전율을! 국민에겐 평화를!

③ 핵심가치: 도전, 헌신, 전문성, 팀워크!

☞ 누구든 공군의 4대 핵심가치만 제대로 실천하면 모두 다 성공할 수 있다!

황포돛대와 사공의 노래, 그리고 비전의 가치

'우리나라 유행가나 노랫말 가운데는 비전과 관련된 것들이 적지 않다. 그 가운데서도 이미자 씨가 부른 '황포돛대'라는 노래와 중학생 시절에 배웠던 '사공의 노래'가 비전의 의미를 잘 반영해 주고 있다. 우선 '황포돛대'와 '사공의 노래' 가사를 적어보면 다음과 같다.

마지막 석양빛을 기폭에 걸고, 흘러가는 저 배는 어데로 가는~냐.
해풍아 비바람아 불지를 마라, 파도소리 구슬프면 이 마음도 구슬퍼.
아~ 어데로 가는 배냐, 어데로 가는 배냐, 황포~돛대~야.

순풍에 돛을 달고 황혼 바람에, 떠나가는 저 사공 고향은 어디~냐.
사공아 말해다오 떠나는 뱃길, 갈매기야 울지 마라 이 마음이 서럽다.
아~ 어데로 가는 배냐, 어데로 가는 배냐, 황포~돛대~야.

– 이미자 씨가 부른 '황포돛대'에서 –

위 노래에서 '황포돛대'는 비전이 없는 선원들의 불안한 심리를 잘 나타내준다. '황포돛대'의 리더는 그 배의 선장이다. 그런데 선장은 '황포돛대'가 나가야 할 목표와 방향을 정확하게 제시하지 못하고 있다. 따라서 선원들의 마음이 두렵고 구슬픈 것이다. '해풍아 비바람아 불지를 마라'는 하소연은 선원들의 내면에 가득 찬 두려움의 표시이고, '아~ 어데로 가는 배냐, 어데로 가는 배냐, 황포돛대~야.'라는 울부짖음은 갈 곳을 찾지 못하고 방황하는 선원들의 구슬픈 심정을 대변해준다.

두~둥실 두리둥실 배 떠나간다. 물 맑은 봄 바다에 배 떠나간다.
이 배는 달 맞으러 강릉 가는 배. 어기야 디여라차 노를 저어라.

순풍에 돛달고서 어서 떠나자. 서산에 해 지며는 달 떠온단다.
두~둥실 두리둥실 배 떠나가네. 물 맑은 봄~바다에 배 떠나간다.

– 홍난파가 작곡한 '사공의 노래'에서 –

한편, '사공의 노래'는 선장의 비전이 잘 나타나 있다. 즉 목표와 방향이 분명하게 제시되어 있다. 배가 출항하는 목표와 목적은 '달맞이'에 있으며, 항해의 최종 목적지는 강원도 강릉이다. 이처럼 목표와 방향이 분명하니까 선원들이 신바람을 낼 수 있는 것이다. '어기야 디여라차, 노를 저어라'가 그런 선원들의 희망찬 마음을 대변해준다.

• 황포돛대와 사공의 노래 •¹

우리의 노랫말에서 이와 같은 비전의 중요성을 찾아볼 수 있다는 것이 내게는 신기한 일이었다. 그런 점에서 우리나라 작사가들의 놀라운 안목과 세상의 민심을 읽어내는 솜씨에 절로 고개가 숙여진다. 앞으로 우리의 정치 리더들이 '사공의 노래'에 등장하는 선장처럼 대한민국이 나가야 할 목표와 방향을 분명하게 제시해주었으면 좋겠다. 그것이 바로 '비전'이 갖는 중요성이다.

---

1 위 그림은 작고하신 신경무 화백(조선일보 만평담당)의 작품이다. 독자들로부터 호평을 받았던 『김덕수 교수의 통쾌한 경제학』(한국경제신문, 2001)에서 인용했음을 밝힌다.

'보이지 않는 것'을 팔아라!

미국 '백위드 광고마케팅사'의 창업주인 해리 백위드Harry Beck-with가 쓴 『보이지 않는 것을 팔아라Selling the Invisible』라는 책을 보면, 파블로 피카소Pablo Picasso와 어느 목수에 대한 재미있는 일화가 나온다. 그 일화는 개인의 '업'과 관련된 것으로서, 앞으로 우리들이 어떤 방향으로, 어떻게 자신의 몸값을 높이기 위한 자기혁신에 나서야 하는지에 대한 시사점을 제공해준다. 그 내용은 아래와 같다.

어느 화창한 오후에 한 여인이 파리의 거리를 한가롭게 거닐고 있었다. 그때 그녀는 길가의 카페에서 스케치를 하고 있는 화가를 발견했다. 그녀가 즉석에서 약간 건방진 말투로 "적당히 사례를 할 테니 나를 스케치해 줄 수 있냐?"고 묻자 화가는 "그러자"며 승낙했다. 그리고 단 몇 분 만에 화가의 작품은 완성되었다. 그녀는 "얼마를 드려야 하나요?"라고 물었다. 그러자 화가는 "5천 프랑."이라고 대답했다. "어머, 겨우 3분 만에 다 그렸잖아요?" 아주 정중하게 그녀가 반문했다. 그러자 화가는 대답했다. "아니오, 이 정도의 그림을 그리기까지 내 일생이 걸렸습니다. 바로 제가 피카소입니다."

다음은 어느 목수의 얘기다. 한 남자가 집을 수리하는 문제로 오랫동안 골머리를 썩이고 있었다. 자기 집 마룻바닥에서 삐걱거리는 소리가 계속해서 들렸기 때문이다. 그는 그것을 고쳐보려고 온갖 노력을 다했지만 허사였다. 결국 그는 자기 친구가 진짜 장인이라고 칭찬을 아끼지 않았던 어느 목수에게 수리를 의뢰했다. 그 목수는 도착하자마자 마루를 가로질러 방으로 걸어 나오면서 삐걱거리는 소리를 들었다. 그는 즉시 공구통을 내려놓고 망치와 못 3개를 꺼낸 다음, 아주 능숙하게 마룻바닥에다 세 번의 못질을 했다. 그러자 그동안 기분이 나쁠 정도로 귀에 거슬렸던 삐걱거리는 소리가 온데간데없이 사라졌다. 그 목수는 집 주인에게 요금청구서를 내밀었다. 그 청구서는 단 2줄이었다. "망치질에 2달러, 어디에서 소리가 나는지 알아낸 것 43달러"

해리 백위드 저, 『보이지 않는 것을 팔아라』(1997), 문예당, pp.156~157.

위의 일화는 큰돈을 벌 수 있는 부富의 패러다임이 어느 방향으로 변화하고 있는지에 대한 정보를 제공해준다. 그것은 남들이 쉽게 따라하거나 흉내 낼 수 없는 자기 고유의 분야를 선정한 다음, 그 분야에서 독보적인 존재가 되어야만 한다는 점이다. 마음만 먹으면 누구든지 그림을 그릴 수는 있다. 그러나 피카소의 그림은 일반인들의 그림과 격이 다르다. 그는 화가로서의 명성과 자신만의 독특한 작품세계를 갖고 있기 때문이다. 따라서 그의 그림은 일반인들이 그린 그림보다 아주 비싸게 팔린다. 심지어는 없어서 못 팔 지경이다.

게다가 피카소는 자신이 일생동안 축적해 온 예술의 경지가 고가의 그림 가격으로 연결시킬 줄 아는 혜안慧眼을 갖고 있었다. 또 망치질은 누구나 할 수 있다. 그러나 마룻바닥에서 울리는 삐걱 소리를 듣고서, 단 세 번의 못질만으로 그 소리를 말끔히 잠재울 수 있는 능력은 아무나 흉내 낼 수 없다. 단순한 망치질로는 큰돈을 벌 수 없다.

목수의 '업'으로 큰돈을 벌려면 적어도 다른 목수들이 못 만드는 것을 잘 만들고, 못 고치는 것을 잘 고칠 수 있어야 한다. 그런데 피카소와 목수는 그림과 목공木工분야에서 온리-원의 블루오션blue ocean, 즉 그들만의 확실한 '업'을 갖고 있었다. 그들이 시장가격을 결정하는데 있어서 주도권을 가질 수 있었던 것도 그 때문이다. 그런 점에서 피카소와 목수는 게임의 지배자라고 볼 수 있다.

'업'의 가치를 읽는 법: 사용가치와 교환가치

일반적으로 재화나 서비스의 시장가격은 소비자와 생산자간의 수요 공급에 의해서 결정된다. 그것이 경제학의 가르침이다. 그런데 피카소와 목수는 그림 가격과 목공 서비스의 가격을 자기 마음대로 결정했다. 그런데도 소비자들은 별다른 저항을 하지 못하고 그들이 요구하는 가격을 그대로 지불해야만 했다. 그 이유는 피카소와 목수가 자기만의 확실한 '업'을 갖고 있기 때문이다. 누구든지 '업'만 갖고 있으면 피카소와 목수처럼 강력한 독점력monopoly power을 구사할 수 있는 1인 기업의 CEO가 될 수 있다.

경제학의 창시자인 애덤스미스Adam Smith는 자신의 저서인 『국부론』에서 모든 재화나 서비스의 가치를 사용가치value in use와 교환가치value in exchange로 분류했다. 사용가치는 생명을 유지하는데 있어서 얼마나 중요한가를 나타내는 지표이고, 교환가치는 희소성과 관련된 개념으로서 시장에서 얼마만큼 비싸게 거래되는가를 보여주는 지표다.

일례로, 물과 다이아몬드가 있다고 가정하자. 사람들은 물을 먹지 않으면 생명을 유지할 수 없다. 하지만 다이아몬드는 그것이 없더라도 생활하는데 별다른 불편함이 없다. 다만, 보석으로 자신의 부를 뽐내려는 졸부猝富들 앞에서 다소 주눅이 드는 심리적 고통만 견뎌내면 그만이다. 그런 의미에서 물의 사용가치는 대단히 크고, 다이아몬드의 사용가치는 작다고 말할 수 있다.

그러나 시장에서 거래되는 물과 다이아몬드의 가격을 보면, 다이아몬드가 물보다 훨씬 더 비싸다. 반드시 먹어야만 생명을 유지할 수 있는 물의 가격이, 생존과는 무관한

다이아몬드 가격보다도 낮은 이유는 무엇인가? 그것은 다이아몬드가 물에 비해 상대적으로 희소하기 때문이다.

UN은 해마다 물 부족 국가들을 발표하고 있다. 오래 전에 한국도 물 부족 국가군에 속한다는 보고가 있었다. 그런데도 국민들은 아직까지 물 부족 문제를 느끼지 못하고 있다. 이는 그만큼 물이 흔하다고 생각하기 때문이다. 하지만 결혼식 날 신부를 가장 빛나고 아름답게 만들어주는 다이아몬드는 그 어떤 보석보다도 희소하다. 그래서 물의 교환가치는 똥값인데 반해, 다이아몬드의 교환가치는 부르는 게 값이 되는 것이다.

그러면 피카소의 탁월한 그림솜씨와 목수의 뛰어난 목공 실력으로 대변되는 그들의 '업'을 설명해주는 개념은 사용가치인가, 아니면 교환가치인가? 정답은 교환가치다. 즉 자신의 '업'으로 설정한 분야가 흔해빠진 분야이면, 희소성이 존재하지 않기 때문에 큰 돈을 벌 수 없다.

더욱이 흔한 분야에서조차 제1인자가 되지 못하고 2류나 3류 수준에 머물고 있다면, 그는 큰돈은 고사하고 푼돈조차 벌지 못할 가능성이 크다. 따라서 자기 몸값을 제대로 평가받기 위해서는 교환가치가 큰 희소분야로 진출해서 그 분야의 제1인자로 거듭나야 한다. 그것이 바로 교환가치가 우리들에게 가르쳐주는 교훈이자 삶의 진리다.

소프트 혁명에서 미래의 경쟁력을 찾자!

농경사회에서는 땅을 많이 가진 사람들이 그 사회의 지배자였다. 그러나 산업화 사회가 도래하자 땅 부자들의 부와 권위는 바람과 함께 사라졌다. 그들의 빈자리는 물리적 자본physical capital의 흐름을 통제할 수 있는 사람헨리 포드, 록펠러, 카네기 등들의 차지가 되고 말았다. 그런데 이들의 부와 권위도 그리 오래가지 않아 붕괴되고 말았다.

카오스chaos와 퍼지fuzzy; '애매함'이란 의미로서 '이럴 수도 있고 저럴 수도 있다.'라는 식의 양면성을 존중하는 사고방식적 세계 속에서 태동한 지식정보화 사회가 새로운 절대 강자를 탄생시켰기 때문이다. 그 대표적인 주인공은 빌 게이츠다. 그는 이 시대에 절대적인 영향력을 갖고 있는 백만장자로서, 부의 패러다임을 근본적으로 변화시킨 주인공이다. 그가 가진 것은 땅도 아니고 자동차, 석유, 철강재와 같은 물리적 자본도 아니었다. 그는 단지 정보획득과 지식창출의 프로세스에 대한 보이지 않는 통제력만을 갖고 있을 뿐이다.

우리는 산업화 사회를 지탱했던 기존의 자본주의 경제체제와는 전혀 다른 새로운 자본주의 경제체제 속에서 살고 있다. 지금은 개인이 갖고 있는 남다른 재능, 기술, 지식이 강력한 위력을 갖는 사회다. 또 눈으로 볼 수 있는 물리적 자본보다는 무에서 유를 창조할 수 있는 지적 능력이 더 큰 부가가치나 부를 창출하는 시대다. 가령, 자동차를 분해하면 2만여 개의 부품을 눈으로 볼 수 있지만, 윈도우 운영체계를 분해하면 아무것도 보이지 않는다. 그런데도 윈도우 운영체계를 개발한 빌 게이츠는 '자동차 왕'으로 한 시대를 풍미했던 헨리포드보다 훨씬 더 큰 부자가 되었다.

미국의 명문사학인 뉴욕대 스턴경영대학원의 폴 로머Paul Romer 교수는 "지금 우리는 유형의 물질에 대한 생산만을 가정했던 과거와는 매우 다른 원리가 작동하는 소프트 혁명soft revolution의 시대를 살아가고 있다"고 주장했다. 비근한 예로 음식 맛이 뛰어난 식당의 메뉴판을 보면, 일반적으로 다른 식당들보다 값이 비싼 것을 알 수 있다. 그런데도 그 식당은 손님들로 문전성시를 이룬다. 이 현상은 '음식 값이 비싸면 수요가 줄기 때문에 식당은 파리만 날릴 것이다.'라는 수요의 법칙을 무색하게 만든다. 즉 맛만 뛰어나면 음식 값이 비싸더라도 음식에 대한 수요

• 폴 로머 뉴욕대 교수 (출처: 뉴스토마토) •

가 늘어난다는 것이다. 그것을 설명해주는 경제 개념이 다름 아닌 '소프트 혁명'이다.

음식에 사용되는 재료나 하드웨어예: 조리기구, 조리시설 등는 어느 식당이나 거의 동일하다. 그런데도 식당마다 음식 맛이 천차만별인 것은 주방장의 음식솜씨, 식당 특유의 소스 맛, 종업원들의 친절과 같은 소프트웨어가 서로 다르기 때문이다. 그와 같은 소프트웨어 측면에서 경쟁력을 갖춘 식당은 다른 식당에 비해 큰돈을 벌 수 있다. 이 논리는 개인과 다른 기업에게도 그대로 적용시킬 수 있다. 따라서 남보다 많은 돈을 벌기 위해서는 새로운 지식과 정보를 습득하면서 자신의 재능, 기량, 기술혁신을 창출하기 위한 자기혁명에 최선을 다해야 한다.

이제는 노동시장에서도 엄청난 변화가 일어날 것이다. 지금은 그 어디에도 평생직장이 존재하지 않는다. 이미 고용 분야에서는 아웃소싱이나 프로젝트의 수행방식처럼 일 중심의 '헤쳐모여 식'이 하나의 트렌드로 자리 잡아가고 있다. 자신의 '업'이 분명하고, 소프트 혁명을 통해 '보이지 않는 경쟁력'을 확보한 사람은 해고의 위험으로부터 영원히 해방될 수 있다. 그런 측면에서 변화관리 전문가인 구본영이 일갈했던 "진정한 실업은 현재 봉급을 받을 수 있는 일자리를 갖지 못한 것이 아니라, 미래의 부를 가져다 줄 자신의 재능을 자본화하지 못한 것이다."라는 주장은 시대의 변화를 꿰뚫어보는 탁견이다. 피카소와 목수의 일화는 '소프트 혁명'과 올바른 '업' 설정을 위한 자기혁명이 전제되지 않는 한, 결코 우리의 밝은 미래는 존재할 수 없다는 것을 역설해준다.

이제 '업'을 쌓지 않으면, 대학을 졸업해도 일자리를 구하지 못하고 곧바로 청년백수

의 대열에 합류할 수밖에 없다. 그럼에도 불구하고 '업'과 '자기혁신'의 문제를 심각하게 인식하는 젊은이들은 그리 많지 않다. 이는 젊은이들에게도 일단의 책임이 있지만, 더 큰 책임은 '업'교육을 방치하고 있는 교육인적자원부와 우리나라 대학들에 있다고 생각한다. 이들 조직의 뼈아픈 자기반성과 탄력적인 대응을 기대한다.

리더십에 대한 신의 한수 ②

💡 잭 웰치의 골프경영

골프를 배우면서 레슨을 해주었던 프로한테서 들은 얘기다. 그 내용이 너무 좋아서 간단하게 소개하려고 한다.

세계의 CEO들이 존경하는 GE사의 잭 웰치Jack Welch 전 회장은 1년에 50회 이상의 골프를 즐겼을 만큼 골프광이었다. 그런데 한 가지 우리들의 관심을 끄는 것은 그가 새로운 임원을 고용할 때는 반드시 골프를 쳐본 후, 최종합격자를 결정했다는 사실이다. 그래서 그런지 GE사의 임원으로 성공하려면 매사에 골프 연습을 열심히 하고 프로에 버금갈 정도로 매너와 실력을 함께 구비해야 한다는 얘기가 공공연히 나돌 정도였다.

• 잭 웰치 전 GE사 CEO
(출처: www. telegraph. co. uk) •

빌 게이츠Bill Gates, 워런 버핏Warren Buffett, 도널드 J. 트럼프Donald J. Trump 같은 CEO들도 골프를 통해서 경영전략을 배웠고 상대방과 거래하는 것을 배웠다고 얘기했다. 그들은 한결같이 18홀 한 라운드에서 50가지의 학습요소가 있으며, 또 그 안에는 3가지 경영원칙이 숨어있다고 강조했다. 그것은 잭 웰치도 마찬가지였다. 그들이 말하는 3가지 경영원칙에 대해 언급하면 아래와 같다.

#1 골프에는 '멀리', 그리고 '정확하게'라는 개념이 숨겨져 있다.

#2 끊임없이 발생하는 새로운 문제들에 대해 현장에서 곧바로 해결할 수 있는 대응력과 순발력을 갖고 있어야 한다.

#3 '기본'과 '원칙'에 충실해야 한다. 골프의 기본인 '그립'과 '스탠스'가 확고해야 하듯이 경영을 잘하기 위해서는 탄탄한 기본기와 확고한 경영원칙이 확립되어 있어야만 한다.

1 비전이란 조직이 나아가야 할 장기적인 목표와 바람직한 미래상을 의미하며 그것을 접했을 때, 가슴이 터질 듯한 감동과 희열을 느낄 수 있어야 한다.

2 비전이 장기적인 목표와 미래의 발전상이라고 한다면 미션은 조직이 존재하는 근본 이유가 무엇인가?와 관련된 개념이다. 또 리더는 조직구성원들에게 비전과 미션을 확실하게 제시하고 그것을 추구하는 데 앞장서야 할 핵심인재다.

3 비전은 리더의 경영철학, 역사관, 사생관, 조직구성원의 내부여론, 조직의 잠재적 역량, 외부 환경변화에 대한 대응전략 등을 충분히 고려해서 수립해야만 조직구성원들의 공감을 얻을 수 있다.

4 좋은 비전이 되기 위해서는 그 나름대로 몇 가지 전제조건이 있다. 도전정신을 자극할 것, 실현가능성이 높을 것, 간단명료할 것, 매력적인 이미지를 가질 것, 경제적 보상과 잘 연계되어 있을 것 등이다.

5 리더는 조직구성원들과의 비전공유에 성공하기 위해서 다양한 전략을 수립하고 강력하게 추진해야 한다.

01 다음 중 좋은 비전이 되기 위한 전제조건이 <u>아닌</u> 것은?
   ① 간단명료하고 이해하기 쉬울 것
   ② 매력적인 이미지로 형상화시킬 수 있을 것
   ③ 우리 사회에 선순환적 가치를 창출할 수 있을 것
   ④ 경쟁의식을 부추기면서 '하면 된다'는 정신을 심어줄 수 있을 것

02 다음 중 조직구성원들 간에 비전공유를 위한 전략이 <u>아닌</u> 것은?
   ① 브레인스토밍 문화의 확산
   ② 상의하달식 커뮤니케이션의 활성화
   ③ 최고경영자의 솔선수범을 통한 비전의 확산
   ④ 비전의 실현이 조직구성원들의 경제적 성과와 직결되어 있다는 확신 제공

03 다음 중 비전의 설정능력은 낮지만 실행능력이 높은 사람에 해당되는 것은?
   ① 무모한 실행자   ② 방관자   ③ 몽상가   ④ 진정한 리더

04 다음 중 기업의 CEO가 추구해야 할 핵심가치로서 가장 거리가 <u>먼</u> 것은?
   ① 팀워크와 파트너십   ② 건전한 일자리 창출
   ③ 멸사봉공과 견리사의   ④ 고객감동의 서비스 실현

05 다음 중 공군의 4대 핵심가치와 거리가 <u>먼</u> 것은?
   ① 도전   ② 팀워크   ③ 열정   ④ 헌신

※ 다음 빈칸에 들어갈 알맞은 용어를 적으시오.

01 비전의 설정능력은 낮고 실행능력만 높은 사람은 (　　　　　　　)형 리더라고 말한다.

02 비전과 미션을 달성하기 위해서 조직구성원들이 공유해야 할 사고나 행동의 기준이 되는 것을 (　　　)(이)라고 정의한다.

03 우리나라의 전통가요 중에서 비전이 없는 선박의 불안한 심리를 잘 대변해주는 노래 가운데 국민가수 이미자 씨가 불러서 히트시킨 노래는 (　　　)(이)다.

04 공직자의 절대 덕목 가운데 '이익을 보거든, 과연 그것이 정의로운 것인지를 생각하라'는 말이 있다. 그것을 한자성어로 표시하면 (　　　)(이)다.

05 '멀리', '정확하게', 현장해결능력과 대응력, 기본과 원칙에 충실하기와 같은 골프경영을 통해 GE사를 세계 초일류기업의 반열에 올려놓았던 CEO는 (　　　)(이)다. 힌트: 세 글자, 한글로 적을 것.

| 정답 |

객관식　01 ④　02 ②　03 ①　04 ③　05 ③

단답식　01 무모한 실행가　02 핵심가치　03 황포돛대　04 見利思義　05 잭 웰치

CHAPTER 04

리더십의 핵심은
인재관리에 있다!

인재관리의 대가였던 이순신
(출처: 나무위키)

4.1

영화 「벤허」에서 우리가 배워야 할 것!

1996년부터 2006년까지 승마를 열심히 배웠던 기억이 있다. 말馬을 가까이했던 것은 전적으로 이순신 연구의 일환이었다. 28세의 이순신은 무과武科시험장에서 낙마落馬를 하는 바람에 다리가 부러졌고, 결국 낙방하고 말았다. 말을 어떻게 다뤘기에 낙마를 했을까? 그때, 이순신의 심사는 어떠했을까? 적지 않은 나이에, 첫 시험에서 낙방한 후 경험했을 그의 정신적 충격과 육신의 상처를 조금이라도 이해해 보고 싶은 생각에서 승마를 시작했다.

초보자 시절에는 덩치가 큰 말을 다뤄야 하는 심리적 부담과 부상에 대한 두려움 때문에 승마를 그만두고 싶은 충동이 끊이지 않았다. 그럴 때마다 공주승마협회 회원들과 승마기술을 전수해 준 공주대학교 대기과학과의 소선섭 교수께서 용기와 격려를 아끼지 않았다. 물론 나중에는 어느 정도 실력이 향상되어서 마장馬場 밖으로 말을 끌고 나와 외승外乘을 하는 수준까지 발전했지만 지금은 승마 동호회 활동을 접은 상태다. 나이가 먹을수록 낙마에 따른 부상의 위험성이 점점 더 커지기 때문이다. 하지만 한 때는 국내외에서 출간된 승마교본, 말 관련 책들과 잡지, 「황야의 무법자」와 같은 서부극과 「호스 휘스퍼horse whisper」와 같은 영화를 보며 말의 습성을 비롯한 제반 정보와 지식을 얻기 위해 많은 노력을 쏟았던 기억이 있다. 또 국내의 말 전문가들을 찾아가 머리를 조아리며, 그들이 갖고 있는 다양한 경험과 노하우를 전수받기도 했다.

말도 인간과 똑같은 감정을 갖고 있다!

말은 마력馬力: 물건을 움직이는 힘을 헤아리는 단위로서 1초 동안에 75kg의 물체를 1m 움직이는 힘을 의미이라는 단어가 시사해 주듯이 엄청난 힘을 가진 동물이다. 하지만 의외로 겁이 많은 것도 말이 지닌 특성이다. 또 그들은 기수騎手의 심리상태나 말을 다루는 기술수준을 정확히 꿰뚫어 볼 줄 아는 매우 영리한 녀석이다. 가령, 중급수준 이상의 기수가 말에 오르면 그 녀석은 바짝 긴장을 하고, 기수의 명령에 절대 복종한다. 그렇지 않으면 기수가 박차를 이용해서 자신의 옆구리에다 통증이 수반되는 압박을 가하기 때문이다. 그러나 겁먹은 초보자가 말에 오르면, 그 녀석은 곧바로 기수의 컨트롤 능력 부재를 알아차리고 제멋대로 행동한다. 처음에 승마를 배우는 사람들이 혼비백산魂飛魄散하는 것도 말의 그런 습성 때문이다. 또 '당근과 채찍'이라는 용어가 승마에서 유래된 것이라고 단언할 만큼, 말은 당근을 무척 좋아한다. 멀리 떨어져 있는 말을 유인할 때나 애정을 표시하고 싶은 경우, 당근을 이용하면 효과 만점이다. 따라서 말은 당근을 자주 주며 자신을 예뻐해 주는 기수에게 절대 호감을 갖고 잘 따른다. 이것을 보면, 사람이든 말이든 자신에게 잘해주는 사람을 좋아하는 것은 세상사의 보편적인 현상 같다.

한편, 채찍을 싫어하는 것도 모든 말의 공통점이다. 아니, '무서워한다'는 게 더 정확한 표현일 것이다. 말 가운데는 채찍을 들거나 보여주기만 해도 무조건 도망을 치거나 아주 예민한 반응을 보이는 녀석도 있다. 그런 말은 십중팔구 마장 주인이나 기수한테 심한 학대를 받았을 개연성이 크다. 따라서 기수가 손이나 채찍만 들어도 옛 기억이 떠올라 갑작스런 발작 증세를 보이거나 난동을 부려서 기수를 당황하게 한다. 심한 경우에는 앞발을 세움으로써 기수를 땅에 떨어트리기도 한다. 실제로 그렇게 해서 심한 부상이나 사망에 이른 사고도 적지 않다.

메살라가 벤허에게 패배할 수밖에 없었던 이유

• 벤허와 메살라의 대전차경주 장면 (출처: 코리아데일리) •

내가 말에 대한 이론적 연구와 실전 경험을 쌓아가면서 늘 관심 있게 지켜본 것이 하나 있었다. 그것은 영화 「벤허Ben-Hur」였다. 세인들로부터 불후의 걸작으로 평가받았던 그 영화의 주제는 '하나님에 대한 믿음이 충만하면, 어떠한 역경도 능히 극복할 수 있다!'는 종교적 메시지였다. 하지만 말 전문가를 꿈꾸었던 내게는 「벤허」가 남다른 의미로 다가왔다. 즉 거친 호흡을 하며 있는 힘껏 달리는 4필의 말들이 일으키는 흙먼지 속에서 유다 벤허이하 벤허와 메살라의 숙명적인 대전차경주와 그 이면에 감추어져 있는 승리의 비결이 압권으로 다가왔던 것이다.

쉼 없이 내리치는 가혹한 채찍질과 준마급의 흑마黑馬들, 그리고 살기殺氣서린 톱날로 중무장한 전차를 갖고서도 메살라스테판 보이드 역는 벤허찰톤 헤스톤 역와의 대전차경주에서 치욕적인 패배를 당했다. 메살라는 부상의 후유증으로 끝내 죽음을 맞는다. 모든 조건에서 벤허보다 유리했던 메살라가 참패를 당했던 이유는 과연 무엇일까?

가장 큰 원인은, 윌리엄 와일러William Wyler 감독의 각본이 벤허와 메살라의 운명을 그렇게 엇갈리도록 설정했기 때문이다. 그러나 내가 보기엔, 영화라는 픽션이 아니라 현실에서 대전차경주를 했더라도 벤허가 메살라를 이겼을 것이라고 확신한다. 그것은 말을 다루는 인간적인 자세에서 벤허가 메살라보다 한 수 위였기 때문이다. 메살라와의 숙명적인 대결을 앞둔 전날 밤, 벤허는 조용히 마구간을 찾아가 자신의 전차를 이끌 4필의 백마들과 일일이 포옹하며 용기와 격려를 아끼지 않았다. 그리고 경기 당일 날, 벤허는 채찍을 사용하는 대신 열정과 애정을 담은 함성으로 백마들의 질주를 독려했다. 흑백의 칼라가 선악을 구분하듯, 선善의 화신인 벤허의 격려를 받고 혼신을 다해 달린 백마들이 악惡의 상징인 메살라의 채찍에 겁을 먹고 달린 흑마들을 보기 좋게 이긴 것이다. 그것은 당연한 결과였다. 채찍은 열정과 격려를 이길 수 없기 때문이다.

벤허와 4필의 백마들은 오늘을 사는 우리의 리더들에게 많은 것을 시사해 준다. 우리 사회를 구성하는 각 조직의 리더들은 '신상필벌'信賞必罰을 조직관리의 금과옥조金科玉條로 여기고 있고, 교육계의 리더들 역시 '체벌 불가피론'을 심정적으로 지지한다. 하지만 나는 리더들의 그런 시각에 대해 단호하게 반대한다. 이것은 그동안 적지 않은 시간만큼 세상을 살아오며 몸소 경험하고 터득한 내 나름대로의 인식에 기초해서 하는 얘기다.

조직구성원이 어떤 실수나 잘못을 저질렀다 해도 그가 불성실한 근무 자세나 악의惡意를 품고 한 행동의 결과가 아니라면, 그를 너그럽게 용서해주고 격려해 줄 수 있는 사람이 훌륭한 리더다. 만약 리더가 그런 모습을 보여주면, 처벌이나 좌천을 예상했던 당사자는 조직의 발전과 리더에 대해 충성을 해서 보은하겠다는 마음을 가질 것이다. 그것이 인지상정이다. 또 학생들이 일탈행위逸脫行爲를 했더라도 교육자가 적어도 세 번까지 아량과 인내심으로 그들을 용서하고 따뜻한 충고까지 곁들여준다면, 그들 역시 선생님의 깊은 사랑과 관심에 머리를 숙이고 더 이상의 나쁜 짓을 자제할 것이다.

리더들이 알아야 할 '罪'자의 진정한 의미

'죄'를 한자로 표현하면, '罪'가 된다. 그런데 罪는 '四넉 사 + 非아닐 비의 합'으로 구성되어 있다. 이것은 '비슷한 유형의 실수를 네 번 하면, 안 된다. 즉 허물罪이 된다'는 의미다. 이를 다른 측면에서 살펴보면, '세 번까지의 잘못은 허물이 아니다.'라는 얘기도 된다. 내가 "학생들의 사소한 잘못이나 실수에 대해서는 적어도 3번까지는 관대하게 봐줄 필요가 있다."고 강변하는 것도 그런 이유에서다.

말馬의 세계에서 일류 조련사는 조마색調馬索: 일종의 끈으로서 긴 끈의 한쪽은 말의 재갈에 달고, 다른 한쪽은 조련사의 손으로 컨트롤하면서 말에게 원형 훈련을 시킬 때 주로 사용과 휘파람만으로 사나운 말을 얌전한 말로 길들일 수 있는 사람이다. 또 채찍과 고성으로 위협만 하면서 말을 조련하는 사람은 이류 조련사, 그리고 물리적인 학대나 가혹한 채찍질로 말을 길들이는 사람은 삼류 조련사로 간주한다. 그와 마찬가지 논리로 엄벌을 통해 조직이나 부하직원을 관리하려는 리더나 체벌로 학생들을 통제하려는 교육자 역시 일류 리더로서의 자질이 결여된 사람들이다. 또 그런 사람들이 국가 경영, 민간기업 경영, 학교 경영을 좌지우지하는 한, '한국 사회의 밝은 미래는 없다!'고 생각한다. 작금의 한국 사회는 갈가리 찢겨져 있다. 전교조와 교원단체총연합회 그리고 자유교원노조 간의 상호 반목, 전라도와 경상도, 진보와 보수, 가진 자와 못 가진 자, 배운 자와 못 배운 자, 남성과 여성군필자 가산점제도를 놓고 대립 등의 대립현상이 갈수록 심화되고 있다. 이대로 가다가는 남북통일도, 국민소득 3만 불"분배의 정의를 충족시킬 경우에 한해, 경제성장은 그 본래의 의미를 회복한다"는 고 정운영 박사의 주장은 지금도 유효 이상의 선진시민사회건설도 불가능하다.

지금 우리가 간절하게 희구하는 것은 조직구성원 사이에 상호화해와 격려를 통해, 그동안 복잡 미묘하게 꼬였던 매듭을 풀고 모두가 하나 되는 국민대통합을 도모할 수 있는 위대한 리더의 출현이다. 특히 벤허처럼 신神에 대한 경외감과 따뜻한 인간애를 갖고 우리 사회의 다양한 욕구와 가치 충돌을 아우르면서 '원칙'과 '정의'를 올곧게 세워나갈 수 있는 사람이 필요한 시점이다. 왜냐하면 그런 인재가 제대로 된 리더십을 발휘할 때, 한국의 정치, 경제, 기업문화, 교육계의 혁신이 봇물처럼 일어날 것이기 때문이다.

인재 개념과 인재 관리의 중요성을 인식하라!

인재에 대한 참뜻을 이해하기 위해서는, 우선 기업企業이란 한자부터 풀어볼 필요가 있다. 企業은 '人 + 止 + 業'이 합해진 형태로 구성되어 있다. 경영학이나 경제학에서는 기업을 '물건을 만들어 파는 생산의 주체'로 정의한다. 그러나 21세기 기업의 진정한 의미는 '단순히 물건을 파는 생산의 주체'가 아니라 '우수한 인재[人]들이 머물면서[止] 다른 사람들과 확실하게 차별될 수 있는 가치[業]를 도출하는 창의적 주체'로 해석해야 옳다. 그러면 인재에 대한 정의가 자연스럽게 도출된다. 즉 인재란, 탁월한 핵심역량core competence으로 남들과 확실하게 차별되는 가치를 창조해낼 수 있는 사람을 의미한다. 여기서 핵심역량은 인재가 되기 위한 필요조건이고, 가치 창조는 충분조건이다.

한편, 인재관리는 인재의 선발, 근무 중 직무능력 향상, 퇴직, 퇴직 이후의 사후관리에 이르는 제반 사항들을 지칭한다. 인재를 잘못 선택하거나, 선발한 인재를 제대로 관리하지 않음으로써 그들의 직무능력이 저하될 경우 조직의 경쟁력은 떨어질 수밖에 없다. 또 유능한 인재가 퇴직을 하도록 방관하거나 퇴직한 인재가 조직의 중요한 지적 정보나 자산을 빼돌렸을 경우, 해당 조직은 치명타를 입게 될 가능성이 크다. 따라서 인재관리는 기업경영을 책임진 CEO가 모든 업무 가운데 최고의 우선순위를 부여하면서 추진해야 할 핵심사항이다.

인재의 유형에 대해 확실하게 학습하라!

조직의 운명은 인재들에 의해 판가름 나기 마련이다. 디지털 사회에서는 한 사람의 인재가 수만 개의 일자리를 창출할 수 있는 시대이다. 따라서 인재의 중요성은 아무리 강조해도 지나치지 않다. 그러나 인재라 해서 같은 인재는 아니다. 인재도 다양한 형태의 인재들이 존재한다. 여기서는 그러한 인재들의 종류와 특성에 대해 살펴보기로 한다.

人災型, 人在型, 人材型, 人財型 인재의 특성 분석

1 인재형人災型 인재의 특성

① 근무자세가 불량하고 게으르며, 상사의 명령에 복종하지 않는다.

② 업무능력은 최하 수준이며, 조직의 정보나 비밀을 쉽게 빼돌린다.

③ 결국 조직에 각종 문제를 유발시켜서 조직을 망가트리는 인물이다.

2 인재형人在型 인재의 특성

① 시키는 일만 마지못해 하고, 창의적인 업무능력은 전무하다.

② 아부에 능숙하고, 상사의 심리파악에만 천부적인 재능을 발휘한다.

③ 대부분 하는 일도 없이 조직의 월급만 축내며 시간만 죽이는 사람들이다.

3 인재형人材型 인재의 특성

① 좋은 대학을 나왔지만, 창의적인 업무처리능력은 수준 이하다.

② 과거의 호시절 얘기만을 즐기며, 현실에 대한 불만이 매우 많다.

③ 혁신을 얘기하면, 혁신할 수 없는 10가지 이유부터 제시하는 사람이다.

4 인재형人財型 인재의 특성

① 활화산 같은 열정을 갖고 있으며, 일에 대한 승부욕이 강하다.

② '업'業의식이 투철하며, 창의적인 일처리로 주위의 칭송이 자자하다.

③ 혁신적인 자세로 조직에 선순환적 가치를 창조하며 자신이 맡은 일을 완벽하게 처리한다. 어떤 경우에는 명함과 이메일 주소에도 'Perfect'란 단어가 들어가 있다.

소라형, 카멜레온형, 치타형, 호랑이형 인재에 대한 특성 분석

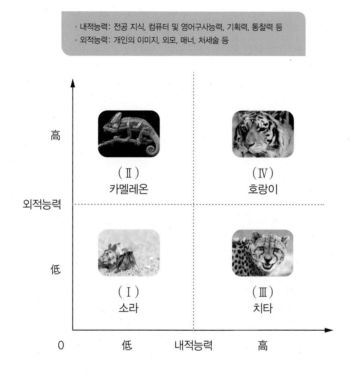

· 내적능력: 전공 지식, 컴퓨터 및 영어구사능력, 기획력, 통찰력 등
· 외적능력: 개인의 이미지, 외모, 매너, 처세술 등

外적능력

高

(Ⅱ) 카멜레온

(Ⅳ) 호랑이

低

(Ⅰ) 소라

(Ⅲ) 치타

0   低   내적능력   高

1 소라형 인재의 특성

① (Ⅰ)타입의 인재로서 구조조정 0순위 인물이다.

② 두꺼운 껍질 속에서 안주하면서 변화와 혁신을 기피하는 인물이다.

③ 소라형 인재는 내적능력컴퓨터 및 영어구사능력, 전공지식, 기획력, 분석력, 창의력도 부족하고, 외적능력매너, 이미지, 커뮤니케이션 능력도 결여된 사람이다.

2 카멜레온형 인재의 특성

① (Ⅱ)타입의 인재로서 구조조정 1순위 인물이다.

② 카멜레온형 인재는 내적능력은 없고, 외적능력만을 갖춘 사람이다.

③ 카멜레온처럼 처세술에는 능하지만 업무수행능력은 보잘 것 없는 사람이다.

3 치타형 인재의 특성

① (Ⅲ)타입의 인재로서, 조직 내에서 자기 밥벌이는 할 수 있는 사람이다.

② 적어도 이런 유형의 인재는 남들과 차별되는 '한방'을 갖고 있는 2인자급 인재다.

③ 따라서 이런 타입의 인재는 구조조정의 칼날 속에서도 생존할 수 있는 사람이다.

4 호랑이형 인재의 특성

① (Ⅳ)타입의 인재로서 헤드헌터들의 주요 추적대상이 되는 사람이다.

② 이런 유형의 인재는 내적능력과 외적능력을 완벽하게 구비한 사람이다.

③ 이런 타입의 인재는 늘 '일당백'의 정신으로 자신의 업무를 효율적으로 처리하며, 조직발전에 크게 기여한다는 공통점을 갖고 있다.

이건희 삼성그룹 회장이 언급했던 I자형, T자형 인재에 대한 특성 분석

1 I자형 인재의 특성

I자형 인재란, 한 가지 분야에만 정통하고 다른 분야에 대해서는 잘 모르는 사람을 지칭한다.

2 T자형 인재의 특성

T자형 인재란, 자기 분야에 대한 전문지식은 물론 다른 분야에 대한 지식까지 두루 갖춤으로써 지적 교양수준이 높고 입체적인 사고를 할 수 있는 사람을 지칭한다. 이건희 삼성그룹 회장이 좋아했던 인재도 I자형의 스페셜리스트가 아니라 T자형의 제너럴라이징스페셜리스트였다.

이건희 삼성그룹 회장이 T자형 인재를 선호하는 이유

01 글로벌 시대, 디지털 사회에서는 컴퓨터, 영어 구사능력, 전공분야에 대한 지식을 골고루 갖춘 T자형 인재만이 당당하게 생존할 수 있기 때문이다.

02 T자형 인재는 입체적 사고, 즉 전체를 꿰뚫어 보는 통찰력을 갖고 있으며 어떤 임무가 주어지더라도 100%의 능력발휘를 할 수 있기 때문이다.

03 퓨전이나 융합화의 시대에는 T자형 인재가 두각을 나타낼 수밖에 없기 때문이다.

최적의 인재를 판별하기 위한 기준에 대해 학습하라!

인재는 과거에도 있었고, 현재에도 존재한다. 다만, 과거의 인재상과 현재의 인재상이 다소 다를 뿐이다. 여기서는 과거에 인재 여부를 판별하는 기준으로 활용했던 관인팔법觀人八法과 중국의 석학으로 평가받는 사소원史蘇苑이 제시했던 청관淸官의 6가지 기준에 대해 살펴본다. 또 한국의 전국경제인연합회이하 전경련와 미국의 기업 전문잡지인 『시스템』이 제시한 현대 사회에서의 인재 기준에 대해 고찰한다.

과거의 인재 판별 기준

1 관인팔법: 중국에서 왕이나 재상을 고를 때 주로 사용했던 방법

01 위威: 위엄   권력과 명성에 어울릴 만한 위엄이 있어야 한다.

02 후厚: 후덕함   인간의 그릇이 커서 좀스럽지 않고 너그러워야 한다.

03 청淸: 청순함   맑고 깨끗한 정신의 소유자이어야 한다.

04 고固: 기이함   굳은 의지와 불굴의 신념, 그리고 용기를 가지고 있어야 한다.

05 고孤: 고독함   인정이 많고 가슴이 따뜻하며 추종자들이 많아야 한다.

06 박薄: 박약   체모가 빈약하고 건강하지 않으면 곤란하다.

07 악惡: 악독   심성이 사악하고 표독스러우면 곤란하다.

08 속俗: 탁함   기풍이 고상하지 못하고 경박한 사람은 곤란하다.

2 사소원이 제시한 청관의 6가지 전제조건

01 청빈을 즐기며, 백성들을 착취하지 않아야 한다.

02 법을 잘 지키고, 법 집행을 공정하게 해야 한다.

03 강직한 태도로 항상 진실만을 직언해야 한다.

04 정도正道를 지키는 생활로 백성들의 모범이 되어야 한다.

05 뇌물을 받지 않고, 사사로운 감정에 휘말리지 않아야 한다.

06 민생안정을 도모하면서 사私보다 공公을 항상 우선시 할 줄 알아야 한다.

현대 사회에서의 인재 판별 기준

1 전경련이 발표한 '대기업이 원하는 인재의 유형'

01 전문지식과 폭넓은 교양을 갖춘 사람

02 국제적 감각을 소유하고 외국어를 자유롭게 구사할 수 있는 사람

03 매사에 긍정적인 사고를 하며, 진취적인 태도를 갖고 있는 사람

04 도전정신과 강한 자부심, 그리고 성취욕구가 큰 사람

05 유연한 사고思考로 의사소통을 잘하면서 창의력을 발휘할 수 있는 사람

06 가치관이 올바르고 따뜻한 인간미와 책임감이 있는 사람

07 서로 협력할 줄 알고 다른 사람에 대한 예의가 올바른 사람

2 『시스템』이 밝힌 '우리 회사에 꼭 필요한 인재의 유형'

01 약속한 대로 실천하는 사람

02 의지가 굳고, 사소한 일에도 흥분하거나 들뜨지 않는 사람

03 어떤 문제에도 자신의 뚜렷한 의견과 합리적 대안을 갖고 있는 사람

04 무슨 일이나 항상 진지하게 임하는 사람

05 자기 자신의 야심보다는 사회와 인류에 봉사하겠다고 다짐하는 사람

06 기회를 포착하여 자신의 것으로 활용할 수 있는 사람

07 여러 사람들 속에 있어도 자신의 아이덴티티를 잃지 않는 사람

08 아무리 하기 싫은 일, 미천한 일도 마다하지 않는 사람

최적의 인재관리시스템을 구축하라!

인재는 공짜로 얻을 수 있는 대상이 아니다. 훌륭한 인재를 발굴하고 끊임없이 교육을 시키기 위해서는 그에 상응하는 경제적 대가를 지불해야 한다. 조직이 발전하려면 무엇보다도 최적의 인재관리시스템을 구축하고 그것을 효율적으로 운영해야 한다. 최적의 인재관리시스템은 크게 기존 조직구성원들의 잠재역량을 극대화시키기 위한 교육훈련 및 인재관리시스템과 외부에서 수시로 좋은 인재들을 발굴해서 영입하는 헤드헌터시스템, 그리고 퇴직 인재들에 대한 사후관리시스템으로 구분할 수 있다. 조직의 리더는 이 세 가지 시스템을 상호 긴밀하게 작동시키면서 탁월한 조직운영 성과를 도출할 수 있도록 최선의 노력을 다해야 한다.

최적의 교육훈련 및 인재관리시스템을 구축하라!

1 조직 운영에 있어서 기본적으로 습득해야 할 지식과 정보를 주기적으로 제공해주는 교육훈련시스템을 운영해야 한다. 이를 테면 작업현장과 관련된 지식과 정보, 해외 지사와 관련해서 외국 현지의 문화와 외국인들의 속성에 대한 지식과 정보, 정보처리능력과 영어를 비롯한 현지 언어의 구사능력 제고를 위한 교육훈련은 상시적 내지 주기적으로 실시해야 한다.

2 조직 운영과 관련해서 필요한 전문분야의 외부전문가를 정례적으로 초청해서 조직구성원들로 하여금 자신의 전공분야에 대한 최근 동향 및 새로운 지식과 정보를 얻을 수 있도록 도와주어야 한다. 또 학제적 관점에서 다른 분야를 전공한 조직구성원들도 함께 학습할 수 있는 기회를 제공해주는 것도 권장할 만한 일이다. 그 이유는 통섭을 통한 조직구성원들의 창의력 신장에 도움이 될 수 있기 때문이다. 일찍이 스티브 잡스는 창의력에 대해 이런 말을 한 적이 있다. "창의력이란 별 게 아니다. 그냥 내가 알고 있는 여러 가지 교양과 지식을 한 방향으로 엮는 과정에서 우연히 도출되는 것에 불과하다" 지극히 옳은 말이다.

3 갓 들어온 신입직원에게는 회사 사정에 정통한 부서내의 직장 선배 1~2인을 최소 6개월 내지 1년 간 멘토로 지정해서 그 직원의 업무처리능력을 키워주도록 하는 것도 좋은 교육훈련시스템으로 볼 수 있다.

4 정성지표와 정량지표를 적절하게 배합시킨 최적의 직무평가시스템을 구축해서 조직구성원들의 업무능력평가를 공정하고 객관적으로 처리해야 한다. 그 과정에서 조직구성원들에 대한 SWOT 분석까지 실시해서 그들이 추가적으로 개선시키거나 노력할 사항까지 지적해줄 필요가 있다. 더욱이 그와 같은 과정을 통해 조직구성원들의 '업'의식까지 제고시킬 수 있다면 그야말로 금상첨화가 아닐 수 없다.

5 조직 내부에 지식 마켓을 운영해서 조직구성원들의 창의적인 생각이나 아이디어가 새로운 가치창출로 이어질 수 있도록 하는 방안도 적극 강구해볼 만한 조치다.

최적의 헤드헌터시스템을 구축하라!

1 조직 내부에서 뛰어난 인재 개발이 어렵다면 외부에서라도 그런 인재를 적극적으로 영입하는 게 바람직스럽다. 조직은 일반적으로 스스로의 인재선발계획을 세우고 그 절차에 입각해서 외부인재를 영입해 온 게 사실이다. 하지만 요즘에는 전문 헤드헌터들의 도움을 받아가며 외부의 전문 인재를 영입하는 비중도 크게 늘고 있다.

2 좋은 인재를 영입하기 위해서는 우선 조직이 원하는 인재의 특성을 분명하게 정립하고 그에 부합하는 정성적인 선발지표와 정량적인 선발지표를 제대로 개발해야 한다. 이는 조직이 직접 인재선발에 나서는 경우와 헤드헌터를 통한 간접선발에도 공히 적용되어야 한다.

3 특히 조직이 자체적으로 외부의 전문인재를 영입할 경우에는 면접위원들에 대한 체계적인 질문기법 훈련, 면접방법의 획기적인 개선을 통해 조직이 정말로 필요로 하는 인재를 뽑을 수 있도록 해야 한다. 그래야만 성공적인 인재영입이 가능하다. 헤드헌터를 활용하는 경우에는 그들이 갖고 있는 인재선발에 대한 전문지식을 활용하겠지만 해당 기업도 헤드헌터들의 인재선발과정을 모니터링하면서 보다 유능한 인재를 뽑기 위한 노력을 함께 하는 것이 바람직스럽다.

퇴직 인재에 대한 최적의 사후관리시스템을 구축하라!

1 퇴직한 인재가 조직에 대해서 섭섭하거나 불만을 품지 않도록 배려하는 따뜻한 분위기 조성에 힘써야 한다.

2 퇴직한 인재가 조직과 연관된 일을 하기를 희망할 때, 그것을 우선적으로 고려해주는 조직의 정책적 지원도 검토해 볼 필요가 있다. 특히 조직 발전에 크게 기여하고 떠나는 인재들에 대한 조직 차원의 배려는 아무리 강조해도 지나치지 않다.

3 퇴직 인재에 대한 사후관리가 제대로 이루어지면 조직의 영업비밀이나 산업기밀의 외부유출이 이루어지지 않을 뿐만 아니라 조직의 강력한 후방지원세력으로 남을 가능성이 크다. 따라서 사람을 한번 쓰고 미련없이 폐기처분시키는 전근대적인 인사관리 시스템은 어떤 경우에도 채택해선 곤란하다.

동기부여의 의미와 중요성을 간파하라!

동기부여motivation란, 조직이 설정한 목표의 달성과 성공적인 임무완수를 위해 조직구성원들로 하여금 각자 최선을 다하도록 유인하는 일련의 자극책을 의미한다. 좀더 간결하게 정의하자면, 각자 능력발휘를 할 수 있도록 하는 당근책으로 보면 좋을 것 같다. 만약 리더가 조직의 성공은 물론 자신의 명예까지 생각한다면 그는 동기부여에 대한 의미와 중요성을 정확하게 인식하고, 그것을 조직 내에서 실현하는데 총력을 기울여야 한다. 추종자들의 숨겨진 내면의 욕구를 발산하도록 자극하고, 그들로 하여금 조직을 위해 무명의 헌신이나 익명의 정열을 다 바치도록 하는 데는 동기부여가 최고의 묘약이다. 이와 같은 동기부여를 체계적으로 정립한 이론으로는 크게 두 가지가 존재한다. 즉 콘텐츠 이론content theory과 프로세스 이론process theory이 그것이다.

동기부여가 중요한 이유

1 동기부여는 일을 잘하는 사람에게 떡 하나를 더 주는 것과 똑같은 이치다. 남들보다 떡 하나를 더 받은 사람은 앞으로도 그것을 더 받기 위해 최선을 다하려는 경향이 있다.

2 조직구성원에 대한 동기부여는 조직에 신선한 활력을 불어넣는 동시에 그들로 하여금 혼신의 노력을 다하도록 채근하는 효과를 가져 온다. 최고의 업무성과는 남이 시켜서 하는 일이 아니라 자신이 책임감을 갖고 성실히 일할 때 달성되는 법이다.

3 진정한 리더십은 조직구성원들의 다양한 내면적 욕구를 충분히 이해하고 이를 효율적으로 충족시켜줄 수 있는 동기부여 방법을 활용함으로써 조직과 개인이 서로 윈-윈 할 수 있도록 도와주는 것이다.

동기부여에 관한 여러 이론 소개

1 동기부여 이론은 크게 콘텐츠 이론content theory과 프로세스 이론process theory으로 구성된다. 콘텐츠 이론은 주로 인간의 욕구와 동기에 초점을 맞추는 반면, 프로세스 이론은 동기

부여가 이루어지는 과정에 초점을 맞춰 연구한다는 특징이 있다.

2 현재까지 자주 거론되는 콘텐츠 이론으로는 아브라함 H. 매슬로Abraham H. Maslow의 욕구단계론, 프레드릭 허츠버그Frederick Herzberg의 2요인two-factor이론, 폴 라우렌스Paul Lawrence와 리틴 노리아Nitin Nohria의 동기이론 등이 있다.

3 프로세스 이론으로는 미케일 비어Michael Beer와 리차드 월튼Richard Walton의 기대이론, 앨버트 반두라Albert Bandura의 목표설정이론 등이 있다.

동기부여에 대한 대표적인 이론

1 Maslow의 욕구단계론

① Maslow의 욕구단계론은 가장 고전적인 동기부여이론에 해당된다. 그에 따르면 모든 개인에게는 기본적인 욕구가 있고, 다음과 같은 5단계의 계층적 구조를 형성한다고 한다.

② 그는 의식주와 관련된 생리적 욕구physiological needs를 가장 낮은 단계의 욕구로 간주하고, 그 다음에는 안전욕구safety needs, 애정욕구love needs, 존경욕구esteem needs, 자아실현욕구self actualization needs 순으로 발전해 나간다고 보았다.

③ 그는 어떤 단계의 욕구가 충족되면 그것은 더 이상의 동기유발 요인이 되지 못하고, 그보다 높은 단계의 욕구가 동기부여의 원천이 된다고 주장했다.

2 Beer & Walton의 기대이론

① 기대이론은 개인의 동기부여가 '나도 노력하면 만족할 만한 성과를 거둘 수 있다'는 기대, 목표로 설정했던 만큼의 성과를 도출하면 그에 부합되는 경제적 내지 비경제적 보상을 받을 것이라는 기대, 보상의 내용과 크기에 대한 기대 등에 따라 결정된다고 설명한다.

② 하나의 스펙트럼 상에서 기대이론의 기본골격을 도시圖示하면 다음과 같다.

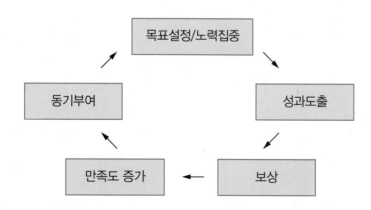

위에서 언급된 3가지 요인으로 동기부여가 이루어지면, 사람들은 새로운 목표를 설정하고 노력을 집중하게 된다. 또한 이러한 노력은 성과를 낳게 되며, 그 결과에 대한 보상이 이루어지게 된다. 보상은 금전적 측면뿐만 아니라 성취욕, 도전욕구, 자긍심과 자부심, 일에 대한 보람 등으로 이루어지는데 사람들은 이러한 보상을 통해 엄청난 만족감을 느끼게 된다. 이러한 만족감은 새로운 동기부여의 강력한 원천으로 작용하여 또 다른 목표의 설정과 노력을 집중하게 하는 선순환적 에너지로 작용한다.

핵심인재를 선별할 줄 아는 안목을 지녀라!

『한비자韓非子』의 저자인 한비는 진시황제의 천하통치를 가능하게 했던 법술法術사상의 이론적 대가였다. 그러나 성악설의 주창자인 스승 순자荀子 밑에서 동문수학한 이사李斯의 계책으로 독살을 당한 비극적 인물이다. '동양의 마키아벨리'로 평가받고 있는 한비는 철저한 인간 불신에 입각하여 바람직한 리더 상象을 정립했다. 그가 제시했던 리더상은 후대 학자들에 의해 혹독한 비판을 받았음에도 불구하고, 그것이 갖는 의미는 여전히 유효한 측면이 많다. 특히 "유능한 리더는 훌륭한 인재를 발탁해서 적재적소適材適所에 활용할 줄 아는 사람이다."라는 그의 주장은 지식정보화 사회를 헤쳐 나가야 할 현대의 리더들에게도 많은 시사점을 제공해준다.

옛날 인재 선발의 기준은 무엇이었을까?

인재 선발과 관련하여 우리 사회가 오랫동안 활용해 온 기준이 하나 있다. 그것은 다름 아닌 '신언서판'身言書判이다. 그 기준은 지금까지도 우리 사회에서 맹위를 떨치고 있다. 우선 신身이란, 겉으로 풍기는 개인의 외적 이미지로서 사람의 외모와 풍채를 말한다. 예나 지금이나 신입사원이나 자신의 배필감을 고를 때, 가장 먼저 보는 것이 상대방의 겉모습인 신身이다. 그런데 요즈음은 신身을 100% 신뢰할 수 없다. 왜냐하면 성형기술의 눈부신 발달로 겉모습을 얼마든지 뜯어고칠 수 있기 때문이다. '미스코리아 대회에 나간 여성 치고 성형외과 의사의 도움을 받지 않은 사람이 거의 없다.'라는 말이 공공연히 나돌 정도로, 우리 사회는 성형미인들로 넘쳐나고 있다. 또 미용기술이나 화장술도 신身의 부족한 부분이나 결점을 감쪽같이 보완해 주기 때문에, 어느 한 순간의 평가만으로 상대방의 신身을 정확하게 파악하기 어렵다.

언言은 사람의 언변言辯을 의미한다. 언言은 말하는 사람이 조리있게 자신의 의견을 표현하는지, 또는 의미전달능력이 분명한지 여부를 체크하는 기준이다. 요즘에는 언言도 믿을 게 못 된다. 우리 주변에 널려 있는 웅변학원이나 스피치 교정학원의 도움만 받으면, 언言의 능력도 어느 정도 끌어올릴 수 있기 때문이다. 그러나 청산유수靑山流水처럼 언변이 뛰어난 사람들 가운데 교활한 사기꾼이나 근거 없이 다른 사람을 비방하는 양심불량의 인간들이 적지 않다. 따라서 언言 역시 인재 여부를 판단하는 척도로써 많은 한계점을 내재하고 있다.

서書는 글씨, 즉 필적筆跡을 지칭하는 말이다. 옛날부터 우리 선현들은 글씨가 그 사람의 됨됨이나 정신세계의 깊이를 나타내주는 것으로 굳게 여겨왔다. 그런 탓에 사대부 집안에서는 자식들의 붓글씨 쓰는 능력을 향상시키기 위해 각고의 노력을 기울였다. 마치 현대의 학부모들이 자기자식을 좋은 대학에 입학시키기 위해 천문학적 숫자의 과외비를 사교육 시장에다 지출하는 것처럼 말이다. 글씨의 대가라고 일컫는 석봉石峰 한호韓濩나 추사 김정희 선생과 같은 분들이 예찬禮讚을 받고, 서예학원들이 오랫동안 명맥을 유지하는 것도 따지고 보면 서書를 중시하는 우리 사회의 분위기를 잘 반영해준다. 그러나 필적 또한 인재의 판별기준으로서 한계가 있다. 서당이나 서예학원에 나가 체계적인 훈련을 받기만 하면, 나름대로 글 쓰는 능력을 업그레이드를 시킬 수 있기 때문이다.

마지막으로 판判을 들 수 있는데, 이것은 사물의 시비선악是非善惡을 정확하게 가려낼 수 있는 판단능력을 의미한다. 우리의 선현들께서는 외모가 잘 생기고, 말을 잘 하고, 글씨에 능해도 사물의 이치를 터득하는 능력이 없으면 그 인물됨이 출중하지 못하다고 판단했다. 그래서 선현들이 중시한 것이, 곧 문리文理의 우장優長이다.

위에서 살펴본 바와 같이 신언서판은 인재의 선발기준으로써 한계가 있지만, 그들 네 가지 기준 가운데 가장 중요한 것을 하나만 고르라고 한다면, 나는 기꺼이 '판'을 선택하고 싶다. 왜냐하면 신언서판의 신체적 외모, 말하기, 글쓰기, 판단능력 중에서 '판단능력'이 다른 항목들에 비해 훨씬 더 중요하다고 생각하기 때문이다. 그러나 판단능력이 출중하다 해도 실천이 뒤따르지 않는다면 아무런 소용이 없게 마련이다. 따라서 '실천하는 행동'이 전제되지 않는 신언서판은 인재선발 기준으로서 문제가 있다고 생각한다. 이런 문제가 있어서 그랬는지 몰라도, 신언서판의 원조격인 중국 당나라 조정은 그것만으로 인재를 등용하지 않았다. 그들은 신언서판 이외에도 덕행德行, 재능才能, 노효勞效: 일을 효율적으로 처리하는 것을 의미의 실적 여부를 종합적으로 판단하여 관리로 등용시켰다는 것이 이 분야 전문가들의 공통된 지적이다.

한편, 우리의 현행 공무원임용시스템을 보면 암기력 하나만을 테스트하는 필답고사와 면접시험으로 구성되어 있다. 필답고사에서는 변형된 판단능력심오한 판단능력이 아니라 오지 선다형 문제에서 정답만을 골라내는 찍기 능력만을 주로 테스트함만 체크하고, 면접에서는 외모와 말하기 정도만 대략적으로 테스트 할 뿐이다. 따라서 현행 공무원임용시스템은 과거의 신언서판보다도 하나의 평가항목글쓰기 능력을 말함이 적은 3가지 능력만으로 관리를 뽑고 있다고 해도 과언이 아니다. 이렇게 엉성한 방식으로 국정을 수행할 인재를 선발하니까, 우리나라의 정부 경쟁력이 낮아질 수밖에 없는 것이다.

그동안 나는 리더십이라는 새로운 분야를 개척해 오면서 과거의 신언서판에 대한 개선점을 찾고 있는 중이다. 그 이유는 지식정보화 사회를 선도해야 하는 인재상은, 과거 산업화 사회나 농경 사회의 인재상과 분명하게 다를 것이라고 판단되기 때문이다. '새 술은 새 부대에!'라는 말이 있다. 이는 시대가 변하면, 그 시대를 주도해 나갈 인재상도 시대정신에 알맞도록 바꿔나가야 한다는 것을 의미한다.

가령, 농경사회의 인재는 소나 말을 잘 부리며 영농을 위한 쟁기질을 잘하는 사람일 명, 그린 칼라(green color)이었다. 그러나 산업화 시대의 인재는 농사일을 잘하는 사람이 아니라 기업과 같은 조직 내에서 윗사람이 시키는 일을 군말 없이 잘하는 사람일명, 화이트 칼라(white color)이었다. 하지만 지식정보화 사회의 핵심 인재는 '온리-원'과 '넘버-원'의 자세로 다른 사람과 분명하게 차별되는 자기 고유의 핵심역량을 갖고 있는 창의적인 사람일명, 골드 칼라(gold color)이다.

지식정보화 사회에 부합되는 뉴-버전의 신언서판

내가 온고지신溫故知新적 관점과 수受·파破·창創기존의 것을 받아들인 다음, 그것을 창조적으로 파괴해서, 전혀 다른 새로운 것을 창조한다는 의미 프로세스의 정립을 통해 만든 뉴-버전의 '신언서판'은 다음과 같다. 물론 그것은 어디까지 내 개인적인 사견私見임을 밝힌다. 앞으로 이 부분에 대해 좀 더 많은 내공을 쌓으면서 보다 세련된 내용으로 보완 발전시켜 나갈 것임을 약속드린다.

뉴-버전의 신언서판에서 신身이란, 외모나 풍채가 아니라 정신적 내지 육체적 건강을 의미한다. 지식정보화 사회는 정보와 지식이 사회발전의 동인動因이 되는 시대다. 더구나 지식정보화 사회의 인재는 혼자서 수만 명을 먹여 살릴 수 있는 창의적인 인재가 되어야 하는데, 그 전제조건은 건강이다. 즉 건강이 뒷받침되지 않고서는 그 어떤 업무도 창의적으로 수행해 낼 수 없다. 여기서 건강은 육체적 건강과 정신적 건강으로 대별된다. 오장육부가 강건한 것을 육체적 건강이라고 한다면, 정신적 건강은 매사에 긍정적인 자세와 합리적인 생활태도 그리고 미지의 낯선 세계에 거침없이 도전할 수 있는 높은 열정과 패기覇氣를 말한다. 그런데 정신적 건강이나 육체적 건강은 저절로 지켜지지 않는다. 끊임없는 자기수련과 절제된 생활을 통해서만 가능하다. 특히 자신의 건강조차 챙기지 못하는 사람은 자기관리에 실패한 사람이라고 말할 수 있다. 또 그런 사람이 조직과 국가를 관리할 수 있는 핵심 인재가 될 수 없는 것은 당연하다. 이는 마치 수신修身과 제가齊家도 못한 사람이 치국治國과 평천하平天下를 하겠다고 나서는 것과 별반 다를 게 없다. 따라서 신의 기준에는 반드시 '육체적 건강과 정신적 건강을 위한 엄격한 자기관리'를 실천하는 행行이 전제되어야 한다.

다음은 언言이다. 과거의 언言이 언변言辯을 의미했다면, 지식정보화 사회의 언言은 민주적인 수평조직에서 개인과 조직, 부서 또는 부처 간의 상이한 입장 차이나 첨예한 갈등을 원만하게 조정할 수 있는 소통능력이나 협상능력을 의미한다. 누가 뭐라 해도 지식정보화 사회의 키워드는 다양성과 개성이다. 그만큼 시끄러운 고성高聲과 혈압을 높여주는 삿대질이 오고 갈 가능성이 크다. 그런데 지식정보화 사회의 핵심 인재는 무엇보다도 가치중립적인 관점에서 서로의 입장을 충분히 경청한 후, 설득력이 큰 합리적 대안을 도출할 수 있는 사람이어야 한다. 그러려면 언言의 기준에도 '거짓말하지 않기', '수시로 말 바꾸지 않기', '무조건 자기편 거들지 않기'_{예스맨들은 이제 인재로서의 더 이상의 가치가 없는 사람}와 같은 철저한 행行이 뒤따라야 한다.

서書의 기준 역시 확 달라져야 한다. 과거의 서書가 필적을 의미했다면, 지식정보화 사회의 인재가 갖추어야 할 서書의 기준은 새로운 가치를 창조할 수 있는 학식學識: 지혜와 지식이 총망라된 광의의 개념이어야 한다고 생각된다. 지식정보화 사회의 핵심 인재는 급변하는 환경변화에 능동적으로 대처하고 최적의 대응전략으로, 자신이 속해 있는 조직과 국가의 운명을 지키는 파수꾼이 되어야 한다. 그를 위해서는 무엇보다도 남다른 발상과 아이디어로 새로운 컨셉의 가치, 이를테면 신상품과 새로운 서비스를 만들어 팔 수 있는 행行이 수반되어야 한다.

판判의 기준도 단순한 판단능력에서 사물의 이치를 완벽하게 터득하고, 그것을 위기관리와 변화관리에 탄력적으로 적용할 수 있는 고도의 판단능력으로 변모해야 한다. 지식정보화 사회에서 1년이라는 기간은 산업화 시대의 10년보다 훨씬 더 긴 시간적 내지 공간적 의미를 갖는다. 게다가 지식정보화 사회에서는 미래의 변화방향과 속도마저 가늠하기 힘들다. 따라서 지식정보화 사회가 필요로 하는 핵심 인재는 뜨거운 열정과 도전적인 자세로 언행일치를 실천해나가는 사람들이다. 즉 지능지수IQ에다 사회성 지수 SQ, 감성지수EQ, 변화지수CQ, 도덕성 지수MQ까지 골고루 갖춘 르네상스형 인재가 지식정보화 시대의 핵심 인재이다.

훌륭한 리더는 참다운 인재를 선발하고 그를 적재적소에 활용하는 사람

실천하는 행동이 전제된 신언서판은 지식정보화 사회에서도 인재선발의 기준이 될 수 있다. 문제는 리더들의 올바른 사리판단과 핵심 인재를 발굴하여 중용할 수 있는 능력이다. 아무리 핵심 인재들이 많아도, 리더가 인재 발굴에 소홀하거나 인재 발굴 능력이 없으면 모든 게 도루묵이 되고 만다. 현재 우리 리더의 절대 덕목은 최적의 핵심 인재를 발굴한 후, 그들이 최고의 능력을 발휘할 수 있도록 후원해주는 일이다. 또 지식정보화 사회의 핵심 인재는 직장의식이 아닌 직업의식으로 자기 분야에서 1인자의 자리에 오른 사람들이다. 부디 우리의 창의적인 핵심 인재들이 한비가 정의내린 상군上君들에 의해 제대로 발탁된 후, 그들이 소속한 조직과 국가발전을 위해 최선을 다하는 모습을 지켜보고 싶다.

우도牛刀와 100번째 원숭이 현상

"어느 한 사람이 꿈을 꾸면, 그것은 그저 꿈이다. 그러나 우리 모두가 함께 꿈을 꾸면 그것은 현실이 된다." 이는 돔 헬더 카마라Helder F. Camara가 한 말이다. 내가 카마라의 말을 인용한 이유는 '혁신'이라는 이름으로 미지未知의 세계에 도전하려는 사람이하 혁신주체들이 금과옥조金科玉條로 여겨야 할 주요 사항이라고 생각했기 때문이다.

혁신을 향한 도전과 '우도'牛刀의 진리

혁신을 한자로 표현하면 '革新'이다. '가죽革을 새롭게 한다新'는 의미의 이 말은 다른 사람의 생 살가죽을 벗겨야 할 만큼 엄청난 고통과 시련을 요구한다. 그런 만큼 혁신에 실패할 경우, 혁신 주체들은 자기 목숨까지 내놓아야 하는 비극적인 상황이 발생할 수도 있다. 따라서 혁신 주체들은 혁신을 도모하기에 앞서 다음과 같은 3가지 사항에 대해 심사숙고해야 한다.

첫째, 혁신 주체들은 '왜 우리가 지금 시점에서 혁신을 시도하지 않으면 안 되는가?'에 대해 명확한 목적과 비전을 제시해야 한다. 또 혁신에 성공할 경우, 조직구성원들이 실질적으로 어떤 혜택을 누릴 수 있는가에 대해서도 소상하게 밝혀야 한다. 그렇지 않는 한, 혁신 주체들은 조직구성원들의 광범위한 공감대와 지지를 얻어낼 수 없다. 역사를 상고詳考해 볼 때, 대부분의 혁신이 실패로 끝났던 이유는 혁신 주체들이 그러한 절차를 무시했거나 방관했기 때문이다.

둘째, 혁신의 목적과 비전에 대한 조직구성원들의 공감대와 지지를 얻었다면, 그 다음 수순은 투명하고 민주적인 절차에 따라 그들의 의견수렴과정을 철저하게 밟는 일이다. 왜냐하면 혁신으로 인해 이득을 보는 측도 있지만, 엄청난 손실을 입는 측도 존재하기 때문이다. 따라서 이 단계에서는 조직구성원들이 인정하고 납득할 만한 혁신의 원칙과 객관적인 기준을 제시하고, 그들의 동의 절차를 밟는 작업을 확정지어야 한다. 이는 혁신을 위한 대의명분大義名分을 구축하고 효율적인 혁신전략을 수립하는 과정으로서 매우 중요하다. 만약 그런 과정을 무시하고 혁신을 시도한다면 그것은 독재자가 제멋대로 추진하는 혼자만의 개꿈으로서 혁신의 실패는 불을 보듯 뻔하다. 그래서 혁신 주체들은 시종일관 겸손한 자세로 조직구성원들을 받들어 모시는 서번트 리더십을 실천해야 한다.

셋째, 혁신의 목표와 비전을 정립하고 조직구성원들의 다양한 의견을 수렴해서 혁신의 구체적인 방향과 최종 목적지를 설정했다면, 그 다음 미션은 톱 다운Top-Down 방식이 아니라 바텀 업Bottom-Up 방식에 입각해서 자발적인 내부혁신을 추진해야 한다. 그래야만 혁신의 성공확률이 매우 높다. 이때, 혁신주체들에게 절실하게 요구되는 것은 '우도'牛刀: 소를 잡고 해체하는데 사용하는 칼를 놓치지 않는 자세다.

잡은 소를 해체하는 작업은 소의 각 부위를 쓰임새에 따라 절단해 나가는 어려운 작업이다. 소의 생리구조를 잘 모르는 어설픈 사람이 우도를 잡으면, 쇠고기는 이 부위 저 부위가 한데 섞여 제 값을 받을 수가 없다. 혁신도 마찬가지다. 우도를 놓치지 않는다는 것은 곧 혁신의 생리와 본질을 꿰뚫어보는 혁신 전문가의 자세로 가장 효율적인 혁신안을 도출한 후, 그것의 성공적인 실행을 위해서 목숨을 거는 혁명가적 자세가 필요하다. 그렇게 최선을 다해도 성공을 장담하기 힘든 게 혁신이다. 무수히 많은 리더들이 수없이 많은 혁신을 시도했지만, 그들 대부분이 참패를 경험할 수밖에 없었던 것도 그 때문이다.

개선改善이나 혁명革命은 오히려 혁신보다 성공할 확률이 크다. 개선은 기존의 방식이나 패턴을 일부 변경시키거나 좀 더 나은 방향으로 바꿔 나가는 것으로서 조직구성원들의 저항이 그리 크지 않다. 또 혁명은 가공할 만한 군사적 무력이나 정치적인 힘을 이용하여 기존의 체제나 질서를 단숨에 전복시키는 것을 의미한다. 그런데 혁명 세력들에 대한 저항이나 반대는 곧 죽음을 의미하기 때문에, 설령 조직구성원들 중에 반대하는 사람이 있더라도 섣불리 저항하지 못한다. 그에 반해 개선과 혁명의 중간에 놓여 있는 혁신은, 그것의 개념적 위치가 마치 샌드위치의 신세인 것처럼 수많은 저항세력들의 존재로 말미암아 성공하기가 매우 어렵다. 그럼에도 불구하고 혁신 주체들은 혁신의 성공을 지나치게 낙관하는 경향이 있다. 그것 역시 혁신이 실패하는 주요 요인 가운데 하나다.

'100번째 원숭이 현상'이 시사하는 것

라이올 왓슨Lyall Watson이라는 미국인 과학자가 '100번째 원숭이 현상'이라고 명명한 내용은 『비즈니스 교양』이라는 책에 잘 정리되어 있다. 그 내용의 일부를 소개하면 다음과 같다.

1950년대 일본 미야자키현의 고지마幸島라는 무인도에서 과학자들이 원숭이들의 행태적 특성을 연구하기 위해 원숭이 집단의 행동을 관찰하는 실험을 수행했다. 어느 날 과학자들이 모래톱에 고구마를 던져 놓았다. 원숭이들은 고구마에 몰려들었다. 문제는 고구마에 묻어 있는 모래였다. 그냥 먹는 놈도 있었고 머리를 쓴 녀석도 고작해야 툭툭 털어먹는 정도였다. 18개월짜리 암컷 원숭이 '이모'가 우연히 새로운 방법을 찾아 냈다. 바로 고구마를 씻어먹는 것. 이모는 제 어미에게 이 방법을 가르쳐 주었다. 친구들도 따라하기 시작했다. 친구들은 또 어미에게 이 새로운 방식을 일러줬다. '고구마 씻어먹기'는 빠르게 퍼져갔지만, 수년이 지났을 때도 섬에는 모래를 털어먹는 것 밖에 모르는 원숭이들이 훨씬 더 많았다. 그러던 어느 날 100마리째 원숭이가 고구마를 씻어먹는 방법을 익혔을 무렵에 큰 변화가 일어났다. 섬에 있는 원숭이 전부가 고구마를 씻어먹을 줄 알게 된 것이다.

박태일 저, 『비즈니스 교양』(2007), 도서출판 토네이도, pp.29~30.

라이올 왓슨은 고구마를 씻어먹는 원숭이의 숫자가 100마리에 도달했을 때, 원숭이 집단 전체에 '고구마 씻어먹기'라는 행동이 순식간에 전파되는 불가사의不可思議한 현상을 '100번째 원숭이 현상'이라고 정의했다. 동물학자들은 '100번째 원숭이 현상'이 원숭이의 세계뿐만 아니라 인간사회에서도 자주 일어난다고 말한다. 내가 라이올 왓슨이 말한 '100번째 원숭이 현상'을 거론하는 이유는 그것이 혁신의 생리를 잘 대변해주기 때문이다. 혁신에 도전하는 대부분의 리더들은 가급적 빠른 시일 내에 혁신을 완성시키려고 안간힘을 쓴다. 자기 임기 내에 추진한 혁신을 반드시 자신의 공적功績으로 챙기려 하기 때문이다. 그런데 혁신에 대한 실패의 싹은 거기서부터 자라난다. 헤진 옷의 수선이 제아무리 급하다고 해도 실을 바늘 끝에 묶어서 쓸 수는 없다. 음식도 서둘러 먹게 되면 체하기 십상이다. 혁신도 낯선 세계에 도전하는 것이니만큼 혁신 주체와 위험선호자risk-lover들을 제외한 나머지 사람위험중립자, 위험기피자등들은 혁신의 추이과정을 지켜보면서 관망하려는 자세를 보인다.

제아무리 좋은 의미에서의 혁신도 일정수준 이상의 지지자들이 확보되지 않으면, 그 것이 조직 전체의 문화나 이데올로기로 자리 잡지 못하고 부동浮動의 블랙홀에 빠지고 만다. 앞의 사례에서 '이모' 원숭이의 혁신이 성공을 거두기 위해서는 그것을 지지하는 100마리의 원숭이가 필요했다. 즉 원숭이 세계에서 혁신 성공의 임계치臨界値는 100마리였다. 인간 세계에서 조직 혁신의 성공을 위해 필요한 임계치는 원숭이들의 그것보다 훨씬 더 큰 숫자가 될 것이다. 따라서 혁신 주체들은 조급한 마음을 억누르면서 혁신 성공에 필요한 임계치를 확보하기 위해 최선을 다해야 한다. 이때, 혁신 주체들이 지녀야 할 가장 바람직한 자세는 '내 임기 중에 혁신의 과실果實을 따 먹겠다'는 생각보다는 '후임자後任者를 위해서 나는 오늘 한 그루의 사과나무를 심고 이 조직을 떠나겠다'는 느긋한 마음가짐이다. 혁신 주체들이 해탈解脫의 경지에 오른 선승禪僧의 자세로 임해야 혁신을 지지하는 사람들이 많아지고, 결국 혁신도 소기의 목적을 달성할 수 있다.

그런 의미에서 '버려야만 얻을 수 있다'는 『논어』의 가르침도 혁신 주체들이 되새겨보아야 할 명언 중의 명언이다.

미국인들이 고 레이건 대통령을 존경하는 이유

미국인들이 존경하고 사랑하는 정치지도자 가운데 배우 출신의 고故 레이건 대통령이 있다. 그는 탁월한 감성지수EQ로 1980년대 미국의 경제개혁을 진두지휘했던 혁신가였다. 1980년대의 미국 경제는 한마디로 칠흙 같은 어둠 그 자체였다. 거의 모든 산업 분야에서 미국 기업은 일본 기업들에게 선두자리를 내주고 있었다. 게다가 노사문제도 사상 최악의 상황이었다. 법전法典에도 나오지 않는 '떼법'이 미국의 산업계를 강타하고 있었다.

레이건은 불면不眠의 밤을 보내면서 고심에 고심을 거듭했다. 그는 조지 허버트 워커 부시 부통령을 개혁반장으로 임명한 후, 원칙과 국법에 입각한 국정개혁을 자신의 임기8년동안 줄기차게 추진해 나갔다. 혁신주체들의 조급성이나

• 미 국민들의 존경을 받는 레이건 대통령 (출처: 시스템클럽) •

부조리不條理: 부조리와 불법은 다른 개념 문제도 일어나지 않았다. 그는 실추된 미국의 경쟁력을 되찾기 위해 '블루리봉위원회'라는 씽크-탱크를 구성해서 미국 정부와 기업이 실천해야 할 전략을 짜도록 했다. 또 1980년대 초, 항공 관제사들이 불법파업을 일으키자 그는 국법에 기초해서 대체고용권을 발동시켰다. 그리고 불법파업에 동참한 모든 항공 관제사들을 해고하는 단안을 내렸다. 또 그와 유사한 불법파업에 대해서는 시종일관 강경 기조를 유지해 나갔다. 그러자 미국의 산업계에서 불법파업의 건수가 급격하게 줄어들었다.

한편, 공화당의 레이건 대통령이 추진했던 혁신 조치가 눈부신 성과로 나타난 것은 민주당의 대통령이었던 클린턴 정부 때였다. 즉 공화당이 심은 사과나무에서 탐스런 사과를 따 먹은 것은 민주당이었던 것이다. 그게 바로 혁신의 속성이다. 그런 의미에서 클린턴은 한 마디로 억세게 운이 좋은 사내였다. 그는 자신의 정적政敵이었던 조지 허버트 워커 부시와 레이건이 힘들게 가꿔 놓은 대정원에서 푸짐하고 행복한 만찬을 마음껏 즐길 수 있었기 때문이다. 게다가 미국 경기景氣가 최고로 호황이었던 탓에, 클린턴은 모니카 르윈스키 양과의 '지퍼-게이트'클린턴과 백악관 인턴사원이었던 모니카 르윈스키와의 섹스 스캔들의 험준한 터널마저 쉽게 빠져 나올 수 있었다.

그런데 한 가지 재미있는 것은 수많은 미국인들이 클린턴 정부 때의 '신경제' 현상이 클린턴의 경제정책에서 비롯된 것이 아니라 레이건 행정부의 혁신 조치에서 비롯된 것임을 정확하게 알고 있다는 사실이다. 생전의 레이건이 알츠하이머 병으로 고통 받고 있을 때, 어느 대회장에서 그의 대통령 재임시절 모습이 대형 멀티비전에 나오자 장내場內의 모든 미국인들이 기립해서 거수경례를 보내는 모습을 보고, 나는 큰 감명을 받았다. 또 미국인들은 자신들이 새로 건조한 최신예 핵추진 항공모함의 이름을 '레이건호'라고 명명함으로써 진정한 '팍스—아메리카'를 위해 인기 없는 혁신조치를 거침없이 단행했던 레이건 대통령에 대해 아낌없는 찬사를 보냈다.

　　나는 레이건 대통령에 관한 책을 읽고 그에 관한 자료를 분석하면서 우리나라의 대통령, 우리나라의 기업 CEO, 우리나라의 대학 총장, 우리나라의 지자체 장長들도 레이건 대통령과 같은 자세로 수준 높은 혁신을 추진했으면 좋겠다는 생각을 했다. 지난 20여 년 동안, 혁신에 대한 공부를 해오면서 하나의 신념으로 굳어진 것은 '진정으로 버려야만 얻을 수 있는 게 혁신이다.'라는 사실이다. 부디 레이건 대통령과 같은 훌륭한 리더가 한국 사회에 하루빨리 출현하기를 빌고 또 빌어본다.

우리들이 기억해야 할 대표 리더 ②

🔆 시대의 풍운아이자 조선개국의 주역이었던 태종 이방원

　어느 누가 508년 동안 지속된 조선 역사에서 가장 훌륭한 왕을 꼽으라고 한다면 많은 사람들은 제 4대 임금이었던 세종대왕을 선택할 것이다. 하지만 나는 개인적으로 세종대왕의 아버지였던 태종 이방원을 꼽고 싶다. 만약 태종 이방원이 없었다면 세종대왕도 존재하지 않았을 것이기 때문이다. 서열상으로 따진다면 세종대왕은 왕이 될 사람이 아니었다. 『태조실록』은 그의 생일조차 기록하지 않았을 정도였다. 그는 태종 이방원과 원경왕후 민씨 사이에서 3남[1]으로 태어났으며, 그의 이름은 이도李祹였다. 태종 이방원이 후계자로 지목했던 맏아들 이제李禔를 세자 자리에서 내쫓고 셋째 아들 이도를 조선의 4대 임금으로 발탁한 배경을 정확하게 이해하기 위해서는 좀 더 많은 설명이 필요하다. 내가 '우리가 기억해야 할·대표 리더'로서 태종 이방원을 꼽은 이유는 그의 선견지명과 기막힌 선택에 힘입어 조선 초기의 태평성세가 가능했기 때문이다. 태종 이방원! 그는 정치 리더의 선택 하나가 얼마나 국운 상승에 큰 영향을 미치는가를 보여준 조선의 위대한 왕이었다.

태종 이방원이 장자우선의 후계 원칙을 고수하고자 했던 이유

　조선을 개국하는 과정에서 많은 사람들이 태조 이성계를 도왔지만 내가 보기엔 이방원의 공헌이 제일 컸다고 본다. 그는 이성계의 아들 중에서 유일하게 과거에 급제했던 인물이다. 그는 16세가 되던 해인 고려 우왕 8년1382년에 진사시에 합격했고 이듬해에 치러진 문과에서 병과 7등[2]으로 합격했다. 동북면을 지키는 변방의 장수에게 자신의 아들이 중앙정부의 관리라는 사실은 여러모로 시사하는 게 많았다. 즉 이성계가 개경을 중심으로 한 중앙정부의 동향에 대한 정보를 얻을 수 있는 공식적인 통로가 생긴 것이다. 이는 무장 이성계가 정치가 이성계로 변신하는데 매우 유용한 자산이었다. 또 이성계가 자신을 둘러싸고 일어날 수 있는 각종 위기로부터 신속하게 대응할 수 있는 수단까지 생긴 것이나 마찬가지였다.

　실제로 우왕 14년1388년에 이성계가 위화도회군을 단행했을 때, 이방원은 중앙조정에서 전리정랑典理正郎을 맡고 있었다. 당시 이성계의 두 부인향처, 경처을 비롯한 가족들은 포천에서 생활하고 있었다. 이방원은 아버지의 위화도회군 소식을 접한 뒤, 곧장 개경을 빠져나와 포천으로 내달렸다. 우왕이 이성계의 회군 소식을 전해 듣고 그의 가족을 체포하려 한다는 첩보를 입수했기 때문이다. 그는 포천으로 달

1　실제로 충녕대군 이도는 태종 이방원과 원경왕후 민씨 사이에서 6번째로 태어난 아들이다. 하지만 위로 태어난 3남 1녀가 일찍 죽는 바람에 4번째 아들로 태어난 양녕대군 이제가 맏아들이 되었고, 5번째로 태어난 효령대군 이보가 둘째 아들이 되었고, 6번째로 태어난 충녕대군 이도가 셋째 아들이 되었다는 점도 알아두어야 한다.

2　당시 문과에서는 을과(乙科) 3명, 병과(丙科) 7명, 동진사(同進事) 23명 등 총33명을 선발했다. 그의 성적은 총33명 중 10위권에 드는 좋은 성적이었다.

려간 후, 두 어머니와 가족들을 데리고 동북면으로 피신했다. 만약 그의 기민한 대처가 없었더라면 이성계의 가족들은 인질로 붙잡혀서 위화도회군 자체가 물거품이 되고 말았을 것이다. 또 이성계가 위화도회군에 성공한 후, 그는 우왕의 뒤를 이은 공양왕의 비서실장격인 지신사知申事에 임명되었다. 그것 또한 이성계에게는 엄청난 힘이었다. 그는 공양왕과 이성계의 가교 역할을 맡으면서 두 사람 사이에 발생할 수 있는 오해와 불신을 차단시키는데 성공했다. 또 이성계를 중심으로 한 개혁세력들에게 위협이 될 수 있는 반혁명세력들의 동향을 소상하게 파악해서 부친에게 전달하는 막중한 역할을 수행했다. 이성계가 조선의 국왕으로 추대되기 직전인 1392년 7월 12일 공양왕은 이성계의 사저로 찾아가서 동맹3을 추진하고자 했다. 하지만 이방원이 그것을 알아차리고 혁명세력인 배극렴으로 하여금 왕대비를 압박해서 동맹이 추진되기 직전, 공양왕의 폐위 교서를 받아낸 것도 그의 업적이다. 그뿐만이 아니다. 자신의 심복부하인 조영무를 통해 부친의 정적이었던 정몽주를 살해했고, 1394년에는 자신의 목숨을 걸고 명나라에 사신행을 자처한 후, 불편했던 양국 관계를 말끔하게 정리한 공적도 있다. 하지만 그는 이성계로부터 철저하게 따돌림을 받았다. 1392년 8월 20일, 자신에게 돌아올 거라고 믿었던 세자 자리는 이복동생 방석에게 돌아갔고, 같은 해 9월 16일에 단행된 개국공신 명단자 발표에서도 그는 자신의 이름 석 자를 올리지 못했다.

이방원은 참기 힘들 만큼 억울했다. 아버지도 미웠지만 더욱 더 얄미웠던 것은 계모였던 강씨4 부인의 베갯잇 송사였다. 강씨 부인은 자신의 인척지간인 정희계로 하여금 이방원을 모함하게 함으로써 그들 부자지간을 소원하게 만들었다. 또 이방원은 정도전이 남은, 심효생과 공모해서 어리고 무능력한 방석을 세자로 옹립한 사실을 간파하고 온몸을 부르르 떨었다. 한마디로 용서할 수 없는 인간들이었던 것이다. 그는 절치부심切齒腐心했다. 이 오욕의 역사를 반드시 자신의 손으로 되돌려놓겠다는 각오로 철저하게 준비하면서 때를 기다렸다. 태조 5년인 1396년 8월 13일 신덕왕후 강씨가 사망했다. 이방원의 입장에서는 앓던 이가 빠진 격이었다. 그녀의 죽음을 계기로 태조 이성계의 심신은 쇠약해져갔고, 그에 따라 정무를 제대로 보지 못하는 경우가 자주 발생했다. 만반의 준비를 갖추고 대반격의 기회를 엿보던 이방원은 마침내 1398년 8월 26일을 기해 거사를 일으켰다. 그는 남은의 첩이 사는 집으로 군사를 보내서 마침 그곳에서 술자리를 갖고 있던 정도전, 남은, 심효생을 처단한 후, 그 길로 세자 방석과 이복동생 방번까지 살해했다. 그리고 자신의 둘째 형인 방과芳果를 세자로 옹립5했다. 그것이 바로 제1차 왕자의 난이다.

이방과가 조선의 2대 임금인 정종으로 재위하던 1400년 1월에 박포의 꾐에 빠진 이성계의 넷째 아들 이방간이 난을 일으켰다. 정종과 정비인 정안왕후 사이에 자식이 없자 자신도 이성계의 허락만 받는다면 조선의 3대 임금이 될 수 있다는 착각에서 이방원을 제거할 목적으로 일으킨 반란이었다. 하지만 정보와 군사력의 동원 측면에서 우세했던 이방원에게 곧바로 제압을 당하고 말았다. 이 사건이 바로 제2차 왕자의 난이다. 이방원을 그 사건을 계기로 1400년 2월에 세제世弟로 책봉되었고 같은 해 11월에는 정종을 상왕으로 물러나게 하고 자신이 조선의 3대 임금으로 즉위했다. 이는 마치 전두환이 1979년

---

3 그것은 공양왕과 이성계가 자자손손 서로를 죽이지 않고 상대방의 지위와 신변을 보장해 줄 것을 맹세하는 것이었다.
4 그녀의 본관은 곡산 강씨로서 그의 부친은 개경의 권문세가였던 강윤성이었다.
5 이성계의 큰 아들은 이방우였다. 진안대군으로 알려진 방우는 부친인 이성계의 조선 개국을 반대하고 철원지역에서 술로 은거생활을 하다가 1393년에 40세의 나이로 죽었다.

12·12 군사반란으로 군권을 잡은 후, 잠시 동안 최규하 대통령을 허수아비로 세웠다가 곧바로 자신이 대통령에 취임했던 것과 별반 다르지 않다. 암튼 이방원은 비록 아버지 이성계로부터 인정받지 못했지만 자신의 능력과 노력으로 부친의 한계를 극복하고 임금이 될 수 있었다. 조선 역사에서 이방원 같은 인물은 두 번 다시 등장하지 않았다.

그는 맏아들 이제에게 왕위를 물려주려고 노력했다!

아버지 이성계와의 갈등과 형제들 간의 치열한 골육상쟁을 겪으면서 임금 자리에 오른 이방원은 모든 문제가 잘못된 세자 책봉에서 비롯된 것이라고 생각했다. 따라서 자신부터 적장자嫡長子우선의 왕위계승절차를 밟겠다는 결심 하에 큰 아들 이제를 세자로 책봉했다. 그리고 기회가 있을 때마다 자신의 아들들을 불러놓고 형제 간의 우애를 끝까지 지켜나갈 것을 누누이 강조했다. 또 그는 차기 군왕의 조건은 창업創業의 시대가 아니라 수성守成의 시대를 이끌어야 한다는 생각에서 일찌감치 세자 이제를 성리학의 이상을 실현할 수 있는 훌륭한 군주로 키우고자 노력했다. 이방원이 체계적인 세자교육에 남다른 관심을 가졌던 것도 그 때문이다. 또 그는 세자 이제가 자기절제와 자기단속을 잘하는 사람으로 성장해주길 간절하게 기대하고 바랬다. 하지만 현실은 정반대로 흘러갔다. 이제는 세자교육인 서연을 게을리 했고, 활쏘기나 매사냥과 같은 잡기雜技에 몰두했다. 또 성격이 자유분방해서 일상적인 예절과 법도를 지킬 줄 몰랐으며, 17세가 되던 1410년 11월부터 기생봉지련, 소앵, 초궁장과 전 중추부사 곽선의 첩 어리까지 범하고 임신을 시키는 등 무절제한 생활로 태종 이방원을 실망시켰다. 적장자에게 임금자리를 물려주고 싶었던 그는 식언을 반복하는 이제에게 계속해서 반성의 기회를 주었고 어느 때는 반성의 구체적인 방법까지 가르쳐주며 따뜻한 부정父情을 나타내기도 했다. 하지만 이제의 태도는 좀처럼 나아지지 않았다. 오히려 자신의 잘못을 지적하며 훈계와 반성을 지시하는 부왕에게 '단식'으로 대응하면서 "아버지는 첩을 두시면서 왜 내가 첩을 두는 것에 대해 꾸짖느냐?"는 식으로 맞섰다. 결국 태종은 적장자 이제가 수성의 시대에 부적합한 인물로 판단하고 1418년 6월 3일 적장자였던 이제를 세자에서 폐위한다는 교서를 내렸다. 이로써 14년 간 계속된 이제의 세자생활을 종지부를 찍게 되었다.

"내가 세상의 모든 악업을 짊어지고 가겠다!"

태종 이방원이 둘째 아들인 효령대군을 제치고 셋째 아들인 충녕대군을 세자로 채택한 이유는 크게 세 가지였다. 첫째로 충녕대군이 다른 형제들보다 호학好學의 자세를 가졌다는 점이다. 책을 많이 읽었던 충녕대군은 고전의 문헌적 근거와 역사적 사례를 들어가며 범상치 않은 소견을 제시하곤 했는데 그것이 부왕父王에게 믿음을 주었던 것이다. 둘째로 태종 이방원은 충녕대군이 술을 적당히 마실 줄 알며 정치의 대체를 잘 안다고 생각했다. 즉 중국 사신이나 조정 신하들과 잘 어울릴 수 있는 사람인 동시에 무엇이, 그리고 어떻게 하는 것이 참다운 정치인지를 잘 안다고 보았다. 셋째로 충녕대군은 다른 대군들보다 똑똑한 자식을 두었다는 점도 한몫했다. 즉 태종 이방원은 차차기 후계자에 대해서까지 고민했던 것이다. 태종은 충녕대군을 세자로 삼은 지 두 달이 지난 8월 8일 전격적으로 왕위 자리를 충녕대군에게 물려주고 자신은 상왕의 자리에 앉았다. 그렇게 해서 우리가 아는 세종대왕의 시대가 열렸던 것이다.

한편, 태종 이방원은 자신의 삶이 얼마 남지 않았음을 인식한 듯 세종대왕에 대한 후계자 수업을 혹독하게 시켰다. 군사를 다루는 문제부터 명나라 사신을 대하는 법과 왜구들을 소탕하는 법까지 소상하게 가르쳤다. 또 세종대왕의 통치에 조금이라도 위협요인이나 걸림돌이 될 수 있는 자들을 모조리 처단했다. 이미 오래 전에 공동정권을 주장했던 원경왕후 민씨의 남동생 4명이 줄줄이 죽음을 당했고 자신의 사돈이자 세종대왕의 장인인 영의정 심온마저 자진하게 했다. 그 결과 세종대왕은 32년 간의 재위기간 동안에 어느 세력에 얽매이지 않고 제대로 된 임금노릇을 할 수 있었다. 이때 태종 이방원은 자신의 아들에게 이런 주문을 했던 것으로 전해진다. "도祹야, 이 애비가 세상의 모든 악업을 짊어지고 가겠다. 그러니 너는 조선의 역사에 성군으로 이름을 남겨라!" 그리고 세종대왕 이도는 부왕의 기대에 어긋나지 않게 '어짊으로서 정치를 시작한다'는 시인발정施仁發政의 자세로 정치를 잘함으로써 조선 초기의 르네상스 시대를 열어나갔던 것이다. 그 아버지에 그 아들이었던 것이다. 마상馬上의 정치를 수성의 정치로 정치의 질적 전환을 이끌어내는데 성공했던 태종 이방원은 세종 4년인 1422년 5월 10일 만 55세의 나이로 조선과 영원히 이별했다. 특이한 것은 같은 해 9월 6일 헌릉에 안장된 태종의 사인死因에 대한 기록이 보이지 않는다는 사실이다. 태종의 둘째 아들인 효령대군은 자신이 집필한 『애책문哀冊文』에서 '하루아침에 작은 병을 만나서 위독하셨고 결국 낫지 않으셨다'고 기술했다.

암튼 태종 이방원의 일생을 정리해보면서 나는 후계자조차 제대로 키울 줄도 모르고 사사건건 전임 대통령과 후임 대통령 간에 첨예한 갈등과 대립만 유발하는 한국의 후진적인 정치상황을 되돌아볼 때, 태종 이방원이 몸소 실천한 자기희생 리더십, 국가의 미래를 생각하고 걱정하는 리더십은 오늘을 살아가는 우리들에게 많은 것을 가르쳐주고 있다.

1 인재란 탁월한 핵심역량으로 남들과 확실하게 차별되는 가치를 창조해낼 수 있는 사람을 뜻한다.

2 인재의 유형으로는 여러 가지가 있다. 人災型, 人在型, 人材型, 人財型 인재의 형태로 분류할 수도 있고 소라형, 카멜레온형, 치타형, 호랑이형 인재로도 분류 가능하다. 어떤 경우에는 I자형, T자형 인재로도 분류하기도 한다.

3 고대古代에 바람직한 인재상과 현대 사회의 바람직한 인재상을 분석해보면 표면상으로는 차이가 있는 것처럼 보이지만 그 내면의 기본정신이나 철학적 측면을 살펴보면 대동소이한 양상을 보인다.

4 최적의 인재개발전략 및 인재관리시스템의 구축은 각 조직의 CEO들이 최우선 실행과제로 선정해서 집중적으로 추진해야만 소기의 성과를 거둘 수 있다.

5 대표적인 동기부여이론으로는 아브라함 H. 매슬로Abraham H. Maslow의 욕구단계론과 미케일 비어Michael Beer와 리차드 월튼Richard Walton의 기대이론 등이 있으며 리더십의 핵심은 인재들에게 끊임없는 동기부여를 통해 조직의 선순환적 발전을 추구하는 데 있다.

01 다음 중에서 관인팔법의 내용이 <u>아닌</u> 것은?

① 후厚   ② 악惡   ③ 명明   ④ 속俗

02 다음에 기술하는 내용 중에서 <u>잘못</u> 언급된 것은?

① 농경시대의 인재는 Green Color라고 말할 수 있다.

② 지식정보화 사회의 핵심인재는 '業'을 지닌 Gold Color들이다.

③ 글로벌 인재는 White Color보다 Gold Color에 가깝다고 말할 수 있다.

④ 후기 산업화 시대의 성공을 불러온 사람들은 주로 Blue Color들이었다.

03 다음 중 人在型 人才의 특징과 <u>무관한</u> 것은?

① 시키는 일만 마지못해 하고, 창의적인 업무능력은 전무하다

② 아부에 능숙하고 상사의 심리파악에 천부적인 재능을 갖고 있다.

③ 업무능력도 최하 수준이며 조직의 핵심정보나 주요 기밀을 쉽게 빼돌린다.

④ 특별하게 하는 일도 없이 조직의 월급만 축내는 사람들이 이런 유형의 인재다.

04 다음의 인재들 가운데 '제너럴라이징스페셜리스트'에 해당하는 것은?

① T자형 인재   ② I자형 인재   ③ 소라형 인재   ④ 인재형人災型 인재

05 다음 중 세종대왕에 대한 설명으로 <u>잘못된</u> 것은?

① 수성守成의 정치   ② 장인은 심온

③ 비전으로 시인발정 채택   ④ 『애책문』

※ 다음 빈칸에 들어갈 알맞은 용어를 적으시오.

01 1980년대 초, 미국의 대통령이었던 로널드 W. 레이건이 실추된 미국의 경쟁력을 되찾기 위해 필요한 전략을 입안할 목적으로 만든 씽크 탱크의 이름은 (   )(이)다.

02 혁신이 성공을 거두려면 일정수준 이상의 지지자들이 확보되어야 한다는 점을 강조하기 위해서 '100번째 원숭이 현상'을 거론한 미국인 과학자는 (   )(이)다.

03 옛날 중국 당나라에서 왕이나 재상을 고를 때, 주로 사용했던 방법을 (   )(이)라고 한다.

04 Maslow의 동기부여이론에 따르면 인간의 욕구는 생리적 욕구, 안전욕구, 애정욕구, 존경욕구, (   )욕구 순으로 발전한다고 보았다.

05 법가사상의 이론적 대가이면서 동양의 마키아벨리라고 평가받는 『한비자』의 저자는 (   )(이)다.

| 정답 |

객관식 01 ③   02 ④   03 ③   04 ①   05 ④
단답식 01 블루리봉위원회   02 라이올 왓슨   03 관인팔법   04 자아실현   05 한비

CHAPTER 05

커뮤니케이션을 잘해야
진짜 리더다!

조종사들 간에 긴밀한 커뮤니케이션이 요구되는 블랙이글스의 에어쇼 장면
(출처: 공군 특수비행팀 블랙이글스)

인간의 귀가 2개, 입이 1개인 이유

　우리 인간에게는 귀가 2개, 입이 1개 있다. 우주만물을 창조한 조물주의 섭리 가운데 귀와 입의 갯수만큼 신기한 것은 없다. 조물주는 어떤 이유에서 인간의 귀를 2개, 입을 1개만 만들었을까? 만약 그 반대로 인간을 창조했다면, 우리 사회에서 어떤 일들이 벌어졌을까? 꼬리에 꼬리를 무는 질문을 던져보지만, 정답 찾기는 여전히 오리무중이다. 다만, 조물주께서는 '남의 말은 가급적 많이 듣고, 자신의 말은 최대한 적게 하라!'는 의미에서 2개의 귀와 1개의 입을 만든 게 아닐까? 라는 추측만 해볼 뿐이다.

　『성경』을 보면, 갈릴리 호수와 사해死海에 대한 얘기가 나온다. 갈릴리 호수는 그곳으로 유입되는 강물과 그곳에서 흘러나가는 강물이 공존하기 때문에, 물고기들이 뛰어노는 생명의 젖줄이 될 수 있었다. 반면, 사해는 그곳으로 유입되는 강물만 있고 흘러나가는 강물이 없다. 그런데 고인 물은 반드시 썩게 마련이다. 강물의 유출이 차단된 사해는 이제 생물체가 살 수 없는 죽음의 호수로 변했다. 그런 의미에서 갈릴리 호수가 귀의 메타포metaphor라면, 사해는 입의 메타포다. 즉 인간의 귀에서 역겨운 냄새가 나지 않는 이유는, 추악한 말은 한 귀로 듣고 다른 한 귀로 흘려버릴 수 있기 때문이다. 그러나 인간의 입에서 구취口臭가 나는 것은, 다른 사람이 내뱉은 사악한 말과 남에 대한 나쁜 감정으로 가득 찬 자신의 말이 입안에서 화학작용을 일으키며 독소를 내뿜고 있기 때문이다.

'듣기'만 잘해도 크게 성공한다!

　우리 속담에 '말 한마디로 천 냥 빚을 갚는다'는 것이 있다. 보릿고개가 일상이었던 옛날의 천 냥은 지금 돈 1,000원과 비교할 수 없을 만큼 큰돈이었다. 모르긴 해도 약 1,000만원 정도의 화폐가치는 되고도 남음이 있을 것 같다. 또 역사를 공부하다 보면, 세치 혀를 잘 활용해서 입신양명을 한 인물과 그것을 잘못 놀려 멸문지화滅門之禍를 당한 사람들을 종종 만날 수 있다. 그래서 그런지 역사적 인물을 다룬 책이나 리더십 책들도 '말'들이 초래하는 불행, 즉 설화舌禍에 대해 많은 지면을 할애하고 있다. 특히 말과 관련된 한자식 표현을 보면, '듣기'에 대한 의미가 새롭게 다가온다. 일례로 성인聖人을 의미하는 '성'聖자는 귀耳 + 입口 + 선비士의 합으로 구성되어 있다. 이것은 '다른 사람의 의견을 먼저 듣고 나중에 자기 생각을 말하는 선비'가 곧 성인임을 시사한다. 또 조직을 이끄는 리더Leader의 첫 자인 L자도 어쩌면 '듣기'를 의미하는 Listening에서 비롯된 것이 아닌가 싶다.

한편, 청각장애로 남의 말을 듣지 못하는 사람은 100% 언어장애를 갖고 있다. 인간의 귀와 입은 그와 같이 오묘하게 연관되어 있다. 그렇다면 '듣기귀'와 '말하기입'는 어느 것이 먼저인가? 이에 대한 해답은, 우리가 영어회화를 하게 된 일련의 과정을 돌이켜보면 금방 도출된다. 미국인이 하는 말을 어느 정도 알아들을 수 있어야만 비로소 말문이 트인다. 그것을 보더라도 '듣기'가 '말하기'보다 우선이다. 그 논리는 현실에서도 그대로 적용된다.

일례로 '올해의 자동차 판매 왕'으로 뽑힌 사람이나 최고의 보험수주실적을 올린 '올해의 보험왕'들이 털어놓는 성공비결은 의외로 단순하다. 그들은 한결같이 "저는 자동차보험의 성능, 가격, 할부조건 등에 대해 한마디도 언급하지 않았습니다. 그저 고객이 하는 말에 맞장구를 쳐주며 고객과 같은 기분을 느끼려고 노력했을 뿐입니다. 그런데 제가 고객의 말을 경청해주니까, 기분이 고조된 고객께서 그냥 계약을 해주시던데요."라는 말을 털어 놓는다. 이것을 보면, 어떤 비즈니스든지 돈을 갖고 있는 고객이 감동을 받으면 만사가 오케이다.

경청이 화자話者: 말하는 사람를 기쁘게 만드는 이유는, 칠정七情: 인간의 희·노·애·락·애·오·욕을 주관하는 인간의 두뇌가 그렇게 설계되었기 때문이다. 우리 사회에서 화자는 언제나 주인공으로 대접받는다. 그래서 한국인들은 남의 말을 듣는 입장이 되면, 자신이 화자보다 한수 아래인 사람이라는 열등의식을 갖는다. 우리 사회가 교수나 교사에게 선생님이라는 호칭을 붙여주는 것도, 이들이 학생들 앞에서 얘기하는 화자이기 때문이다. 그렇다고 해서 한국인들이 교수나 교사를 진심으로 존경하느냐? 하면 반드시 그렇지도 않다. '선생 똥은 개도 안 먹는다.'라는 말이 그것을 단적으로 대변해준다.

'듣기'보다는 '말하기'를 좋아하는 한국인의 속성은 일상적인 대화, 노래방, 토론장, 심지어는 국회의사당에서도 그대로 나타난다. 한번 마이크를 잡으면 그것을 내려놓지 않으려 하고, 자신이 말을 하고 있는데 타인이 그 말을 가로막거나 말꼬투리를 잡으려고 하면 험악한 어투로 반격한다. 우리는 국회의원들이 자신의 말을 가로막거나 자신이 속한 정당의 당론黨論을 사정없이 비트는 다른 당 의원들과 심한 언쟁을 하는 꼴사나운 모습을 숱하게 보아왔다. 예전에는 YTN의 돌발영상코너가 말을 놓고 벌이는 국회의원들의 이종격투기 모습을 '말과 말씀'이라는 주제로 생생하게 방영했던 적이 있다. 개그콘서트보다 훨씬 더 재미있었던 것으로 기억된다.

'광'보다 '피'가 무서운 사회

리더는 남들 앞에서 말할 기회가 상대적으로 많은 사람이다. 그러나 화려한 말만 한다고 해서 훌륭한 리더가 되는 것은 아니다. 리더가 유연한 자세로 조직구성원들의 의견을 경청한 후, 조직의 진퇴여부를 분명하게 결정하고 그에 대해 무한책임을 지는 모습을 보일 때 위대한 리더십을 발휘할 수 있다. 그런데 경청은 고도의 테크닉이 요구된다. 우선 화자의 말에 깊은 관심을 갖고 적극적인 자세로 경청해야 소기의 목적을 달성할 수 있다. 또 듣는 사람이 화자가 던지는 메시지에 집중하면서 끝까지 경청하는 자세를 보일 때, 화자는 비로소 청중들에게 고마운 마음을 갖게 된다.

• 명창과 고수 (출처: 한국문화재단) •

만약 리더가 조직구성원들의 얘기를 잘 들어주고 자신의 불필요한 말을 아낀다면, 그 조직은 리더와 조직구성원들 간에 아주 견고한 휴먼-네트워크를 구축할 수 있을 것이다. 앞으로 리더가 정립해야 할 경청의 바람직한 모델은 '명창名唱과 고수鼓手'의 관계다. 판소리에 '일一 고수, 이二 명창'이란 말이 있다. 그것은 '얼쑤!'와 같은 추임새를 통해 명창의 기를 돋우고 관객들에게 흥과 재미를 가미해 주는 고수가 명창보다 더 중요하다는 의미다. 사실 고수의 맞장구가 없다면, 유명한 명창의 노래도 김빠진 사이다에 불과하다. 그런데 여기서 리더는 명창이고, 조직구성원은 고수라고 할 수 있다. 이는 '앞으로 어느 누구도 조직구성원들의 협조를 받지 않고서는 리더로서 성공할 수 없다'는 것을 시사한다.

참고로, 한국인들이 즐겨하는 화투놀이의 변천을 살펴보자. 화투놀이는 민화투, 나이롱 뽕, 고스톱 순으로 발전해왔다. 민화투에서는 20점짜리 광光: 뻥광, 삼광, 팔광, 똥광, 비광이 최고이고, 피는 아무짝에도 쓸모가 없었다. 이때 광은 리더임금를 나타내고, 피는 조직구성원백성을 의미한다. 그러나 나이롱 뽕에서는 뻥1부터 비12에 이르기까지 7개의 연속적인 숫자 모음만 중요할 뿐, 광과 피 사이에는 어떠한 차이도 인정하지 않는다. 이는 리더와 조직구성원들 사이에 평등한 사회가 도래했음을 시사한다.

한편, 고스톱의 세계로 들어오면 피의 위력이 하늘을 찌르고도 남을 정도다. 고스톱에서 가장 무서운 형벌은 '피박'이다. 피를 6장 이상 확보하지 못한 사람은 우승자가 낸 점수의 2배에 해당하는 벌점을 감내해야 한다. 또 고스톱의 점수산정에는 광20점, 10끗10점, 5끗5점, 피0점의 차이가 일체 반영되지 않는다. 그러다보니, 노름꾼들이 제일 먼저 집어내버리는 화투가 비광이다. 민화투에서 상종가上終價를 자랑하던 비광의 처지가 하루아침에 '유효기간이 끝난 극장 초대권'처럼 따라지신세로 전락했고, 오랫동안 천덕꾸러기였던 피가 최고로 화투로 대우받고 있다.

고스톱 놀이가 보편화된 지금은 국민의 힘이 대통령의 권력보다도 훨씬 더 무서운 사회다. 이런 때에 대통령이 국민들로부터 쫓겨나지 않으려면 무엇보다도 국민들을 편안하게 모시려는 서번트 리더십을 발휘해야 한다. 이 논리는 오늘을 살아가는 리더와 조직구성원들에게도 똑같이 적용된다. 그런데도 우리 주변에는 권위주의에 기초한 훈계형의 반말 투로 자기 말만 하고 조직구성원들의 얘기를 무시하는 리더들이 적지 않다. 실로 안타까운 일이 아닐 수 없다.

진언의 비법을 찾아라!

• 한비자 (출처: 이즈님 블로그) •

'피가 광보다 세다'고 해서 조직구성원들이 리더를 함부로 대해도 괜찮다는 의미는 아니다. 그럴수록 조직구성원들은 리더에게 더욱 더 말조심을 해야 한다. 『한비자』를 보면, '호랑이가 개를 굴복시킬 수 있는 것은 무시무시한 발톱과 강력한 어금니 때문이다'라는 글귀가 나온다. 어느 조직구성원이 리더가 추구하는 이념에 정면으로 도전하거나 자존심에 큰 상처를 입힐 경우, 리더는 언제든지 자신의 권력이나 파워를 이용하여 위해危害를 가할 수 있다.

리더와 의견이 상충될 경우, 조직구성원들은 부드러운 태도로 최대한의 예의를 지켜가며 문제점을 지적하고 합리적인 대안까지 제시하는 것이 바람직스럽다. 대안이 없는 경우에는 오히려 침묵하는 게 좋다. 그래야만 적어도 리더의 불필요한 오해를 막을 수 있기 때문이다. 하지만 조직구성원들이 이런 자세를 갖는다는 게 말처럼 쉽지 않다. 많은 중국 고전들이 별도의 장을 만들면서까지 진언進言의 비법을 소개하는 것도 그 때문일 것이다. 진언에 관한 대표적인 충고로는 『한비자』에 등장하는 역린지화逆鱗之禍를 들 수 있다. 역린지화란, '용이라는 동물은 익숙해지면 사람이 탈 수 있을 만큼 온순하다. 그러나 목 아래에 한 치 길이 정도의 비늘이 거꾸로 나 있는데, 이것을 건드리면 곧 물려 죽는다.'라는 의미다. 용의 목 아래에 거꾸로 난 비늘이 다름 아닌 임금의 아킬레스건이다. 사람은 누구에게나 감추고 싶은 아킬레스건이 있다. 임금이라 해서 예외는 아니다. 비록 임금의 총애를 한 몸에 받는 신하라 하더라도 주군主君의 치명적인 아킬레스건을 함부로 건드리면 죽음을 면하기 어렵다. 따라서 진언을 할 때는 각별한 주의가 요구된다.

『사기』라는 책도 '신하가 임금에게 3번 간諫해서 듣지 않으면 의義를 가지고 떠나라!'고 충고한다. 또 『맹자』는 '군주의 친척이 되는 대신大臣은 군주에게 중대한 과실이 있으면 간할 수 있다. 그러나 친척이 아닌 대신은 잠자코 있는 게 상책이다.'라고 조언했다. 이것을 보면, 리더와 조직구성원 간에 친밀한 인간관계의 유지를 위해서는 서로의 아킬레스건을 피해가면서도 문제의 본질을 놓치지 않는 합리적인 진언의 방법을 모색해야 한다. 그래야만 적어도 조직에서 왕따나 불이익을 당하지 않고 롱런할 것이다. 예나 지금이나 모난 돌은 정을 맞게 되어 있다.

커뮤니케이션의 개념부터 철저하게 이해하자!

커뮤니케이션의 개념 및 중요성

커뮤니케이션이란, 송신자sender와 수신자receiver 사이에 정보, 언어, 의미 등이 상호 전달되고 교류되는 일련의 과정을 의미한다. 또 조직의 리더들이 주로 활용하는 커뮤니케이션의 방법으로는 일상대화, 말하기, 듣기, 서신 및 e-메일링, 회의 및 토론, 동호회 활동, 의사결정 등이 있다.

효율적인 커뮤니케이션은 그 자체로 리더십의 핵심사항이 된다. 조직의 리더는 커뮤니케이션을 통해 조직구성원들과 조직이 추구하는 가치를 공유하는 동시에 자신의 경영철학이나 비전을 전파함으로써 그들로 하여금 조직의 발전을 위해서 최선을 다하게 한다. 그러나 커뮤니케이션은 항상 왜곡되거나 오류가 발생할 소지가 있다.

가령, 기발한 아이디어나 가치 있는 정보가 있어도 전달하는 사람이 그것을 의도적으로 왜곡시키거나 실수로 잘못 전달할 경우에는 그 효용성이 크게 떨어질 수밖에 없다. 따라서 리더는 조직 내에서 이루어지는 커뮤니케이션의 메커니즘이 제대로 작동하는지를 수시로 체크할 필요가 있다. 만약 문제점이 발견되면 그의 해결을 위해 노력해야 한다. 왜냐하면 커뮤니케이션을 잘하는 사람이 리더로서 성공할 수 있기 때문이다.

리더십과 커뮤니케이션 간의 상관관계

리더는 조직구성원들과 끊임없는 커뮤니케이션을 시도하면서 조직 발전을 도모하는 사람이다. 그런 만큼 리더는 조직구성원들의 다양한 의견을 수렴해서 조직의 미래 비전을 제시하고 그 틀 안에서 핵심가치를 실천해 나가는데 최선을 다해야 한다. 또 리더는 외부적으로 조직을 대표하면서 자신이 속한 조직과 이해관계를 맺고 있는 다른 조직이나 외부 인사들과 지속적인 협력관계를 구축하고 새로운 정보와 아이디어의 교환을 통해 새로운 비즈니스 기회를 창출해야 한다. 만약 리더가 탁월한 커뮤니케이션의 능력을 바탕으로 대내외적으로 견고한 휴먼-네트워크를 구축하는데 성공할 경우, 그 리더가 속한 조직은 일신우일신日新又日新하는 영광을 누리게 될 것이다.

커뮤니케이션의 프로세스에 대해 학습하라!

커뮤니케이션의 기본 프로세스

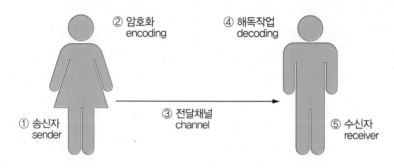

커뮤니케이션의 출발은 정보, 언어, 의미를 전달하는 송신자sender로부터 시작된다. 송신자는 자신의 전달내용을 메시지로 암호화encoding해서 전달한다. 이때 활용되는 전달 채널로는 대화, 회의 및 토론, e-메일링, 동호회 활동 등이 있다. 송신자가 암호화시킨 메시지를 수신자receiver 가 받아보기 위해서는 암호를 푸는, 즉 해독하는 작업decoding을 거쳐야 한다. 해독된 암호가 정보, 언어, 의미 등으로 바뀌어져 수신자에게 전달되면 커뮤니케이션 프로세스는 일단락된다. 커뮤니케이션은 이러한 일련의 프로세스가 주기적 내지 연속적으로 일어나면서 하나의 시스템으로 작동하는 것이다.

커뮤니케이션의 왜곡 및 오류 현상의 원인과 대책

커뮤니케이션의 왜곡 및 오류는 3가지로 분류된다. 즉 암호화encoding과정에서 일어나는 왜곡 및 오류, 잘못된 전달 채널의 선택에 따른 왜곡 및 오류, 해독작업decoding과정에서 발생하는 왜곡과 오류 등이 그것이다. 또 커뮤니케이션의 왜곡 및 오류 문제를 해결하기 위해서는 각 단계마다 치밀한 대책이 요구된다. 먼저 송신자의 단계에서는 자신에게 일방적으로 유리한 정보만 채택하고 불리한 정보에 대해서는 함구緘口하거나 아예 없애버리는 모럴 헤저드moral hazard 현상이 나타나지 않도록 유념해야 한다. 전달 채널 단계에서는 채널 선택의 합리적인 선택과 명확한 언어 사용이 필요하다. 마지막으로 수신자의 단계에서는 자신에게 유리한 정보, 언어, 의미만 받아들이는 선택적 지각행위나 자기 방어적 내지 자기 보호적인 태도를 갖지 말아야 한다. 이들 가운데 어느 것 하나라도 제대로 작동되지 않는다면 커뮤니케이션의 왜곡 및 오류 문제는 원천적으로 치유되기 어렵다.

커뮤니케이션의 4가지 유형에 대해 탐구하라!

보이드 클라크Boyd Clarke와 론 클로스랜드Ron Crossland는 커뮤니케이션의 형태를 (공적, 사적)과 (직접적, 간접적)으로 구분하고 그 각각의 조합을 다음과 같은 4가지 유형으로 분류한 바 있다. 그 내용을 자세히 언급하면 아래와 같다.

클라크와 클로스랜드가 제시한 커뮤니케이션의 4가지 유형

	직접적	간접적
공적	(Ⅱ)	(Ⅳ)
사적	(Ⅰ)	(Ⅲ)

• 이승주 저, 『전략적 리더십』(2005), SIGMA INSIGHT, p.93에서 인용 •

(Ⅰ)영역은 커뮤니케이션이 사적인 동시에 직접적인 성격을 띠는 영역이다. 이에 부합되는 커뮤니케이션의 대표적인 형태는 특정인을 대상으로 하는 개인적인 대면 접촉이 주류를 이룬다. 조직 내에서 상사나 동료, 부하직원 간의 개인적인 면담이나 대화, 친구나 지인들과의 사적인 면담이나 대화가 (Ⅰ)영역에 해당된다.

(Ⅱ)영역은 커뮤니케이션이 공적인 동시에 직접적인 성격을 갖는 영역이다. 불특정 다수를 대상으로 하는 공개 강연, 공개 토론, 공개 발표회 등이 (Ⅱ)영역에 속한다. 하지만 (Ⅱ)영역의 커뮤니케이션은 대부분 상대방을 마주보며 말로 이루어지기 때문에 메시지 전달을 분명하게 할 수 있다는 장점이 있다.

(Ⅲ)영역은 커뮤니케이션이 사적인 동시에 간접적인 성격을 띠는 영역이다. 각 개인들이 통신기기나 우체국 시스템을 활용해서 서신이나 e-메일, 전화응답, 메모 등을 전달하면서 소통하는 경우가 (Ⅲ)영역의 대표적인 사례다.

(Ⅳ)영역은 커뮤니케이션이 공적인 동시에 간접적인 성격을 갖는 영역이다. 불특정 다수를 대상으로 정부가 발간하는 각종 백서white paper 및 보고서, 공문, 뉴스레터news letter가 여기에 속한다. 또 (Ⅳ)영역의 커뮤니케이션은 의사소통이 일방적이라는 점과 생생한 메시지를 전달하기 어렵다는 한계가 있음에도 불구하고 구체적인 기록을 남길 수 있는 데다 메시지를 폭넓게 전파할 수 있다는 장점 때문에 자주 활용되고 있다.

커뮤니케이션의 효율성 제고전략을 다시 짜라!

커뮤니케이션의 효율성을 높이기 위해서는 몇 가지 전제조건을 충족시켜야 한다.

첫째, 커뮤니케이션의 목적과 필요성에 대한 조직구성원들의 사전 인지가 매우 필요하다는 점이다. 특히 리더는 누구보다도 커뮤니케이션의 역할과 중요성에 대해 정확하게 인식하고 있어야만 조직을 성공적으로 이끌 수 있다. 커뮤니케이션이 추구하는 목표와 방향감각을 상실한 채, 그것을 시도하는 리더는 마치 항로를 이탈한 비행기의 조종사와 하나도 다를 바 없다.

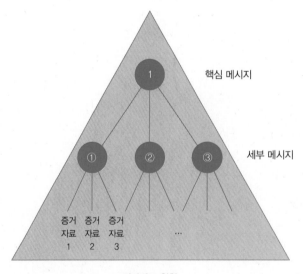

피라미드 원칙

둘째, 전달 내용을 구체적으로 명확하게 정립해야 한다는 사실이다. 전달내용을 명확하게 정립하는 구체적 방법으로 '피라미드 원칙'The Pyramid Principle이 있다. 피라미드 원칙이란, 명쾌한 메시지 전달 및 구성을 통해 커뮤니케이션의 효과를 극대화시킬 수 있는 논리적 사고의 틀을 지칭한다. 또 그것의 실행순서를 언급하면 다음과 같다.

1 가장 상위의 개념으로 메시지의 전체 내용을 한마디로 요약할 수 있는 핵심 메시지를 1개 도출한다.

2 핵심 메시지를 몇 개의 세부 메시지로 분류한 후, 각 세부 메시지의 내용을 구체화시킨다.

3 핵심 메시지와 세부 메시지들 간의 논리적 연관관계를 염두에 두면서 이야기 줄거리storyline 을 만든다.

4 각 세부 메시지들을 뒷받침하는 각종 데이터와 증거자료 등을 함께 제시함으로써 메시지 의 신뢰성과 설득력을 높인다.

셋째, 커뮤니케이션의 파트너에 대한 정확한 정보를 파악해서 최대한 활용해야 한다. '지피지기 백전불태'知彼知己 百戰不殆: 나를 알고 적을 알면, 백번을 싸워도 위태롭지 않다.라는 말이 있듯이, 상대방과의 커뮤니케이션에서 소기의 목적을 달성하려면 상대방에 대해서 충분한 지식과 정보가 수반되어야 한다. 가령, 상대방의 인생관이나 지적 수준, 전문 분야, 취미 및 주요 관심사항, 종교, 좋아하는 음식 등에 대해 잘 알고 있으면, 그만큼 커뮤니케이션의 성공확률이 높을 수밖에 없다. 자고로, 예나 지금이나 상대방을 모르면 반드시 패배하게 마련이다.

넷째, 저비용·고효율의 전달 방법을 추구해야 한다는 점이다. 커뮤니케이션에도 많은 비용이 소요된다. 따라서 커뮤니케이션의 효율성을 높이기 위해서는 객관적인 측면에서 커뮤니케이션에 따른 비용편익분석을 실시하는 게 바람직하다. 거기서 만약 기존의 커뮤니케이션이 고비용·저효율 구조라고 판명이 날 경우에는 최소비용으로 최대효과를 얻을 수 있는 새로운 커뮤니케이션의 방법을 찾아보려는 노력을 시도해야 한다.

다섯째, 커뮤니케이션의 선순환적 구조를 만들기 위한 피드백 시스템을 구축해야 한다는 점이다. 즉 커뮤니케이션이 끝나면 곧바로 그 결과에 대한 효과분석을 시도하여 문제점과 미비점을 도출한 후, 그것을 개선하기 위한 학습이 이루어져야 한다. 또 그러한 학습내용을 다음에 진행될 커뮤니케이션 활동에 피드백 시켜서 비슷한 실패가 반복되지 않도록 노력해야 한다.

5.6

커뮤니케이션과 리더십의 관계를 이해하라!

리더들이 자주 활용하는 커뮤니케이션 방법으로는 말하기, 듣기, 강연 및 훈시, 회의, 의사결정 등이 있다. 그 가운데에서도 이따금씩 사회적 논란거리로 등장하는 것은 리더들의 말이다. 대부분의 중국의 고전古典들이 리더의 말에 대한 경고 메시지를 전하고 있는 것을 보면, 그만큼 정치지도자들의 말이 중요하다는 것을 시사해준다.

중국 고전이 전하는 '말'에 대한 경고 메시지

『논어』에 나오는 유언자불필유덕有言者不必有德은 '훌륭한 말을 한다고 해서 그가 반드시 훌륭한 인격의 소유자는 아니다.'라는 뜻이다. 또 『한비자』에 나오는 화이부실華而不實은 '겉보기는 그럴싸한데 속은 텅 비어 있다'는 의미다. 『시경』에 나오는 도언공감盜言孔甘은 '못된 사람일수록 듣기 좋은 말을 잘 한다'는 뜻이고, 『논어』에서 강조하는 강의목눌剛毅木訥은 '의지가 굳고 꾸밈이 없으며 말이 없는 게 인仁에 가깝다'는 것을 의미한다. 『십팔사략』에 등장하는 '위치부재다언爲治不在多言 고력행하여이顧力行何如耳'는 '정치는 말로 하는 게 아니라 능력껏 실행하는 것'임을 나타낸다.

> 유언자불필유덕有言者不必有德 　　　　강의목눌剛毅木訥
> 화이부실華而不實 　　　　위치부재다언 고력행하여이爲治不在多言 顧力行何如耳
> 도언공감盜言孔甘

이것을 종합해 보면, 리더의 리더십은 세치 혀로 내뱉는 화려한 말에서 나오는 것이 아니라는 것을 알 수 있다. 리더의 리더십은 냉철한 판단력, 합리적인 의사결정, 철저한 무실역행務實力行으로 탁월한 경영성과나 업무혁신을 창출함으로써 조직구성원들의 신뢰와 존경을 한 몸에 받을 때, 자연스럽게 생겨나는 것이다. 또 훌륭한 리더일수록 많은 말을 하기보다는 주로 다른 사람의 말을 경청하면서 자신이 갖고 있던 생각이나 미처 발견하지 못한 문제점을 간파하고 그것을 시정하려는 노력을 기울이는 사람이다. 그런데 경청을 하는 데는 고도의 기술이 필요하다. 리더는 적극적인 자세로 경청하면서 화자話者와 시선을 맞추며, 일체의 편견 없이 상대방이 제시하는 메시지를 끝까지 들어주는 태도를 가져야 한다. 그래야만 많은 추종자들이 생기게 된다는 사실을 잊지 말아야 한다.

리더들의 회의 진행 능력과 리더십

리더들이 주재하는 회의는 일반적으로 조직의 의사결정방식으로 매우 중요하지만, 실제로 회의 방식과 내용을 자세히 들여다보면 많은 문제점이 있다. 회의 시간이 너무 오래 걸리고, 회의 의제가 불명확하며, 회의가 몇 사람에 의해 좌지우지되며, 핵심인사들이 불참하고 아무런 실행 계획도 내놓지 못한 상태에서 회의가 종료되기도 한다. 그런 유형의 회의는 커뮤니케이션이 지향하는 소기의 목적을 거둘 수 없는 부실한 회의라고 말할 수 있다.

리더는 생산적이고 효율적인 회의 진행을 통해 자신의 역량을 십분 발휘해야 한다. 그러려면 무엇보다도 리더 자신이 회의 준비를 철저히 하고, 회의 진행 과정에서 탄력적인 운영의 묘를 살려나갈 필요가 있다. 그 이외에도 회의 시간 엄수, 회의 목표와 의제의 명확한 설정, 실질적인 대안 도출, 강력한 실행계획 추진 등을 도모해 나간다면 리더로서 훌륭한 리더십을 인정받게 될 것이다.

의사결정방식에 따른 리더들의 유형

의사결정에 임하는 리더들의 태도를 보면, 대략 그들의 성향을 파악할 수 있는데 리더들의 스타일은 크게 독재자형, 훈계자형, 의견수렴형, 완전합의형, 자유방임형으로 구분할 수 있다.

1 독재자형
① 조직구성원들의 의견과는 상관없이 리더 자신이 일방적으로 결정을 내리는 스타일을 말한다.
② 의사결정이 빠르게 이루어지는 장점이 있지만, 조직구성원들의 의견이 배제되고, 리더 1인의 선호가 조직 전체의 선호로 결정된다는데 심각한 문제가 있다.

2 훈계자형
① 리더 1인의 선호가 조직 전체의 선호와 동일시된다는 측면에서는 독자재형과 유사하다.
② 다만, 독재자형과 다른 게 있다면, 일방적이긴 하지만 조직구성원들에게 자신의 의사결정 내용을 알려주고 훈계하는 것으로서 독재자형 보다는 한 단계 진화된 형태라고 말할 수

있다.

3 의견수렴형

① 리더가 최종적으로 의사결정을 하지만, 사전에 조직구성원들의 의견을 광범위하게 청취하고 수렴하려는 스타일을 의미한다.

② 리더십과 커뮤니케이션의 관점에서 바라볼 때, 가장 이상적인 리더의 형태에 속한다고 볼 수 있다.

4 완전합의형

① 모든 조직구성원들이 합의나 절대적인 지지가 있을 때까지 의사결정을 보류하는 스타일을 의미한다.

② 의사결정의 속도가 매우 느리다는 치명적인 단점이 있다.

• 기존 멤버들의 만장일치제로 신입 멤버를 선발하는 블랙이글스 (출처: 공군 특수비행팀 블랙이글스) •

5 자유방임형

① 자신이 의사결정을 하지 않고 조직구성원들에게 일임하는 스타일을 말한다.

② 의견이 하나로 모아지지 않는 경우, 의사결정 자체가 불가능해진다는 문제가 있다.

추종자와 리더 간에 존재하는 하의상달 유형

리더가 실수나 잘못을 했을 때, 추종자또는 부하가 리더에게 의견을 전달하는 하의상달下意上達의 유형은 크게 3가지가 존재한다.

1 충신형 하의상달

① 충신형 추종자들은 상관의 눈치를 살피지 않고 소신있게 "아니 되옵니다", "영송을 거두어 주시옵소서"와 같은 말로 리더에게 충언을 한다.

② 백제의 충신이었던 성충과 흥수가 의자왕에게 행했던 간언, 조선조 유생들의 상소문, 박정희 대통령에게 쓴 소리를 잘했던 김용태 의원, 이만섭 전 국회의장의 스타일이 여기에 해당된다.

③ 인간의 그릇이 큰 리더에게는 이러한 의사표시가 존중을 받을 수 있지만, 대부분의 리더에게는 박해를 받을 가능성이 더 크다. 따라서 리더의 체면을 살려주면서 자신의 의사를 신중하게 전달하는 지혜가 필요하다. 즉 쓴소리를 쓰지 않게 말하는 기술을 터득해야 한다.

2 합죽이형 하의상달

① 합죽이형 추종자는 쉽사리 자기의중을 드러내지 않는다는 특성이 있다.

② 눈치 9단의 고수로서 리더의 눈치만 보면서 보고도 못 본 척, 들어도 못 들은 척하면서 자신의 영달과 개인의 실속만을 추구하는 스타일이다.

③ 전두환 전 대통령에게 정권을 통째로 물려준 최규하 전 대통령, 전두환 전 대통령의 만년 2인자를 자처했던 노태우 전 대통령이 이런 유형의 대표적 인물이다.

3 간신형 하의상달

① 간신형 추종자들은 "각하 시원하시겠습니다", "분부만 내려주십시오", "각하의 뜻이라면 무조건 따르겠나이다"와 같은 아부성 말을 즐겨 쓴다.

② 이승만 대통령 시절의 L 전 국회의장, 박정희 대통령 시절의 C 전 경호실장, 전두환 대통령 시절의 J 전 경호실장, DJ 시절의 P 전 비서실장 등이 이런 부류에 속한다.

하지만 참다운 추종자가 지녀야 할 태도는 리더에 대한 변함없는 충성과 신뢰다. 추종자는 토론장이나 회의석상 또는 개별 미팅에서 리더와 의견을 달리할 수 있지만 리더의 자존심이 손상되지 않는 범위 내에서 겸손하고 정중하게 자신의 견해를 피력해야 한다. 하지만 그런 충언을 했음에도 불구하고 리더가 그것을 받아들이지 않고 조직의 정식체계에 따라 명령을 하달하면, 지체 없이 그 명령에 따르는 것이 바람직한 참모의 자세다. 그런 명령에 따를 수 없다면, 그 즉시 자신의 참모직을 기꺼이 내려놓는 게 올바른 자세라고 본다.

객기客氣와 허풍虛風

한때 우리 정부의 고급관료였던 사람들의 할복사건이 세간의 이목을 끈 적이 있다. 지난 1998년 3월, YS 정권 밑에서 국가안전기획부장현, 국가정보원장을 지냈던 K씨가 화장실에서 면도칼로 할복소동을 벌였다. 또 그 소동이 있은 지, 약 1년 5개월 후 농업협동조합과 축산업협동조합의 통폐합 조치에 반대하던 축협중앙회장 S씨가 국회에서 할복을 시도했다. S씨는 과거 제주도 지사를 역임했던 인물이었다. 처음부터 그들은 죽음을 전제로 한 할복을 시도하지 않았다. 그들은 병실로 병문안을 온 기자들에게 "내가 아직 죽지 않은 것을 보니, 하나님께서는 여전히 내게 맡기실 일이 있는 것 같다."라는 말을 내뱉었다. 참으로 가증스런 객기이자 천박한 허풍이 아닐 수 없다. '붓 문화'를 자랑하며 선비의 나라임을 자처해온 한국에서 그것도 고관대작을 역임한 사람들이 '칼 문화'로 대표되는 일본 사무라이 세계를 흉내 냈다는 것 자체가 3류 코미디감이다. 타협을 통한 합리적인 방법으로 문제해결의 모범을 보여야 할 사람들이 야쿠자들이 부하의 죄를 묻는 방법으로 이따금씩 사용하는 할복을 선택했기 때문이다.

할복의 유래와 법도

할복의 유래는 일본 역사에서 찾아볼 수 있다. 일본에서 타이라平와 미나모토源라는 두 무사 가문이 각축을 벌인 후, 미나모토의 가마쿠라바쿠후鎌倉幕府가 성립된 것은 12세기 말경이었다. 이때부터 칼로 배를 가르는 셋부쿠切腹가 행해지기 시작했다. 즉 영주가 자신의 신하인 사무라이들로 하여금 충성심을 보이도록 하기 위해 자신이 지켜보는 앞에서 무사답게 할복할 것을 명령했던 것이다. 그 이후로 할복은 일본의 전통적 무사도의 대표적인 상징으로 여겨져 왔다. 일본의 전통 민중연극이라고 할 수 있는 가부키歌舞伎의 대표적인 작품인 「주신구라忠臣臟」의 소재 역시 할복이다. 억울한 누명을 쓰고 할복 자결한 영주를 위해 47명의 사무라이들이 주군의 원수를 갚은 후, 모두 할복 자결한다는 단순한 얘기다. 칼의 미학을 추구하는 일본인의 정서를 대변하고 있는 「주신구라」는 오늘날까지 일본인들에게 많은 사랑을 받고 있다.

또 일본인들이 즐겨먹는 음식은 생선회다. 따라서 파닥파닥 뛰는 생선을 단숨에 제압하기 위해서는 예리하고 날카로운 칼을 신속 정확하게 사용해야 한다. 일본인은 칼처럼 약속이나 시간을 철저하게 지킨다. 또 조직이나 상사가 자신에게 부여한 임무를 칼

같이 완수하기 위해 최선을 다한다. 더욱이 그들은 평소 '이이에'いいえ; 아니요보다는 '하이'はい; 예라는 표현을 즐겨 사용한다. 심지어 남이 실수를 했어도 자신이 먼저 "스미마센"すみません 미안합니다라고 사과할 정도다. 어떤 사람은 일본인이 천성적으로 친절하고 예의가 바른 민족이기 때문에 그렇게 행동하는 것이라고 주장한다. 하지만 나는 일본인의 그와 같은 예의 문화도 사무라이들의 '칼 문화'에서 비롯된 것이라고 생각한다. 즉 지배계급인 사무라이들의 명령을 '이이에'라고 받아칠 경우, 과연 살아남을 수 있겠는가? 나중에 사무라이들이 쳐다보지 않은 곳에서 명령을 거부하는 한이 있더라도 그들의 면전에서는 절대 복종하는 모습을 보여야만 목숨을 부지할 수 있었을 것이다. 이처럼 칼을 앞세운 사무라이 문화가 현대 일본인의 태도에도 많은 영향을 미쳤다고 본다. 참고로 한국인이 사용하는 칼은 주부들이 부엌에서 무나 배추를 썰기 위한 식칼이다. 한국의 부엌칼은 일본의 생선회 칼보다 무디고 둔탁하다. 게다가 중국인들은 닭고기나 돼지고기를 다루기 위한 도끼수준의 칼을 사용한다. 한국인의 '코리안 타임'이나 중국인들의 만만디慢慢地행태가 이들 나라의 칼날 모양과 무관하지 않다는 게 내 생각이다.

할복에서 한 가지 흥미 있는 점은 거기에도 나름대로 지켜야 할 법도가 있다는 사실이다. 먼저 할복을 결행하려는 사람은 무릎을 꿇은 자세에서 아랫배의 왼쪽 복부에 칼을 깊숙이 쑤셔 넣은 다음, 오른쪽 복부까지 쭉 긋는다. 이때 앉은 자세가 흐트러지면 그다지 멋진 할복으로 인정받지 못한다. 따라서 사무라이들은 이러한 사태를 미연에 방지하기 위해 보통 2인 1조로 할복을 단행한다. 즉 어느 사무라이가 할복을 시도할 경우, 다른 사무라이가 옆에서 긴 칼로 그의 목을 쳐 준다. 그렇지 않으면 할복을 결행한 사무라이가 극심한 통증을 참지 못해서 기본자세를 흐트러뜨리기 때문이다.

어떤 사무라이는 복부에 찔러 넣은 칼을 직각으로 돌려세워 오른편 가슴 위까지 긋는 할복을 결행하기도 한다. 스스로 자신의 심장을 파열시켜 절명케 하는 할복이다. 이정도만 하면 굉장한 할복에 속한다. 그러나 이보다 더 독한 사무라이들은 아주 소름끼치는 방법으로 할복을 자행했다. 그들은 자신의 심장을 파열시킨 후, 그 칼로 자기 목의 경동맥을 끊음으로써 할복을 시도했다. 이 경우에는 동료 사무라이가 옆에서 목을 쳐 줄 필요도 없고 그럴 만한 시간적 여유도 없다. 모든 것이 순식간에 이루어지기 때문이다. 이렇게 할복을 단행한 사무라이는 '할복의 신'으로서 모든 사무라이들의 존경과 추앙을 받게 된다.

이 같은 법도에 따를 경우, 우리날 고급관료 출신인 K씨와 S씨가 자행했던 할복은 도저히 할복으로 봐줄 수 없는 엉터리 할복에 불과하다. 나는 혹시 그들이 칼로 배를 가르는 할복割腹을 복을 나눠주는 할복割福 정도로 착각한 것은 아닌지 하는 의구심마저

들었다. 어쨌든 할복의 법도도 모르면서 자자손손 개망신을 당할 수밖에 없는 졸렬한 할복을 시도하는 한국판 사무라이들의 모습에서 나는 부끄러운 우리나라 사회지도층 인사들의 허상을 발견하게 된다.

한편, 일본 사무라이들은 누구인가?

고려시대의 왜구로부터 16세기의 조일전쟁朝日戰爭 당시의 왜적에 이르기까지 우리 민족을 숱하게 괴롭히고 노략질을 했던 일본 무사들의 후손이 아니지 않은가! 또 무식의 탈을 벗게 해준 옛 스승의 나라에 갖은 무례를 범했던 칼잡이들의 후손들이지 않은가! 모방할 것이 없어서 그런 사무라이들의 세계를 흉내 내려고 하는가! 혹시 우리나라 최고의 정보기관과 축협이 일본 야쿠자들의 하부조직이라도 된다는 말인가!

더구나 할복은 우리 국민들의 기본정서와도 거리가 멀다. 예로부터 우리 민족은 부모가 물려준 신체발부身體髮膚를 온전하게 보존하는 것을, 효의 시작이자 근본이라고 여겼다. 나아가 삶의 마지막 통과의례인 죽음 역시 경건해야 한다고 굳게 믿어왔다. 죽은 사람에게 깨끗한 수의를 입힌 뒤, 시신을 정중히 모시는 이유도 바로 그 때문이다. 즉 '죽음의 모습이 보기 흉하거나 지저분하면 저승길 여정이 편하지 않다'는 우리 사회의 전통적인 관습에서 비롯된 것이다. 또한 국민정서에 역행하는 할복을 한다고 해서 모든 문제가 저절로 해결되는 것도 아니다. 할복은 죽음을 전제로 자신의 극단적인 의사표출을 통해 강력한 저항을 시도해보겠다는 뜻을 담고 있다. 그러나 복잡 미묘한 사안일수록 서로의 입장에 서서 충분한 대화와 토론을 통해 의견 접근을 도모해 나가는 것이 무엇보다 중요하다. 할복처럼 극단적이고 과격한 방법을 선택하는 것은 협상의 파트너에게 혐오감만을 가중시킴으로써 문제해결을 더욱 더 어렵게 만들 뿐이다. 따라서 할복은 시스템적 사고의 가장 큰 적이다.

할복에 대한 미화는 이제 그만…

할복과 관련해 우리 모두가 깊이 반성해야 할 역사적인 사건이 하나있다. 바로 이준 열사에 관한 얘기다. 우리나라 역사교과서는 1907년 네덜란드 헤이그에서 열린 제2차 만국평화회의에 참석했던 이준 열사가 일제 침략의 부당성과 국권 회복을 호소하다가 할복 자결한 것으로 가르쳐왔다. 그것으로도 부족했던지 당시 문화공보부와 국내의 한 영화사는 할복이 무슨 대한 남아의 드높은 기상이라도 되는 양, 이준 열사의 할복 장면을 영화로까지 만들면서 엄청나게 떠들어댔다. 다행스럽게도 1975년 주한 네덜란드 대사관은 당시의 관련 자료를 근거로 이준 열사의 사인死因은 할복이 아니라 단식이었다고 밝혔다. 하마터면 우리 스스로 이준 열사를 일개 조직폭력배나 깡패 정도로 폄하할 뻔했다. 다시 한번 사료 찾기와 역사 해석에 치밀하지 못했던 우리의 나태함을 반성하게 된다.

앞으로 할복을 논하고 그것은 어설프게 흉내 내려는 자들에게 엄중히 경고한다.

이제 그대들은 더 이상 한국인이 아니다. 그러니 할복을 하고 싶거든 떠들지 말고 조용히 한국을 떠나 일본 야쿠자나 조직폭력배의 세계로 입문하라. 그리고 거기서 일제의 야쿠자답게 제대로 할복하고 확실하게 죽으라!

한국의 실패학, 처음부터 다시 써라!

실패라는 말의 사전적 정의는 '일이 잘못 됨' 또는 '일이 제대로 되지 않음'이다. 그런 의미에서 조일전쟁朝日戰爭도 우리 역사에서 영원히 지울 수 없는 치욕적인 실패 사례에 속한다. 실패에는 그 나름대로의 규칙성이 존재한다. 허버트 W. 하인리히Herbert W. Heinrich는 그것을 '1대 29 대 300의 법칙"으로 설명했다. 즉 1건의 큰 재난이 발생하기까지, 그 전조현상으로 29건의 경미한 재난과 300건의 미세한 징후들이 연이어 나타난다는 것이다.

조일전쟁에서도 하인리히 법칙이 그대로 적용되었다. 전쟁의 이상 징후들이 조일전쟁 발발 6년 전인 1586년부터 하나 둘씩 나타나기 시작했다. 같은 해 대마도주 소오 요시토시宗義智의 부하인 다치바나 야스히로橘康廣가 왜국의 사신 자격으로 조선에 들어왔다. 그가 갖고 온 것은 '이제 천하는 짐의 손 안으로 들어오고 있다'는 도요토미 히데요시豊臣秀吉 1536~1598의 국서와 '왜국에 조선통신사를 파견하라'는 당돌한 요구였다. 참고로 소오 요시토시는 1592년 4월 14일 왜군 1번대를 이끌고 제일 먼저 조선 땅을 밟았던 왜장 고니시 유키나카小西行長 1558~1600의 사위이자 도요토미 히데요시의 심복이었다. 무武보다 문文을 중시하고, 전국통일과정을 밟고 있던 왜국 사정에 무지했던 조선 조정은 도요토미 히데요시를 일개 무부武夫로 얕잡아 보았다. 그리고 다치바나 야스히로에게 '바닷길이 험하니 사신을 보낼 수 없다'는 답서를 주었다. 도요토미 히데요시는 아무런 성과 없이 빈손으로 돌아온 다치바나 야스히로의 목을 벤 후, 그의 일가를 멸족시켰다.

한편, 그가 조선에 머무는 동안 저지른 행태 역시 혀를 차고도 남음이 있다. 그가 부산포에서 한양으로 올라가기 위해 경북 인동현 칠곡지역을 지나갈 때의 일이었다. 그는 관아의 포졸이 들고 있는 창을 가리키며, "당신네 나라의 창은 참으로 자루가 짧습니다. 그려!"라며 조롱했다. 그의 기이한 행동은 한양에 도착한 이후에도 계속되었다. 하루는 예조禮曹가 그를 위해 연회를 베풀어주었다. 그런데 술에 취한 그가 갑자기 호주머니에서 호초후추나무 열매를 한주먹 꺼내 연회식장에다 냅다 뿌렸다. 그러자 악공과 기생들이 그것을 먼저 줍기 위해 서로 밀치는 과정에서 연회식장은 아수라장이 되고 말았다. 그 모습을 물끄러미 지켜본 그가 숙소로 돌아와서 통역관에게 이렇게 말했다. "너희 나라가 망할 날도 이젠 멀지 않은 것 같다. 아랫사람들의 기강이 저 모양이니, 그러고서도 어찌 나라가 온전하기를 바라느냐?"

1589년 6월 도요토미 히데요시는 소오 요시토시, 승려 겐소玄蘇, 야나가와 시게노부柳川調信를 또 다시 조선에 보내 사신의 왜국 입국을 강력하게 요구했다. 이때 겐소는 조선 조정을 향해 "우리가 옛 고려의 행위에 대한 원한을 갚는 일이 벌어질지도 모른다"며 협박했다. 여기서 옛 고려의 행위란, 1274년과 1284년에 몽고군이 왜국 정벌을 단행했을 때, 고려가 선봉에서 몽고를 지원했던 것을 두고 한 말이다.

한편, 왜국의 협박이 잇따르자 조선 조정의 일부 대신들은 도요토미 히데요시의 실체를 알아볼 필요가 있다고 선조에게 주청했다. 마침내 조선 조정은 1590년 3월 6일 조선통신사를 왜국에 파견시켰다. 조선통신사의 규모는 정사 황윤길, 부사 김성일, 서장관 허성, 수행무관 황진 등을 비롯해서 약 200여 명 정도였다. 선조는 이들에게 도요토미 히데요시와 왜국의 내정에 대한 정탐 임무를 부여했다. 그리고 그들 일행은 10개월 동안 왜국의 이모저모를 둘러보고 귀국한 후, 1591년 1월 13일에 정탐보고회 자리를 가졌다.

'일본은 있다!'와 '일본은 없다!'

그런데 문제는 왜국의 정탐 내용에 대한 황윤길과 김성일의 보고가 서로 판이하게 달랐다는 점이다. 황윤길은 "머지않아 전쟁이 일어날 것 같습니다."라고 보고했다. 반면, 김성일은 "신은 그런 기색을 느끼지 못했습니다. 황윤길은 공연하게 인심을 현혹하고 있습니다."라고 말했다. 이는 마치 2010년 3월 26일에 발생했던 천안함 폭침 사건을 놓고 진실공방을 벌였던 우리 사회의 갈등 모습과 엇비슷했다. 이 대목에서 흥미로운 것은 김성일과 같은 동인 출신의 허성과 황진이 서인 황윤길의 의견에 동조했다는 점이다. 요즘 같았으면 허성과 황진은 '당론을 거역했다'는 이유로 동인에서 출당黜黨 조치를 당했거나 당 윤리위원회에 회부되는 정치적 수모를 겪었을 것이다. 그것을 보면 옛날 선비들이 요즘 국회의원들보다 훨씬 더 정직하게 일했던 것 같다.

게다가 16세기 말부터 조선 조정에는 국론분열의 양상이 나타나기 시작했다. 이 시기는 1392년에 조선이 개국된 이후, 처음으로 사림들이 훈구파를 몰아내고 집권에 성공했던 시기였다. 혁신사상으로 무장한 사림출신들이 훈구파를 견제하며 역사 발전의 견인차 역할을 해온 것은 분명한 사실이다. 그렇지만 그들 역시 집권한 후 권력의 단맛을 느끼게 되자 민생문제는 뒷전으로 미루고 형이상학적인 명분과 이념 논쟁에 빠져들기 시작했다. 그 못된 버릇이 지금도 여의도 국회에서 계속되고 있으니 참으로 한심하고 안타깝기 그지없다. 결국 사림들은 기존의 동인과 서인에서, 동인은 또 다시 세자 책봉의 문제를 둘러싸고 남인과 북인으로 갈리었다. 이와 같은 내부 분열로 조선 조정은 외부의 적마저 제대로 분간하지 못하는 시계視界제로의 안개정국을 만들고 있었다. 이웃나라의 도요토미 히데요시가 침략의 칼날을 날카롭게 벼르고 있을 때, 조선 조정은 어둠 속의 미로를 헤매며 '상대 당의 인재 죽이기'에 열중하고 있었던 것이다. 조선 개국 후

200년 동안 전쟁을 잊고 살았던 것이 화근이었다.

물론 모든 조정 대신들이 수수방관만 하고 있었던 것은 아니다. 좌의정 유성룡을 비롯한 일부 대신들은 전쟁 대비를 위해 나름대로 애를 쓰고 있었다. 『징비록』을 보면, 조선 조정이 국경 사정에 밝은 사람들을 뽑아 하삼도경상도, 전라도, 충청도 방어를 맡기고 성城과 해자의 보수 및 신축, 무기 점검과 총통 제작을 시도했다는 대목이 나온다. 문제는 그동안 전쟁이 없었기 때문에 조선 조정의 대비책이 전시행정 수준에 머물고 말았다는 사실이다. 또 왜국의 조총이 조선 조정에 처음 입수된 시점은 1590년 3월이다. 왜국 사신으로 왔던 소오 요시토시가 본국으로 돌아가기 직전, 공작새 2마리와 조총을 선조에게 바쳤다. 선조는 "공작새는 날려 보내고, 조총은 군기시軍器侍에 보관하라"고 지시했다. 그런데 어느 누구도 그 조총에 대해 주목하지 않았다. 당연히 조총의 구조에 대한 이해나 성능실험도 제대로 이루어질 수 없었다.

당시 조선 제일의 명장名將이라고 칭송받던 신립도 마찬가지였다. 이는 『징비록』에 등장하는 유성룡과 신립의 대화에서 확인할 수 있다. 조일전쟁 발발 10일 전, 유성룡은 신립에게 "조만간 국가에 큰 변란이 있을 것 같소. 더구나 그들은 조총이라는 신식 무기까지 갖고 있다는데 당신은 그들을 막아낼 자신이 있소?"라고 물었다. 그러자 신립은 "그까짓 것 걱정할 것 없소이다. 왜놈들이 갖고 있다는 조총이 쏠 때마다 맞는답디까?"라고 퉁명스럽게 대답했다. 조선 조정의 최고위직 인사들로 구성된 비변사 역시 지피지기知彼知己가 안 된 것은 매한가지였다. 비변사는 왜군들이 육전陸戰보다 해전海戰에 강하다고 판단했다. 이는 왜군과 왜구를 동일시한데서 오는 일종의 착시현상이었다. 그런 상황에서 '바다로 쳐들어오는 왜군은 반드시 바다에서 막아야 한다'는 이순신의 주장이 먹혀들 공간은 전무했다.

한편, 1591년 중반이 되자 왜국 사신이나 왜인들이 더 이상 조선 땅에 들어오지 않았다. 상업을 목적으로 부산포에 들어와 있던 왜인들조차 하나 둘씩 자취를 감추더니 조일전쟁 직전에는 왜인의 그림자조차 발견할 수 없었다. 사람들은 그것을 의아하게 생각했지만, 그것이 조일전쟁의 폭풍전야暴風前夜였음을 알아차린 사람은 아무도 없었다. 1592년 4월 14일, 운명의 날이 밝았다. 조선에게는 매우 비극적인 날이었다. 고니시 유키나카가 이끄는 18,700명의 왜군 제1번대番隊를 필두로 총16만 7,900명에 달하는 대규모 병력의 조선 침략이 개시된 것이다. 전쟁 발발 20일 만에 수도 한양은 함락되었고, 조선의 산천초목은 왜군의 말발굽 아래에 놓여졌다. 한 순간에 조선 조정의 모든 공적 기능도 마비되었다. 모든 것이 왜군의 시퍼런 칼날에 의해서 결정되는 아비규환阿鼻叫喚의 지옥으로 변해버린 것이다.

실패학이 작동하지 않는 나라의 비극

동인과 서인, 그리고 남인과 북인으로 분열되어 오로지 상대 당을 궤멸시킬 묘책 마련에 허송세월을 보냈던 조정 대신들은 정작 궤멸시켜야 할 왜군이 쳐들어오자 자기 식솔들을 거느리고 도망치는데 급급했다. 군부君父로서 왜적 섬멸에 앞장서야 할 선조는 제 몸 하나를 보존하는 일에만 골몰했고, '공맹의 도리'를 읊조리던 조정 대신들 역시 임금까지 버리고 도주했다. 군신의 예의는 평화롭던 호시절에만 존재하는 빈껍데기였던 것이다. 한양을 버리고 피난길에 오른 선조의 행렬이 홍제원洪濟院을 지날 때, 그를 수행했던 종친 및 문무백관이 채 100명도 되지 않았다는 『선조실록』1592년 4월 30일자의 기록이 그것을 말해준다.

적이 쳐들어올 가능성이 1%만 있더라도 만반의 계책을 세워야 하는 것이 국방의 기본원칙이다. 그러나 붕당은 이솝우화에 나오는 '조개와 도요새의 비극'을 재현시켰다. 그런 조선 조정에서 국방의 기본원칙인 유비무환은 망각의 언덕 저편으로 사라져버릴 수밖에 없었다. 조개와 도요새의 비극은 냉엄한 국토분단의 시대를 살아가면서도 철지난 이념 논쟁에 몰두하는 지금의 우리들에게 많은 교훈과 시사점을 던져준다.

하루는 조개가 모래사장에서 입을 열고 햇볕을 쬐고 있었다. 그 주변에 있던 도요새 한 마리가 먹잇감을 발견하고 조갯살을 쪼았다. 아픔을 느낀 조개가 엉겁결에 도요새 부리를 꽉 물었다. 도요새는 있는 힘을 다해 부리를 빼내려고 했지만, 조개가 입을 열어주지 않았다.

도요새가 조개에게 말했다. "하루 이틀 사이에 비가 오지 않으면 물이 없어질 것이다. 그러면 너는 강에 들어가지 못해 죽게 될 것이다. 이에 질세라 조개도 도요새에게 대꾸를 했다. "만약 내가 입을 열지 않으면 하루 이틀 후에 너도 부리를 빼지 못해 굶어죽을 것이다." 조개와 도요새는 한 치의 양보 없이 언쟁만 계속했다. 때마침 그곳을 지나가던 어부가 조개와 도요새를 한꺼번에 잡아갔다.

어느 시대, 어느 나라를 막론하고 국정운영시스템의 주안점은 국가 위기의 징후를 사전에 인지하고 철저하게 대비하는 일에 두어야 한다. 그런데 그것을 방해하는 내부의 난적亂賊은 모리배들에 둘러싸여 사태의 본질조차 파악하지 못하는 최고 권력자와 지적知的으로 정직하지 못한 군상群像들임을 깨달아야 한다. 선조 때 경험한 치욕의 실패는 후대 사람들에게 철저하게 학습되고 반면교사로 활용되었어야 했다. 그러나 우리에게는 유감스럽게도 그것을 깨우쳐주는 실패학이 존재하지 않았다. 그 때문에 우리는 겪지 않아도 되었을 치욕적인 국난을 수차례나 더 경험해야 했다. 1627년의 제1차 조청전쟁일명. 정묘호란, 1636년의 제2차 조청전쟁일명. 병자호란, 1910년의 한일합방, 1950년의 6·25남 침전쟁, 1997년의 IMF 금융위기, 2010년 천안함 폭침과 연평도 포격사건이 그것이다.

우리가 선조의 실패로부터 국제정세를 읽어내는 능력, 명분과 실리를 아우르며 국익 최우선의 해법을 도출하는 안목, 국론분열을 극복하고 국민대화합을 이끌어내는 지혜를 발휘했다면 그러한 국난國難쯤은 충분히 막을 수 있었다. 일례로 진실에 집중하는 눈과 귀를 갖고 여야與野가 합심해서 천안함 폭침을 북한 정권의 비열한 소행으로 규정하며 강력한 도발방지책을 강구했더라면, 연평도 포격은 결코 일어나지 않았을 것이다. 그런 점에서 사후약방문死後藥方文조차 실행하지 않았던 우리 사회는 실패에 너무나도 취약한 구조적 한계점을 지니고 있다.

조일전쟁은 조선뿐 아니라 왜국에게도 실패의 역사였다. 그러나 실패로부터 뼈아픈 교훈을 얻고 새로운 변화를 먼저 시도한 쪽은 왜국이었다. 조일전쟁이 끝난 후, 왜국은 자신들에게 치욕을 안겨주었던 조선 수군의 해전 전략 및 전술, 거북선과 판옥선에 대한 장단점 분석, 화포의 성능 개량, 적장 이순신의 삶과 리더십에 대해 철저하게 연구하고 분석했다. 그들은 그런 과정을 통해 얻은 경험, 지식, 교훈을 토대로 대한제국이라는 먹잇감을 앞에 놓고 청일전쟁1894~1895과 러일전쟁1904~1905을 잇따라 일으켰다. 그리고 두 전쟁에서 모두 승리했다. 결국 1910년, 일본 제국주의는 4세기 전에 이순신이 목숨을 걸고 지켜냈던 조선을 통째로 집어삼키는데 성공했다. 이처럼 한일 양국의 운명은 실패학의 존재 여부에 따라 극명하게 판가름 났다. 필자가 "한국의 실패학은 처음부터 다시 써야 한다."라고 강변하는 이유도 그 때문이다.

리더십에 대한 신의 한수 ③

2009년에 출판사 다산라이프가 번역 출간한 『3의 마법』이라는 책을 보면 소통을 잘하기 위한 3가지 비법이 등장한다. 그 책의 저자는 노구치 요시아키野口吉昭이다. 1956년생인 그는 현재 인재육성 전문 컨설팅 회사인 'HR 인스티튜트'의 대표로 활동하고 있다. 그는 기업이 직원관리에만 급급하고 인재로 키우지 못하는 현실을 안타깝게 생각하고 인재육성을 위한 'HR 인스티튜트'를 설립했다고 한다. 그 회사는 '스스로 생각하고 행동하는 인재를 육성한다'는 취지에서 'Know-How Do-How'라는 컨설팅 프로그램을 운영하고 있다. 그것의 가장 큰 특징은 '노하우'라는 지식에만 그치는 것이 아니라 '두하우'까지 중시하며 아는 것과 실천을 함께 하는 인재양성에 초점을 맞춘 것이다.

🔆 노구치 요시아키가 강조하는 소통의 3가지 비법

흔히 한 분야 전문가들의 말이나 지혜는 아주 단순하고 쉬운 것처럼 노구치 요시아키가 말하는 '소통의 3대 비법'도 따지고 보면 아주 쉬운 말에 불과하다.

1 그는 '상대방이 대답하고 싶은 질문을 하라'고 조언한다. 이는 '상대방의 입장을 먼저 이해하고 배려하라'는 주문이다. 한번 따져보라. 상대방은 내 말을 듣기보다 자신의 말을 먼저 하길 기대한다. 따라서 상대방과 소통을 잘하기 위해서는 내 말을 먼저 하지 말고 상대방이 말을 할 수 있는 기회를 먼저 줘라. 그것도 '상대방이 먼저 즐겁게 털어놓을 수 있는 말을 할 수 있도록 배려하라'는 뜻이다.

2 또 그는 '대답하기 쉬운 질문부터 하라'고 조언한다. 지극히 당연한 얘기 같지만 이것 하나만 잘해도 소통을 잘할 수 있다. 만약 당신이 상대방에게 대답하기 곤란하거나 어려운 질문을 해봐라. 그는 결코 말문을 열지 않을 것이다. 상대방에게 질문을 던질 때, 가장 먼저 그리고 가장 많이 고민해야 할 사항이다. 소통은 상대방이 자신의 의사나 의중, 그리고 당신이 제기한 질문이나 고민 사항에 대해서 기꺼이 얘기하려고 할 때 잘 이루어지게 마련이다. 그러니 정말로 상대방과 소통을 잘 하려면 그에게 대답하기 곤란한 질문이나 어려운 질문은 절대로 피하라. 그것이야말로 진정한 소통을 가로막는 장벽이다.

3 마지막으로 그는 '공통의 목표를 만들 수 있는 질문을 하라'고 조언한다. 이는 '사물이나 현상에 대한 본질을 공유하면서 상대방의 공감을 이끌어내라'는 가르침이다. 만약 상대방과 소통하는 것이 자신에게 정서적인 측면이나 경제적인 측면에서 도움이 된다면 그는 누구보다 적극적인 자세로 소통을 시도할 것이다. 그러니 소통을 잘하려면 그것이 서로에게 이익이 될 수 있다는 점을 확신시켜 줘라.

1 커뮤니케이션이란 송신자와 수신자 사이에 정보, 언어, 의미 등이 상호 전달되고 교류되는 일련의 과정을 말한다. 현재 리더의 위치에 있거나 향후 성공적인 리더를 꿈꾸는 사람이라면 무엇보다도 커뮤니케이션에 대해 많은 지식과 경험을 쌓아야만 한다. 지금은 커뮤니케이션을 모르고선 제대로 된 리더 역할을 수행할 수가 없기 때문이다.

2 커뮤니케이션의 프로세스는 'Sender ⇒ Encoding ⇒ Channel ⇒ Decoding ⇒ Receiver'로 구성되어 있다. Sender은 송신자, Encoding은 암호화, Channel은 정보, 언어, 의미의 전달 통로인 전달채널, Decoding은 해독작업, Receiver는 수신자를 의미한다.

3 커뮤니케이션은 [공적, 사적], [직접적, 간접적]의 조합에 따라 4가지 유형의 커뮤니케이션으로 구분된다. 즉 [공적, 직접적], [공적, 간접적], [사적, 직접적], [사적, 간접적] 커뮤니케이션으로 구분된다.

4 커뮤니케이션의 효율성을 제고시키기 위해서는 커뮤니케이션에 대한 목적 및 필요성의 인지, 전달내용의 단순명료화, 파트너에 대한 정보 및 이해, 고효율·저비용 구조의 의사전달방법 채택, 커뮤니케이션의 피드백 시스템 구축을 추진해야 한다.

5 리더는 커뮤니케이션을 통해 리더십을 함양해야 한다. 즉 언어의 사용에 주의해서 품격 있는 언어를 사용하고 남의 말을 진지하게 경청하는 아량을 가져야 한다. 또 회의 진행에 있어서도 회의 의제의 명료화, 시간 엄수, 합리적인 진행원칙, 실행계획의 도출이 이루어지도록 해야 한다. 의사결정을 할 때에도 리더 자신의 경영철학과 판단력을 갖고 있으면서 조직구성원들의 의견을 최대한 수렴해서 합리적인 의사결정을 내려야 한다.

객관식

01 다음 중에서 리더들의 말과 관련이 <u>없는</u> 고사성어는?
　　① 교언영색巧言令色　　　　② 견리사의見利思義
　　③ 화이부실華而不實　　　　④ 도언공감盜言孔甘

02 커뮤니케이션의 4가지 유형 중 (사적, 직접적) 영역에 해당되는 것은?
　　① 이–메일　　② 뉴스레터　　③ 공개토론　　④ 개인적인 면담

03 다음 중 커뮤니케이션의 프로세스와 아무런 관련이 <u>없는</u> 것은?
　　① Encoding　　② Channel　　③ Passenger　　④ Receiver

04 '의지가 굳고 꾸밈이 없으며 말이 없는 게 인仁에 가깝다'는 강의목눌剛毅木訥의
출처는?
　　① 논어　　　② 시경　　　③ 한비자　　　④ 채근담

05 다음 중에서 의사결정방식에 따른 리더들의 유형이 <u>아닌</u> 것은?
　　① 충신형　　② 완전합의형　　③ 자유방임형　　④ 독재자형

※ 다음 빈칸에 들어갈 알맞은 용어를 적으시오.

01 커뮤니케이션의 5단계 프로세스는 크게 송신자, 암호화, (   ), 해독작업, 수신자로 구성된다.

02 명쾌한 메시지의 전달 및 구성을 통해 커뮤니케이션의 효과를 극대화시킬 수 있는 사고의 틀을 (   ) 원칙이라고 정의한다.

03 '못된 인간일수록 듣기 좋은 말을 즐겨 한다'는 의미의 '도언공감'盜言孔甘의 출처는 (   )(이)다.

04 커뮤니케이션이란 송신자와 수신자 사이에 정보, (   ), 의미 등이 상호 전달되고 교류되는 일련의 과정을 의미한다.

05 『3의 마법』이라는 책을 통해 '소통의 3가지 비법'을 독자들에게 알기 쉽게 설명해 준 일본인은 노구치 (   ) HR 인스티튜트 대표다.

| 정답 |

객관식 01 ② 02 ④ 03 ③ 04 ① 05 ①
단답식 01 전달채널 02 피라미드 03 『시경』 04 언어 05 요시아키

CHAPTER 06

전략적 사고를
잘하는 사람이
1등 리더다!

인천상륙작전을 지휘하는 맥아더장군
(출처: 세대공감 6·25)

자녀교육에도 전략적 사고가 필요하다!

요즘 자기 집 아이와 사이좋은 부모를 찾아보기 어렵다. 그도 그럴 것이 시험점수와 내신 등급을 놓고 부모자식 간에 피 말리는 냉전을 벌이는 가정이 부지기수不知其數이기 때문이다. 가정에서 부모자식 간에 인간관계가 원만하지 못하면, 사회에서의 인간관계도 잘할 수 없고 결국 우리가 지향하는 공동체 사회의 복원도 요원해진다. 따라서 대학입시가 제아무리 중요하다고 해도 시험점수와 내신 등급을 놓고 벌이는 부모자식 간의 갈등과 불화不和는 이제 그만 종식시킬 필요가 있다.

가정마다 약간의 차이가 있겠지만, 대부분의 부모는 자기자식에게 열심히 공부할 것을 강요하며, 공부를 잘하는 아이와 못하는 아이에 대한 차별을 서슴지 않는다. 일례로 공부를 잘하는 아이에게는 용돈도 후하게 주고, TV 시청이나 컴퓨터 게임을 즐기는 것에 대해서도 어느 정도 관대하다. 그러나 공부를 못하는 자녀에겐 "너는 밥 먹는 것도 아깝다!"라는 말로 구박하면서 아이의 동심童心에 커다란 상처를 준다. 어떤 경우에는 "너에겐 한 푼의 유산도 물려주지 않을 테니까, 어디 한번 네 마음대로 살아봐라!"라는 식의 협박까지 일삼는다. 그런데 자식에 대한 차별대우와 협박이 자녀의 정서불안을 유발하고, 가출이나 투신자살과 같은 사회적 문제를 야기할 수 있음을 인식하는 부모는 그리 많지 않다.

그렇다면, 부모자식 간에 따뜻한 인간관계를 맺으며 서로가 건강하고 행복하게 살아갈 수 있는 비법秘法은 무엇일까? 그리고 그것이 과연 존재할까? 단언하건대, 그 비법은 존재하며 내용 또한 그리 어렵지 않다. 문제는 그것을 실천할 마음이 없기 때문에, 어렵게만 느껴질 뿐이다. 이제 부모자식 간에 존재하는 미움과 차별의 냉기를 녹이고, 평화와 행복 그리고 믿음과 사랑이 충만한 가정을 만들면서 아이들을 제대로 교육시킬 수 있는 비법을 소개해 보고자 한다.

과연 우리 아이는 어느 영역에 속할까?

청소년기의 학업성적을 좌우하는 요소로는 여러 가지가 있지만, 그 중에서 가장 중요한 것은 지능지수IQ로 대변되는 두뇌수준과 노력의 정도라고 생각한다. 두뇌수준IQ 高, IQ 低과 노력의 정도노력 多, 노력 少를 각각 Y축과 X축에 표시하면, 다음과 같은 형태의 4상한도를 그릴 수 있다.

(I)영역에 속하는 아이는 IQ 수준도 높고 노력도 많이 하는 학생이다. 당연히 부모들이 좋아하고 자랑스럽게 생각하는 자녀들이다. (II)영역에 속하는 아이는 IQ 수준은 높지만 성실성의 결여로 노력을 게을리 하는 학생이다. 그런데 이 아이는 부모의 혈압 상승을 불러일으키는 자녀라고 말할 수 있다. 또 (II)영역은 아이 엄마가 다른 엄마들한테 자기자식의 학업성취도 부진을 변명할 때, 주로 활용하는 영역이기도 하다. 즉 "우리 아이는 지 애비를 닮아서 머리는 굉장히 좋은데, 그만 노력을 게을리 하는 바람에 서울대를 못가고 지방대에 들어갔어. 생각만 해도 속상해 죽겠어!"라고 말이다.

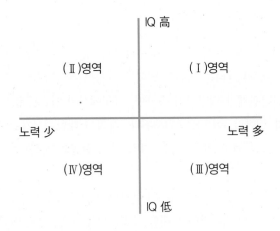

(III)영역에 속하는 아이는 노력은 엄청나게 하지만, 머리가 나빠서 학업성적은 별로인 학생이다. 특히 (III)영역은 자녀의 부진한 학업성적을 놓고 부부싸움이 가장 많이 일어나는 영역이기도 하다. 즉 "저 아이의 머리가 나쁜 것은 순전히 당신또는 당신 집안탓이야!"라며 아내는 남편에게, 남편은 아내에게 책임을 전가하는 부모들을 보면 하나같이 (III)영역에 해당되는 자녀를 둔 경우다.

한편, (IV)영역에 속하는 아이는 머리도 나쁜데다 노력마저 게을리 하는 문제아로서 부모의 주목도 받지 못한 채, 방목放牧되고 있는 자녀다. 그런데 한 가지 재미있는 것은, 이런 유형의 자녀를 둔 부모는 (I), (II), (III)영역의 부모들보다 한결 느긋하고 마음 편하게 먹는 경우가 대부분이라는 점이다. 머리도 나쁘고 노력도 안하는 자식에 대해서 온갖 고민을 다해보았자 뾰족한 수가 없기 때문이다. 그들 부모는 자기자식이 밖에 나가서 사고예: 가출, 폭력, 절도, 본드 흡입, 음주 및 흡연 등치지 않고, 그저 무사하게 학교 졸업장만 받았으면 하는 바람뿐이다. 그 이상의 기대나 희망은 갖지 않는다.

자식들마다 서로 다른 전략이 필요하다!

우선 (I)영역에 속하는 아이는 머리도 좋고 노력도 많이 하는 데다 이미 공부 맛을 알고 있는 학생이기 때문에, 더 이상 "공부하라!"고 얘기할 필요가 없다. 그러나 이 학생이 사회에 진출해서 성공을 하려면, 모범생들이 갖고 있는 두 가지의 약점을 반드시 고쳐야 한다. 하나는 부모가 시키는 것만을 잘하다보니 자신의 주관主觀이 뚜렷하지 않다는 점이고, 다른 하나는 지나치게 이기적인 사람이라는 사실이다. 따라서 (I)영역의 자녀를 둔 부모는 가정에서 아이가 공부를 잘한다고 무조건 "오냐! 오냐!"해주는 관대한 자세를 보여서는 곤란하다. 오히려 자녀의 자율성을 존중해 주면서 남에게 양보하고 봉사할 줄 아는 미덕을 가르쳐주는 게 좋다. 이기적이고 남에게 지기 싫어하는 아이의 태도를 고치기 위해서는 가정에서 '지는 연습'을 많이 시키고 부모가 자녀들과 함께 자원봉사 캠프에 이따금씩 참여해보는 것도 적극 권장할 만하다. 왜냐하면 디지털 사회는 '학교의 모범생=사회의 성공인'이라는 등식을 더 이상 보장해주지 않기 때문이다.

(Ⅱ)영역의 아이는 다른 사람보다 자아의식自我意識이 강한 학생이다. 따라서 아이 지도에 있어서 부모의 각별한 주의가 요구된다. 머리 좋은 아이가 노력을 하지 않는 데는 그 나름대로 말 못할 사연이 있게 마련이다. 아이의 가슴 속에 응어리진 무엇예: 부모의 이혼이나 죽음, 실연의 아픔, 왕따나 학교폭력 등이 존재하거나 내재된 불만이 쌓여있을 때, 그런 양상을 보이는 경향이 있다. 그때 만약 부모가 아이에게 "공부하라!"고 윽박지르면, 그 아이는 청개구리의 반발 심리를 작동시켜 부모에게 저항하거나 더 나쁜 행동을 할 개연성이 크다. 따라서 (Ⅱ)영역의 자녀를 둔 부모는 아이의 닫힌 마음부터 열도록 하는 게 중요하다. 자녀와 함께 오붓하게 식사를 하거나, 여행을 떠나거나, 영화구경을 하거나, 쇼핑을 하면서 무엇이 우리 아이를 힘들게 하는지에 대해 자세하게 관찰한 후, 그 아이의 내적 고민부터 해소시켜 주는 게 급선무다. 그것만 해결해주면, 이 아이는 "공부하라!"는 부모의 간섭이 없더라도 (I)영역의 아이보다 훨씬 더 공부도 잘하고 사회적인 성공을 거둘 확률도 높다. 자아가 뚜렷한 학생이기 때문이다.

(Ⅲ)영역에 해당되는 아이는 매우 성실하고 심성心性이 비단결처럼 고운 학생이다. 그럼에도 불구하고 머리예: 공부 노하우 부재, 학습 전략 미비 등가 따라주지 못하는 관계로 항상 학업성적이 부진해서 엄청난 스트레스를 받고 있는 학생이다. 이런 유형의 자녀를 둔 부모는 "더 열심히 공부하라!"고 들볶는 대신, 격려의 말을 건네주는 것이 훨씬 더 효과적이다. 가령, "엄마 아빠는 대기만성大器晚成이라는 말을 믿는다. 지금은 힘들고 어렵겠지만 너도 언젠가는 잘할 수 있을 거야! 성적 때문에 스트레스 받지 말고, 단지 네가 할 수 있는 최선만 다해다오. 엄마 아빠에겐 우리 딸, 아들이 최고다!"라는 말을 해보기 바란다. 아마도 부모에 대한 감사와 고마움으로 자기자녀의 눈빛이 반짝거릴 것이다. 그리고 더 열심히 공부할 것이다.

나는 개인적으로 (Ⅲ)영역의 아이가 내 자식이었으면 좋겠다는 생각을 갖고 있다. 왜냐하면 (Ⅲ)영역의 아이는 대체로 심성이 착하기 때문에, 주위 사람들과 인간관계를 잘 맺을 뿐만 아니라 자기 부모가 늙고 병들면 가장 먼저 달려와서 따뜻하게 거둘 수 있는 사람이기 때문이다. 또 (Ⅲ)영역의 아이가 훗날 휴먼-네트워크와 관련된 직종職種 예: 서비스업, 자영업, 교육사업에 종사하게 되면, 그 아이는 특유의 친화력으로 대성大成할 가능성이 매우 높다. 따라서 (Ⅲ)영역의 아이를 둔 부모는 더 이상 아이의 두뇌수준을 놓고 벌이는 치졸한 부부싸움을 중단하고, 그런 아이가 자기자식임에 감사했으면 좋겠다. 자고로, 욕심이 과하면 탈이 나게 마련이다.

　(Ⅳ)영역의 아이는 본질적으로 공부가 자기 체질이 아닌 학생이다. 부모가 그런 아이에게 "공부하라!"고 윽박지르면, 소기의 목적도 달성하지 못할 뿐만 아니라 서로 간에 갈등의 골만 깊어질 따름이다. 만약 자기자식이 (Ⅳ)영역에 해당된다고 판단되면, 공부 얘기는 입 밖에도 꺼내지 않는 게 좋다. 오히려 자기자녀가 미치도록 좋아하는 게 무엇인지?, 또 어느 쪽에 소질이 있는지를 냉철하게 관찰한 후, 그 방향으로 확실하게 밀어주는 게 그 아이의 장래를 위해서도 바람직스럽다.

• 박지성 선수의 현역 시절 모습 (출처: 골 닷컴) •

일례로, 세계적인 축구스타로 명성을 날렸던 박지성 선수의 부모가 매일같이 자기아들에게 "너는 이제 축구를 그만두고 공부 좀 하라!"라고 닦달했다면, 그는 축구선수로서 크게 성공하지 못했을 것이다. 그런데 자기자식이 축구에 뛰어난 자질이 있다고 판단한 그의 부모는 자기 아들이 공부 대신 축구에 올인할 수 있도록 배려했다. 그 결과, 박지성 선수는 한국의 축구사蹴球史에 족적을 남길 만한 훌륭한 선수로 성공했다. 또 2006 도하 아시안 게임의 유도柔道부문에서 글랜드 슬램의 위업을 달성한 '한판승부'의 대명사 이원희 선수도 마찬가지다. 그것을 보면, 선택과 집중이 경제부문에서만 필요한 게 아니다. (Ⅳ)영역의 아이에게도 절대적으로 필요한 인생 성공의 키워드다.

"공부하라!"고 강요하는 것만이 능사는 아니다!

　지금까지의 얘기를 종합해보면, 우리는 아이들에게 "공부하라!"고 강요할 필요가 없음을 알 수 있다. (Ⅰ)영역의 아이는 이미 공부를 잘 하고 있기 때문에 "공부하라!"라고 얘기할 필요가 없다. (Ⅱ)와 (Ⅲ)영역의 아이는 이미 공부로 인한 스트레스가 무척 심각한 학생들이다. 따라서 그들에게는 "공부하라!"는 얘기보다는 부모의 따뜻한 격려와 믿음이 훨씬 더 중요하다. (Ⅳ)영역의 아이는 아예 공부와 담을 쌓았기 때문에 "공부하라!"고 강요할 필요가 없다. 오히려 "네가 잘할 수 있는 게 무엇이냐? 엄마 아빠가 그쪽으로 확 밀어 줄 테니 어디 한번 도전해 봐라!"라고 말하는 게 좋다. 그런데도 우리 주위를 둘러보면 "공부하라!"는 말로 아이들을 들볶는 부모밖에 없으니, 이보다 더 안타깝고 어처구니없는 일이 또 어디에 있으랴!

전략적 사고의 개념과 중요성을 이해하라!

전략적 사고에 대한 개념 및 정의

전략적 사고는 현실에 대한 객관적 분석과 논리적 사고, 창의성과 상상력에 기초한 직관력, 사전에 계획된 것을 끝까지 추진하려는 강력한 실천적 의지가 결합된 것으로서 리더라면 반드시 갖추어야 할 절대 덕목이다. 또한 전략적 사고는 리더가 처리해야 할 업무를 어떻게 취급할 것인가?와도 직결된 개념이다. 즉 전략적 사고는 중요하고 긴급한 것, 중요하지만 긴급하지 않은 것, 긴급하지만 중요하지 않은 것, 긴급하지도 중요하지도 않은 사안에 대해 합리적으로 우선순위를 결정할 수 있는 능력과 밀접한 연관이 있다. 따라서 리더가 전략적 사고를 잘할 수 있는 사람이라고 평가받기 위해서는 각종 업무에 대한 우선순위를 잘 파악한 후, 그 순서에 따라 일처리를 능숙하게 처리할 수 있어야 한다. 한편, 전략적 사고와 함께 자주 언급되는 개념으로서 '시스템적 사고'가 있다. 시스템적 사고는 단순히 "그렇게 하자!"고 얘기하는 게 아니라 '그렇게 하지 않으면 안 되도록 법과 제도를 치밀하게 설계하고 그것을 강력하게 추진하고자 하는 생각과 굳은 의지'를 의미한다.

리더가 전략적 사고를 잘 해야만 하는 이유

리더와 조직구성원들이 전략적 사고를 하게 되면, 해당 조직이 직면하고 있는 문제의 본질을 정확하게 파악할 수 있다. 문제의 핵심이 제대로 파악된다면, 그 문제를 해결하는 것은 그리 어렵지 않다. 따라서 리더와 조직구성원들이 전략적 사고를 하게 되면, 해당 조직이 추구해야 할 목표와 전략방향도 분명해지고 조직이 직면한 문제도 쉽게 해결할 수 있다. 특히 리더가 전략적 사고에 능숙할 경우, 해당 조직은 예상하지 못한 부수적인 효과까지 덤으로 얻을 수 있다. 리더의 전략적 사고는 리더 자신이 담당할 업무와 조직구성원들이 담당할 업무를 명확하게 구분할 수 있게 한다. 그러면 리더는 권한위임을 통해 일정부분의 업무를 조직구성원들에게 나눠줄 수 있다. 그 결과 2가지의 긍정적인 효과가 나타난다. 업무부담이 경감된 리더는 조직의 생사나 미래발전과 직결된 핵심사항에 대해 전념할 수 있기 때문에 리더의 노동생산성이 크게 제고된다는 점이다. 또 리더로부터 일정부분의 권한을 위임 받은 중간관리자들은 리더의 신임에 부응하기 위해 최선의 노력을 다할 것이다. 그 과정에서 조직 내에 책임경영의 분위기가 제고될 것이다. 이는 결국 조직의 역동성 제고와 노동생산성 증가로 직결됨으로써 조직의 비약적인 발전으로 이어질 수밖에 없다.

전략적 사고의 프로세스를 탐색하라!

전략적 사고의 프로세스에 대한 탐색

전략적 사고의 프로세스는 위와 같이 크게 5단계로 구성되어 있으며, 각 단계별 주요 점검사항 및 관련자료 등을 제시하면 다음과 같다.

1 문제인식

문제가 발생하게 된 대내외적 요인 및 배경분석이 이루어지는 단계다. 문제를 제대로 해결하기 위해서는 이 단계에서 문제의 본질을 직시하려는 노력이 선행되어야 한다.

2 현실분석

이 단계에서는 조직에 대한 현황 분석, 전략 목표와 제약조건 검토, 쟁점사항에 대한 타당성 및 경제성 검토 등이 충분히 이루어져야 한다. 리더는 현실 분석을 통해 조직이 최대한 동원할 수 있는 잠재적 자원의 한계를 파악할 수 있다.

3 대안도출

이 단계에서는 브레인스토밍brainstorming, 토의, 대내외 전문가의 자문 등을 거쳐 조직이 실행에 옮길 수 있는 여러 대안들을 체계적으로 도출해야 한다.

4 대안평가 및 선택

여기서는 도출된 여러 대안들을 놓고 엄정한 내부평가와 정밀 진단을 통해 각 대안별 장단점과 애로요인들을 분석하고 최적의 대안을 선택해야 한다. 비용편익분석을 비롯한 각종 분석기법들이 총동원되어 조직발전에 최적인 대안이 무엇인지를 선택해야 한다.

5 실행

실행단계에서는 네 번째 단계에서 선택된 최적 대안을 강력하게 드라이브하는 과정이다. 구체적인 추진계획 수립, 사후평가를 위한 객관적인 지표개발, 리더의 강력한 실행의지 천명, 조직의 가용가능한 자원의 효율적 투입이 이루어지는 단계다. 여기서는 리더의 추진의지가 강력하고 조직구성원들이 적극적인 자세로 협조해야만 그 실행이 성공할 수 있다.

전략적 사고에 기초한 핵심이슈의 도출

핵심이슈의 도출은 리더가 정치인인가, 아니면 기업의 CEO인가에 따라 달리 나타날 수밖에 없다. 여기서는 리더가 국회의원이라고 가정하고 그에 부합하는 핵심이슈를 도출해 보고자 한다.

핵심이슈는 여러 개의 구체적인 전략 방안들로 구성되어 있는데 선거를 눈앞에 둔 현역 국회의원의 경우, 최대의 핵심이슈는 자신의 당선일 것이다. 또 선거에서 승리하기 위해 현역 국회의원이 전략적 사고에 기초하여 준비해야 할 구체적인 전략 방안은 대략 다음과 같은 6가지 사항으로 정리해 볼 수 있다.

구체적인 전략 방안

01 나는 유권자들에게 어떤 비전과 가치를 제시해서 이슈를 선점할 것인가?

02 나의 경쟁자 중에서 내가 가장 경계할 라이벌은 누구인가?

03 나는 그 라이벌과 어떤 정책대안을 놓고 경쟁해서 이길 것인가?

04 나의 정치적 이념, 정치 철학, 유권자에 대한 열정과 정책대안을 어떻게 홍보하고 알릴 것인가?

05 계획하고 준비해 놓은 선거자금은 어느 시점에서 집중적으로 사용해서 효과를 극대화시킬 것인가?

06 당선된다면, 혹은 낙선한다면 그때 나는 어떻게 대응할 것인가?

핵심이슈의 구조화를 위한 로직트리Logic Tree의 작성법

로직트리는 핵심이슈를 구조화시켜서 문제의 본질이나 핵심이 무엇이고, 어떻게 해야 문제해결을 쉽게 할 수 있는지를 체계적으로 검토하고 분석하기 위해서 자주 활용하는 기법이다. 로직트리를 활용하면 문제해결도 용이할 뿐만 아니라 부문별 역할분담이나 향후 책임소재도 명확하게 파악할 수 있는 장점이 있다. 로직트리는 다음과 같은 방법으로 작성한다.

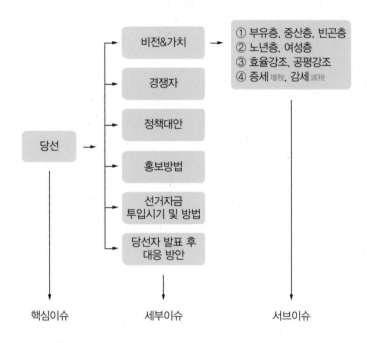

1. 핵심이슈를 선정한다. 위에서 언급한 국회의원의 사례에서는 당선이 핵심이슈다.
2. 핵심이슈를 해결하기 위해 전략적 사고로 고려해야 할 세부이슈 사항이 무엇인지에 대해서 고민한다. 위에서 언급한 국회의원의 사례에서는 후보자의 비전 및 가치, 경쟁자, 정책대안, 홍보방법, 선거자금의 투입시기 및 방법, 당선자 발표 후 대응방안 등이 여기에 해당된다.
3. 각 세부이슈별로 그 문제를 가장 효율적으로 해결하기 위해 필요한 서브이슈들을 전략적으로 고민한다. 위에서 언급한 국회의원의 사례에서 세부이슈들 가운데 하나인 후보자의 비전 및 가치 항목은 또 다시 몇 개의 전략적 서브이슈로 정리할 수 있다. 그 내용을 요약하면 다음과 같다.

01 부유층, 중산층, 빈곤층 가운데 어느 계층에 초점을 맞춘 비전과 가치를 설정할 것인가?

02 노년층, 여성층에 대한 비전이나 가치는 어떻게 설정할 것인가?

03 효율을 중시하는 시장경제시스템을 강조할 것인지, 아니면 빈곤의 양극화 해소를 위한 공평분배를 강조할 것인가?

04 양극화 해소를 위해 증세增税를 주장할 것인가, 아니면 일자리 창출을 위해 감세減税를 주장할 것인가?

전략적 사고와 SWOT 분석을 마스터하라!

SWOT 분석에 대한 개요

SWOT 분석은 1960년대에 하버드대학 비즈니스 스쿨의 켄 앤드류즈Ken Andrews 교수가 기업의 자원, 역량과 외부환경 간의 전략적 적합성을 개념화하는 과정에서 개발된 것이다. 또 그것은 기업이 처한 환경분석을 통해 강점strong point, 약점weak point, 기회opportunity, 위협threat요인을 도출하고, 이를 토대로 효율적인 마케팅 전략을 수립하는 것을 의미한다. 즉 SWOT 분석은 조직 내부의 자가분석自家分析을 통해 강점과 약점을 발견하고, 조직을 둘러싼 외부 환경분석을 통해 기회와 위협요인을 찾는데 주안점을 둔다. 그런 다음 강점은 최대한 살리고, 약점은 보완하며 기회는 활용하고 위협요인은 억제시키는 전략을 수립한다.

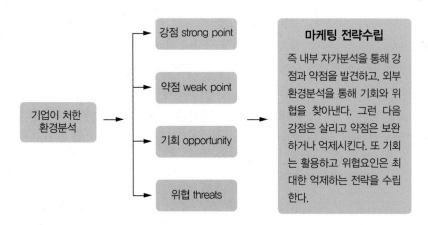

그러나 시간이 지남에 따라 현재의 강점이 약점으로 전락하고, 약점이 강점으로 작용할 수도 있다. 또 외부의 상황변화로 현재의 기회가 위협요인으로 전락할 수도 있고, 기존의 위협요인이 새로운 기회로 변모할 가능성도 없지 않다. 따라서 조직의 운명을 책임지고 있는 리더는 항상 긴

장을 늦추지 말고 시대의 트렌드trend와 외부의 환경변화를 예의 주시하면서 유비무환의 자세를 가지고 있어야 한다. 적어도 그렇게 해야만 조직과 조직구성원들의 경제적 발전과 일자리를 확보할 수 있다.

전략적 사고와 SWOT 분석 간의 상호관계

SWOT 분석에 대한 그림을 도시圖示하면 다음과 같다.

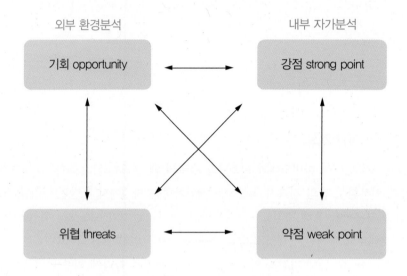

리더는 조직을 둘러싼 외부 환경분석을 통해서 기회와 위협요소를 도출할 수 있으며, 조직 내부에 대한 자가분석을 통해 조직의 강점과 약점을 파악할 수 있다. 그런데 기회와 위협, 강점과 약점은 항상 상대적인 개념이다. 즉 나의 강점은 경쟁자에게 약점으로 작용하며, 나의 약점은 경쟁자에게 강점으로 기능한다. 또 나의 기회가 경쟁자에게는 치명적인 위협요인이 될 수 있고, 나에 대한 위협요인이 경쟁자에게는 절호의 기회로 작용할 수 있다. 그밖에도 내게 주어진 기회를 잘 활용하면 강점이 될 수 있지만, 그것을 놓쳐버리면 곧바로 나의 약점이 될 수 있다. 또 나에게 주어진 위협요인을 잘 극복하면 강점이 될 수 있지만, 위협을 극복하는데 실패하면 치명적인 약점으로 전락할 수도 있다. 위 그림은 그러한 여러 가능성을 일목요연하게 보여주고 있다.

전략적 사고와 SWOT 분석의 사례

이순신 장군을 사례로 전략적 사고와 SWOT 분석에 대해 좀더 구체적으로 살펴보기로 한다. 우선 이순신 장군이 파악한 조선 수군의 강점은 크게 3가지였다.

첫째, 조선 수군은 왜적에 비해 활쏘기에 능하고, 총통銃筒의 화력이 매우 우수하다는 점이다. 이는 조선의 방위전술이 주로 성곽 중심의 수성守城전술인데서 비롯된 것으로 보인다.

둘째, 조선 수군의 주력 함선인 판옥선이 일본 수군의 아다케 후네나 세키부네보다 튼튼했을 뿐만 아니라 선체船體도 높았다는 사실이다. 이는 판옥선이 3층 높이의 함대로 제작된 동시에 재질이 강한 겹판 소나무를 사용했기 때문이다. 더구나 아다케 후네와 세키부네는 삼나무의 홑판으로 만들어졌을 뿐만 아니라 바닷물에 부식이 잘 되는 쇠못을 사용했기 때문에 강도强度면에서는 판옥선의 경쟁상대가 되지 못했다.

셋째, 판옥선이 'V'자 모양의 첨저선尖低船이 아니라 선체의 밑바닥이 넓은 U자형의 배로 건조되었기 때문에 회전반경이 짧아 제자리에서의 선회능력이 뛰어났다. 이는 전투능력의 상승으로 이어졌다.

그 반면, 이순신 장군이 간파한 조선 수군의 단점 또한 3가지였다.

첫째, 조선 수군은 왜적에 비해 칼싸움에 능하지 못했다는 점이다. 이는 문화적 요인에 기인하는 바가 크다. 조선은 '붓'으로 대변되는 선비 문화를 추구한 반면, 일본은 '칼'로 대변되는 사무라이 제도를 운용해왔기 때문이다. 특히 조선의 선비들은 '활쏘기'도 군사적인 측면에서보다는 선비로서의 정신수양에 초점이 맞춰져 있을 정도였다. 그러다보니, 조선 수군이 칼싸움에 취약했던 것은 어쩔 수 없는 일이었다.

둘째, 조총과 같은 신무기가 절대적으로 부족했다는 점을 지적할 수 있다. 이는 서양문물을 받아들이는 자세의 차이, 그리고 대륙문화와 해양문화의 차이에서 비롯되었다고 본다. 조선은 중국을 유일한 통로로 하는 단선적인 문화유입 체제였는데 반해 일본은 대륙에서의 문화유입과 해양을 통한 문화유입이 가능했다. 따라서 그들은 양측의 문명을 비교해보면서 보다 우월적인 문명을 취사 선택할 수 있는 이점이 있다. 조총이 그 대표적인 사례였다.

셋째, 전선戰船숫자의 열세와 왜선에 비해 함대의 속도가 느렸다는 점을 들 수 있다. 이는 일본은 전쟁준비를 철저히 했던 나라였고, 왜선은 물에 잠기는 부분이 U자형이 아니라 첨저형의 V자형 선박이었기 때문에 속도가 무척 빨랐다.

한편, 이순신은 왜적에 대한 강점과 약점을 분석한 다음, 조선 수군이 승리할 수 있는 최적의 기회요인을 도출함으로써 절체절명의 위기를 기회로 바꿔놓았다. 그 내용은 크게 4가지로 요약된다.

이순신의 전략적 사고 내용

01 이순신은 칼에 능한 왜적이 조선 수군의 배로 올라와서 백병전을 벌일 수 없도록 거북선을 건조했으며 거북선의 위층에는 수천 개의 쇠못을 박아 왜적의 등선육박전술을 무력화시켰다.

02 이순신은 활에 비해 명중률이 탁월한 조총의 강점을 무력화시키기 위해 유효사거리가 긴 총통으로 원거리 전투를 벌였다. 그로 인해 왜군의 피해는 컸지만, 조선 수군의 전사자는 적었고, 함선도 파손이 아주 경미했다.

03 '일당십'一當十의 신화를 창조했던 명량해전에서 찾아볼 수 있듯이 이순신은 전선戰船 수의 열세를 만회하기 위해 좁은 해협으로 왜적을 유인함으로써 전선 수의 부족을 극복하고 해전승리의 소중한 결실을 만들어 냈다.

04 바닷물에 쉽게 부식되는 쇠못과 홑판을 사용해서 건조한 왜선이 구조적으로 약하다는 사실을 간파한 이순신은 돌격선인 거북선으로 왜선의 취약한 부분인 노를 집중적으로 들이박게 하는 당파전술[1]을 사용함으로써 해전승리의 기틀을 마련했다.

이처럼 전략적 사고란, 위협요소를 기회로, 그리고 단점을 보완하여 강점으로 만들 수 있는 사고체계를 뜻한다. 그런 점에서 보더라도 이순신 장군은 전략적 사고에 탁월했던 조선 제일의 명장이었다고 평가할 수 있다. 만약 지식정보화 사회를 이끄는 우리의 리더들이 이순신 장군이 보여준 것과 같은 전략적 사고에 능숙하다면 정부의 대외경쟁력, 기업의 대외경쟁력, 가정의 대외경쟁력은 급부상할 것으로 확신한다.

---

1 영화 「명량」에서는 이순신이 '충파' 명령을 내리는 것으로 묘사되었다. 하지만 전해오는 기록에서는 이순신이 '충파'라는 얘기를 한 적은 단 한번도 없었다. 그가 했던 명령은 '당파'였다. 잘못된 오류는 바로 잡아야 할 것 같기에 지적해 두고자 한다.

SCAMPER 기법을 제대로 활용하라!

SCAMPER 기법에 대한 개요

SCAMPER 기법의 창안자는 미케일 미칼코Michalko, Michael다. SCAMPER란, 대체하다Substitute, 결합하다Combine, 적용하다Adapt, 변형시키다Modify, 다른 용도로 사용하다Put to other use, 제거하다Eliminate, 반전시키다Reverse의 첫 글자를 따서 만든 합성어다. '질주하다.'라는 의미를 지니는 SCAMPER가 창의력 개발기법으로 널리 활용되고 있는 것은, 이들 7가지 개념이 창의력과 밀접한 관련을 맺고 있기 때문이다.

SCAMPER 기법에 대한 구체적 사례와 현실적 응용

01 Substitute는 기존의 타이어를 공기 없는 타이어로 대체시킨다.

02 Combine은 도서관 기능과 카페 기능을 결합한 북-카페를 오픈한다.

03 Adapt는 비행기의 브레이크 기술을 자동차에 적용시킨 ABS 브레이크 시스템을 개발한다.

04 Modify는 기존의 우유에다 복분자를 가미시켜 복분자 우유를 생산한다.

05 Put to other use는 탐사용 우주왕복선을 여행용 우주왕복선으로 활용한다.

06 Eliminate는 기존의 오토바이에서 불필요한 부품을 제거해서 간편하고 견고한 산악용 오토바이를 생산한다.

07 Reverse는 1970년대에 유행했던 나팔바지를 현대의 새로운 유행코드로 재창조한다.

전략적 사고와 SCAMPER 기법 간의 상호관계

앞에서 언급한 바와 같이, 전략적 사고는 조직이 직면한 자원의 제약조건을 극복하면서 자신의 강점에 집중하고 단점을 보완함으로써 자신에게 다가오는 위협요인을 기회로 바꿔 놓을 수 있는 일련의 사고체계라고 말할 수 있다.

SCAMPER 기법은 기존의 사고 틀과 인식의 패러다임을 근본적으로 혁신시킴으로써 새로운 세계와 질서를 창조하며, 고객감동의 서비스를 창출할 수 있는 우수한 전략으로 평가할 수 있다. 그런 측면에서 SCAMPER 기법과 전략적 사고는 매우 밀접한 관계를 유지한다고 해도 좋을 듯 싶다.

기업이나 CEO가 제품이나 서비스 생산에 있어서 SCAMPER 기법을 활용할 경우, 해당 기업은 고객들이 좋아하는 고부가가치 상품을 생산함으로써 높은 수준의 이윤을 창출할 수 있다. 또 기존의 생산공정production process에다 SCAMPER 기법을 도입하면, 공정혁신이 가능해져 생산비용의 절감도 가능하다. 이는 결국 기업의 대외경쟁력 향상과 가격경쟁력을 제고시킴으로써 기업의 선순환적 발전을 가능하게 한다.

전략적 사고와 시나리오 작성을 연계시켜라!

시나리오에 대한 정의 및 개요

허만 칸Herman Kahn은 시나리오를 '미래의 목표점에 도달하기 위한 목적으로, 목표점에 이르는 다양한 경로를 인과관계의 탐색을 통해 가설적으로 기술해 놓은 것'이라고 정의했다. 시나리오는 작성방법에 따라 탐색적 시나리오와 규범적 시나리오로 구분된다. 탐색적 시나리오는 현재의 변화 흐름과 주변 환경의 변화 추세에서 나타나는 인과관계를 중심으로 작성하는 시나리오를 말한다. 그에 반해 규범적 시나리오는 미래의 목표점을 설정하고 거기에 도달하기 위한 방법과 과정을 구체적으로 모색하는 시나리오를 지칭한다.

시나리오 작성의 사례분석

다음은 어느 특정 기업의 매출액多, 少과 수익성高, 低 여부를 기준으로 작성한 시나리오다. 가로축은 수익성의 고저高低를, 세로축은 매출액의 다소多少를 의미한다. 그 내용과 특징을 살펴보면 다음과 같다.

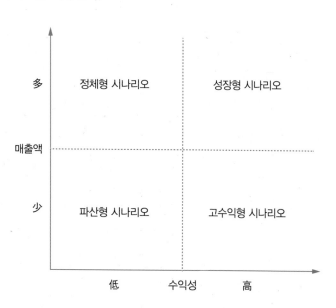

1 파산형 시나리오는 기업의 미래에 대한 예측과 대비가 부족해서 제품은 구식화되고, 노동 생산성과 조직의 혁신능력은 크게 저하되어 매출액과 수익성의 동반 감소가 예상되는 시나리오다. 이런 유형의 시나리오를 갖는 기업은 파산이라는 운명에 처해질 가능성이 매우 높다.

2 정체형 시나리오는 끊임없는 생산 확대와 시장 확대로 매출액은 늘어나지만, 혁신 제품의 부재로 수익성 측면에서는 부진을 면하지 못하는 시나리오에 해당된다. 이런 유형의 기업은 재무구조와 대내외 경쟁력의 약화로 기업의 부실경영이 표면화될 개연성이 크다.

3 고수익형 시나리오는 시장 환경의 급변에 따른 생산의 감량화와 다품종 소량생산화로 매출액은 크게 늘어나지 않았지만 지식집약적인 산업이나 고부가가치 산업의 발굴에 성공함으로써 수익성은 크게 늘어날 것으로 기대되는 시나리오다. 이런 시나리오에 직면한 기업은 나름대로 밝은 미래를 기대해 볼 수 있다고 판단된다.

4 성장형 시나리오는 매출액과 수익성이 동시에 높은 수준을 유지하는 성장 유형의 시나리오로서 모든 기업들이 강력하게 희망하는 시나리오다. 한마디로 이런 시나리오를 갖고 있는 기업은 전도가 양양한 기업이라고 평가할 수 있다.

시나리오 작성 시, 유의해야 할 사항

시나리오를 작성할 때에는 두 가지 측면에서 유의해야 한다. 하나는 작성기준이고, 다른 하나는 시나리오의 내용이다. 하지만 보다 중요한 것은 시나리오의 작성기준이다. 그것과 연관지어 유의해야 할 사항을 정리하면 다음과 같다.

시나리오의 작성기준에 대한 유의사항

01 시나리오의 핵심내용인 예측豫測은 발생할 수 있는 확률로서 기술記述되어야 한다.

02 시나리오의 핵심내용인 예측은 변화, 성장, 발전, 확산 및 보급이라는 단계를 충실히 반영해야 한다.

03 시나리오에서 예측과 관련된 추세는 예측된 시간이 전개되는 동안에 정지상태에 머물러 있으면 곤란하다. 시나리오는 항상 역동적인 작용을 반영해야 한다.

04 시나리오에서 예측은 상황 변화에 영향을 미치는 다른 분야의 지식이나 발전동향을 함께 반영해야 한다.

05 가능한 한 많은 사람들의 참여 속에서 다양한 대안적 시나리오를 작성해서 시나리오 작성의 경직성과 편협성을 탈피해야 한다.

전략적 사고와 시나리오 간의 상호관계 분석

세계 경영학의 거목으로 큰 삶을 살다간 피터 F. 드러커Peter F. Drucker는 "격동기에 있어서 최대 위기는 격동 그 자체가 아니라 과거의 논리를 가지고 현재의 행동과 미래를 준비하는데 있다."라고 일갈한 바 있다. 그의 말이 전략적 사고와 시나리오의 관계를 정확하게 대변해주고 있다.

리더는 항상 전략적 사고에 입각해서 가까운 미래에 발생할지도 모르는 불확실한 요인들을 끊임없이 탐색하고, 그를 토대로 미래에 대한 변화를 예측하여 새로운 전략을 수립해 나가야 하는 책무를 갖고 있다. 리더가 그러한 책무를 창조적으로 수행하는 조직은 앞에서 언급한 성장형 시나리오를 갖게 될 것이고, 과거의 구태의연한 논리로 현재와 미래를 살아가려는 리더를 가진 조직은 파산형 시나리오 속에서 서서히 침몰하는 운명을 맞게 될 것이다.

SCAMPER 전략으로 이순신의 창의력을 읽다!

창의력에 대한 사전적 정의는 '새로운 생각을 할 수 있는 능력'이다. 그런데 이러한 사전적 정의만으로 창의력의 본질을 파악하는 데는 꽤 많은 어려움이 따른다. 그것은 사전적 정의가 지나치게 추상적이고 포괄적인 개념이기 때문이다. 따라서 창의력에 대한 구체적인 이해와 현실 적용능력을 높이기 위해 이 분야 전문가들이 창의력 개발기법으로 자주 활용하고 있는 SCAMPER기법일명. 질주(疾走)기법을 소개하고자 한다.

SCAMPER 기법의 기본 내용

SCAMPER란, 대체하다Substitute, 결합하다Combine, 적용하다Adapt, 변형시키다Modify, 다른 용도로 사용하다Put to other use, 제거하다Eliminate, 반전시키다Reverse의 첫 글자를 따서 만든 합성어다. '질주하다.'라는 의미를 지니는 SCAMPER가 창의력 개발기법으로 활용되고 있는 것은, 이들 7가지 개념이 창의력과 밀접한 관련을 맺고 있기 때문이다.

가령, 밀가루로 빵을 만들어 파는 제과점 주인이 있다고 가정하자. 그런데 어느 날 밀가루가 떨어져서 옥수수 가루로 빵을 만들었더니 많은 손님들이 "밀가루 빵보다 옥수수를 넣은 빵이 훨씬 더 맛있다"고 말하면서 구입해가는 것이었다. 이때 빵의 원료를 옥수수로 대체함Substitute으로써 손님들의 입맛을 북돋우고 매상까지 크게 올렸던 제과점 주인의 기발한 발상이 바로 창의력이다.

또 처음 연필이 등장했을 때는 지우개가 달려 있지 않았다. 즉 연필 따로, 지우개 따로였던 것이다. 그런데 글을 쓰던 사람이 잘못 쓴 글씨를 지우려고 곁에 놓아두었던 지우개를 찾았지만, 도무지 찾을 수가 없었다. 그 사람은 이와 같은 불편을 겪고 나서 작은 지우개를 연필에 결합시킨Combine 신 개념의 연필을 창안해냈다면 그것 역시 지우개가 달려 있지 않은 연필보다 창의적인 제품이라고 말할 수 있다. 마찬가지로 커피 잔의 손잡이, VTR과 DVD의 환상적인 결합, 조준경이 부착된 저격수의 소총도 '결합하다'Combine의 개념을 활용한 아이디어 상품이다.

지문인식 또는 음성인식, 생체인식 등 기능과 같은 최첨단 디지털 기술을 아날로그식 잠금장치에 적용시켜Adapt 만든 디지털 자물쇠를 시판하거나 기존의 일반 우유에 바나나, 딸기, 커피 등의 향을 가미시켜Modify 만든 새로운 컨셉의 우유도 고수익을 기대할 수 있는 창의적인 제품이다.

해마다 재고를 쌓이는 쌀로 밥 대신 고품질의 술을 빚어 Put to other use 외국산 고급 양주의 수입을 억제하는 것도 창의적인 생산 활동에 속한다. 또 기능을 단순화하거나 불필요한 부품 수를 대폭 줄여서 Eliminate 만든 이지제품 easy goods 으로 가격경쟁력을 확보하는 것 역시 신 개념의 혁신이다. 일례로 복잡 다양한 기능은 많이 생략하고 몇 가지 핵심기능만 중점적으로 반영시킨 알뜰폰이 이지제품의 대표적인 사례. 알뜰폰은 시장에 출시되자마자 주머니 사정이 빈약하거나 알뜰한 경제생활을 하려는 사람들로부터 폭발적인 인기를 얻은 바 있다.

1970~1980년대에 주로 먹었던 찐빵과 라면땅에 대한 추억과 향수를 불러일으켰던 Reverse 안흥 찐빵이나 졸병스낵이란 제품도 창의적인 제품이라고 생각된다. 결국 세인들의 칭송을 받을 수 있는 위대한 발견이나 발명만이 창의력의 범주에 속하는 것은 아니다. 아무리 작고 하찮은 것이라도 기존의 생각보다 진일보한 아이디어나 부가가치의 제고, 더 나아가 인류사회의 발전에 조금이라도 기여할 수 있는 것이라면 그것이 바로 창의적인 생각이요, 제품인 것이다.

창의적인 인재도 마찬가지다. 창의적 인재란, 일반인들의 눈에 보이지 않는 것을 볼 수 있고, 그들의 귀에 들리지 않는 것을 들을 수 있는 능력을 가진 사람이다. 또 창의적 인재는 기득권이라는 빛바랜 양산을 뒤집어쓴 채, 끼리끼리의 횡포와 피아 彼我 를 가르는 이분법적 사고로 미래의 변화를 외면하는 사람이 아니다. 그들에게는 어떠한 고정관념이나 편견이 존재하지 않는다. 그들은 항상 새로운 시각과 발상으로 '아직까지도 충족되지 않은 소비자의 욕구가 존재하는가? 만약 존재한다면 그것을 어떻게 풀어야 할 것인가?'를 고뇌하고 연구해서 기필코 해결하고야 마는 사람들이다. 그들은 항상 '세계 최고' 레드오션 전략, '세계 최초' 블루오션 전략를 지향하는 것은 아니지만, 그들의 연구결과는 대부분 자신도 모르는 사이에 최소한 '국내 최고', 또는 '국내 최초'의 성과물이 되어 개인과 국가발전에 크게 기여하는 특성을 보여주고 있다.

이순신은 SCAMPER 전략을 어떻게 활용해서 성공했을까?

이순신 장군도 창의적인 인재였다. 그는 조국의 방위와 백성들의 생존권 수호에 앞장섰던 동시에 '세계 최고', '세계 최초'의 성과물을 창출하는데 성공했다. SCAMPER 기법에 기초하여 그의 창의력 수준을 평가한다면, 과연 몇 점이나 받을 수 있을까? 어림짐작으로도 매우 높은 점수를 받을 수 있다.

우선 그는 거북선을 건조할 때, 기존의 나무를 두껍고 재질이 강한 겹판 소나무로 대체시킴 Substitute 으로써 돌격선이 갖추어야 할 자체 방어능력을 대폭 보강하는데 성공했다. 만약 거북선이 겹판 소나무를 사용하지 않은 채, 돌격의 선봉에 나섰다면 왜군의 집중포화에 속수무책으로 당했을 것이다. 하지만 이순신과 나대용 형제는 그런 문제점을 사전에 충분히 인식하고, 거북선의 선체 강도를 강화시켰기 때문에 그것이 16세기 세계 최고의 불침함이 될 수 있었다고 본다. 또 그는 천자포, 지자포, 현자포, 황자포와 같은 대형 총통을 거북선과 판옥선에 탑재시켜Combine 조선 수군이 보유한 전선戰船의 전투 능력을 크게 개선시켰다. 게다가 육전陸戰의 전술이었던 학익진을 해전에 적용시킴으로 써Adapt 조선 수군의 대승리를 엮어냈다. 그는 피난민과 피난선단을 조선 수군의 병력과 전함으로 위장시키는Modify 전술을 통해 일본 수군의 공격을 저지시키는 데에도 발군의 능력을 발휘했다.

이순신 장군은 평소에도 주변의 사소한 것들을 예사로 보아 넘기지 않았다. 어린아이들의 놀이수단인 방패연을 아군끼리 군사정보를 주고 받는 통신수단으로 활용Put to other use하기도 하였다. 또 그는 왜군의 조총을 획득한 후, 그에 대한 연구를 착수했다. 그는 무기를 제조하는 장인이나 부하들에게 조총을 분해

• 거북선의 실제 모습 (출처: 싸이언님 블로그) •

하여 부품 수를 줄이고 작업공정을 단축시킬 수 있는지의 여부를 체크하도록 했다. 요즘 자주 쓰이는 혁신용어인 역-엔지니어링reverse engineering을 주문했던 것이다. 그리고 1593년 5월 초, 왜군의 조총보다 성능이 훨씬 더 좋은 정철총통easy goods을 만드는 데 성공했다. 정철총통은 기존의 승자총통에다 조총의 장점을 가미시켜 만든 개인용 살상무기였다. 이순신 장군은 그와 관련한 얘기를 1593년 5월 12일자 『난중일기』에다 기록해 놓았다.

이 뿐만이 아니다. 그는 태종 이방원의 집권시절에 만들어졌다는 거북선을, 200년 후에 새롭게 복원Reverse시켜 실전에 배치한 장본인이다. 일본 수군은 조선 수군이 보유한 거북선을 메꾸라부네盲船: 일명 장님 배라고 부르며 그것의 출현을 매우 두려워했다. 왜냐하면 조총 세례를 퍼부어도 거북선은 그에 굴하지 않고, 앞을 못 보는 장님처럼 마구잡이로 다가와 일본 수군의 최고지휘관이 승선한 대장선을 여지없이 깨트렸기 때문이다. 이는 물론 조선의 거북선이나 판옥선의 강도가 일본 수군의 대선인 아다케 후네나 세키부네보다 훨씬 강했기 때문이다. 사실, 태종 이방원의 집권 시절에 제작된 거북선

에 대해서는 거의 알려진 것이 없었다. 따라서 그는 거북선이 존재했었다는 사실 하나에 의존하여 제로-베이스에서 모든 것을 새롭게 만들어야만 했다. 그는 선박기술자인 나대용과 나치용 형제로 하여금 거북선 설계도면의 제작, 나무의 재질과 두께의 결정, 철갑을 해야 할 부분의 선정 작업을 하도록 했다. 그런 일련의 혁신과정을 통해 만들어진 것이 '통제영의 거북선'이다. 이는 전적으로 그와 나대용의 공적功績이 아닐 수 없다.

'소수의 창조자'로서 조선을 구한 이순신

20세기 영국의 위대한 역사학자 아놀드 J. 토인비Arnold Joseph Toynbee는 자신의 저서인 『역사의 연구』에서 "항상 그 시대를 이끌고 가는 것은 소수의 창조자이다."라고 주장했다. 그런데 한 가지 재미있는 것은, 제1차 응전에 성공한 소수의 창조자는 제2의 도전에 응전하여 성공하기가 무척 어려운 법인데, 이순신 장군이 그 한계를 극복했다는 점이다. 토인비는 "과거에 한번 크게 성공한 소수의 창조자는 자신의 능력과 과거의 방법론을 우상화하는 과오, 즉 휴브리스hubris; 지적 오만에 빠짐으로써 제2의 도전에 실패할 가능성이 크다"고 일갈한 바 있다. 하지만 이순신 장군은 고도의 창의적인 일처리 자세와 강한 자신감, 유연한 자세, 위험을 무릅쓰는 도전정신, 뛰어난 직관력과 지칠 줄 모르는 열정으로 '휴브리스의 함정'에 빠지지 않았다. 그런 점에서 이순신 장군은 조선의 역사에서 불세출의 영웅이자 소수의 창조자였다고 평가할 수 있다.

서애 유성룡 선생이 그리운 이유

1598년 11월 19일 아침, 조선에서는 두 분의 큰 별이 역사 속으로 사라졌다. 이날 아침 남해바다 노량에서는 충무공 이순신 장군이 적탄을 맞고 전사했으며, 조정에서는 영의정 유성룡 선생 이하 유성룡이 파직을 당했다. 그는 조선 군대의 총사령관으로서 조일전쟁을 승리로 이끄는데 온몸을 바쳤던 인물이다. 그는 조선통신사로 일본에 다녀왔던 같은 당동인 출신인 김성일로부터 그쪽 상황을 소상하게 보고받고 이순신과 권율을 전선에 배치하는 뛰어난 용인술을 발휘했다. 공교롭게도 그들은 조일전쟁의 3대 대첩 가운데 한산대첩과 행주대첩의 주인공이 됨으로써 유성룡의 후의厚意에 보답했다.

그는 국정운영에 대해서도 매우 해박한 지식과 철학을 갖고 있었다. 조선 최고의 경

• 서애 유성룡 선생 (출처: 나무위키) •

세가답게 '위기 극복의 최선책은 민심을 얻는데 있으며, 민심 획득의 핵심은 불평등하고 차별적인 제도와 관습의 타파에 있다'는 사실을 냉철하게 인식하고 있었다. 그랬기에 그는 노블레스 오블리주를 실천하는데 조금도 주저하지 않았다. 그는 면천법免賤法을 제정해서 천민도 전공을 세우면 양인良人은 물론 벼슬까지 얻을 수 있는 길을 터주었다. 또 조세부과의 기준을 호戶에서 농지소유의 규모로 바꾸는 작미법作米法의 제정을 통해 농민의 세부담을 크게 줄여 주었다. 게다가 양반들도 군역을 맡도록 하는 군정개혁인 국민개병제를 전격적으로 단행했다. 그렇게 해서 만든 군대가 속오

군束伍軍이다.

조선 민초들은 그의 잇따른 개혁조치에 대해 쌍수를 들고 환호했다. 개전 20일 만에 수도 한양을 빼앗겼던 조선이 7년 전쟁을 승리로 마무리할 수 있었던 것도 이반된 민심을 하나로 결집시키는데 성공했던 그의 뛰어난 경륜과 지략 덕분이다. 하지만 조일전쟁이 끝나자 선조를 비롯한 서인과 북인들의 생각이 달라졌다. 그들 무리는 신분제 질서를

개혁하고 자신들의 기득권에 칼을 들이댄 그를 용서할 수 없었다. 선조 역시 전쟁영웅으로서 백성들의 존경과 지지를 받는 그의 존재가 껄끄럽기 그지없었다. 그 결과는 유성룡의 파직으로 이어졌다. 그는 모든 것을 받아들이고 자기 고향인 안동으로 낙향했다.

이후 선조는 인간적인 미안함 때문인지 여러 차례 유성룡을 불렀지만, 그는 조정의 부름에 일체 응하지 않았다. 대신, 그는 자신이 경험한 조일전쟁의 참상과 후대 사람들이 경계해야 할 사항들을 꼼꼼하게 기록하면서 자신의 남은 여생을 깔끔하게 정리했다. 그리고 조용히 하늘나라로 떠났다. 그런 과정을 거쳐 탄생한 것이 『징비록』이다. 그것은 아름다운 우리의 문화유산으로서 거기에는 순일純一한 정신을 지키기 위한 그의 불타는 신념, 냉철한 확집, 고결한 투쟁, 눈물겨운 정성이 가득 담겨져 있다.

그러나 후손들에 대한 유성룡의 간절한 소망과 기대는 4세기가 훌쩍 지난 지금도 실현되지 않고 있다. 지금 우리나라 정당과 정치리더들은 안일한 붕당구조의 틀 속에서 기득권 고수와 이전투구만을 일삼다가 정치권의 대공황이라는 혼돈의 블랙홀에 빠져들고 있다. 이것은 그들이 공동체 이익과 민생문제 해결에 소홀했던 탓이라고 생각된다. 카오스로 점철된 오늘, 조선의 선각자이자 최고의 경세가였던 유성룡의 탁월한 리더십과 나라사랑 정신이 애타게 그리운 것도 그 때문이다.

🔆 성군으로 조선 초기의 태평성대를 일궈냈던 세종대왕

재위 32년 동안 조선 초기의 르네상스 시대를 열어나갔던 세종대왕이 1450년 2월 17일 자신의 여덟 번째 아들인 영응대군 집 동별궁에서 서거했다. 향년 54세였다. 『세종실록』세종 32년 2월 17일자는 그에 대해서 다음과 같은 기록을 전하고 있다.

임금은 슬기롭고 도리에 밝으매, 마음이 밝고 뛰어나게 지혜롭고, 인자하고 효성이 지극하며, 지혜롭고 용감하게 결단하며, 합閤에 있을 때부터 배우기를 좋아하되 게으르지 않아, 손에서 책이 떠나지 않았다. 일찍이 여러 달 동안 편치 않았는데도 글 읽기를 그치지 아니하니, 태종太宗이 근심하여 명하여 서적書籍을 거두어 감추게 하였는데, 사이에 한 책이 남아 있어 날마다 외우기를 마다하지 않으니, 대개 천성이 이와 같았다. 즉위함에 미쳐, 매일 사야四夜에 면 옷을 입고, 날이 환하게 밝으면 조회를 받고, 다음에 정사를 보고, 다음에는 윤대輪對를 행하고, 다음 경연經筵에 나아가기를 한 번도 조금도 게으르지 않았다. 또 처음으로 집현전集賢殿을 두고 글 잘하는 선비를 뽑아 고문顧問으로 하고, 경서와 역사를 열람할 때는 즐거워하여 싫어할 줄을 모르고, 희귀한 문적이나 옛사람이 남기고 간 글을 한 번 보면 잊지 않으며 증빙證憑과 원용援用을 살펴 조사하여서, 힘써 정신 차려 다스리기를 도모하기를 처음과 나중이 한결같아, 문文과 무武의 정치가 빠짐없이 잘 되었고, 예악禮樂의 문文을 모두 일으켰으매, 종률鍾律과 역상曆象의 법 같은 것은 우리나라에서는 옛날에는 알지도 못하던 것인데, 모두 임금이 발명한 것이고, 구족九族과 도탑게 화목하였으며, 두 형에게 우애하니, 사람이 이간질하는 말을 못하였다. 신하를 부리기를 예도로써 하고, 간諫하는 말을 어기지 않았으며, 대국을 섬기기를 정성으로써 하였고, 이웃나라를 사귀기를 신의로써 하였다. 인륜에 밝았고 모든 사물에 자상하니, 남쪽과 북녘이 복종하여 나라 안이 편안하여, 백성이 살아가기를 즐거워한 지 무릇 30여 년이다. 거룩한 덕이 높고 높으매, 사람들이 이름을 짓지 못하여 당시에 해동 요순海東堯舜이라 불렀다. 늦으막에 비록 불사佛事로써 혹 말하는 사람이 있으나, 한 번도 향을 올리거나 부처에게 절한 적은 없고, 처음부터 끝까지 올바르게만 하였다.

그에 대한 공부를 조금만 했더라도 위와 같은 평가가 그의 업적을 나타내는데 크게 부족하다고 생각할 것이다. 사실 그는 위에서 열거한 것보다 무척 많은 업적을 남기고 세상을 떠났다. 원래 그는 셋째 아들이었기 때문에 왕이 될 사람이 아니었다. 하지만 시대가 수성의 리더십을 강력하게 요구했고, 시대정신을 정확하게 간파했던 태종 이방원의 선견지명과 탁월한 선택에 의해서 그가 조선의 4대 임금이 될 수 있었다. 그런 만큼 그는 자신에게 주어진 천명天命을 정확하게 인지하고 32년 동안 그것을 철저하게 실행했던 훌륭한 리더였다. 그의 업적을 간단하게 정리해보고자 한다.

조선의 마스터플랜은 그의 손을 통해 이루어졌다!

호학好學의 군주였던 그는 집권 초기인 1420년세종 2년에 유명무실했던 집현전을 확대 개편해서 자신의 씽크탱크이자 국가 제도를 완성하기 위한 친위대로 만들었다. 그는 집현전의 젊은 학사들이 다른 관직으로 이동하는 것을 차단하고 오로지 학문정진에만 몰두할 수 있도록 했다. 사가독서賜暇讀書와 같은 유급휴가제도를 둔 것이 대표적인 사례다. 하지만 집현전 부제학까지만 승진하면 대간을 비롯한 다른 관직으로 나갈 수 있었다. 따라서 조정의 신진관료들은 집현전을 요직으로 가기 위한 엘리트코스로 간주하고 그의 방침에 적극 부응했다. 조선 초기의 문물과 제도를 정비하고 국가 경영의 토대가 되는 각종 서적 발간도 집현전 학자들의 손에 의해서 이루어졌다. 조선의 독자적인 예치주의禮治主義의 실현도 그의 빛나는 업적이다. 예치주의는 예禮, 악樂, 형刑, 정政에 기초해서 사회적 질서를 잡아나가는 것을 의미한다. 즉 禮예: 법도를 통해 위아래의 법도와 자기절제의 필요성을 알도록 유도하고, 樂음악을 통해 계층간 갈등을 해소하거나 치유하고, 그렇게 하고도 사회질서가 유지되지 않는 경우에는 刑법률으로 다스려서 政처벌한다는 통치철학이다. 이를 위해 그는 집현전을 통해 국가질서를 뒷받침할 법, 제도, 예법을 하나하나 완비해 나갔다. 또 그는 중국의 당악唐樂이 음률과 박자 측면에서 우리 예법의 동작과 잘 맞지 않는다고 판단하고 박연으로 하여금 우리의 궁중음악인 아악을 만들도록 지시했다. 그에게 있어서 禮는 자연의 이치를 다스리는 도구였고, 樂음악은 백성들의 마음을 다스리는 통치도구였던 것이다. 그가 누구보다 음악에 중시했고, 음악에 정통하려고 노력했던 이유도 거기에 있다.

세종대왕의 치세에서 빼놓을 수 없는 또 한 가지는 조선의 27명 임금 가운데 조선의 영토 수호와 국경 확장에 가장 적극적인 임금이었다는 사실이다. 그는 즉위 초인 1419년세종 1년에 대마도 정벌을 단행했다. 물론 부왕인 태종 이방원이 주도했던 정벌이었지만 조선은 그것을 계기로 왜구와의 평화협정을 맺는데 성공을 거두었고, 그의 재위기간인 32년 동안 조선은 왜구들과 큰 충돌 없이 지낼 수 있었다. 또 그는 1433년세종 15년 평안도 도절제사 최윤덕 장군에게 15,000여 명의 군사를 내어주고 서북면에 출몰해서 조선 백성들을 괴롭히는 여진족을 정벌하도록 했다. 그리고 최윤덕 장군은 여진족을 정벌한 후, 여연, 무창, 우예, 자성 등 4군 개척에 성공함으로써 임금의 성은聖恩에 보답했다. 누구보다 국토감각이 남달랐던 그는 1433년 12월 함길도 도관찰사에 임명된 김종서에게 종성, 회령, 경원, 경흥, 온성, 부령 등 6진을 개척하도록 지시했다. 6진 개척 또한 국가 일을 자신의 일처럼 생각했던 대호 김종서 장군에 의해서 달성되었다. 그때가 1435년세종 17년의 일이었다. 세종대왕이 김종서, 최윤덕 장군을 통해 설정했던 국경선은 현재 우리나라와 중국과의 국경선과 거의 일치한다.

과학기술을 위한 그의 노력도 타의 추종을 불허한다. 그는 천인이더라도 능력이 있으면 무조건 발탁해서 자신의 재능을 마음껏 발휘하게 했던 불멸의 군주였다. 동래 관노의 아들이었던 장영실의 발탁이 그 대표적인 사례다. 그는 장영실로 하여금 천체 측정기인 혼천의를 비롯해서 물시계인 자격루, 주야 겸용시계인 일성정시의, 해시계인 앙부일구, 강수량을 측정하는 측우기를 잇따라 개발하게 했다. 천문학과 측우기의 개발은 농업국가의 군주에게는 절대적으로 중요한 것이었다. 조선 시대는 자연과학이 아니라 유교적 자연관이 지배하던 시기였다. 홍수나 가뭄과 같은 자연재해가 발생하면 임금이 나라를 잘못 다스린 탓으로 간주하고 민심을 달래기 위한 차원에서 기우제를 지내고 샤머니즘적인 요소에 의지해서 난국을 극복하려고 했다. 하지만 그는 이런 한계점을 극복하기 위해 통계와 과학을 철저하게 이용했다.

월별로 비가 올 확률을 계산해서 치산치수를 비롯한 국가 차원의 대비책을 마련했고, 시간을 활용해서 절기별 영농대책을 마련하는데 최선을 다했다. 그 결과 농업생산성이 크게 높아져서 백성들의 삶이 크게 개선되었고, 이는 태평성대를 열어가는 토대로 작용했다.

훈민정음의 창제도 그의 빼놓을 수 없는 치적 가운데 하나다. 훈민정음 창제는 리더의 절대 덕목인 '소통'과 관련해서 많은 것을 시사해준다. 잘 알다시피 훈민정음이 만들어진 시기는 1443년세종 25년 12월 30일이고, 그것을 반포한 것은 그로부터 3년 후인 1446년세종 28년 10월 9일이다. 이 시기는 세종대왕이 당뇨합병증으로 시력이 급격하게 떨어진 시기였다. 자신의 시력저하로 앞이 잘 보이지 않으면서 그는 매우 갑갑했을 것이다. 그는 글을 몰라 사대부들의 언어 권력으로부터 온갖 피해를 입고 고통받는 국민들의 심적 고통을 동병상련同病相憐의 마음으로 지켜보았을 것이다. 나는 지금도 그것이 훈민정음 창제의 깊은 뜻이라고 생각한다. 물론 집현전의 부제학이었던 최만리를 비롯한 사대부들은 언어의 권력을 포기하고 싶지 않았을 것이다. 왜냐하면 그 자체가 엄청난 기득권이었기 때문이다. 하지만 그는 최만리를 비롯한 사대부들의 집요한 반대를 물리치면서 훈민정음 창제를 밀어붙였고 마침내 무지랭이 백성들도 말과 글을 깨침으로써 사대부들의 언어 권력으로부터 자유로워질 수 있었다. 그런 의미에서 나는 그의 여러 애민정책 가운데 으뜸이 훈민정음 창제라고 생각한다.

세종대왕이 조선의 대표브랜드로서 평가받아야만 하는 진짜 이유

세종대왕은 조선의 최고 군주로서 평가받기에 충분한 인물이다. 그러나 나는 그가 조선의 대표브랜드로서 평가받아야만 하는 진짜 이유는 다른 데에 있다고 본다. 그 이유는 수없이 많지만 여기서는 지면관계상 크게 3가지만 언급하고자 한다.

1 그는 절대군주로서 사회적 약자들을 보살피고 돌보는데 최선을 다했다는 점을 지적하지 않을 수 없다. 장애인좌의정 허조과 천인장영실들도 능력만 있으면 발탁해서 중용했다는 점은 이미 언급한 바와 같다. 그는 여자 공노비가 출산을 하면 100일 간의 출산휴가를 주었고, 노비의 남편에게도 30일 간의 휴가를 주었던 임금이다. 또 가난 등의 이유로 혼기婚期를 놓친 사람들은 친족들이 함께 나서서 결혼을 시키도록 했으며 신혼부부에게 곡식을 하사하기도 했다. 또 90세 이상의 노인 노비들에게는 쌀 2섬을 주도록 법으로 정했고 80세 이상의 노인들은 신분에 상관없이 양로연에 참석하도록 조치했다. 길가에 버려진 아이들은 재생원 같은 고아원을 운영해서 그들이 기르도록 조치했다. 말로만 민생을 떠드는 요즘 정치리더들이 부끄러운 마음으로 귀담아들을 만한 얘기다.

2 그는 백성들의 목소리를 무섭게 경청했던 절대군주였다. 1427년세종 9년부터 1444년세종 26년까지 17년 동안 계속된 공법貢法제정 과정이 그것을 대변해준다. 당시 공법에서는 논 1결당 현미 30두, 밭은 잡곡 30두로 정하고 그 이상을 거두면 장물죄로 논한다고 규정했다. 문제는 매년마다 관계 관리가 직접 현장에 나가서 풍흉豊凶 여부를 조사한 후 세율을 정하는 답험손실법踏驗損失法이 통용되고 있었다. 하지만 세종대왕은 그 제도에 관원들의 농간이 적지 않다는 사실을 직시하고 그것을 정액定額세제인 공법으로 개정하고자 했다. 당시는 절대군주제였기 때문에 임금의 명령 하나로 바꿀 수 있었지만 그는 서두르지 않았다. 그는 약 17만 명에 이르는 사람들을 대

상으로 한 전국 여론조사를 지시했다. 사대부들과 관리들에겐 사견私見을 묻고 농민들의 경우에는 세대주나 호주의 의견을 묻는 방식이었다. 결과는 찬성 98,657명 반대 74,149명으로 나왔다. 하지만 그는 과반수를 근거로 밀어붙이지 않았다. 반대표수가 예상외로 많이 나왔기 때문이다. 그는 어전에서 전문가 회의를 개최해서 난상토론을 벌였지만 묘안이 나오지 않았다. 그러자 그는 우선 찬성표가 많이 나온 호남, 충청, 영남 지방부터 단계적으로 실시해보면서 거기에서 나타나는 문제점과 갈등요인을 하나하나 점검하고 수정하고 이해충돌을 조정하면서 점차 다른 지역으로 확대해 나가는 지혜를 발휘했다. 그리고 처음으로 공법 개정이 발의된 지 17년 만인 1444년에 정액 세제의 공법[2]이 완성되었다. 지금으로부터 약 6세기 전에 전국 백성들을 대상으로 여론조사를 실시해서 국정운영의 합리성과 객관성을 유지하려 했던 절대군주가 있었다는 사실은 우리 역사의 큰 자랑거리가 아닐 수 없다.

3 인재를 구하는 방식이 남달랐던 그의 통치스타일도 칭송을 받기에 충분했다. 그에게 인재를 구하는 방식에 대해서 탁견을 제시한 사람은 처조카였던 강희맹이었다. 강희맹은 참된 인재를 발탁하는 방법에 대해서 질문을 던진 그에게 2가지 방법을 제시했다. '부지不知·부절不切·불합不合'과 '불통不通·불경不敬·불합不合'이 그것이다. 이를 부연설명하면 다음과 같다. 즉 누가 인재인지를 모를 경우不知, 설령 안다 해도 그 인재를 얻기 위해 피나는 노력을 하지 않을 경우不切, 또 인재의 뜻과 임금의 뜻이 상반될 때, 임금이 인재의 뜻을 뭉개버릴 경우不合, 인재를 구할 수 없다는 의미다. 또 임금과 인재가 흉금을 터놓고 소통하지 않을 경우不通, 임금의 언행이 인재로부터 존경을 받지 못할 경우不敬, 임금과 신하가 생각하는 바가 크게 다를 경우不合에는 좋은 인재를 얻지 못한다는 뜻이다. 그는 32년의 재위기간 내내 강희맹의 조언을 뼛속 깊이 새기고 인재 발탁에 혼신의 노력을 다했다. 사실 그가 만든 태평치세는 이런 과정을 통해 선발된 인재들의 노력에 힘입은 바 크다.

---

2 1444년에 세종대왕이 완성시킨 공법의 내용은 다음과 같다. 기존의 공법에서는 토지의 비옥도를 3등급으로 나누었는데 세종대왕은 이것을 6등급으로 세분해서 조정한 전분6등법(田分六等法)과 한 해의 풍흉에 따라 최고 20두부터 최하 4두까지 9단계의 등급으로 나누는 연분9등법(年分九等法)으로 조세를 거두게 되었다.

1 전략적 사고는 현실에 대한 객관적 분석과 논리적 사고, 창의성과 상상력에 기초한 직관력, 그리고 사전에 계획된 것을 끝까지 추진하려는 강력한 실천적 의지가 결합된 것으로서 리더라면 반드시 갖추어야 할 절대 덕목이다.

2 리더와 조직구성원들이 전략적 사고를 하게 되면 조직이 추구해야 할 목표와 전략적 방향이 분명해지고 일의 우선순위가 명료해짐으로써 리더와 조직구성원들이 당면한 미션의 완수를 위해 일사분란하게 매진할 수 있다는 장점이 있다.

3 전략적 사고와 SWOT 분석, SCAMPER 기법 간에는 밀접한 상관관계가 존재한다.

4 전략적 사고를 잘하기 위해서는 시나리오 작성을 매우 합리적으로 해야 한다. 시나리오에는 탐색적 시나리오와 규범적 시나리오가 있으며 미래예측을 위한 시나리오는 당연히 규범적 시나리오이어야 하며 탐색적 시나리오를 병행해서 활용하면 매우 효과적이다.

01 다음 중 SCAMPER 기법의 구성내용이 <u>아닌</u> 것은?
① A adapt   ② M modify   ③ S substitute   ④ C concentration

02 SWOT 분석에 관한 설명 중 <u>잘못된</u> 것은?
① SWOT 분석의 창시자는 허만 칸Herman Kahn이다.
② SWOT 분석에서 나의 강점은 타인의 약점이 된다.
③ 이순신 장군의 전략도 SWOT 분석으로 설명할 수 있다.
④ SWOT 분석에서 기회와 위험은 외부 환경분석에 해당된다.

03 매출액과 수익성이 모두 높은 형태의 시나리오를 고른다면?
① 고수익형 시나리오   ② 파산형 시나리오
③ 정체형 시나리오   ④ 성장형 시나리오

04 시나리오의 작성기준에서 유의할 사항이 <u>아닌</u> 것은?
① 확률로 기술해야 한다.
② 역동적인 작용을 반영해야 한다.
③ 경직성과 편협성을 탈피해야 한다.
④ 시간의 내적 일관성을 유지해야 한다.

05 다음 중 유성룡과 <u>무관</u>한 것은?
① 원균 추천   ② 면천법   ③ 속오군   ④ 작미법

※ 다음 빈칸에 들어갈 알맞은 용어를 적으시오.

01 전략적 사고의 프로세스는 크게 문제인식, 현실분석, (　　　), 대안평가 및 선택, 실행 순으로 진행된다.

02 핵심이슈의 구조화를 통해 문제의 본질이나 핵심을 파악하고 최적의 문제해결을 도모하기 위해 자주 활용되는 기법을 (　　　)(이)라고 한다.

03 1960년대 SWOT 분석기법을 개발한 사람은 하버드대학 비즈니스 스쿨에서 재직하고 있던 (　　　) 교수다.

04 수익성은 낮은 데 비해 매출액이 높은 시나리오를 (　　　)형 시나리오라고 정의한다.

05 "과거에 한번 크게 성공한 소수의 창조자는 자신의 능력과 과거의 방법론을 우상화하는 과오, 즉 휴브리스에 빠짐으로써 제2의 도전에 실패할 가능성이 크다."라고 일갈하면서 리더의 지적 오만을 금기시했던 영국인 역사학자는 (　　　)(이)다.

| 정답 |

객관식　01 ④　02 ①　03 ④　04 ④　05 ①

단답식　01 대안도출　02 로직트리　03 켄 앤드류즈　04 정체　05 아놀드 J. 토인비

CHAPTER 07

권한위임을 잘할수록
리더의 품격은 높아진다!

謝全羅左道水軍節度
使李舜臣
爾受委一方體任非
輕允敦兵應機安民
制敵一應常事自有
舊章應就有予興軍
獨斷慶置事非安符
莫可施焉且意外有
謀不可不預防如有
非常之命合故毎疑
然後當就命故吻扔
第二十九符甫其夢
之故諭

선조임금으로부터 받은 이순신의 전라좌수사 임명장
(출처: 이데일리)

萬曆十九年二月十五

남을 기다리게 하지 마라!

우리는 세상을 살아가면서 때로는 내가 남을 기다리기도 하고, 또 남이 나를 기다리는 경우도 있다. 그런데 어느 대상을 기다리는 것보다 더 짜증나고 고통스러운 일은 없다. 물론 사랑이 한창 무르익어가는 연애기간에는, 애인을 기다리는 것 자체가 하나의 즐거움일 수 있다. 하지만 그렇게 생각하던 사람도 일단 결혼하고 나면, 기다림에 대한 태도가 180도로 돌변한다. 만약 아내가 약속한 시간에 나타나지 않으면, 그것을 못 참고 날벼락을 내리는 게 우리 남편들의 기본적인 태도다. 그런 의미에서 무엇을, 누구를 기다린다는 것은 대부분 그리 즐겁지 않은 일이라고 본다. 더욱이 기다림의 고통은 남이 나를 기다릴 때보다는 내가 남을 기다릴 때 더 크게 느껴진다. 왜냐하면 인간은 항상 자기본위로 생각하고 판단하는 동물이기 때문이다.

인간관계를 잘하는 사람은 남이 자신을 기다리지 않도록 배려하는 사람이다. '서'恕의 정신이 기다림에도 그대로 적용된다. 즉 '서'恕는 내가 기다림을 싫어하듯이 남도 그것을 싫어할 것이다. 그러니 내가 싫어하는 기다림을 남에게 강요하지 말라는 의미다. 특히 조직을 이끄는 리더는 조직구성원들을 대책없이 기다리게 해서는 안 된다. 하지만 현실에서는 정반대의 현상이 비일비재하게 일어난다.

대통령의 1분 가치와 국민들의 1분 가치는 똑같다!

그 이유는 리더의 착각과 오만 때문이다. 리더는 자신의 시간가치가 조직구성원들의 그것보다 훨씬 크고 중요하다고 생각한다. 그래서 남을 오랫동안 기다리게 하는 것인지도 모른다. 또 그렇게 하는 게 자신의 권위나 체면을 지키는 것이라고 착각한다. 가령, 청와대에서 100여 명의 내외빈 인사가 참여하는 대규모 회의가 열리게 되었고, 좌장은 대통령이 맡는다고 가정하자. 이런 회의를 추적해보면, 가장 늦게 회의장에 나타는 사람은 유감스럽게도 대통령이다. 대통령이 먼저 회의장 입구에 도착해서 그곳으로 들어오는 내외빈을 일일이 반갑게 맞이하며 악수를 청하면 어떨까? 아마도 많은 사람들이 대통령의 그런 모습에 감동할 것이다. 하지만 나는 지금껏 그런 대통령을 본 적이 없다. 우리가 매일 TV를 통해서 접하는 것은 참석인원 전원이 회의장에 모두 집결한 후 로봇처럼 좌정坐定하고 있을 때, 많은 참모들에 둘러싸인 채 거만하게 나타나는 대통령의 모습뿐이다.

이때, 100명의 참석인원이 1분만 기다려도 전체가 낭비한 시간은 100분이다. 만약 대통령이 입장하기까지 약 15분을 기다렸다면 1,500분이라는 엄청난 시간이 담배연기처럼 공중으로 날아가게 된다. 대통령이 내외빈을 15분씩이나 기다리도록 한 것은 자신의 1분 가치가 국민民草들의 1,500분과 똑같다는 오만에서 비롯된 것이다. 또 이런 현상은 비단 대통령에게만 국한된 문제가 아니다. 공적 조직의 리더(예: 장관, 도지사, 시장, 군수 등)들은 물론 대학총장이나 민간기업의 CEO들도 남을 기다리도록 하는데 일가견을 갖고 있다. 국민들의 파워가 점점 더 커지고 있는 대중우위의 시대에 남의 소중한 시간을 빼앗고 무시하는 리더들은 이제 별 볼일 없게 된다는 사실을 직시해야 한다.

한편, 지난 역사를 반추해보면 남에게 기다림의 고통을 안겨주지 않도록 노력했던 훌륭한 리더들도 이따금씩 만날 수 있다. 중국 주나라 문왕의 아들이자 무왕의 동생이었던 주공周公단旦이 그들 가운데 한 사람이다. 그는 '어떤 경우라도 사람을 기다리게 하지 마라'는 철학으로 정사政事를 보면서 무왕의 명보좌관으로서 일생을 마친 인물이다. 그는 평생 동안 '일목삼악발 일반삼토포—沐三握髮 —飯三吐哺: 사람이 찾아오면 머리를 감고 있는 중일지라도 감다 만 머릿단을 움켜쥐고 나와서 접대했고, 손님이 식사 중에 찾아오면 먹던 밥을 뱉어내고 나와서 응접했다는 의미를 실천했다고 한다. 높은 위치에 있는 사람들이 지녀야 할 겸손함을 강조하는 토포악발吐哺握髮이라는 고사성어도 주공 단의 그런 처세술에서 비롯된 것이다.

인도 건국의 아버지로 불리는 마하트마 간디Mohands Karamchand Gandhi; 1869~1948 역시 남을 기다리게 하는 행위에 대해서 매우 비판적인 사람이었다. 인도의 독립을 목전에 두고 중요한 회의가 열렸다. 그런데 몰지각한 몇몇 지도자급 인사들의 지각으로 인해 회의가 30분이나 지연되자 그는 지각한 사람들의 태도를 아주 못마땅하게 여겼다. 그리고 그는 개회를 선언하기 전에,

• 생전에 골프광이었던 고 이병철 회장 (출처: KJTimes) •

단호한 어조로 "몇몇 인사들의 몰상식한 게으름으로 인해 우리 인도의 독립이 30분이나 늦어졌다."라고 말했다. 그 순간, 회의장은 물을 끼얹은 듯이 조용했고, 늦게 도착했던 유력인사들은 창피함 때문에 고개를 들지 못했다고 한다.

삼성그룹의 고故 이병철 회장도 남을 기다리게 하는 행위에 대해 매우 엄격했던 분으로 전해진다. 골프광이었던 그는 골프 모임

이 있는 날에는 항상 다른 사람들보다 먼저 와서 기다렸고, 라운드에 들어가면 연습 스윙을 하지 않고 곧바로 샷을 했다고 한다. 이는 남을 기다리도록 하는 행위가 가장 나쁜 버릇이라고 생각했기 때문이다.

반말 속에 숨겨져 있는 리더의 잘못된 시간관

우리들이 일상에서 주고받는 대화의 어투는 크게 존댓말과 반말로 구분된다. 대부분의 사람들은 손윗사람이나 친하지 않은 낯선 분에게는 존댓말을 쓴다. 낯선 분에게 존댓말을 쓰는 배경에는 한국인 특유의 '우환의식'憂患意識이 자리를 잡고 있다. 생면부지의 낯선 사람에게 반말을 했다가는 예기치 않은 봉변이나 해코지를 당할 수 있기 때문이다. 우리가 흔히 사용하는 말 가운데 '손님'이라는 게 있다. 본래 '손'은 날짜와 시간에 따라 사람을 쫓아다니며 방해한다는 귀신을 의미한다. 일례로, 부모님들이 이사를 준비하는 자식들에게 "손 없는 날을 골라서 이사하도록 하라"고 말씀하실 때의 '손'이 다름 아닌 귀신이다. 그런데 사람들은 '손'이라는 말보다는 '손님'을 더 많이 사용한다. 이는 귀신(손)에게 '님'자를 붙여서 그로부터 해코지를 당하지 않으려는 우환의식이 작동했기 때문으로 이해된다.

최근 어느 유머집을 보니까, '연인과 말투'에 대한 재미있는 유머가 실려 있었다. 사랑하는 연인이라 해도 연하의 여자가 남자에게 존댓말을 하면, 그들은 아직 키스 단계에도 이르지 못했다는 것이다. 또 띠 동갑의 연인이라 해도 하룻밤만 함께 보내고 나면 서로가 친근한 반말을 사용한다고 한다. 그래서 '서로 존댓말을 사용하는 연인은, 반말을 사용하는 연인들에 비해 사랑의 깊이가 그리 깊지 않다'는 것이 그 유머집이 내린 결론이었다. 연애의 기억이 빛바랜 사진첩으로 희미하게 남아있는 나로서는 그 결론에 대해 100% 지지한다.

지금까지 얘기한 내용을 정리해 보면, 반말은 손아랫사람이나 아주 친밀한 사람들에게만 제한적으로 사용하는 용어이다. 그렇다면 리더가 조직구성원들에게 사용하는 반말은 우리들에게 어떤 의미로 다가올까? 연인들 간에 주고받는 반말처럼 따뜻한 온기와 사랑이 넘치는 친밀한 개념일까, 아니면 명령과 절대복종을 요구하는 권위주의적인 개념일까? 오랫동안 리더들의 행태를 연구해온 나로서는 후자의 견해에 동조할 수밖에 없다.

리더의 반말에는 아랫사람을 얕보는 태도 이외에도 고약한 시간관이 숨겨져 있다. 우선 존댓말은 반말에 비해 길게 해야 한다. 반말 투의 "자네 어제 저녁에 잘 잤나?"보다는 "어르신, 어제 저녁에 잘 주무셨습니까?"라는 존댓말이 훨씬 더 길다. 게다가 말을 할 때도 반말은 뻣뻣이 선 채로 할 수 있지만, 존댓말은 인사나 웃음까지 곁들이면서 상냥한 태도로 해야 하는 불편함이 따른다. 그런데 리더는 이런 것들에 대해 불편하게 생각한다. 따라서 그들은 단지 자기가 회전의자의 주인공이라는 사실 하나만을 믿고, 짧은 어투의 반말을 즐겨 사용하는 것이다. 즉 "이봐, 나는 매우 바쁘고 연봉이 많은 리더요! 그러니까 당신 같은 아래 사람들에게 길게 말할 시간적 여유가 없소. 그래서 반말을 하니까, 괜한 생트집을 잡지 말고 이해해 주시오!"라고 말이다.

시간은 왕후장상의 씨를 구분하지 않는다!

그런데 이 세상의 모든 사람들에게 균등 배분되는 것이 있다면, 그것은 시간과 죽음일 것이다. 하루는 누구에게나 24시간이다. 또 천수天壽를 다하면 모든 사람들이 한 줌의 흙으로 돌아간다. 이처럼 시간과 죽음은 왕후장상王侯將相의 씨를 가리지 않고 모든 사람에게 공평하다. 다만, 시간을 활용하는 방법이나 요령은 사람마다 제각각이다. 그래서 같은 시간에 태어난 사람들의 운명도 판이하게 달라지는 것이다. 자신에게 주어진 시간을 효율적으로 사용하며 겸손하게 노력한 사람은 '성공'이라는 선물을 받게 되고, 방탕과 허송세월로 시간을 죽인 사람들은 '패배'와 '낙오자'라는 굴레를 짊어져야 한다. 시간은 그것을 기다리는 사람에게는 나무늘보처럼 천천히 가지만, 자신의 일을 찾아서 하는 사람에게는 화살처럼 빨리 흘러가는 속성을 지닌다. 그러므로 남의 소중한 시간을 빼앗지 말고, 자신의 시간을 유효적절하게 활용해야 한다. 훌륭한 리더는 다른 사람을 배려할 줄 아는 사람이기 때문에, 단지 시간을 아끼고 권위를 세우기 위해 반말을 하지 않는다.

또 시간은 아껴야 할 시간이 있고, 기꺼이 투자해야 할 시간이 있는 법이다. 꽁생원처럼 아무 때나 시간을 아낀다고 잘 하는 게 아니다. 일찍이 프랑스의 수학자, 물리학자, 철학자로 이름을 날렸던 블레이즈 파스칼Blaise Pascal; 1623~1662은 자신의 책 『팡세(Penses)』에서 "습관은 제2의 천성으로 제1의 천성을 파괴한다."라고 일갈했다. '인간은 좋은 습관보다 나쁜 습관에 지배받기 쉬우며, 그것은 마침내 타고난 좋은 천성마저 파괴해 버린다'는 파스칼의 주장은 약 4세기가 흐른 지금에도 여전히 우리가 귀담아들어야 할 진리다. 그런 점에서 앞으로 원만한 인간관계를 구축하기 위해서는 건전한 시간관을 가지고 겸손한 자세를 견지堅持해야 한다. 이제는 시간을 지배하는 사람이 21세기를 선도할 수 있는 리더로 성공할 수 있다. 그럼에도 불구하고 왜곡된 시간관에 입각해서 남의 소중한 시간을 빼앗고 무례한 반말로 인간관계를 망가뜨리는 사이비 리더들이 많으니, 안타깝고 야속할 따름이다.

임파워먼트와 임파워링 리더십을 학습하라!

임파워먼트에 대한 개요

임파워먼트empowerment란, 선진기업들이 오래전부터 널리 활용하고 있는 개념이다. 그것은 급변하는 대내외의 환경변화에 능동적으로 대처하고, 고객감동의 기업이념을 추구하기 위해서 조직의 하위 계층에 있는 사람들에게 의사결정의 권한을 위임해주는 것을 말한다. 권한위임과 관련하여 리더의 특성을 열거하면 크게 3가지로 구분된다. 즉 권한과 업무를 함께 부여해주는 리더, 업무만 맡기고 권한은 주지 않는 리더, 권한만 부여하고 실질적인 업무능력은 위임하지 않는 리더로 나뉜다. 이들 가운데 두 번째와 세 번째 리더는 임파워링 리더십이 부재한 이류 리더다. 임파워먼트의 본질을 나타내주는 한자성어로 '의인막용 용인물의'疑人莫用 用人勿疑: 의심이 가는 사람은 쓰지 말고, 일단 썼으면 그를 100% 믿으라는 뜻가 있다. 고 이병철 삼성그룹회장이 좋아했다는 이 글귀는 리더와 조직구성원 간의 상호 신뢰를 강조하는 말이다. 임파워먼트를 공부해야 할 우리들이 금과옥조金科玉條로 삼아야 할 진리 중의 진리라고 생각한다.

임파워링empowering 리더십에 대한 개요

임파워링empowering 리더십은 셀프 리더십self leadership에다 슈퍼 리더십super leadership이 결합된 개념이다. 하지만 슈퍼 리더super leader가 되기 위해서는 우선 셀프 리더self leader가 되어야 하기 때문에, 임파워링 리더십은 결국 셀프 리더십이라고 말할 수 있다.

셀프 리더십은 리더 스스로 높은 책임의식과 사명감을 가지고 자신이 맡은 업무를 강력하게 추진해나가는 자세를 말한다. 그리고 셀프 리더는 자율과 책임 하에 자기 스스로 목표를 설정하고 그것을 달성하기 위해 자기관찰, 자기보상, 자기징계 등을 철저하게 이행할 줄 아는 사람이다.

한편, 슈퍼 리더십은 셀프 리더십보다 한 차원 높은 것이다. 즉 슈퍼 리더십은 조직구성원들에게 자율과 책임을 부여해서 그들 스스로 셀프 리더가 될 수 있도록 도와주는 리더십이다. 따라서 슈퍼 리더는 조직구성원들이 자신의 잠재능력을 최대한 발휘할 수 있도록 격려하고, 상부로부터의 통제나 지시가 없더라도 모든 조직구성원들이 각자 알아서 최선을 다하도록 유도하는 리더십을 발휘하는 사람이다.

셀프 리더십의 행동전략

행동	전략
자기 목표 설정	자기의 목표를 스스로 설정한다.
단서에 의한 관리	자신이 하고자 하는 행동을 용이하게 하기 위해서 단서가 될 만한 것들을 작업장 주위에 설치하거나 작업장을 변경한다.
리허설(예행 연습)	실제로 업무를 수행하기 전에 예행 연습을 철저하게 한다.
자기관찰	자기가 바꾸고자 하는 행동을 관찰하고, 그에 대한 정보를 광범위하게 수집한다.
자기보상	바람직한 행동을 했을 때, 스스로 가치 있다고 느껴지는 보상을 자신에게 제공한다.
자기징계	바람직하지 않은 행동을 했을 때, 자신에게 일정한 제재를 가한다.

자료: 박경록 저, 『WWW.리더십 박사.COM』(2002), 미래로, p.192 참조.

경영성과가 높은 조직문화의 특징을 탐색하라!

경영성과가 매우 뛰어나고 잘 나가는 기업들 사이에는 어떤 공통점이 있을까? 존 카찬바흐Jon Katzenbach와 찰스 오랄리Charles O' Reilly는 경영성과가 우수한 기업들의 조직 문화에는 다음과 같은 공통점이 있다고 주장했다. 그들이 제시한 연구결과를 요약하면 아래와 같다.

1 리더가 조직구성원을 가족처럼 소중하게 생각하며, 세심하게 배려해 준다.

2 리더가 조직구성원들에게 높은 경영목표를 제시하고, 자신이 일하는 기업에 대해 강한 자부심을 갖게 해준다.

3 리더가 조직이 설정한 경영목표를 달성하는데 있어서 조직구성원들의 감정적, 정서적 에너지를 적극 활용한다.

4 리더가 기업의 경영목표와 조직구성원 개개인의 만족도를 동시에 중요시하며, 그 두 가지 목표를 함께 추구한다. 조직구성원들도 '나의 발전이 조직의 발전이고, 조직의 발전이 궁극적으로 나의 발전에 도움이 된다'는 선순환적 사고를 갖고 있다.

5 리더는 조직구성원 전체의 종합적인 경영성과가 조직 경쟁력의 원천이라고 인식하고, 기업의 비전·미션·핵심가치에 부합되는 조직시스템과 기업 문화를 견고하게 구축해 나간다.

임파워링 리더의 바람직한 역할에 대해 고민해보자!

임파워먼트를 주저하게 만드는 것들!

대부분의 리더는 임파워먼트가 지닌 장점에 대해서 잘 알고 있다. 하지만 자신의 임파워먼트에 대해서는 회의적인 생각을 갖는 경향이 있다. 심한 경우에는 임파워먼트에 대해 강한 거부감을 갖기도 한다. 그러면 무엇이 리더로 하여금 임파워먼트를 주저하게 만들까? 그 핵심요인들을 정리하면 아래와 같다.

1 임파워먼트를 실행하면 리더의 관리업무가 줄어들고, 결국 리더가 조직을 떠날 수밖에 없다는 위기의식이 그것을 주저하게 만든다.

2 임파워먼트를 하면, 리더로서 지금까지 향유했던 힘이나 권한이 대폭 축소될지도 모른다는 불안감이 그것을 주저하게 만든다.

3 임파워먼트라는 사회 변혁에 대해 리더들이 갖는 부정적인 인식이나 급격한 조직 내 변화에 대해 느끼는 일종의 개인적인 두려움이 그것을 주저하게 만든다.

4 임파워먼트가 실행될 경우, 부하직원들이 리더를 상사로서 인정해주지 않을지도 모른다는 불안의식이 그것을 주저하게 만든다.

5 임파워먼트가 초래할 수 있는 조직 내 무질서에 대한 부정적인 시각이 그것을 주저하게 만든다.

임파워먼트의 실행이 리더의 축출이나 리더의 자리 수 감소를 초래하는 것은 아니다. 따라서 리더들이 임파워먼트에 대한 긍정적인 인식을 바탕으로 권한위임과 강력한 책임경영을 실행하면서 자신은 조직의 사활死活과 직결된 핵심이슈들에 집중해서 일한다면 오히려 조직의 경쟁력은 크게 개선될 수 있다. 또 그런 리더들은 임파워먼트 이전보다도 더욱 더 강력한 권한을 갖는 성공적인 리더로 변신할 수 있다. 이제는 리더라고 해서 같은 리더로 대접받는 시대가 아니다. 현대는 임파워먼트를 잘하는 리더가 진짜 리더로 인정받고 존경받는 시대다.

임파워링 리더의 바람직한 역할 분석

권한위임을 통해 책임경영을 시도하는 임파워링 리더의 역할은 크게 코치, 상담자, 목표 설정자, 도전기회의 창조자, 역량개발자 등 5가지로 나눌 수 있으며 그들 각각에 대해 정리하면 아래와 같다.

첫째는 코치로서의 역할이다. 이때의 임파워링은 운전면허증을 따려는 연수생과 그를 교육시키는 교관의 관계로 설명할 수 있다. 교관은 연수생이 일정 수준에 도달하기 전까지는 운전연수에 깊숙이 개입하지만, 어느 일정 수준에 도달하면 연수생 스스로 운전을 해보게 하고 교관은 뒤에서 연수생이 간과하고 있는 문제점만 지적해주는 역할에 만족해야 한다. 이는 스포츠 부문에서의 코치 역할과 유사하다. 코치는 선수들이 잘못해도 자기가 직접 필드에 나가 함께 경기를 하지 않는다. 다만, 선수가 자신의 능력을 최대로 발휘하여 소기의 성과를 거둘 수 있도록 뒤에서 자문하고 도와주고 격려해줄 뿐이다.

• 임파워링 리더 거스 히딩크 (출처: 무예보고서) •

둘째는 상담자로서의 역할이다. 이때 리더의 역할은 조직구성원들이 자신이 처한 상황을 정확하게 인식하고, 그 토대 위에서 자발적으로 문제해결을 할 수 있도록 도와주는 데 있다. 리더는 조직구성원이 형편없는 해결책을 제시한다 해도 그를 질책하거나 기를 죽이는 행동을 자제해야 한다. 오히려 "한번 이렇게 해봐! 처음부터 잘하는 사람이 어디 있어! 사람은 그렇게 시행착오를 겪으면서 배우고 발전하는 거야!"라며 격려해주는 것이 바로 훌륭한 상담자의 모습이다. 하지만 모든 것을 조직구성원들의 생각에만 일임해서는 곤란하다. 상담자의 바람직한 역할은 상황에 대한 올바른 인식과 판단 하에 효율적인 해결책을 도출할 수 있도록 끊임없는 관심과 자문이 필요하다. 이때 리더에게 절실하게 요구되는 것은 해답을 제시해주는 게 아니라 조직구성원들의 얘기를 경청해 주는 일이다. 그것만 잘해줘도 최고의 상담자 역할을 수행한 것으로 평가받을 수 있다.

셋째는 목표설정자로서의 역할이다. 만약 조직구성원들이 조직의 목표와 핵심가치를 공유하고 있다면 그들은 자율적으로 자신의 업무를 수행할 수 있을 것이다. 따라서 리더는 조직구성원들에게 일방적인 지시나 명령을 내리기보다는 조직이 달성해야 할 목표를 함께 설정하고 공유하는데 최선을 다해야 한다. 또한 리더는 팀이나 부서별 목표를 설정하는데 도움을 주고, 조직구성원들에게 목표 대비 성과가 현재 어느 정도인지를 알려주면서 그들의 분발을 격려해주는 역할을 맡아야 한다. 이때 중요한 것은 고압적인 자세가 아니라 함께 고민하고 걱정해주는 동업자의 모습을 견지하는 게 바람직하다는 사실이다.

넷째는 끊임없이 새로운 도전기회를 만들어내는 창조자의 역할이다. 이런 경우 리더의 역할은 조직구성원들의 소극적·피동적·방어적 자세를 탈피하고 적극적·능동적·공격적 자세로 자신의 업무에 몰두하도록 도와주는 데 있다. 이를 위해 리더 스스로 대내외적 상황변화를 정확하게 인식하고 조직이 부여한 미션 수행에 적극적으로 나서는 모습을 보여줘야 한다. 왜냐하면 조직구성원들은 리더의 현재 모습을 보면서 자신들의 행동방향을 결정하는 경우가 대부분이기 때문이다. 따라서 리더가 창조자의 역할을 제대로 수행하기 위해서는 리더 스스로 '나를 따르라!'는 결연한 각오로 조직의 최선봉에 서서 도전하는 모습을 보여줘야 한다.

다섯째는 역량개발자의 역할이다. 리더는 조직의 비전과 목표 공유, 도전기회의 창조만으로 그 역할이 종료되는 게 아니다. 조직구성원들이 일을 잘할 수 있는 능력을 키워주는 것이 역량개발자의 역할이다. 사람들은 주어진 목표나 일이 자신의 능력 범위 내에 있거나 조금만 노력하면 뭔가 일을 해낼 수 있을 것 같은 느낌이 들 때, 공격적으로 도전하고 싶은 욕구가 생기기 마련이다. 조직구성원의 일처리 능력을 키운다는 것은, 단지 그들에 대한 교육기회의 확대만을 의미하지는 않는다. 실제로 일을 수행하는데 있어서 꼭 필요한 제반 자원의 확충을 비롯한 업무 방해요인을 제거해주는 것도 리더의 중요한 역할이다. 거기에다 조직구성원들의 건강 상태나 안전한 근무환경을 보장해주는 것도 역량개발자로서 리더가 신경을 써줘야 할 주요 항목임을 잊지 말아야 한다.

셀프 임파워먼트에 대해 학습하자!

셀프 임파워먼트의 중요성

셀프 임파워먼트self-empowerment는 자기 변화를 전제로 하는 개념이다. 임파워먼트는 개인과 조직 차원의 임파워먼트로 구분되는데 셀프 임파워먼트는 개인 차원의 임파워먼트에 해당된다. 셀프 임파워먼트는 타인에 의한 임파워먼트가 아니다. 이는 자기의 의지로 임파워먼트를 해야 한다는 의미다. 이는 마치 말을 물가로 데리고 갈 수는 있어도, 물을 먹는 것은 말이 스스로 결정해야 하는 것과 똑같은 이치다.

셀프 임파워먼트에 성공했을 경우의 기대 효과

셀프 임파워먼트에 성공했을 경우, 기대되는 효과는 예상외로 크다.

1 대인관계능력이 크게 신장된다.

셀프 임파워먼트에 성공한 사람은 남에 대한 배려를 잘하고 매사에 긍정적인 자세로 일을 하기 때문에 조직 내에서도 호평을 받는다. 또 셀프 임파워먼트를 잘하는 사람은 공자가 말한 '서恕[1]'의 정신을 잘 실천함으로써 다른 사람들의 신뢰와 존경을 받게 된다.

2 업무능력의 향상과 노동생산성 증가로 사회적 성공을 거둘 수 있다.

셀프 임파워먼트에 성공한 사람은 조직 내에서 업무능력이 향상되기 때문에 발언권도 커질 뿐만 아니라 개인의 노동생산성이 획기적으로 향상되기 때문에 보수나 보너스, 더 나아가 스톡옵션과 같은 혜택으로 인해 연봉이 크게 오를 수 있다.

---

1 서(恕)는 '내가 하기 싫으면 남도 하기 싫어하니, 내가 하기 싫은 일을 남에게 강요하지 마라'는 뜻이다.

셀프 임파워먼트를 위한 구체적 실천방안

셀프 임파워먼트를 잘하기 위해서는 무엇보다도 자기 자신을 새롭게 바라볼 수 있는 자기혁신과 자아상의 정립을 끊임없이 시도해야 한다. 자아상이란, 자기 자신에 대해서 갖고 있는 이미지로서 거울 속에서 비춰지는 자신의 모습, 즉 내면의 진짜 모습이 자아상이다. 외면적인 껍데기는 자아상이 아니다. 또 의도적이라도 자기 자신에게 자주 칭찬을 하고 스스로를 격려해주는 자기대화를 즐기면서 내면의 자아를 성숙시키는데 게을리 하지 않아야 한다. 이에 더하여 자신의 일과 목표가 무엇인지 분명하게 인식하고, 목표달성을 위한 구체적인 추진 계획을 수립하며 그의 실천을 위한 노력을 경주해야 한다. 또 실천하는 과정에서 소기의 목적을 달성하지 못했을 때 나타나는 의기소침이나 패배감 등을 어떻게 치유해 나갈 것인가의 문제까지 염두에 두면서 지칠 줄 모르는 열정과 패기를 가지고 정진하는 자세가 필요하다.

7.6

리더와 추종자, 리더와 관리자 간의 차이를 숙지하라!

추종자는 리더의 몸종이 아니다!

오늘날 리더들의 리더십에 많은 문제가 발생하는 이유는 제대로 된 리더의 부재不在라기 보다는 수준 높은 추종자의 부재 때문이라고 생각된다. 또 리더십과 팔로우십followship은 지배와 복종으로 특징 지워지는 계급 차원의 문제가 아니라 단순한 역할상의 차이에 지나지 않는다. 그런데도 사람들이 그렇게 생각하지 않는다는 데에 문제의 심각성이 있다. 즉 리더는 훌륭하고 위대한 사람인데 반해, 추종자는 리더보다 모든 점에서 한수 아래이고 부끄러운 존재라는 인식이 팽배해 있다.

우리 주변에서 흔히 접할 수 있는 '머리는 될지언정 꼬리는 되지 마라'는 속담이 맹위를 떨치는 한, 진정한 리더십을 발휘하기 어렵다. 민주주의의 발전은 추종자들의 수준에 의해서 결정되기 마련이다. 일례로 지방자치제도의 목적이 제아무리 훌륭하다 해도 지역주민들의 의식수준이 형편없다면, 지방자치제도는 성공을 거둘 수 없다. 그런 관점에서 보더라도 훌륭한 리더가 되기 위해서는 먼저 훌륭한 추종자가 되어야 한다. 군대에서 소대장, 중대장, 대대장, 연대장, 사단장, 육군참모총장에 이르기까지 그들은 리더인 동시에 추종자다. 제대로 된 추종자의 덕목을 실천할 때, 훌륭한 리더로서 리더십을 발휘할 수 있는 것이다.

훌륭한 추종자가 되기 위한 5가지 전제조건

한편, 훌륭한 추종자는 저절로 되지 않는다. 훌륭한 추종자가 되기 위해서는 최소한 5가지의 전제조건을 충족시켜야 한다.

1 리더가 제시하는 조직의 비전과 주요 목표를 철저하게 이해해야 한다.
2 긍정적인 자세로 리더를 돕겠다는 마인드를 가져야 한다.

3 리더와 의견이나 가치관이 다를 경우에는 부드럽고 겸손한 자세로 진언해야 한다.

4 만약 리더와 뜻이 다르지만 대안을 갖고 있지 않다면 침묵하며 동조하는 게 현명하다. 이름깨나 날리는 중국 고전古典들도 하나같이 그 점을 일깨우고 있다. 역사는 우리들에게 '임금에 대한 충신들의 어설픈 진언이 그들의 목숨을 빼앗아갔다'는 사실을 가르쳐주고 있다. 참고로 중국 고전이 전하는 충언忠言의 방법을 소개하면 다음과 같다.

고전 명	충언의 방법
『맹자孟子』	군주의 친척이 되는 대신大臣은 군주에게 중대한 과실이 있으면 간諫할 수 있다. 그러나 친척이 아닌 대신은 잠자코 있는 게 상책이다.
『예기禮記』	세 번 간諫해서 듣지 않으면 도망가라!
『사기史記』	신하가 임금에게 세 번 간諫해서 듣지 않으면 의義를 가지고 떠나라!
『한비자韓非子』	용이라는 동물은 익숙해지면 사람이 탈 수 있을 만큼 온순하다. 그러나 목 아래에 한 치 길이 정도의 비늘이 거꾸로 나 있는데 이것을 잘못 건드리면 용에게 물려 죽는다.

5 추종자들은 자기가 맡은 고유 업무가 무엇인지 정확하게 인식하고 그에 대한 책임을 성실하게 완수해야 한다. 이는 자기 책임을 다하지 못하는 사람은 자신의 권리를 주장할 수 없기 때문이다. 따라서 추종자들은 스스로 '1인 기업의 CEO'라는 주인의식을 갖고 자신의 맡은 미션을 완벽하게 수행해야 한다.

추종자와의 관계개선을 위한 리더의 역할

리더 또한 추종자들과의 관계개선을 위해 적극 나서야 한다.

1 리더는 추종자들과 자주 접촉하고 많은 대화는 나누는 게 좋다. 그래야만 서로 간의 오해를 막을 수 있고, 자신의 의중을 추종자들에게 정확하게 전달할 수 있다.

2 리더는 추종자들의 제안과 아이디어들을 스폰지처럼 과감하게 수용해야 한다. 또 리더는 조직이 계획하고 있는 프로젝트 수행에 모든 추종자들이 능동적으로 참여할 수 있는 기회를 공평하게 제공해 주어야 한다.

3 정기적인 평가회의를 함께 갖는 것도 권장할 만한 방법 중의 하나다. 정부 부처, 공기업, 기업체나 군대 등을 막론하고 조직운영이 잘 되는 곳의 공통점은 리더와 추종자 간에 피드백이 활발하게 작동된다는 사실이다. 피드백이 활성화된 평가회의는 추종자들의 성과에 대해 칭찬을 받는 축제의 장이 되면서 리더가 제시한 방향수정과 보완이 일어날 수 있는 개선의 장이 되기도 한다. 결국 그러한 일련의 과정을 통해 조직은 비약적인 발전을 이루게 된다.

4 리더는 탁월한 업무성과를 창출한 추종자들에게는 적절한 보상을 해주는데 인색하지 말아야 한다. 칭찬과 인정, 그리고 포상과 같은 정신적 내지 물질적 보상에 인색한 리더는 결코 일 잘하는 추종자들을 확보할 수 없다는 게 세상사의 진리이다.

5 리더와 추종자들은 자신의 실수나 잘못에 대해 솔직하게 인정할 줄 아는 용기와 열린 마음을 가지고 있어야 한다. 이런 분위기가 조성되어야만 비로소 관용과 이해, 그리고 열린 사랑을 베풀 수 있고 쌍방이 모두 겸손하게 배움의 기회를 모색할 수 있다.

6 실패학을 적극적으로 장려하는 리더가 창의적인 자세로 미지의 세계에 도전하는 추종자들을 거느릴 수 있다. 무조건적인 신상필벌信賞必罰은 바람직스럽지 않다. 일을 창조적으로 추진하다가 실패한 추종자들에게는 꾸중이나 처벌이 아니라 오히려 포상을 해주어야 한다. 일본의 혼다 기술연구소(주)의 고故 혼다 소이치로 회장은 연구실패상을 세계 최초로 제정해서 실천에 옮긴 사람이다. 그는 모방 연구만 잘하는 사람에게는 그다지 높은 평가점수를 주지 않았다. '세계 최초', '세계 최고'의 기술에 도전하는 창의적인 사람이 열심히 연구를 수행하다가 실패했을 경우, 엄청난 포상과 승진을 보장해 주었다. 그 결과, 혼다 기술연구소(주)가 개발한 자동차엔진 기술이 세계 최고 수준을 유지할 수 있었다.

• 혼다 소이치로 회장 (출처: CARs-Teller) •

리더와 관리자, 리더와 보스 간의 관계

사람들은 리더와 관리자 간에 별 다른 차이가 없는 것으로 생각한다. 어떤 경우에는 리더와 관리자를 같은 개념으로 파악하기도 한다. 그러나 그들 간에는 매우 큰 차이가 존재하며, 그 특성을 비교분석하면 아래와 같다.

리더	관리자
현실 개혁에 관심을 지님	현상 유지에만 주력함
혁신가 스타일임	행정가 스타일임
미래에 중점을 두고 먼 앞날을 계산함	당장 눈에 보이는 것만 계산함
신뢰와 휴먼-네트워크를 중시함	통제에 의존하려는 성향을 지님
창조적인 태도를 견지함	모방에만 급급함
사람 대對 사람의 영향력을 활용함	직책 대對 직책의 영향력을 활용함
남을 이끌기 위해 솔선수범함	주어진 직책에 안주, 명령에 익숙함
새로운 이슈에 도전함	현상유지에 최선을 다함
비전과 전략을 명확히 함	세부적인 실행계획과 타임스케줄에 관심을 가짐
위험을 기꺼이 감수하고 기회를 추구함	위험을 기피하고 안정을 고수함
무엇을? 왜? 하는가의 문제에 집중함	언제? 어떻게? 만을 문제삼음
변화를 강력하게 추구함	질서와 기준을 지키라고 강조함
조직의 규범, 방침, 절차는 참고사항임	조직의 규범, 규칙, 방침, 절차에 충실함
방향과 전략에 입각해서 일함	조직하고 배치하는데 주안점을 둠
강력하고 유능한 부하를 원함	약하고 말 잘 듣는 부하를 원함
실수를 인정하고 매사에 열의를 가짐	타인을 비난하는데 익숙, 열의가 부족함
사물을 단순화하고 문제해결에 능함	사물을 복잡화하고 문제해결에 약함
직접 솔직하게 말함	뒤에서 공작工作과 모사에 능함
자기 공적功績을 남 탓으로 돌림	자기선전, 자기 PR에만 급급함

출처: 박경록 저, 『WWW.리더십 박사.COM』(2002), 미래로, p.102.

사람들은 리더와 보스boss 역시 같은 개념이라고 생각한다. 하지만 리더와 보스 역시 적지 않은 개념 차이가 존재한다. 그들 간의 차이를 비교분석하면 아래와 같다.

리더	보스
사람들을 이끌고 감	사람들을 몰고 감
선의善意에 의존함	권위에 의존함
회초리통제수단를 필요로 하지 않음	항상 회초리를 필요로 함
'우리'라고 말함	'나' 또는 '본인'이라고 말함
공개적으로 일함	등 뒤모사, 암투 등에서 일함
다른 사람을 신뢰함	다른 사람을 신뢰하지 않음

희망을 줌	겁이나 공포심을 유발함
존경심으로 자발적인 추종을 하게 함	복종을 강력하게 요구함
자기가 밟고 있는 땅에서 눈을 떼지 않음	무지개를 바라봄
대중의 눈으로 세상을 바라봄	자기의 눈으로만 세상을 바라봄
자신의 약점에도 불구하고 권위를 얻음	자신의 '약점'에 의해 권위를 유지함
자신의 약점을 숨기지 않음	자신의 약점을 철저하게 숨김
의견을 달리하는 사람을 가까이 함	의견을 달리하는 사람을 미워함
권위를 쌓아감	권력을 쌓아감
타협을 잘하고 대화를 즐김	타협을 모르고 대화를 거부함
여러 개의 귀를 가지고 있음	듣기 좋은 말만을 들음
무엇이 잘못되어 있는가를 알려줌	누가 잘못하고 있는가를 지적함
자기 말에 무한책임을 지려고 함	자신이 한 말도 뒤집고 무시함
지지자를 만듦	부하만을 만듦
권위마저도 즐기지 않음	권력을 즐김
권력은 하나의 수단에 불과하다고 생각	권력이 전부라고 생각함
자기 후계자의 짐을 덜어줌	후계자에게 무거운 짐만 남겨줌
앞에서 이끌어 줌	뒤에서 호령함

출처: 홍사중 저, 『리더와 보스』(1997), 사계절, pp.68~70.

서恕의 법칙

살신성인殺身成仁이라는 말이 있다. '자신의 몸을 희생해서 인仁을 이룬다'는 의미로서, 이는 인仁이 정신수양의 시작인 동시에 끝임을 시사한다. 공자는 "군자가 진실로 어짐仁에 뜻을 둔다면, 마음속에 악한 생각을 품지 않는다."라고 말한 바 있다. 그런데 공자는 어떤 사람에게도 "그가 바로 우리들이 찾는 인자仁者다."라는 말을 하지 않았다. 자신이 가르쳤던 뛰어난 제자들, 이를테면 자로, 염구, 공서화와 같은 사람에게도 인자라는 말을 허용하지 않았다. 공자가 그렇게 한 이유는 과연 무엇 때문일까?

서恕와 충서忠恕에 얽힌 비밀

공자는 제자 번지樊遲가 인仁에 대해 물었을 때, "인자는 사람을 공평하게 사랑한다. 또 인은 동정심을 모태로 한다."라고 대답했다. 그런데 동정심을 나타내는 것으로는 '서'恕와 '충서'忠恕가 있다. 우선 '서'恕는 같을 여如와 마음 심心자를 합한 형태다. 여기서 '마음이 같다.'라는 것은, 곧 '자기의 마음과 동일하게 다른 사람을 생각한다'는 의미로 해석할 수 있다. 공자는 이것을 충서라고 말하면서, "충서란, 도道에서 어긋나지 않는 것이다."라고 정의했다. 가령, 자신이 추워서 떨고 있다면, 그때 자신이 추운 것과 마찬가지로 다른 사람도 추울 것이라고 생각하는 것이 충서의 의미다. 이를 종합해 보면, 공자는 인仁에 이르는 도道를 충서의 개념으로 파악했던 것이다.

한편, 공자는 인仁에 도달할 수 있는 방법을 구체적으로 제시했다. 즉 그는 '자기가 남 앞에 서고 싶을 때 남을 먼저 세워주고, 자기가 도달하고 싶은 곳이 있으면 남을 먼저 그곳에 도달할 수 있도록 배려해 주는 사람이 진정한 인자'라고 강조했다. 이는 남에 대한 배려와 양보가 인仁에 도달하는 첩경임을 강조하는 것으로 이해된다. 이처럼 공자가 설파한 '인仁의 도道'는 맹자에 이르러 사단四端의 하나인 측은지심惻隱之心: 다른 사람을 측은하게 생각하는 마음으로 이어졌고, 결국 『대학』에 나오는 혈구지도絜矩之道: '내가 싫어하는 것은 남도 싫어하기 마련이니, 내가 싫어하는 것을 남에게 강요하지 마라'는 의미로까지 발전되었다.

서恕만 실천해도 좋은 인간관계는 따 놓은 당상!

'과부가 과부 마음을 제일 잘 안다'는 말이 있다. 남편의 사랑 속에 행복한 삶을 영위하는 여염집 아낙이 독수공방獨守空房의 외로움을 달래며 살아가는 젊은 과부의 애환을 손톱만큼이나 이해할 수 있겠는가? 자고로 불행은 불행끼리 위로가 되는 법이다. 그런 의미에서 과부로 한평생을 고단하게 살아온 시어머니가 죽음을 목전에 두고 청상과부靑孀寡婦인 며느리를 대하는 것과 같은 자세가 바로 '서恕'의 모습이다. 만약 인간들이 저마다 이러한 서恕의 자세를 잃지 않는다면 우리들이 사는 이 세상은 사랑과 평화, 그리고 웃음과 축복이 충만한 사회가 될 수 있을 것이다. 하지만 현실은 절대로 그렇지 못하다. 관을 만드는 장인은 관을 짤 때 모든 사람들이 일찍 죽기를 바라고, 수레를 만드는 장인은 수레를 만들 때 모두 사람들이 부귀해지기를 염원하는 것처럼 인간은 자신의 이익부터 제일 먼저 챙기려고 하기 때문이다. 개인의 욕망이 법도法道보다 앞서고 방종放縱이 예의를 망가뜨리는 한, 서恕가 자리 잡을 공간은 그 어디에도 존재하지 않는다.

서恕는 리더십의 원천

『한비자』를 보면, '태산은 흙과 돌의 좋고 나쁨을 가리지 않고 다 받아들였기 때문에 높은 산을 만들 수 있었고, 양자강 역시 작은 시냇물을 하나도 버리지 않고 포용했기 때문에 큰 강을 이룰 수 있었다.'라는 글귀가 나온다. 이는 서恕의 자세로 자신보다 남의 입장을 먼저 이해하고 배려해 준다면, 그는 많은 사람들로부터 존경과 지지를 받게 되어 큰 인물로 거듭날 수 있음을 시사해준다. 이에 대한 대표적인 인물로는 몽골제국의 칭기스칸과 중국 위나라의 오기 장군을 들 수 있다. 칭기스칸은 검소하게 살면서 부하들과 같은 옷을 입고, 같은 음식을 먹었으며 자기 것을 부하들과 공유하는데 조금도 주저하지 않았다. 또 그는 자신의 말에다 부하를 태웠으며 자신의 옷을 부하들에게 나눠주기도 했다. 게다가 전쟁에서 승리를 거둔 다음 전리품이 확보되면, 전투에서의 공헌도에 따라 그것을 공평하게 분배함으로써 부하들에게 확실한 동기부여를 해주었다. 그 때문에 칭기스칸과 부하들은 일심동체一心同體로 강력한 휴먼-네트워크를 구축할 수 있었다. 몽골의 기마군단이 세계 최강의 군대로서 연이은 불패신화를 창조하며, 대제국을 건설할 수 있었던 이면에는 칭기스칸이 몸소 실천했던 서恕의 정신이 자리잡고 있다.

『오자병법』의 저자인 오기 또한 부하의 고름까지 입으로 빨아준 장군으로 유명하다. 오기는 대한민국 공수특전단의 지역대장처럼 직접 부하들과 함께 행동했던 인물이다. 그는 항상 부하들과 의식주를 함께 했을 뿐만 아니라 행군을 할 때에도 말을 타지 않고 부하들과 같이 걸었다. 자신이 먹을 식량도 부하에게 맡기지 않고 스스로 휴대했으며, 모든 고통을 부하들과 함께 나누었다. 오기가 보여준 서恕의 자세에 감동한 부하들이 그의 명령에 절대복종한 것은 지극히 당연한 일이었다. 한번은 어느 부하가 몸에 난 종기로 괴로워하고 있었다. 고통스러워하는 부하를 발견한 오기는 자신의 입을 종기 부분에 대고 고름을 빨아냈다. 나중에 그 얘기를 전해들은 부하의 어머니는 울면서 쓰러졌다. 그것을 이상하게 여긴 주위사람들이 그의 어머니에게 "댁 아들이 졸병 신분인데, 지체 높은 장군께서 직접 그분의 입으로 고름을 빨아주셨소. 그런데 무엇이 서러워 그렇게 운단 말이오?"라고 물었다. 그러자 졸병의 어머니는 "그런 게 아닙니다. 지난해에 오기 장군께서는 종기로 고생하는 제 남편을 보고 자신의 입으로 고름을 빨아내주셨습니다. 그로부터 얼마 후에 있었던 전투에서 제 남편은 오기 장군의 은혜에 보답하기 위하여 용맹스럽게 싸우다가 그만 전사하고 말았습니다. 들자하니 이번에는 오기 장군께서 제 아들 녀석의 피고름을 빨아주셨다고 하니, 이제 아들의 운명도 결정된 것 같아서 슬피 우는 것입니다."라고 얘기했다.

『손자병법』을 보면 '부하들을 친자식 대하듯이 돌봐주면 부하들은 불안한 계곡으로도 행군할 수 있고, 사지死地에 빠진 연후에도 살아남게 된다.'라는 글귀가 나온다. 이는 리더가 서恕의 자세로 부하 직원을 따뜻하게 대해주면, 설령 조직에 어떠한 역경이 닥쳐온다 할지라도 모든 구성원들이 합심하여 그것을 슬기롭게 극복할 수 있다는 의미다. 그런 의미에서 서恕는 썩어가는 배추 잎처럼 시들시들한 인간관계를 싱싱하고 건강하게 회복시켜주는 신비의 '비아그라'라고 말할 수 있다.

서恕와 인간의 운명

『조용헌 살롱』이라는 책을 보면, 사람의 팔자를 바꾸는 6가지 비방을 접할 수 있다. 조용헌은 적선積善, 눈 밝은 스승明師과의 만남, 명상, 명당 터 잡기, 독서, 명리命理에 대한 이해 등이 인간의 운명을 바꿀 수 있는 요소라고 지적했다. 그런데 내 눈에는 이런 6가지 비법이 모두 서恕와 밀접하게 연관되어 있다고 생각한다. 눈 밝은 스승과의 만남이나 적선은 서恕에 기초한 겸손한 자세 없이는 불가능하다. 또 명상과 독서는 자기 자신에 대한 내적 성찰과 수행을 독려하고, 명리에 대한 올바른 이해는 부질없는 과욕을 자제함으로써 서恕의 마음을 한층 심화시켜 주는 역할을 한다. 게다가 명당 터에 음택陰宅; 묘터과 양택陽宅; 집터을 마련했다는 것은, 이미 서恕를 실천함으로써 조상들과 이웃들로부터 신뢰와 칭송을 충분히 받고 있다는 증거다. 왜냐하면 명당 터의 확보는 조상과 이웃들의 아낌없는 협조와 지원이 있어야만 가능하기 때문이다.

한편, 우리들이 일상에서 손쉽게 실천할 수 있는 최고의 서恕는 용서容恕다. 용서란, 많은 정신적 고통과 갈등이 수반되는 힘든 일이다. 왜냐하면 자신이 입은 상처를 정면으로 바라보면서 플러스적인 발상으로 그것의 치유를 위해 적극 나서려는 용기가 수반되어야만 하기 때문이다. 그런데 용서를 하면, 용서 받는 사람보다 용서해주는 사람에게 더 많은 축복이 내려진다. 용서를 거부하면 마음의 상처가 새록새록 돋아나 또 다른 고통을 안겨주지만, 용서를 허락하면 심리적인 안정감으로 마음의 상처를 말끔하게 지워버릴 수 있기 때문이다. 그런 점에서 우리가 다른 사람들에게 나눠줄 수 있는 가장 아름다운 선물은 지갑 속의 여윳돈이 아니라 진심에서 우러나오는 용서라고 생각한다. 잘못에 대한 진솔한 사과와 용서가 함께 하는 한, 기존의 인간관계는 마치 100년산 포도주처럼 깊고 그윽한 향기를 내뿜으며 원숙한 경지로 발전해나갈 것이다. 이처럼 서恕에 기초한 용서와 화해는 타인은 물론 자신의 운명까지 밝은 모습으로 바꿔 놓을 수 있다.

부부 사이에도 서恕가 필요하다!

옛날에는 신랑과 신부가 맞선도 보지 않은 상태에서, 양쪽 집안의 아버지가 주막집에서 대포 한잔을 나누다가 사돈을 맺자고 의기투합하면 그것으로 결혼이 성사되곤 했다. 이처럼 생면부지生面不知의 신랑 신부가 혼례식장에서 처음 맞대면을 하고도, 그분들은 하나 같이 백년해로百年偕老의 길을 묵묵히 걸어갔다. 왜 그들이라고 서로에 대한 불만과 갈등이 없었겠는가? 더구나 옛날 남성들의 횡포는 지금에 비할 바가 아니었다. 남성들은 첩을 두어 여성들의 마음을 아프게 했고, 시도 때도 없이 칠거지악七去之惡을 들먹이며 '종부從夫의 도道'를 강요하기도 했다. 그렇지만 당시의 여성들은 TV드라마 「아씨」 1970년대 장안의 인기를 독차지했던 드라마에 나오는 조선의 여인답게 서恕의 정신으로 지아비의 허물을 포용하며 자신의 주체적 인생이 아닌 종부로서의 희생적 삶을 사셨다. 그들이 입었던 넓은 치마가 곧 서恕의 상징이었다.

그런데 요즘 사람들은 결혼 전에 충분히 사귀어보고 나서 시집 장가를 가는데도 불구하고 이혼율이 매우 높다. 이는 전적으로 서로에 대한 이해와 포용정신이 옛날 사람들에 비해 크게 부족하기 때문이다. 작고한 구상 시인은 어느 지인知人이 혼주인 결혼식장에서 "아름다운 오해에서 시작되어 참담한 이해로 끝나는 과정이 결혼이라지만, 그 참담한 이해의 과정에 서로를 불쌍하게 여기는 마음이 실려야만 오랜 세월을 참고 견뎌낼 수 있을 것입니다."라는 주례사를 했다고 한다. 이는 참담한 이해의 과정에서 부부가 연민의 정으로 '서'恕라는 소프트웨어를 작동시켜야만 적어도 가정이 깨지는 파국破局을 막을 수 있다는 얘기다. 카오스의 시대를 살아가는 우리들이 귀담아들어야 할 진리 중의 진리라고 생각한다.

누레오치바와 곰국의 비애

우리 주변을 둘러보면, 아직도 일에 파묻혀 지내는 분들이 적지 않다. IMF 금융위기는 여러 부류의 사회적 고통을 잉태했다. 구조조정의 대상으로 지목되어 퇴출당한 분들은 실직에 따른 경제적 고통을 겪어야 했고, 직장에서 살아남은 사람들은 그들 나름대로 이전보다 훨씬 더 많은 업무량을 소화해야 하는 심적 고통을 받아야만 했다. 그럼에도 불구하고 직장에서 살아남은 자들은 여우 같은 아내와 토끼 같은 자식을 생각하며 직장에 대한 불만을 표출하지 못하고 안으로만 삭이면서 생활해 왔다. 그러는 사이 그들의 일중독 현상은 날로 심화되었다.

한편, 일 중독자들은 자나 깨나 직장에서 처리해야 할 일들로 고민한다. 가족들 가운데 어느 누가 "이제는 가정도 챙겨야 하는 것 아니냐?"고 얘기하면, "그럼 직장 일은 누가 하고?", 그리고 "내가 직장에서 밀려나면 우리 가족은 뭘 먹고 살지?"라며 자신의 처지를 이해하지 못하는 가족들에게 서운해 한다. 일 중독자에게는 휴일도 휴일이 아니다. 쉬면서도 직장 일에 대한 고민 때문에 제대로 쉬지도 못한다. 또 그들 중에는 일요일 저녁만 되면, 월요일이 다가오는 것에 대해 두려움을 갖는 월요병 환자들이 많다. 더욱이 일 중독자들은 직장에서의 직위를 통해서만 자신의 존재를 확인한다. 그들은 직장 상사와 동료 그리고 부하직원 외에는 특별한 인간관계도 맺지 않는다. 오로지 폐쇄적인 공간에서의 자기 업무나 자기가 속한 팀의 미션, 승진에만 관심을 가질 뿐이다. 또 그는 할 일이 없어도 밤늦게까지 직장에 남아 있어야만 무엇인가 일을 한 것 같은 느낌이 들고, 그렇게 일하는 부하직원이 애사심이 강한 사람이라고 착각한다.

그들은 밤늦게 귀가해서 잠자는 아내와 자녀들의 얼굴을 보면서 "이것은 다 당신과 너희들이 편안하게 살도록 하기 위해서다. 그러니 아빠를 이해해주고 잘 자거라!"라며 안주 없는 캔 맥주로 자기 위안을 삼는 사람들이다. 게다가 일 중독자들은 휴일 날에 어쩌다가 가족들과 놀아주는 것을 대단한 이벤트로 착각한다. 그들은 가족들과 함께 즐기면서 노는 게 아니라 가족들에게 일방적인 희생과 봉사를 한다고 생각한다. 따라서 가장家長들은 주말과 주일을 이용해서 가족들에게 무언가의 이벤트를 만들어주기 위해 피곤한 몸을 이끌고 놀이공원이나 휴양지를 찾는다. 그러다보니 놀이공원이나 휴양지로 향하는 도로는 온종일 이들이 타고 나온 차량들로 주차장을 방불케 한다. 더구나 놀이기구를 타야할 정도로 어린 자녀를 둔 젊은 가장들은 더 극심한 고통을 감내해야 한다. 가장들은 아빠라는 이름으로 놀이기구를 타려고 줄지어 기다리는 긴 행렬 속에서 한참을 기다려야 한다. 한 놀이기구를 타고 나면 곧바로 다른 놀이기구로 자기자녀를 옮겨 태우기 위해서다. 가장들이 원하는 것은 자기자녀가 행복한 모습으로 놀이기구를 타는 것을 지켜보는 것이다.

가족에 대한 가장家長들의 엄청난 착각

놀이공원이나 휴양지에서 돌아오는 차안에서 아내는 자녀들에게 "얘들아! 오늘 너희들은 너무나도 재미있었지? 그러니 아빠한테 감사하다고 말씀드려야지!"라고 말한다. 그 말이 끝나기 무섭게 자녀들이 합창하듯이 말한다. "아빠! 감사해요."라고. 그 말을 들은 아빠는 "그래, 오늘은 아빠가 놀아주었으니 내일부터는 공부를 열심히 해야 한다."라고 조언한다. 이것을 보면, 아빠는 자녀들과 함께 여가를 보낸 게 아니라 일방적으로 놀아준 것이다. 즉 자녀들을 위해 자신의 천금 같은 주말과 주일을 송두리째 희생한 것이다. 그러니 자녀들이 공부를 열심히 하는 것으로 자신의 수고에 대해 보답해야 한다고 생각하는 것이다. 그런데 자녀들을 위해 희생한다는 마음으로 아빠가 놀아줄 때, 그들이 느끼는 것은 아빠와의 정서적 교류나 따뜻한 사랑이 아니다. 아빠의 희생에 대해 반드시 좋은 성적으로 보답해야만 하는 심리적 부담만이 존재할 따름이다. 나이를 먹을수록 자녀들은 그 심리적 부담의 실체가 무엇인지 알게 된다. 따라서 그들에게는 아빠와 함께 하는 시간이 점점 더 부담스러워지는 것이다. 요즘에는 초등학교 3학년만 되어도 아빠와 함께 하는 외출을 몹시 꺼린다. 그 이유는 부담스러운 아빠보다는 자기 또래의 아이들과 노는 게 마음 편하고 재미있기 때문이다. 가장으로서의 의무감에서 판을 벌이는 가족 이벤트는 변질된 형태의 또 다른 노동에 불과하다. 그런 것이 부담스럽기는 아내도 마찬가지다. 그러니 더 이상 가족을 위해 희생하거나 봉사한다고 착각하지 마라. 엄밀한 의미에서 가족에 대한 희생과 봉사는 존재하지 않는다. 단지, 일 중독자인 당신 스스로 심적 평화와 위안을 얻기 위해 자신을 합리화시키고 있을 뿐이다.

누레오치바와 곰국의 비애를 아십니까?

일 중독자들의 비애는 그들이 은퇴한 이유에서 본격적으로 시작된다. 회사를 떠나면서 자신의 존재를 확인해주던 직위가 사라졌기 때문이다. 일본인 아내들은 일 중독자로서 가정을 내팽개친 채, 회사 발전을 위해서 진력하다가 은퇴한 남편들을 누레오치바ぬれおちば; 젖은 낙엽라고 부른다. 그것은 빗자루로 쓸어버리려고 해도 땅바닥에 딱 붙어서 잘 쓸려가지 않는 젖은 낙엽을 자신의 무기력한 남편에다 비유한 것이다. 이는 은퇴 후 마누라의 치맛자락만 붙잡고 다니는 남편을 떼어놓으려고 해도 그것이 쉽지 않다는 것

을 상징하는 단어이다. 게다가 남자로서 성적 기능이나 매력도 한풀 꺾여 아무리 태워보려고 해도 매캐한 연기만 날뿐, 장작처럼 환하게 불붙을 기미도 보이지 않는 누레오치바들은 아내들에게 있어 그저 짜증나고 귀찮은 존재일 뿐이다.

일본의 아내들에게 누레오치바가 있다면, 한국의 아내들에겐 무시무시한 곰국이 있다. 한국에서 은퇴한 50~60대 남자들이 가장 두려워하는 게 곰국이다. 일 이외에 별다른 취미나 몰입할 대상이 없는 은퇴 가장은 하루 종일 집안에 있으면서 아침, 점심, 저녁 등 삼시 세끼를 아내에게 주문하는데, 문제는 아내가 그런 남편을 가장 싫어한다는 점이다. 남편의 그런 얄미운 태도에 참다못한 아내는 마침내 곰국을 한 솥 가득 끓여놓은 후, 화려한(?) 외출을 시도한다. "여보! 우리 친구들과 일주일 동안 해외여행을 다녀올 테니 그때까지 곰국이나 데워 먹으면서 집이나 잘 지켜줘요."라고 말하면서. 은퇴를 했으니 직장인으로서 가족의 생계를 책임진다는 자부심도 사라진 상태다. 또 자녀들은 심적 부담만 안겨주는 아빠를 멀리한 채, 지들이 좋아하는 짝을 찾아 떠난 지 오래고, 수컷으로서의 성적 기능마저 한풀 꺾인 고개 숙인 남자로서는 아내의 지엄한(?) 명령을 군말 없이 따를 수밖에 없다. 한국의 은퇴 남성들에게 있어서 곰국보다 더 무서운 것은, 아내가 남편 몰래 이사를 가는 것이다. 50~60대의 은퇴 남성은 가정주부들에게 있어서 '가지고 놀다가 잃어버리면 더 이상 찾지 않는 골프공'과 같은 존재다. 그래서 은퇴 남성들은 혹시라도 아내가 이사를 가자는 얘기를 하지 않는지? 주의 깊게 관찰하고 만약을 대비해서 만반의 준비를 한다. 즉 은퇴 남성은 혹시라도 아내가 자신을 버려두고 그냥 갈까봐 자기 옷 보따리를 꼭 껴안고 트럭의 조수석에 꼭 붙어 앉는다고 한다. 물론 이 얘기는 어떤 사람이 웃어보자고 지어낸 개그이지만, 요즘 우리 사회가 돌아가는 모습을 보고 있노라면 나름대로 의미심장한 얘기라고 생각된다.

누레오치바와 곰국의 비애를 막으려면…

누레오치바나 곰국의 비애는 비단 남의 얘기가 아니다. 아무런 준비 없이 은퇴를 맞이하면, 누구나 누레오치바나 곰국의 대상으로 전락할 수 있다. 이제 우리 남성들은 누레오치바나 곰국의 비애를 겪지 않으려면 더 늦기 전에 그에 대한 대비책을 세워야 한다. 나는 그에 대한 4가지의 성공전략으로 지적해보고자 한다.

첫째, 이미 은퇴한 남성들처럼 일 중독증에 빠져 가족에게 소홀히 하는 우愚를 범하지 말아야 한다. 이제부터는 '직장과 가정이 모두 중요하다'는 인식을 가져야 한다. 또 노후를 대비해서 연금을 붓듯이 앞으로는 가정에도 많은 시간과 노력을 투자해야 한다. 특히 가장으로서의 의무감에서 마지못해 하는 공식적인 가족 이벤트보다는 저녁식사 후에 가족들과 함께 나선 공원 산책이나 분위기 있는 찻집에 들러 오붓한 시간을 갖는 게 백번 낫다. 더욱이 죽을 때까지 짊어지고 가야 할 직책은 부장, 이사, 사장이 아니라 아무개 아빠와 누구의 남편이라는 이름이다. 그러니 가족 간의 따뜻한 정서교류에 힘 쓰고, 평소에 자신의 아내에게 최선을 다하라. '남편인 내가 먼저 눈을 감는 게 편하다. 그러니 보약은 당신에게 기꺼이 양보하겠다'는 넓은 마음가짐으로 하루하루를 살았으면 한다. 그러면 아내로부터 제대로 된 인간대접을 받으며 인생을 마칠 수 있을 것이다.

둘째, 자신이 미치도록 좋아하고 몰입할 수 있는 대상을 적어도 한 개 이상은 갖고 있어야 한다. 은퇴 남성들에게는 무엇보다도 시간이 제일 많다. 그 많은 시간을 즐겁게 보내려면, 자신의 취미나 장기長技를 최대한 활용하는 게 좋다. 만약 그것이 없다면 지금이라도 그런 취미나 장기를 갖기 위해서 노력해야 한다. 가령, 골프, 요리, 독서, 낚시, 연구 및 집필, 사진 찍기, 컴퓨터, 등산, 그림 그리기, 노래, 악기 다루기, 자원봉사, 환경지킴이, 바둑, 장기, 고스톱도 괜찮다. 그리고 적어도 일주일에 4~5일 정도는 출근을 하는 마음으로 자신의 바이오리듬에 맞춰 그런 취미생활에 전념해야만 아내의 구박이나 짜증으로부터 어느 정도 자유로울 수 있다. 아내의 입장에서도 자신을 보채며 못살게 구는 사람보다는 끊임없이 두뇌세척을 하면서 의미 있고 활기찬 노년을 보내는 사람이 남편으로서 매력적일 것임은 두말할 나위가 없다.

셋째, 은퇴 전에 재테크에 신경을 써서 자기 이름으로 된 저금통장이나 부동산을 갖고 있으면 은퇴 후 아내에게 구박받는 일은 없을 것이다. 늙은 아내에게도 돈만큼 중요한 게 없다. 은퇴 남편의 호주머니가 든든하다면, 아내도 그런 남편의 눈치를 볼 수밖에 없다. 그러니 한국 남성들이여! 잘 나갈 때, 돈 좀 있다고 호기豪氣를 부리면서 탕진하지 마라. 어떤 사람은 '공수래공수거空手來空手去를 주장하면서 "돈 욕심을 버리라"고 주장하지만, 그것은 무엇을 몰라도 한참을 모르는 헛똑똑이의 헛소리에 불과하다. 돈은 늙을수록 더욱 더 필요하다. 그러니 죽을 때까지 그것을 꼭 쥐고 살아야 품위 있게 살 수 있다. 또한 돈은 자신의 늙은 몸을 지켜주고, 모든 사람이 자신을 떠받들게 만드는 원동력이다. 그 논리는 늙은 아내에게도 그대로 통용된다.

넷째, 평소에 운동을 열심히 해서 신체적 건강과 정신적 건강을 함께 유지해야 한다. '부모의 병 앞에 효자 없다'는 말이 있다. 아내라고 해서 예외가 아니다. 은퇴 이후에는 또 다른 질병이 찾아오기 쉬운 만큼 건강관리에 좀 더 많은 신경을 써서 아내에게 병 수발의 심적 부담을 안겨주지 말아야 한다.

위에서 열거한 4가지 사항만 유념해서 미리미리 준비해 놓으면 은퇴한 이후에도 당당한 노년의 삶을 영위해 나갈 수 있을 것으로 확신한다. 누레오치바와 곰국의 얘기가 우리 사회에서 영원히 사라지는 그날이 하루빨리 다가오기를 진심으로 기대해본다.

리더십에 대한 신의 한수 ④

💡 도요토미 히데요시가 성공할 수 있었던 비결은?

일본 역사에서 손꼽히는 리더 가운데 한 사람이 바로 도요토미 히데요시豊臣秀吉이다. 그에 대한 약사略史를 잠깐 언급하면 다음과 같다. 그는 아즈치와 모모야마 시대安土桃山時代를 살아갔던 풍운아風雲兒다. 아즈치安土시대는 오다 노부나가織田信長가 정권을 잡았던 시대, 모모야마桃山시대는 도요토미 히데요시가 천하를 통치했던 시대를 지칭한다.

• 오다 노부나가 (출처: 위키백과) •

그는 1558년 노부나가의 진영에서 축성築城과 전공으로 중용되기 시작했다. 1573년 그는 아자이浅井 가문을 멸문시킨 후, 그곳에다 성을 쌓고 성주가 되었다. 1576년 아케치 미쓰히데明智光秀가 혼노지本能寺에서 반란을 일으키며 주군인 노부나가를 살해했다. 당시 주고쿠를 공략중이던 히데요시는 주군의 원수를 갚기 위해 군사를 돌려 미쓰히데를 죽였다. 이것을 계기로 권력을 장악한 히데요시는 노부나가의 아들을 제거하고 도쿠가와 이에야스德川家康를 비롯한 각 지역의 다이묘들을 굴복시켜 일본 국내 통일을 달성했다. 1592년 조일전쟁을 일으켰지만 소기의 목적을 달성하지 못했고 1598년 제2차 조일전쟁일명, 정유재란이 한창 치러지는 와중에 후시미성伏見城에서 급사했다.[2]

자신이 맡은 일에 최선을 다해라!

조금이라도 배울 점이 있다면 적에게도 배워야 한다. 우리가 도요토미 히데요시에게서 배워야 할 점은 '자신에게 부여한 미션을 완벽하게 수행하기 위해서 최선을 다하는 자세'다. 본래 히데요시는 빈농의 아들로 태어났고, 그의 부친이 죽자 그 어미는 개가했다. 그는 의붓아버지가 구박을 하자 곧바로 가출한 후, 바늘장사를 비롯한 여러 가지 일을 하며 떠돌이 생활을 했다. 그러다가 오다 노부나가의 진영에 들어가서 성을 잘 쌓고 전투를 잘해서 인정을 받게 되었다. 그가 노부나가의 측근이 된 후 행한 첫 번째 일은 주군의 신발지기였다. 능력이 뛰어난 사람의 입장에서보면 지극히 하찮은 일에 불과했다. 하지만 그는 추운 계절이 다가오면 늘 노부나가의 가죽신발을 가슴에 품고 다녔다. 어느 추운 겨울날 노부나가는 자신의 가죽신을 가슴에 품으며 따뜻하게 해주는 히데요시의 정성에 감동했다.

노부나가는 그에게 말지기를 시켰다. 신발지기에서 말지기로 승진한 히데요시는 늘 주군의 말을 명

2 네이버 지식백과 부분 참조.

마로 만들었고, 말과 함께 잠을 잤다. 한밤중이라도 주군의 명령이 떨어지면 언제든지 즉각 말을 데리고 출동할 수 있도록 긴장을 늦추지 않았다. 노부나가는 그런 히데요시가 여러모로 마음에 쏙 들었다. 어떤 일을 맡기더라도 미래까지 예견하면서 늘 완벽하게 일처리를 해놓는 히데요시가 미덥기 그지없던 것이었다. 마침내 노부나가는 자신의 금고지기를 그에게 맡겼다. 예나 지금이나 금고지기는 자신이 100% 신뢰할 수 있는 최측근에게만 맡길 수 있는 일이다. 하지만 히데요시는 노부나가의 금고지기를 맡아서도 정직하게, 그리고 최선을 다해서 일했다. 히데요시는 이처럼 한 시대를 이끌었던 노부나가의 신발지기, 말지기, 금고지기를 하면서 지근거리에서 세상을 바라보고 통치하는 스킬과 방법을 철저하게 배울 수 있었다. 그런 기본 바탕이 되어 있었

• 도요토미 히데요시 (출처: 나무위키) •

기에 혼노지에서 아케치 미쓰히데를 죽이고 일본의 전국 통일에 나설 수 있었던 것이다.

지금 내가 맡은 일이 아무리 보잘 것 없고 하찮은 것일지라도 온갖 정성을 기울이는 자세를 견지해야 한다. 처음부터 큰 일, 위대한 일을 하는 리더는 없다. 거대한 태평양의 바닷물도 처음 출발은 먼 육지의 아주 작은 옹달샘부터 출발한 것이다. 또 작은 일을 잘하는 사람이 되어야만 큰일도 훌륭하게 처리할 수 있는 법이다. 비록 도요토미 히데요시가 우리의 조상들에게 돌이킬 수 없을 만큼의 아픈 상처와 혹독한 시련을 겪게 했던 왜적의 괴수임에 분명하지만 그의 일처리 자세에 대해서만큼은 철저하게 배울 필요가 있다고 생각한다. 결론적으로 말해서 뛰어난 리더는 아주 작은 일도 온갖 정성을 기울일 줄 아는 사람이다.

1 임파워먼트란 초일류기업들이 이미 오래전부터 보편적으로 활용하고 있는 개념이다. 그것은 '급변하는 대내외 경영환경 변화에 능동적으로 대응하고 고객감동의 기업이념을 신속히 추구하고자 조직의 하위계층에 있는 사람들에게 리더의 권한을 위임해주는 것'을 말한다.

2 임파워링 리더십은 셀프 리더십에다 슈퍼 리더십이 결합된 개념으로 정의된다. 그러나 슈퍼 리더가 되기 위해서는 리더 자신이 먼저 셀프 리더가 되어야하기 때문에 임파워링 리더십은 결국 셀프 리더십이라고 정의할 수 있다. 또 슈퍼 리더십은 평범한 부하직원들에게 더 많은 자율과 책임을 부여해 줌으로써 그들 스스로 셀프 리더가 될 수 있도록 도와줄 수 있는 능력을 말한다.

3 존 카찬바흐와 찰스 오랄리의 연구결과에 따르면 높은 성과를 내는 기업들은 종업원을 가족처럼 대하고 높은 경영목표와 자부심을 갖게 하며, 감성적인 에너지를 유발하며 '기업의 발전=자신의 발전'이라는 믿음 속에서 비전, 미션, 핵심가치에 부합하는 조직시스템을 갖고 있다는 공통점이 있다.

4 조직이 높은 경영성과를 거둘 수 있기 위한 임파워링 리더의 역할로는 크게 코치, 상담자, 목표 설정자, 창조자, 역량개발자 등이 있다.

5 사람들은 셀프 임파워먼트를 통해 자신의 인생을 수동적인 삶에서 능동적 내지 적극적인 삶으로 변화시킬 수 있다. 즉 대인관계능력의 신장과 조직구성원으로서의 업무수행능력의 제고와 노동생산성 증대를 통해 사회적 인정은 물론 많은 부와 명예까지 거머쥘 수 있다.

6 리더와 추종자는 주인과 몸종의 관계 또는 임금과 신하의 관계가 아니다. 그들은 서로를 도와주면서 상호 발전하는 공생관계에 있다. 리더와 관리자는 동의어가 아니다. 리더는 비전을 가지고 미래를 향해 도전하는 사람이고, 관리자는 주어진 목표 안에서 현실에 안주하며 기존에 정립된 룰만을 고수하려는 사람이다.

객관식

01 다음 중 리더의 특성이 <u>아닌</u> 것은?
① 희망을 준다.
② 자신의 약점을 숨기지 않는다.
③ 자신을 '나' 또는 '본인'이라고 말한다.
④ 자기와 의견을 달리하는 사람과도 가깝게 지낸다.

02 다음 기술한 내용 가운데 <u>잘못된</u> 것은?
① 임파워먼트는 의사결정권의 위임과 연관이 있다.
② 임파워링 리더십은 리더의 권한이 강화되는 특성이 있다.
③ 셀프 임파워먼트를 잘하면 '서恕'의 정신에 충실할 수 있다.
④ 리더는 추종자들을 위해 교육과 훈련에 많은 관심을 가져야 한다.

03 경영성과가 높은 조직문화의 특성이 <u>아닌</u> 것은?
① 조직구성원들에게 강한 자부심을 갖게 한다.
② 조직구성원을 가족 같이 대하고 섬세하게 배려한다.
③ 조직 전체의 이익을 조직구성원의 개인적 만족도보다 중시한다.
④ 경영목표의 달성을 위해서 조직구성원들의 정서적 에너지를 적극 활용한다.

04 다음 중 리더들이 임파워먼트를 주저하게 만드는 요인과 거리가 <u>먼</u> 것은?
① 권한 축소에 따른 두려움
② 업무 축소에 따른 사퇴 압력
③ 상사에 대한 부하직원들의 무시
④ 핵심사항에 대한 올인이 불가능함

05 임파워먼트를 통해 책임경영을 시도하는 리더의 역할과 거리가 <u>먼</u> 것은?
① 방관자　② 코치　③ 목표설정자　④ 역량개발자

※ 다음 빈칸에 들어갈 알맞은 용어를 적으시오.

01 일본에서 처음으로 연구실패상을 정립하고 창의적인 연구를 적극 장려함으로써 자신의 기업을 세계적인 기업으로 성장시킨 기업인은 (   )(이)다.

02 충언의 방법 중 '용의 비늘을 건드리면 용에게 물려 죽는다.'라는 역린지화逆鱗之禍의 출처는 중국의 고전인 (   )(이)다.

03 급변하는 국내외 경영 환경 변화에 능동적으로 대처하고 고객감동의 경영이념을 신속히 추구하기 위해서 조직의 하위계층에 있는 사람에게 의사결정의 권한을 위임하는 것을 (   )(이)라고 정의한다.

04 '내가 하기 싫어하면 남도 하기 싫어하니, 내가 하기 싫은 일을 남에게 강요하지 마라'는 의미를 갖는 한자어는 (   )(이)다.

05 평생 동안 가정보다는 조직(회사)의 발전을 위해 진력하다가 은퇴한 일 중독 남편들에게 일본인 아내들이 붙여준 말로서, 일명 '젖은 낙엽'이라는 의미를 갖는 이 단어는 (   )(이)다.

| 정답 |

CHAPTER 08

고전을 통해
리더십의 진수를 제대로 배우자!

손자병법을 탐독하는 세계적 CEO들
(출처: 데일리투모로우)

이 세상에서 쓸모없는 것은 단 하나도 없다!

사람들은 절대적인 기준으로 세상을 바라보는 경향이 있다. 가령, 선생님이나 부모님들은 공부를 잘하는 아이에게는 많은 애정과 사랑을 쏟지만, 그렇지 못한 아이한테는 관심조차 갖지 않는다. 심한 경우에는 아예 인간 취급조차 하지 않는다. 그 이유는 간단하다. 공부를 잘하는 아이는 사회에 진출해서 성공하고, 공부를 못하는 아이는 3류 인생을 살 거라고 속단하기 때문이다. 그러나 우리들의 인생은 그렇게 단순하지 않다. 물론 공부를 잘 해서 좋은 대학에 들어가면, 사회적으로 성공할 가능성이 높은 것은 사실이다. 하지만 현실을 둘러보면 좋은 대학을 나오지 않았음에도 불구하고 크게 성공한 사람들이 꽤 많다. 이것은 학교 성적만이 인생 성공의 보증수표는 아니라는 사실을 말해준다.

이 세상의 가치는 상대적이다.

그런데도 이 세상의 가치를 절대적으로 평가하려는 분들이 있다면, 나는 그들에게 『장자』라는 책을 읽어보라고 권유하고 싶다. 그것은 우리들에게 '이 세상의 가치는 상대적인 것에 불과하며, 그것에 얽매여서 눈치나 살피는 것은 매우 어리석은 짓'임을 가르쳐 준다. 더욱이 그 책은 '쓸모없는 것이 오히려 더 쓸모가 있다'는 '무용無用의 용用'을 강조하며 발상의 대전환을 촉구한다. 그 책에서는 '무용의 용'을 설명하기 위해 몇 개의 우화를 사용했다. 여기서는 동량棟梁이라는 목수木手와 상수리나무에 얽힌 얘기를 통해 그것의 의미를 설명하고자 한다.

> 옛날에 석石이라는 목수가 제나라를 여행했을 때의 일이다. 곡원曲轅이라는 지방에 이르렀을 때, 그곳에는 거대한 상수리나무가 신목神木으로 모셔지고 있었다. 그 거대함이란, 나무 그늘 아래에서 몇 천 마리의 소가 더위를 피할 수 있을 만큼 엄청났다고 한다. 그 나무의 굵기는 남자 장정 100명이 손을 뻗쳐야만 겨우 잡을 수 있었고, 높이 또한 70~80척이나 되어서 산을 아

래로 내려다볼 수 있을 정도로 우람했다. 그래서 나뭇가지 하나만 가지고도 큰 배 하나쯤은 거뜬히 만들 수 있었다. 거대한 신목 주위에는 언제나 그것을 한번 구경하려고 찾아온 사람들로 인산인해를 이루었다.

석의 제자들은 숨을 삼키며 이 거목을 쳐다보았다. 그러나 석은 눈길도 주지 않고 그 거목을 지나쳤다. 그를 수행하던 제자들이 석에게 질문을 했다. "저희들이 스승님한테서 목수 일을 전수받은 이래로 이렇게 좋은 재목을 본 적이 없습니다. 그런데도 스승님께서는 이렇게 좋은 나무를 거들떠보지도 않으시고 그냥 지나치시니 저희들은 그 이유가 무엇인지 잘 모르겠습니다. 스승님께서 그렇게 하신 이유가 무엇인지 말씀해 주십시오?"

그러자 석은 제자들을 바라보며, "함부로 얘기하지 마라. 저 상수리나무는 아무짝에도 쓸모가 없다. 배를 만들면 무거워서 가라앉아 버리고, 시신을 넣을 관을 짜면 곧 썩는다. 가구家具를 만들면 곧 부서지고, 문을 만들면 진딧물들의 놀이터가 된다. 나무기둥으로 만들면 금세 벌레가 먹는다. 저 상수리나무가 저렇게 클 수 있었던 것도 사실은 아무짝에도 쓸모가 없었기 때문이다. 알겠느냐?"라고 말했다. 과연 석은 목수의 장인匠人답게 나무를 제대로 평가하고 판단하는 안목을 갖고 있었던 것이다.

석이 제나라 여행을 마치고 돌아온 그날 밤, 상수리나무의 목신木神이 나타나서 이렇게 말했다. "너는 도대체 나를 무엇과 비교해서 쓸모없다고 말하는 것이냐? 배나무나 탱자나무처럼 열매가 있는 나무들은 너희들에게 쓸모가 있을 것이다. 하지만 그런 나무들은 열매가 달려 있기 때문에 그것을 얻으려는 사람들에 의해 나뭇가지가 부러지고 잡아 채여서 천수를 누리지 못하고 죽는다. 스스로의 장점은 스스로의 생명을 단축시키는 법이다. 무릇 이 세상의 사람이나 사물은 모두 자신이 유용有用하다며 똑같은 어리석음을 반복하고 있다. 그러나 나는 다르다. 나는 오늘날까지 일관되게 쓸모 없으려고 노력해왔다. 천수를 마치려는 순간에서야 비로소 수많은 사람이나 동물들에게 나무그늘을 제공해주는 쓸모 있는 나무가 될 수 있었다. 만약 내가 오래 전에 쓸모가 있었다면 벌써 옛날에 베어졌을 것이다."

모리야 히로시 저, 『성공하는 리더를 위한 중국 고전 12편(1984)』, 예문, pp.63~65.

『장자』가 위 일화를 통해 말하고자 했던 것은 간단하다. '굳이 쓸모가 있으려고 노력하지 말고, 일관되게 쓸모없는 길을 선택해야만 장수長壽를 누릴 수 있다'는 것이 핵심이다. 또 『장자』는 세상 사람들이 모두 '유용有用의 용用'에 대해서만 관심을 갖고 '무용의 용'에 대해서는 무지하다고 한탄하면서 '직목선벌 감정선갈'直木先伐 甘井先竭: 곧은 나무는 먼저 벌목되고, 물맛이 좋은 우물은 먼저 말라 버린다는 의미을 강조했다. 그러면서 '유용의 용'만을 추구하는 사람은 결코 큰 인물이 될 수 없다고 경고했다. 일리 있는 주장이다.

모든 게 다 소중하다!

사람이나 사물은 모두 다 자신의 존재이유와 존재가치를 갖고 있다. 따라서 아무리 하찮은 대상일지라도 그것을 함부로 대해서는 곤란하다. 더욱이 견고한 휴먼−네트워크의 구축을 통해 모든 사회구성원들이 함께 하는 공동체 사회의 복원을 도모하기 위해서는 각자의 개성과 선호選好의 다양성, 존재가치의 상대성에 대해 열린 마음으로 서로 존중해주는 분위기를 만들어나가야 한다.

독자들께서도 한번 산에 올라가서 주변의 나무와 풀들을 유심히 관찰해보았으면 한다. 산에 가보면 위로 쭉쭉 뻗은 나무들보다는 볼품없는 나무들이 훨씬 더 많은 것을 확인할 수 있다. 그 이유는 좋은 나무일수록 건물의 기둥감이나 서까래 감으로 지목되어 일찌감치 벌목되었기 때문이다. 또 볼품없는 나무들을 무시하거나 얕잡아보아서도 곤란하다. 왜냐하면 그런 나무들은 베어지지 않았기 때문에 산 속에 남아서 홍수로 인한 산사태를 막아주거나 신선한 산소를 공급해서 우리들이 맑은 공기를 호흡할 수 있게 도와주기 때문이다.

오염된 침출수와 각종 악취로 사람들의 눈살을 찌푸리게 했던 난지도가 이제는 아름답고 드넓은 휴식공간으로 말끔히 단장되어 우리 곁으로 돌아왔다. 또 길가에 놓여있던 보잘 것 없는 돌멩이도 물속에 놓이면 작은 물고기들의 안식처가 될 수 있다. 비탈길에 방치되어 있는 작은 나무 토막도 그곳에 주정차駐停車 해 놓은 자동차가 길 아래로 미끄러지는 것을 막아주는 버팀목의 역할을 톡톡히 수행한다. 우리가 빛을 볼 수 있는 것도 티끌이나 먼지가 있기 때문이다. 아주 깨끗한 공기 속에서는 빛이 보이지 않는다. 공기 속에 티끌이나 먼지가 있고 그것들에 반사되어야만 비로소 빛을 볼 수 있다. 그것을 보면 티끌과 먼지도 우리가 함부로 무시할 대상이 아닌 것이다.

또 교향악단을 구성하는 악기 가운데 바이올린이나 첼로와 같은 화려한 악기만 중요한 게 아니다. 굵은 철사로 만들어진 삼각형 모양의 트라이앵글도 매우 중요하다. 그 이유는 트라이앵글 특유의 소리가 합쳐져야만 제대로 된 하모니를 이룰 수 있기 때문이다. 잡초 또한 마찬가지다. 농부들은 잡초만 보면, 그것이 농작물의 정상적인 발육을 저해한다는 이유로 적개심敵愾心을 발동시켜 곧바로 뽑아버린다. 그러나 논밭에 적당히 난 잡초는 다른 농작물 간의 생존경쟁을 유발시켜 그것의 뿌리와 줄기를 튼튼하게 해주고 잎을 싱싱하게 만들어주는 이로운 역할을 한다는 게 전문가들의 공통된 얘기다. 그것은 영국의 역사학자 아놀드 J. 토인비Arnold J. Toynbee가 주창했던 메기이론과도 일맥상통한다.

옛날 북해에서 청어잡이를 하며 살던 어부들이 있었다. 청어잡이는 그들에게 있어 가족의 생계를 보장해주는 유일한 수단이었다. 그런데 이들 어부들에게는 한 가지 공통된 고민거리가 있었다. 그것은 북해에서 잡아 올린 싱싱한 청어를 런던까지 수송하는 과정에서 모두 다 죽어버리는 것이었다. 활어가 죽으면 횟감으로서는 쓸모가 없기 때문에 제값을 받지 못하는 것은 당연한 일이었다. 따라서 청어잡이 어부들은 '어떻게 하면 북해에서 잡아 올린 싱싱한 청어를 런던까지 산 채로 수송할 수 있을까?'에 대해 많은 생각을 했지만, 결과는 언제나 헛수고로 끝났다.

그런데 오로지 한 명의 어부만 청어를 런던까지 산 채로 수송해서 많은 돈을 챙기고 있었다. 그것을 신기하게 지켜보던 동료 어부들이 그 이유를 물어보았지만, 그 어부는 좀처럼 그 비법을 가르쳐주지 않았다. 왜냐하면 다른 동료들이 그 비법을 사용해서 청어를 산 채로 수송하는데 성공할 경우, 횟감 청어의 공급과잉으로 가격이 하락할 것이기 때문이다. 그런데 머리가 잘 돌아가는 어느 어부가 유심히 관찰해보니, 산 채로 청어를 수송하는 어부의 통속에는 몇 마리의 메기Cat Fish가 들어 있는 것이었다. 그 사실을 알게 된 동료 어부들은 청어를 산 채로 수송해 온 어부에게 "메기를 청어 통 속에다 넣으면 수송 중에 메기가 청어를 모조리 잡아먹을 것 같은데, 어떤 이유에서 그렇게 하는 거요?"라고 물었다.

그러자 그 어부는 마지못해 입을 열었다. "맞아요. 수송하는 도중에 메기가 청어를 잡아먹지요. 그렇지만 한 마리의 메기가 잡아먹는 청어 수는 기껏해야 1~2마리 정도에 불과합니다. 통속에 있던 나머지 수 백 마리의 청어들은 메기에게 잡혀 먹히지 않으려고 계속 도망쳐 다니면서 활발하게 움직이지요. 생존에 위기의식을 느낀 청어들의 활발한 움직임이 결국 런던까지 이동하는 시간동안 청어들을 죽지 않게 만든 비결입니다."

김동범 저, 『시련과 절망 앞에서 용기를 주는 이야기』(2004), 지원클럽, pp.92~93.

본래 토인비의 메기이론은 위기의식과 도전을 강조하면서 대응능력의 업그레이드만이 생존을 보장해주는 키워드임을 강조한다. 그러나 거기에는 횟감으로서 인기 있는 청어 못지않게 청어들의 생존을 도와주는 메기도 중요하다는 의미가 내재되어 있음을 알 수 있다. 농작물과의 적당한 경쟁을 통해서 그것의 발육을 도와주는 잡초처럼 말이다.

태산도 티끌이 모여서 만들어진 것이다!

큰 강물도 그 근원지를 찾아가보면 작은 옹달샘에서 시작한다. 또한 드넓은 바다도 작은 시냇물들이 모여서 만들어진 것이다. 그래서 우리는 하찮은 것들을 따뜻하게 보듬으면서 이해하고 사랑해야 한다. 작다고 무시하면 결코 큰 것을 이룰 수 없다. '티끌모아 태산'이라는 속담이 그것을 잘 대변해주고 있다.

그런 관점에서 정치 리더들은 민초들을 하찮게 여기지 말고, 귀한 존재로 떠받들어 모셔야 한다. 적어도 그렇게 해야만 민초들의 존경을 받는 훌륭한 리더로서 롱런할 수 있다. CEO들 역시 자신들이 만드는 상품과 생산 공정 하나하나에 온갖 정성을 다해야 한다. 좋은 상품을 기획하고도 끝마무리를 엉성하게 해서 '메이드 인 코리아'의 브랜드 가치를 떨어뜨리는 어리석은 짓을 이제는 종식시킬 때다. 가정에서도 마찬가지다. 자기 자녀가 공부를 좀 못한다고 해서 구박하거나 그 아이의 미래까지 멋대로 예단하는 우愚를 범하지 말아야 한다. 우리 사회는 기둥감으로 쓰일 아이도 필요하고 서까래 감이나 문지방 틀로 쓰일 아이도 필요하다. 모든 아이들이 기둥감뿐이라면, 장차 서까래와 문지방 틀은 어디에서 구해 쓸 것인가?

나는 '조물주가 우리 인간을 창조할 때, 적어도 한 가지의 특기를 갖도록 설계했다'는 확신을 갖고 있다. 따라서 아이들이 가장 좋아하는 분야를 한 가지 선정해서 그쪽으로 각고의 노력을 기울인다면 모든 아이들이 성공할 수 있다고 믿는다. 그런 의미에서 나는 프로골퍼 박인비와 전인지 양, 프로 바둑기사 이세돌 씨, 세계적인 야구스타 추신수 등이 우리들의 왜곡되고 편협한 시각을 올바른 방향으로 일깨워준 작은 영웅들이라고 생각한다.

『손자』가 가르치는 리더십의 원리를 학습하라!

지, 용, 신, 엄, 인의 의미를 파악하라

진정한 리더는 지智, 용勇, 신信, 엄嚴, 인仁을 실천하는 사람이다. 『손자』 또한 리더의 덕목으로 지, 용, 신, 엄, 인을 강조했다. 여기서 지智는 정황을 잘 읽어내는 능력, 즉 승산이 있고 없음을 헤아려 볼 줄 아는 능력을 뜻한다. 용勇은 승산이 없다고 판단되었을 때는 미련 없이 후퇴할 수 있는 용기를 의미하고, 신信은 거짓말을 하지 않고 약속을 철저하게 지키는 것을 말한다. 엄嚴은 엄격하게 책임을 묻는 태도, 즉 신상필벌信賞必罰로 부하를 대하는 것을 의미한다. 그러나 엄嚴만 으로는 명령에 따르게 할 수는 있어도 부하들의 감동을 불러일으킬 수는 없다. 리더가 엄으로만 일관하면 면종복배面從腹背: 앞에서 따르고 뒤에서는 배신한다는 의미와 같은 일이 자주 발생하게 된다. 그래서 인仁이 필요한 것이다. 인仁은, 상대의 입장에 서서 상대방을 배려하는 것을 말한다. 조직에 인仁만 있고 엄嚴이 없을 경우에는 조직구성원들의 기강해이와 무사안일로 위기가 닥쳐올 수 있다. 따라서 유능한 리더는 엄嚴과 인仁에 대한 균형감각을 갖고 조직경영을 하는 사람이다.

병형상수와 우직지계의 참뜻

장수는 전쟁터에서 병형상수兵形象水: 군사의 운용은 물과 같이 한다의 이치를 적극 활용할 줄 알아야 한다. 물은 형태가 없다. 놓여진 위치에 따라 자유자재로 변한다. 게다가 물은 높은 데서 낮은 데로 흐르며 소용돌이를 칠 경우, 가공할 만한 위력을 지닌다. 따라서 물은 유연한 임기응변적 변칙전략의 중요성을 시사한다. '군사의 운용을 물과 같이 하라'는 얘기는 별로 어렵지 않다. 강력한 적敵과 싸워 이기려면 아군 병력은 집중시키는 반면, 적의 병력은 분산시켜야 한다. 가령, 아군 병력 하나에 적군 병력이 다섯이라면 적군의 병력을 열로 분산시킨 후 그 중 하나의 병력에 공격을 가하면 아군 병력 하나로 적군 병력 0.5와 싸우게 된다. 그렇게 될 경우, 이길 확률은 거의 100%다. 이는 적군은 장점을 발휘하지 못하도록 차단하고, 아군의 장점은 최대한 살리는 전략이라고 평가할 수 있다.

또 『손자』의 저자인 손무는 전쟁에서 이기기 위한 방편의 하나로 유연한 곡선적 사고를 강조했다. 이는 '이우위직 이환위리'以迂爲直 以患爲利: 우로써 직을 삼고 환으로써 이를 삼는다라는 말과 일맥상통하며, 일명 '우직지계'迂直之計: 급할수록 돌아가라!전략이라고도 말한다. 사람들은 꼬인 실타래를 풀 때, 무턱대고 줄을 잡아당기지 않는다. 묵묵히 시간을 들여가며 살살 풀어나갈 수밖에 없다. 곡선적 사고의 또 다른 예로는 '궁구불박'窮寇不迫: 궁지에 몰린 도둑을 쫓지 말라이 있다. 이 또한 많은 것을 시사해준다. 즉 남을 꾸짖을 때에도 반드시 퇴로를 열어주어야 한다. 그렇지 않을 경우에는 죽기 살기로 도전해 올 가능성이 매우 크기 때문이다. 또한 전쟁에서 패하지 않으려면 '다산승 소산불승'多算勝 少算不勝: 이길 전망이 많으면 이기고, 이길 전망이 적으면 이기지 못한다. 여기서 '算'은 이길 확률이나 이길 가능성을 의미의 원리만 실천하면 된다. 『삼국지』에서 천하의 간사한 영웅으로 비판받는 조조가 실천한 전투양식은 '전쟁에서 요행의 승리는 없다.'라는 것이었다. 그는 이길 가망이 없는 싸움은 철저히 회피했기 때문에 약 30번의 전투에서 80%에 해당되는 높은 승률을 거둘 수 있었다.

끝으로 전쟁터에서 최고의 전략은 '싸우지 않고 이기는 것'이다. 이는 힘이나 무력을 앞세워 적을 이기는 것이 아니라 머리를 써서 이기는 것임을 의미한다. 최고의 전술은 적의 의도를 미리 간파하고 봉쇄하는 것이다. 적의 동맹관계를 제대로 분석해서 고립시키는 것이 그 다음 전술이다. 즉 외교술이나 각종 모략을 총동원시켜 적을 무력화시키는 방법인데, 손무는 이것을 '병자 궤도야'兵者詭道也: 용병이란 편법이라는 의미라고 말했다. 세 번째 전술은 적과 직접 맞붙어 싸우는 것이고, 될 수 있으면 피해야 할 최악의 전술은 적의 성곽을 공격하는 것이라고 손무는 주장했다.

『논어』가 가르치는 리더십의 핵심을 학습하라!

'인'을 끊임없이 실천하라!

공자는 리더가 인간관계에서 조심해야 할 3가지 사항으로, 묻는 데도 대답하지 않는 것, 묻지도 않았는데 말참견을 하는 것, 상대방의 안색을 살피지 않고 혼자 떠드는 것을 지적했다. 또 그는 '군자화이부동 소인동이불화'君子和而不同 小人同而不和: 군자는 화합은 하지만 부화뇌동하지 않고, 소인은 부화뇌동은 하지만 화합하지 않는다를 실천해야 한다고 역설했다. 여기서 '동'同은 개념없이 무턱대고 부화뇌동하는 태도를 말하고, '화'和는 어디까지 자신의 정체성을 지키면서 주위사람들과 기꺼이 협조하려는 긍정적인 태도를 일컫는다. 일본은 '화'和를 중시하는 나라이지만, 일본인들이 생각하는 '화'에는 많은 문제가 있다. 즉 그들은 '시류時流에 동조하는 것'을 '화'라고 착각한다. 그것이 때로는 무모한 집단주의나 군국주의로 이어져 전쟁이나 국가적인 위기를 자초했다. 공자는 '인'의 실천을 강조했다. 인은 다른 사람을 사랑하거나 인간으로서 옳다고 여기는 것은 어떤 대가를 지불하더라도 반드시 실천하려고 애쓰는 자세를 의미한다. 또 매사에 근신하며 자신에게 부여된 일을 소중히 여기고, 다른 사람에 대해서 정성을 다하는 자세도 인의 범주에 속한다.

의연한 자세로 세상을 품어라!

누구보다도 인을 강조했던 공자였기에, 그는 부하로서 상사를 험담하는 자, 다른 사람의 불행이나 실패를 기뻐하는 자, 용기만 있고 예의는 없는 자, 독선적이고 남을 전혀 배려하지 않는 자들에 대해서는 높은 평가를 내리지 않았다. 그는 바람직한 리더의 전형으로 군자를 꼽았다.

공자가 설파한 군자는 본래부터 곤궁하나 소인小人은 곤궁하면 흩어지는 특성이 있다. 이를 달리 말하면 군자는 경제적 이익을 탐하지 않기에 가난할 수밖에 없다. 하지만 소인은 경제적 어려움에 처하면 군자로서의 지조를 저버리고 경제적 이익을 쫓아 흩어진다는 얘기다. 오늘날 공자가 우리들에게 위대한 인물로 다가오는 이유는 온갖 고난을 겪었으면서도 선비로서의 지조를 지키며 정도를 걸었다는 점 때문이다. 또 그의 인품을 자세히 들여다보면, 온화함 속에 엄격함이 있고, 위엄이 있으면서도 압박감이 없고, 겸허하면서도 빈곤감을 주지 않았다는 사실을 느낄 수 있다. 그가 『논어』를 통해 우리들에게 강조하고자 했던 것도 '의연한 자세로 세상을 품는 자가 진정한 리더'라는 얘기였을 것이다.

공자가 강조하는 훌륭한 리더의 7가지 전제조건

01 군자는 정도正道를 걸으면서 신중함과 민첩성을 지녀야 한다.

02 군자는 성실한 자세로 자신에게 주어진 업무를 처리해야 한다.

03 군자는 부하가 충분히 능력을 발휘할 수 있도록 하며, 유능한 인재의 발탁을 위해서 노력해야 한다.

04 군자는 초조해하지 말아야 하며, 작은 이익에 휘둘리지 말아야 한다.

05 군자는 자신감을 갖되 다투지 아니하고, 주변사람들과 기꺼이 협력할 수 있어야 한다.

06 군자는 담담한 마음가짐을 갖고 다른 사람을 근거 없이 폄훼하지 말아야 한다.

07 군자는 안달하거나 좌불안석하지 않고, 항상 여유 있는 마음가짐을 가져야 한다.

『노자』에서 리더십의 진수를 터득하라!

'상선은 물과 같다'와 '부쟁의 덕'

『노자』가 말하는 처세철학의 진수는 '상선上善, 즉 최고의 선은 물과 같다'와 '부쟁不爭의 덕德'이다. '상선上善은 물과 같다.'라는 말은 '이상적인 삶의 방식은 곧 물과 같다.'라는 의미이다. 물은 상대를 거스르지도 않고, 유연하게 대응해나가는 특성이 있다. 또 물은 낮은 곳으로만 흘러가는 겸허한 방식을 유지하면서 약하고 여린 모습을 보인다. 하지만 그 유약함으로 일관함으로써 어느 때는 강한 힘을 만들어 내기도 한다.

'부쟁의 덕'은 상대방과 싸우지 않고도 어느새 상석上席을 차지한다는 것을 말한다. 또 거기에는 뛰어난 지휘관은 무력을 남용하지 않으며, 전투를 잘하는 자는 감정에 휘말려서 행동하지 않으며, 승리의 명인은 무턱대고 대드는 대결을 하지 않으며, 사람을 잘 부리는 명인은 상대의 밑에 선다는 의미까지 내재되어 있다.

'지족의 계'와 곡선적 사고방식

『노자』가 가르치는 리더십의 두 번째 원리는 '지족知足의 계戒'다. 『노자』의 저자인 노담은 "이 세상에서 가장 큰 죄는 끊임없이 탐욕을 쫓는 것이고, 최대의 재앙은 만족할 줄 모르는 것이다."라고 주장했다. 지위에 지나치게 집착하면 자신의 생명을 단축하게 되고, 재산을 너무 많이 모으면 반드시 잃게 된다. 족함을 알면 수치스러운 일이 없고 멈출 곳을 알면 위험이 없다. 그래서 노자는 '공수신퇴 천지도'功遂身退 天地道: 공(일)을 세우면 그 자리에서 물러나는 것이 자연의 도리라는 의미를 생활화할 것을 강조했다. 노담이 "때가 되면 물러서는 게 좋다"고 본 이유도 그렇게 해야만 지금까지 쌓아온 공적이나 명성을 온전하게 보존할 수 있기 때문이다.

또 노담은 리더가 지켜야 할 덕목으로 곡선적인 사고방식을 강조했다. 그는 곡즉전曲則全: 구부러지면 완전하다는 의미 즉 곧장 앞으로 나아가기보다는 곡절된 진행방식을 따르는 것이 오히려 효율적이고 목적지에 손쉽게 도달할 수 있다고 보았다. 곡즉전曲則全은 유연성을 강조하는 『노자』식 철학이다. '줄이려고 한다면 먼저 늘려줘라. 약해지려고 노력하면 강해질 수 있다. 쫓으려고 한다면 먼저 아군으로 끌어들여라. 받으려고 한다면 먼저 줘라' 등이 곡즉전이 시사하는 처세술이다.

'무위'와 '청정'

그밖에도 『노자』는 리더의 마음가짐으로 '무위'無爲와 '청정'淸淨을 강조했다. '무위'는 사람의 힘이나 지혜를 더하지 않고 자연 상태로 내버려두는 것을 말하고, '청정'은 계율을 지켜 닦는 일 또는 맑고 깨끗한 자세를 뜻한다. 노담은 리더가 무위하면 백성들은 스스로 교화되고, 리더가 청정하면 백성들은 스스로 정도正道를 걷게 된다고 생각했다. 따라서 리더는 대국大國을 잘 이끌고 나가기 위해서는 마치 작은 생선小鮮을 굽는 것과 같은 세심한 자세로 일관해야 한다고 보았다.

노자가 말하는 리더의 순위

01 부하들이 보았을 때, 그 사람이 거기에 앉아 있다는 것은 알지만 유별나게 권위적이거나 으스댄다고 느껴지지 않는 자연스러운 존재인 경우

02 부하들의 존경을 받고 인간적인 친밀감을 갖게 해주는 경우

03 부하들이 공포와 두려움의 대상이 되는 경우

04 최악의 리더는 부하들까지 깔보고 함부로 무시하는 경우

한편, '무위'나 '청정'이 아무 것도 하지 않고 가만히 있는 것을 의미하지는 않는다. 리더는 항상 전체의 움직임에 신경을 쓰면서 제아무리 힘들고 어려워도 그것을 내색하지 않고 자연스러운 표정을 짓고 있어야 한다. 『노자』는 '무위'나 '청정'을 실천하는 구체적인 방법으로 상부의 지시나 금지령은 가급적 자제하고, 국민들에게 부담을 강요하는 정책은 피해야 하며, 국민들의 자율을 최대한 보장하고 존중해 줄 것을 제안했다.

『한비자』의 차가운 인간관을 벤치마킹하라!

리더와 '차가운 인간관'

철저한 인간불신에 입각하여 리더의 모습을 추구했던 『한비자』는 차가운 인간관, 즉 '사람을 믿지 마라!'를 강조했다. 『한비자』는 부하를 잘 다루고 조직을 통합해서 자신의 지위를 탄탄하게 하기 위한 비법을 법法, 술術, 세勢에서 찾았다. 법法은 신상필벌信賞必罰, 즉 '공적功績을 세우면 그에 부합하는 보상을 주고, 실패하면 벌을 준다'는 취지를 확실히 명시하고 그대로 실행하는 것을 말한다. 술術은 '법法을 운용하며 부하를 부리기 위한 노하우'를 의미한다. 즉 술術로 부하를 통솔하는 방법은 형명참동刑名參同이다. 그것은 부하가 신고한 대로 업무를 부여해준 후, 신고와 성과가 일치한 자에게는 상을 주고 그렇지 않은 자에게는 벌을 주는 제도다. 세勢는 권세나 권한을 의미하며 부하가 리더의 명령에 복종하는 것은 리더가 부하의 생사여탈生死與奪의 권한을 쥐고 있기 때문이다. '부호지소이능복 구자조아야'夫虎之所以能服 狗者爪牙也: 호랑이가 개를 굴복시킬 수 있는 것은 발톱과 어금니 때문이라는 의미가 그것을 말해준다.

한비자가 말하는 리더의 순위

『한비자』는 리더에도 순위가 있다고 주장했다. 리더 가운데 최고의 리더에 해당하는 상군上君은 다른 사람의 지력智力까지 활용할 줄 아는 리더를 의미한다. 중간 단계의 리더인 중군中君은 다른 사람의 완력이나 힘을 이용할 줄 아는 사람을 의미하며, 최하위 리더인 하군下君은 리더 자신의 능력만 사용할 줄 아는 자를 지칭한다. 또 『한비자』는 리더가 자멸하는 7가지 경우를 제시했는데, 그 내용은 현대를 살아가는 리더들에게도 시사하는 바가 적지 않다. 그 내용을 요약 정리하면 다음과 같다.

한비자의 충고: 리더가 자멸하는 7가지 이유

01 작은 이익에 지나치게 얽매여 큰 것을 보지 못하는 경우

02 충성스런 부하 또는 신하의 충언이나 고언을 무시하는 경우

03 자신의 역량을 키우지 않고 다른 사람의 힘에만 의존하는 경우

04 능력이 없으면서 무례無禮로 일관하는 경우

05 너무나도 안이하게 자신의 권한을 남용하는 경우

06 리더가 음주, 가무, 여자에 탐닉하여 자신의 본업을 내팽개치는 경우

07 자신의 자리를 비우면서 아무런 대책을 세워놓지 않는 경우

『장자』가 말하는 '좌망'과 '목계'를 실천하라!

'좌망'의 의미와 중요성

『장자』가 중시하는 리더십의 원리는 두 가지다. 하나는 '좌망'坐忘이고, 다른 하나는 '목계'木
鷄다. 좌망은 '고요히 앉아서 잡념을 버림으로써 현실 세계를 잊고 무차별적인 경지에 들어가는
것'을 의미한다. 공자는 좌망을 '오체에서 힘을 빼고 모든 감각을 없앰으로써 심신 모두 공허한 상
태로 만들어 도道의 작용을 받아들일 수 있는 경지'라고 주장했다. 이처럼 사람들이 '좌망'의 경
지에 도달하면 시비선악是非善惡의 감정에 휘둘리지도 않고, 무한한 자유를 얻을 수 있다. 리더가
중요한 의사결정을 시도할 때는 자신을 무심無心: 아무런 감정이나 나쁜 생각을 갖고 있지 않는 상태를 의미의
경지에 둘 필요가 있으며, 그때 참고해야 할 것이 바로 '좌망'이다. 리더가 그런 경지에 이르러서
의사결정을 내리면 하등의 시행착오나 판단미스가 생겨날 까닭이 없다. 만약 노름꾼도 노름판에
서 좌망의 진리를 망각하지 않는다면 큰돈을 떼이고 패가망신 하는 일도 벌어지지 않을 것이다.

진정한 리더상은 '목계'다!

『장자』는 목계木鷄를 이상적인 리더상으로 제시했다. 목계는 말 그대로 나무 닭이다. 나무 닭
은 생명이 없기 때문에 다른 닭들이 다가와서 싸움을 걸어와도 동요하거나 대응하지 않는다. 그
러니까 싸움을 하려고 왔던 닭들도 나중에는 그냥 돌아가게 된다. 참고로 '목계'의 출처는 '이목
계의 기덕전의'以木鷄矣 其德全矣: 이것을 바라보면 마치 나무로 깎은 닭과 같으니 그 덕이 온전해질 것이다이다.
목계는 싸움닭을 훈련시키는 명인이었던 기성자紀渻子와 왕王 사이의 대화에서 유래된 얘기다.

'무용의 용'을 실천하라!

그밖에도 『장자』는 '무용無用의 용用'을 강조했다. 그것은 앞의 8.1에서 상세하게 소개했기에 여
기서는 '무용의 용'을 간단하게 요약하는 것으로 마무리를 하고자 한다. '무용의 용'은 '쓸모없는

것이 오히려 쓸모가 있다'는 역발상적 논리다. 즉 '쓸모가 있으면 사람들이 주워가서 해 먹거나 베어버리기 때문에 천수를 누리지 못한다'는 것이다. 곧게 자란 큰 나무가 손쉽게 베어지고, 물맛이 좋은 우물이 일찍 말라버리는 것도 그런 이치에서 비롯된 것이다. 따라서 『장자』는 일관되게 쓸모 없는 길을 선택함으로써 장수를 누리라고 조언한다. 참고로 그것의 출처는 『장자』의 산목편이다.

물이 가르쳐주는 5가지 진리

세인世人들은, 자신의 의사표시를 불분명하게 하고, 주변 눈치나 살피며 시류時流를 좇는 사람들을 '물 같은 사람'이라고 말한다. 한때 노태우 전 대통령을 '물태우'라고 비아냥거렸던 것도 그런 맥락에서였다. 하지만 나는 세인들의 그런 비유에 의견을 달리한다. 왜냐하면 사람들이 물의 본질적인 특성을 잘 모른 채, 멋대로 자신들의 생각을 피력하고 있기 때문이다. 지금부터 왜 우리가 물을 하찮게 보면 안 되는지에 대해 얘기하려고 한다. 특히 리더를 꿈꾸는 사람은 누구보다도 물이 가르쳐주는 지혜를 철저하게 인식해야 성공적인 리더가 될 수 있다.

물의 화학식은 H_2O다. 공기 중에서 수소 두 분자와 산소 한 분자를 결합시키면 얻을 수 있는 물질이 물이다. 그러나 물이 지닌 속성은 그렇게 단순하지 않다. 물은 이 세상의 더러운 모든 것들을 기꺼이 받아들여 정화시켜준다. 정화조의 정화수도 물이고, 오염된 강을 깨끗하게 정화시킬 수 있는 최적의 대안도 댐에서 일시에 방류하는 거대한 양의 물이다.

만만치 않은(?) 물의 특이한 속성

물은 본질적으로 정화의 속성이 있기 때문에, 옛날 사람들은 물이 속俗의 영역을 신神의 영역으로 바꿔주는 역할을 한다고 생각했다. 그래서 무엇을 간절하게 기원할 때에는 그런 의식을 치르는 장소를 깨끗한 신의 영역으로 만들기 위해 물을 등장시켰던 것이다. 옛날 가난한 부부가 정한수를 떠놓고 백년가약을 맺었던 것이나 전쟁터에 아들

• 어머니의 기도와 정화수 (출처: 성통공완님 블로그) •

이나 남편을 떠나보낸 아낙네들이 정한수 앞에서 무운생환武運生還을 빌었던 것도 그 때문이다.

또 물은 '방원의 그릇에 따른다'는 말과 같이 어떠한 형태의 그릇에도 다 들어간다. 둥근 그릇에 담기면 둥근 모양이 되고, 직사각형 모양의 그릇에 담기면 직사각형이 된다. 그리고 물은 무엇이든지 받아들여 다른 것과 기꺼이 동

화同和하려 한다. 소금을 물에 넣으면 짠물이 되고, 설탕을 물에 넣으면 단물이 된다. 검정색 잉크를 떨어뜨리면 검정색 물이 되고, 파란색 잉크를 투하하면 파란색 물이 된다. 그처럼 물은 유연柔軟하기 그지없다.

그뿐만이 아니다. 물은 스스로를 옭아매지 않는 특성이 있다. 물은 온도가 낮으면 얼음이 된다. 그러나 햇볕이나 뜨거운 열을 받으면 온수가 되었다가 수증기로 변화하지만, 끝내는 비雨로 부활하는 속성을 지녔다. 형태는 자유자재로 변하지만, H_2O라는 기본 속성만큼은 조금도 변하지 않는 게 바로 물이다.

물은 수면에다 돌멩이나 온갖 비난을 퍼부어도 그 순간만 지나면 마치 아무런 일도 없었던 것처럼 평온한 상태를 유지한다. 그래서 나는 물을 보면, 해탈解脫의 경지에 오른 큰스님을 마주 대하는 것과 같은 착각에 빠진다. 또 물은 모세관 현상을 통해 스스로 이동하는 신기한 모습까지 보여준다. 이는 오랜 기간 동안 내공을 쌓으며 축지법縮地法과 은둔술隱遁術은 물론 공간이동 능력까지 두루두루 섭렵한 도인道人의 모습이 아닐 수 없다. 사람들은 물이 지닌 모세관 현상에 대해서는 잘 알지 못하지만, 대대로 내려온 관습과 오랜 경험을 통한 동물적 감각으로 물의 속성을 역이용하는 데는 익숙하다. 계속되는 장마철에 젖은 운동화를 말리려 할 때, 신문지나 화장지를 둘둘 말아 운동화 속에 넣어두는 것이 그 한 예다.

게다가 물은 일상에 찌든 세인들에게 계절의 변화가 지닌 오묘한 맛을 음미할 수 있게 한다. 봄철의 물은 아지랑이로 변해 온 세상천지를 도원경桃源境으로 만들기도 하고, 때로는 짙은 안개를 만들어 지상의 온갖 번잡과 추악한 일상의 더러움을 베일로 덮어주기도 한다. 만약 봄철의 물이 짙은 안개로 변하지 않았다면, 지금 우리 사회에서 일어나고 있는 온갖 부패상들이 더 극명하게 보였을지도 모른다. 하긴 도둑놈이 어디 정치가들뿐인가! 그들로부터 몇 푼도 안 되는 혜택(?)을 받고 소중한 양심을 헐값에 팔아넘겼던 우리 모두가 도둑놈인 것을.

여름철의 물은 일상에 지친 사람들에게 시원함을 제공해주며, 어린아이들에게는 물놀이를 통해 과외와 부모님들의 공부 성화에 찌든 동심童心의 깊은 상처를 자연스럽게 치유해준다. 물오른 나무들은 푸른 신록을 통해 시력이 떨어진 사람들에게 시력을 회복하게 해주고 물기를 빨아먹고 사는 매미를 비롯한 각종 곤충들을 숲 속으로 불러들임으로써 자연의 신비한 교향악을 공짜로 접할 수 있는 기회를 제공해주기도 한다.

가을철의 물은 온갖 나무들로 하여금 단풍을 만들도록 강요함으로써 한해가 거의 마무리되어 감을 예고해주며, 세인들에게는 떨어지는 낙엽을 통해 인생의 참다운 의미를 되새겨보게 한다. 또 눈물샘이 마른 사람에게는 나무에 매달려 있는 마지막 잎새를 통해 눈물의 카타르시스를 유도하고, 문학적 소양이 부족한 사람들에게는 시인이 될 수 있도록 배려해 준다.

• 겨울연가 (출처: KBS) •

겨울철의 물은 얼음水이나 눈雪으로 변해 얼음 조각가들에게는 작업공간을, 스키어들에게는 겨울을 신나게 만끽할 수 있는 즐거움을, 견공들에게는 미치도록 마음껏 뛸 수 있는 시간적 공간적 장소를 제공해 준다. 또 눈은 사랑하는 연인들에게 서로를 강렬하게 자극하는 호르몬 분비를 촉진시켜 사랑의 깊이를 더하게 한다. 탤런트 배용준과 최지우가 열연했던 「겨울연가」가 수많은 시청자들의 폭발적인 사랑을 받았던 것도 그와 무관하지 않다. 눈 내리는 겨울밤은 아르바이트로 군고구마 장사를 하는 대학생들에게 돈을 벌 기회를 제공해 줌으로써 그들의 학업의욕을 북돋워주는 역할까지 한다.

어디 그뿐인가? 물에는 엄청난 위력의 에너지가 내재되어 있다. 일단 물이 모여지기만 하면, 수천 톤에 달하는 터빈을 돌릴 수 있다. 수력발전이 가능한 것도 그 때문이다. 또 수적석천水滴石穿이란 말이 있듯이, 약해 보이기만 하는 물이 일관되게 작용하면 단단하기 그지없는 화강암의 바윗돌까지 구멍을 뚫기도 한다. 이것을 보면, 물이란 겉으로는 약한 것 같지만 실제로는 매우 강한 외유내강外柔內剛의 전형이라는 생각이 든다.

오래 전에 국내에서 개봉되었던 영화 「타워링」에서 보았듯이, 거대한 화염을 마지막으로 제압하는 것은 소방호스에서 뿜어져 나오는 물이다. 일반인들은 믿기 어려운 얘기이지만, 철강회사에서 특수강特殊鋼처럼 단단한 쇠를 자를 때 사용하는 도구는 쇠톱이 아니라 아주 고압의 물이다. '부드러움이 강함을 제압한다'는 말도 이런 경우를 두고 하는 말이다. 그렇다고 해서 물이 지닌 엄청난 에너지가 세상 사람들에게 언제나 유익한 것만은 아니다. 물을 잘못 다스렸을 경우에는 홍수나 해일과 같은 재난을 동반시켜 엄청난 인명피해와 국가재산을 송두리째 집어삼킬 수도 있다. 2004년 12월 26일, 동남아시아 일대를 덮쳐 사망 및 실종 22만 명, 이재민 180만 명, 경제적 손실 1백억 달러, 고아발생 3만 명의 엄청난 후유증을 남긴 쓰나미津波: 지진해일를 보면 물이 얼마나 무서운 대상인지 잘 알 수 있을 것이다. 또 2005년 8월, 지구온난화에 기인한 허리케인 '카트리나'해수면 온도의 상승에 따른 수증기 덩어리가 허리케인과 같은 초대형 태풍을 만듦가 미국의 뉴올리언즈 시를 덮쳐 엄청난 인명과 재산피해를 입혔던 점에서, 우리는 물이 갖고 있는 어두운 측면을 재확인할 수 있었다. 그래서 옛날 사람들은 통치자의 절대 덕목으로 치산치수治山治水를 꼽았던 것이다. 그 원칙은 지금도 여전히 유효하다.

리더들이 명심하고 실천해야 할 수오훈 이야기

지금까지 살펴본 물의 특성을 종합적으로 정리해 보면 물이 주는 5가지의 교훈, 즉 수오훈水五訓을 도출할 수 있다.

첫째, 비록 물이 약한 존재이지만, 일관되게 약함으로써 마침내 엄청난 에너지를 가질 수 있다는 점이다. 약한 것도 일관되게 약하면 매우 강한 존재가 된다는 게 『노자』의 저자인 노담이 강조하는 물의 철학이다. 외유내강의 리더가 강력한 리더십을 발휘할 수 있다는 물의 가르침을 리더를 꿈꾸는 사람들이 곱씹어 볼만한 얘기다.

둘째, 물은 항상 높은 데서 낮은 데로 흐름으로써 편견과 오만에 찌든 인간들에게 겸손함을 일깨워주는 동시에, 유수불부流水不腐라는 말이 시사하듯이 물은 썩지 않기 위해 항상 자신의 진로를 찾아 끊임없이 흘러간다는 점이다. 이는 특히 부정부패의 표상이 되어버린 우리나라 정치가나 사이비 리더들이 가슴 깊이 되새기고 진심으로 반성해야 할 사항이다.

셋째, 물은 스스로 활동해서 타인들에게 아주 큰 영향을 미친다는 점이다. 사계절의 오묘한 변화를 느끼게 해주고 전기를 일으켜서 인간생활을 밝고 풍요롭게 해주며, 영농활동과 모든 생물체의 삶을 유지시켜주는 것이 물이다.

넷째, 물은 양양하게 큰 바다를 채우고 때로는 수증기가 되어 구름으로 변하고 또 그것이 비가 되었다가 낮은 온도에서 빙설氷雪로 변하는 등 유연성의 극치를 보여주지만, 어떤 극한 상황에서도 자신의 본질적인 속성을 고스란히 간직하는 특성을 보인다. 따라서 눈앞의 작은 이익에 따라 자신의 입장과 진로를 수시로 바꾸는 사람들은, 카멜레온은 될지언정 리더의 반열에는 오를 수 없다.

다섯째, 물은 스스로를 깨끗하게 한 후, 남의 오탁汚濁을 정화시켜주고 청탁淸濁의 세계를 창조해 나가는 숭고한 특성을 지니고 있다. 이는 '똥 묻은 개가 재 묻은 개를 욕할 수 없다'라는 말과 일맥상통한다. 자고로 다른 사람을 이끄는 리더가 되려면 그들에게 솔선수범과 자기희생의 모범을 보여주어야 한다. 그래야만 리더의 명령에 권위가 생기게 되고, 사람들이 그 명령에 군말 없이 따르게 된다. 그렇지 못한 리더들은 영화「친절한 금자씨」에서 주인공으로 나오는 탤런트 이영애 씨가 냉소적인 표정을 지으며 내뱉었던 "너나 잘하세요!"와 같은 비난과 비아냥을 들을 수밖에 없다.

결론적으로 현재 리더의 위치에서 국가나 조직을 경영하는 사람, 장래의 리더를 꿈꾸는 사람들은 물이 가르쳐 주는 수오훈水五訓의 진리를 내면 깊숙이 받아들이고 몸소 실천함으로써 자기혁신의 모범을 보여주었으면 한다. 왜냐하면 국가와 사회를 이끄는 리더들의 성공적인 변신만이 국운을 융성하게 하고 조직의 비약적인 발전을 가져올 수 있기 때문이다. 그럼에도 불구하고 우리 주위에서 그런 리더들을 찾아보기 어려우니, 이보다 안타까운 일이 또 어디 있으랴!

어차피 인생은 셀프다!

취미로 키우는 20여 분의 한국 춘란에서 꽃봉우리가 하나둘씩 올라오기 시작했다. 그런데 이것이 말라죽지 않도록 관리를 해야만 내년 춘삼월에 환상적인 난 꽃을 볼 수 있다. 호사가들은 꽃 색깔과 모양이 특이하거나 잎에 독특한 무늬가 들어가 있는 난을 좋아한다. 한국 춘란의 가격도 꽃 색깔과 모양, 잎의 무늬가 얼마만큼 희귀하냐에 따라 결정된다. 그러나 나는 건강한 자태에다 꽃이 밝고 싱싱한 춘란을 좋아한다.

처음엔 나는 춘란보다 분재에 더 많은 관심을 갖고 있었다. 그러나 관리능력 부재로 주위 분들이 선물한 분재를 죽인 이후부터, 그에 대한 미련을 깨끗이 접었다. 또 분재가 식물을 학대하는 것이 아닐까? 라는 생각도 그것을 접게 만든 요인 중 하나다. 분재는 소장자의 취향에 따라서 다양한 형태를 띤다. 그러나 굵은 철사로 온몸을 휘감고 있는 분재를 보면, 나는 말 못하는 저 녀석이 얼마나 아프고 갑갑할까? 라는 생각이 든다.

문제해결형 인재와 분재형 인재

기업 강연을 통해 인연을 맺은 CEO들 가운데 어떤 분은 내게 자기 회사의 신입직원을 뽑을 때 면접위원을 맡아달라고 부탁해서 몇 차례 참여했던 기억이 있다. 그때 나는 다른 면접위원들과 심층 면접을 통해 입사지원자의 성향, 태도, 창의력, 사물인지 및 판단력 등을 종합적으로 평가한 후, 그 결과를 CEO에게 보고했다. 그런데 나중에 그런 CEO들이 또 다시 면접위원을 맡아달라고 부탁해왔다. 어쩌면 인재를 바라보는 내 방식에 대해 신뢰를 해주었기 때문이라고 생각한다. 만약 내가 인재를 제대로 평가하지 못했다면 그들은 나에게 면접위원을 맡기지 않았을 것이다.

암튼 30여 년 전에 내가 치렀던 면접시험과 요즘 치르는 면접시험을 비교해보면 격세지감隔世之感이 든다. 하지만 절차는 거의 비슷한 것 같다. 일단 서류전형을 통해 채용인원의 3~4배 정도를 면접대상 인원으로 선발한다. 그리고 필기시험을 쳐서 채용인원의 2배 정도로 압축시킨 후, 심층면접을 진행해서 최종 인원을 선발하는 것 같다. 심층면접장에서 나는 입사지원자가 문제해결형 인재인지, 아니면 고정관념을 틀을 깨지 못하고 직장 상사가 시키는 것만 잘하는 분재형 인재인지를 체크하는데 주안점을 둔다. 그리고 나서 분재형 인재라고 판단되면, 가차 없이 낮은 점수를 준다. 왜냐하면 그런 유형의 인재는 기업 발전에 걸림돌이 된다고 판단되기 때문이다.

대부분 면접시험장에서 나에게 할당되는 질문문항 수는 3개 정도다. 나는 3개의 질문문항을 지적 교양수준을 묻는 문항 1개, 창의력이나 통찰력 여부를 체크하는 문항 1개, 전공영역에 대한 문항 1개로 배분한다. 그 가운데서도 두 번째에 해당되는 입사지원자들의 창의력이나 통찰력 보유 여부를 체크하는데 가장 역점을 둔다. 이때 묻는 질문의 형태는 대략 이런 것들이다. ① '우리나라에 살고 있는 바퀴벌레는 몇 마리일까요?', ② '코끼리를 냉장고에다 넣으려면 어떻게 하면 될까요?', ③ '왜 김춘추와 김유신은 백제 의자왕의 궁녀가 3,000명이라고 속였을까요?' 등이다. 또 입사지원자가 대답하는 과정을 꼼꼼하게 지켜보면, 그들이 어떤 유형의 인재인지 대략 감을 잡을 수 있다.

대다수의 입사지원자들은 내 질문에 매우 당혹해하며 "잘 모르겠다"고 답변한다. 실망스런 모습이다. 어떤 지원자는 생뚱맞게 "시정하겠습니다."라고 답변해서 면접위원들을 웃겨준 적도 있다. 나중에 확인해 보니, 그는 군에서 갓 전역한 사람이었다. 또 어떤 입사지원자는 내게 "방금 질문하신 내용이 센스 문제입니까, 난센스 문제입니까?"라고 되묻기도 한다. 그러면 나는 정색을 하고 "난센스 문제입니다. 다만, 정답이 한 개일 수도 있고 여러 개일 수도 있습니다."라고 분명하게 말해준다.

내가 좋은 점수를 준 입사지원자는 고정관념에서 탈피한 후, 자신만의 사고思考와 컬러를 갖고 당당하게 대답했던 사람들이다. ①의 질문에 대해 "우리나라에서 살고 있는 바퀴벌레의 숫자는 하느님도 모를 겁니다. 당연히 면접관님도 모를 겁니다. 하지만 저는 다음과 같은 관점에서 그 문제를 해결하겠습니다. 일단 우리나라의 총 면적이 100평이고, 평당 20마리의 바퀴벌레가 살고 있다고 가정하겠습니다. 그러면 우리나라에는 2,000마리의 바퀴벌레가 살고 있다는 결론을 내릴 수 있을 것 같습니다."라고 대답하는 사람이 있었다. 맞는 말이다. 당연히 나는 그 입사지원자에게 높은 점수를 주었다.

또 ②의 질문에 대해 "저는 코끼리를 미분微分: 코끼리를 죽인 후 포를 뜨는 것을 의미한 다음, 그 고기를 냉장고에 넣어두고 필요할 때마다 꺼내서 먹겠습니다. 다만 코끼리 피와 유전인자는 소중하게 보관하고 있겠습니다. 나중에 혹시 코끼리가 필요할 경우에는 개복사의 원천기술을 갖고 있는 황우석 박사에게 의뢰해서 복제를 의뢰하겠습니다."와 같은 유형의 대답을 기대했다. 하지만 이 질문에는 대다수의 입사지원자들이 제대로 된 답변을 하지 못했다. 학벌이 무척 좋았던 어느 입사지원자는 "코끼리보다 더 큰 냉장고를 만들면 되지 않을까요?"라고 대답했다. 곧바로 나의 질문이 이어졌다. "그러면 학생은 코끼리보다 더 큰 냉장고를 사갈 용의가 있습니까?"라고 묻자, 그는 "저희 집은 28평짜리 아파트이기 때문에, 그렇게 큰 냉장고를 사갈 수가 없습니다."라고 대답했다. 나는 그 얘기를 듣고 면접위원장께 귓속말로 "위원장님! 저 친구를 채용하면 주로 안 팔릴 상품만 많이 만들 것 같은데요."라고 말했더니 그분은 박장대소를 하셨다. 면접시험을 마친 후, 그는 내게 다가와서 "아까 당신 얘기를 듣고 웃음을 참느라고 무척 힘들었다."고 말하면서 내 방식의 질문이 나름대로 멋있는 것 같다며 칭찬을 해주셨다.

나는 ③의 질문에 대해서도 많은 기대를 했다. 하지만 대다수 입사지원자들의 답변 수준 역시 기대 이하였다. 내가 기대한 답은 "아마도 삼국을 통일한 신라의 입장에서 볼 때, 의자왕이 백제인들을 이끌고 백제부흥운동을 전개해서 통일신라를 분열시키는 것이 가장 두려웠을 겁니다. 그런데 의자왕의 도덕성에 치명상을 입히면, 백성들도 그를 더 이상 따르지 않을 겁니다. 그래서 김춘추와 김유신은 허구의 3,000궁녀 얘기를 만든 다음, 의자왕이 수많은 궁녀들과 주지육림酒池肉林을 즐기다가 나라를 망쳤다고 거짓말을 한 겁니다."라는 답변을 기대했다. 하지만 그와 유사한 답변은 나오지 않았다. 내가 놀랐던 것은 아직도 많은 입사지원자들이 '백제궁녀=3,000명'이라는 생각을 하고 있었다는 사실이다. 어린 시절에 한번 록인lock-in된 역사적 지식은 설령 그것이 잘못된 것일지라도 쉽사리 교정되지 않는다는 사실을 확인할 수 있었다. 그래서 역사는 배울 때, 제대로 배워야 한다.

분재형 인재와 벼룩 이야기

한국인들은 유아기부터 대학입학 때까지 주로 5지 선다형 문제로 자신의 실력을 평가받는다. 그런데 5지 선다형 문제는 폐쇄형 질문으로서 항상 20%의 성공확률이 보장되는 단순한 게임이다. 따라서 입체적인 사고를 할 필요가 없다. 하나의 사안을 놓고 여러 각도에서 깊은 생각을 하다가는 다른 문제를 풀 시간을 허비하거나 오답誤答을 선택할 가능성이 높다. 학부모들이 "얘야, 다른 생각을 하지 말고 선생님이 시키는 대로 최선을 다하라!"고 주문하는 이유도 그 때문이다. 문제는 그렇게 길러진 아이들은 나중에 분재형 인재로 전락할 개연성이 매우 크다는 점이다.

얼마 전, 나는 K선배 교수로부터 벼룩에 관한 얘기를 들었다. 생물학자로서 주요 일간지에 많은 칼럼을 쓰고 방송출연도 잦은 K교수는 자신도 어느 책에서 읽은 것이라며, 내게 그 내용을 소개해 주셨다.

…(중략)… 높이뛰기 천재인 벼룩을 잡아다가 큰 병 속에 가둔 다음, 뚜껑을 덮어놓는다. 그러면 벼룩은 병 밖으로 탈출하기 위해서 계속해서 높이뛰기를 시도한다. 그때마다 벼룩은 자신의 머리나 등이 육중한 병뚜껑과 수없이 부딪치면서 통증을 느낀다. 그렇게 오랫동안 높이뛰기를 반복하면서, 벼룩은 높이뛰기에 대한 자신의 한계가 병뚜껑까지라는 사실을 깨닫게 된다. 벼룩은 그런 상황에서 탈출을 시도할수록 육체

적 고통만 가중된다는 사실을 인식하고 탈출을 포기한다. 벼룩은 이제 높이뛰기마저 포기해 버린다.

병 속을 기어 다니는 벼룩은 병뚜껑을 살며시 열어놓아도 도망갈 생각을 하지 않는다. 뛰어봤자 병뚜껑까지이고, 탈출은 고사하고 머리와 등만 아플 것이라고 미리 단정해 버리기 때문이다. 벼룩에게 있어 병뚜껑이 열렸다는 것은 새로운 상황변화를 의미한다. 만약 벼룩이 자신의 DNA속에 내장되어 있는 소프트웨어, 즉 높이뛰기를 오토매틱으로 가동시킨다면 병 속으로부터의 탈출도 가능하다. 그러나 벼룩은 이미 "나는 안돼. 그냥 이렇게 살다가 죽는 수밖에 없어. 그게 바로 내 한계야!"라는 고정관념의 틀 속에 갇혀 있기 때문에 탈출을 못하고 만다.

나는 우리나라의 미래를 책임질 젊은이들이 벼룩과 같은 자세를 가져서는 안 된다고 생각한다. 낯선 세계에 거침없이 도전하고, 지금껏 무비판적으로 받아들인 기존의 지식에 대해서 한번 정도 본질적인 의구심을 품어보는 적극적인 자세를 가졌으면 좋겠다. 헤르만 헤세가 『데미안』을 통해서 역설했듯이 새로운 세계의 창조는 알을 깨고 나오려는 고통을 기꺼이 감수할 때, 또 '내가 바라보는 이 현실이 과연 진실한가?'에 대한 의문에 충실했을때만이 가능하다. 일례로 빛바랜 고정관념의 틀 속에 갇혀 있던 사람들 가운데 세계적인 큰 부자, 작가, 음악가, 발명가, 노벨상 수상자, 위대한 정치가로 성공한 경우가 있는가를 한번 찾아보라.

어차피 인생은 셀프다!

요즘 기업을 둘러싸고 있는 대내외 경영환경은 압축경제성장이 가능했던 시기와 매우 판이하게 전개되고 있다. 과거에는 CEO가 시키는 명령만 그대로 따라 해도 출세가 어느 정도 보장되었다. 그런데 지금은 CEO 자신도 기업을 어느 방향으로 어떻게 이끌고 가야할지, 잘 모르는 시대다. 우리가 맞이하고 있는 현재의 디지털 문명은 다양성, 스피드, 불확실성, 복잡계 등이 한데 어우러져 있는 카오스chaos를 전제로 하고 있다. 따라서 CEO도 이제는 부하직원들에게 무엇을 어떻게 지시해야 할지 잘 모르는 경우가 부지기수다. 이제 CEO는 자신에게 "이 업무를 완수하기 위해서는 ○○비전과 ○○전략으로 해결해야 합니다."라고 진언할 수 있는 인재, 즉 문제해결형 인재를 간절하게 필요로 하고 있다. 따라서 "사장님! 저는 이 업무를 어떻게 추진해야 할지, 잘 모릅니다. 그러니 사장님께서 분부만 내려주십시오. 그러면 몸과 마음을 바쳐 충성을 다하겠습니다."라고 말하는 분재형 인재는 출세는커녕 구조조정의 0순위 대상이 될 수밖에 없다.
어차피 인생은 셀프self다. 한번 뿐인 내 인생, 내가 감독이고 주인공이 되어야 할 내

인생을 남에게 의존하는 피동적인 인생이 아니라 내가 주체가 되는 능동적인 인생이 될 수 있도록 노력해야 한다. 제아무리 힘들어도 이순신처럼 필사즉생必死則生의 정신으로 새로운 세계를 얻기 위한 노력을 줄기차게 전개한다면, 모든 인재들이 분재형 인재에서 문제해결형 인재로 탈바꿈할 수 있다고 확신한다. 바로 지금이 그것을 위한 최적의 터닝 포인트turning point다. 적극적인 자세로 도전하자! 그러면 모든 사람들에게 성공의 길이 훤하게 뚫릴 것으로 믿어 의심치 않는다.

우리들이 기억해야 할 대표 리더 ④

💡 조선에서 가장 성공한 여인으로 기록된 창빈 안씨

SBS TV가 2001년에 「여인천하」라는 드라마를 제작 방영해서 시청자들의 이목을 집중시킨 적이 있다. 그 프로는 조선의 제11대 임금인 중종의 후계자를 둘러싸고 벌이는 문정왕후와 경빈 박씨의 궁중암투에 초점이 맞춰져 있었다. 물론 중종과 둘째 부인인 장경왕후 윤씨 사이에 태어난 이호李岵가 세자 자리에 앉아 있었지만 그가 병약했기 때문에 벌어진 일이기도 했다. 세자 이호는 비운의 인물이었다. 어머니 장경왕후가 그를 낳은 지, 6일 만에 세상을 떠났기 때문이다. 그는 중종의 셋째 부인이자 계모인 문정왕후 윤씨의 보살핌 속에 자랐지만 나중에 그녀가 경원대군 이환李峘을 낳자 그를 미워하고 구박했다. 하지만 부왕인 중종의 사랑이 각별해서 25년 간의 세자생활을 마치고 1544년중종 39년 11월에 제12대 임금인종으로 즉위하는 데 성공했다. 하지만 그에게는 거기까지가 전부였다. 그는 왕위에 오른 지 9개월 만인 1545년 8월 7일에 31세를 일기로 승하했다. 『인종실록』은 조선의 제12대 임금인 인종에 대해서 성품이 온화하고 욕심이 없으며 효성과 우애가 깊고 학문에 부지런하고 실천에 힘쓰려고 노력했던 사람이라고 기술하고 있다. 물론 그는 세상을 뜨기 3일 전1545년 8월 4일에 문정왕후의 아들이자 이복동생인 경원대군 이환에게 전위를 한다는 전교를 내렸다.

수렴청정을 통해 천하를 호령했던 문정왕후 윤씨

사실 인종은 세자 시절부터 건강이 좋지 않았다. 신체적인 건강도 문제였지만 정신적인 마음의 병이 더 깊었다고 보는 게 정설이다. 그 이면에는 계모였던 문정왕후 윤씨와 그녀의 남동생인 윤원형의 보이지 않는 질시와 괴롭힘도 병을 초래했던 하나의 원인이었다. 게다가 인종과 왕비인 인성왕후 박씨, 귀인 정씨, 숙빈 윤씨, 혜빈 정씨 사이에는 후사가 없었다.[1] 문정왕후 윤씨와 윤원형 일당은 그 틈을 이용해서 경원대군을 세제世弟로 책봉해야 한다는 여론을 조성하며 인종을 심리적으로 압박했다. 하지만 세제 책봉이 채 이루어지기도 전에 인종이 서거한 것이다. 그들에게는 더 이상 거칠 것이 없었다. 복성군 이미李嵋를 세자 자리에 올려놓기 위해 세자 이호李岵를 저주하며 문정왕후 윤씨와 한판승부를 벌였던 경빈 박씨는 1527년중종 22년 3월에 발생한 '작서灼鼠의 변變'으로 두 모자母子가 함께 사사되었기 때문

---

1 조선시대에도 후궁들의 서열은 매우 엄격했다. 왕의 정부인인 왕후 다음에는 빈(嬪)이 있는데 그 직위는 정1품에 해당하는 것이었다. 빈 아래에는 종1품인 귀인(貴人)이 있고 그 다음으로는 정2품인 소의(昭儀), 종2품인 숙의(淑儀), 정3품인 소용(昭容), 종3품인 숙용(淑容), 정4품인 소원(昭媛), 종4품인 숙원(淑媛), 정5품인 상궁(尙宮)이 있었다.

이다. 1545년 7월 6일, 마침내 경원대군이 12세의 나이로 임금에 올랐으니 그가 바로 조선의 제13대 임금인 명종이다. 그는 나이가 너무 어렸기 때문에 모후인 문정왕후 윤씨가 수렴청정을 하게 되었다. 마침내 온 세상 천하가 문정왕후 윤씨와 윤원형 일파의 손으로 들어오게 되었다.

한편, 「여인천하」에서는 비중 있게 다뤄지지 않았지만 우리들이 눈여겨보아야 할 여성이 한 분 있는데 그 주인공이 바로 중종의 여섯 번째 부인이었던 창빈 안씨다. 그녀는 1499년연산군 5년 7월 27일 경기도 금천에서 안탄대의 딸로 태어났으며 9세 때인 1507년중종 2년에 내명부의 궁녀로 선발되어 궁궐 생활을 시작했다. 배어난 미모는 아니었지만 행동이 정숙하고 단정했던 그녀는 중종의 모후였던 정현대비에게 발탁되어 20세의 나이에 중종의 사랑을 받게 되었고 31세에 종3품인 숙용까지 지위가 올랐던 여인이다. 그때까지 그녀는 중종과의 사이에 영양군 이거, 덕흥군 이초훗날 선조임금의 아버지, 정신옹주 등 2남 1녀를 낳았다. 한 가지 재미있는 것은 문정왕후 윤씨와 그녀의 사이는 매우 돈독하고 신실했다는 사실이다. 그렇게 된 가장 큰 이유는 그녀의 자식이 임금이 될 확률은 0%인데다 자신의 친정이 내세울 만한 것이 없었기에 애초부터 권력에 대한 욕심을 갖지 않았기 때문이다. 따라서 그녀는 문정왕후 윤씨에게 고분고분했고 언행에서도 각별하게 조심했던 것으로 전해진다. 그 점이 문정왕후 윤씨로부터 신뢰를 받게 된 결정적인 요인이었다. 1544년 11월 15일 중종이 서거하자 그녀도 관례에 따라 중이 된 후 인수궁에 머무를 생각이었다. 하지만 문정왕후 윤씨의 간곡한 만류가 있었기에 대궐에서 편안하게 일생을 마칠 수 있었다. 중종이 승하한 지 5년 후인 1549년 10월 18일 그녀는 50세의 일기로 세상을 떠났다. 큰 병을 앓았다거나 고통 속에서 죽었다는 기록이 없는 것으로 보아 그녀의 죽음 역시 평온한 죽음이었다고 본다. 문정왕후 윤씨는 그녀가 죽은 이후에도 2남 1녀를 친자식처럼 알뜰살뜰히 보살펴주었다.

• 동작구 국립현충원 내에 있는 창빈 안씨 묘소 •

權不 20년의 이치를 터득했던 창빈 안씨의 지혜

명종의 첫 번째 부인은 인순왕후 심씨로 그의 아버지는 심강이다. 그녀는 1542년에 경원대군과 결혼을 했으며 임금의 즉위와 함께 왕비로 책봉되었다. 명종과 인순왕후는 1551년명종 6년에 아들 이부李暊를 낳았다. 그는 명종의 유일한 자식이었다. 명종은 인순왕후 심씨를 비롯해서 6명의 후궁인 숙의 이씨이첨정의 딸, 숙의 신씨신언숙의 딸, 숙의 정씨정귀붕의 딸, 숙의 정씨정수의 딸, 숙의 신씨신홍제의 딸, 숙의 한씨OO의 딸; 父 불분명을 두었지만 더 이상의 자녀를 갖지 못했다. 이부는 7세가 되던 1557년에 세자에 책봉되었고 2년 후인 1559년에 윤옥의 딸과 결혼을 했지만 1563년명종 18년에 13세의 나이로 후사없이 죽었다. 세자가 갑작스런 죽음을 맞이한 지 4년 만인 1567년에 명종마저 34세의 나이로 서거하자 조선 왕실은 적통이 끊겨버렸다. 또 명종이 승하하기 2년 전에는 수렴청정 8년 동안, 그리고 그 이후에도 임금의 어머니란 자격으로 무소불위의 권력을 휘둘렀던 문정왕후가 죽으면서 온갖 악행을 저질렀던 윤원형과 그의 처 정난정도 귀양지에서 죽음을 맞이했다. '제아무리 센 권력도 20년을 넘지 못한다'는 권불 20년의 이치가 통용되는 순간이었다.

이제 조정의 권력은 명종비 인순왕후 심씨에게로 쏠렸다. 명종의 갑작스런 죽음으로 후계자도 정해지지 못한 상태였다. 이에 인순왕후 심씨가 영의정 이준경 등을 비롯한 대신들과 충분한 논의를 거친 후, 종친 가운데 왕위를 이을 만한 자질이 있는 사람을 선택했으니 그가 다름아닌 창빈 안씨의 손자였던 하성군 이균이었다. 이균의 부친은 덕흥군 이초로서, 그는 창빈 안씨의 둘째 아들이었다. 사실 창빈 안씨도 그녀가 살아있을 때의 직위가 아니었다. 생전에 그녀의 직위는 종3품 숙용이었다. 하지만 왕위에 오른 손자선조가 그녀를 정1품 빈으로 정하고 '창빈'이란 칭호를 내림으로써 창빈 안씨가 된 것이다.

조선의 제14대 임금인 선조는 1392년 조선의 개국 이래 최초로 후궁의 몸에서 태어난 그것도 아들이 아니라 손자로 태어나서 임금의 자리에 오른 국왕이다. 남성의 입장에서 바라본다면 모두 중종 임금의 피를 이어받은 후손이지만 여성의 입장에서 생각해본다면 선조 임금 이후의 조선 왕실은 모두 다 창빈 안씨의 후손들이라고 말할 수 있다. 결론적으로 TV드라마 「여인천하」에서 권력을 놓고 치열하게 대립을 했던 문정왕후 윤씨와 경빈 박씨, 대윤과 소윤, 윤원형과 그의 처 정난정은 진정한 승자가 아니었다. 겉으로 보이는 권력만을 놓고 치열하게 싸우다가 '권불權不 20년'의 진리 앞에서 소멸해간 인간일 따름이다. 최종적인 역사의 승리자는 특유의 조심스런 몸가짐으로 권력을 멀리하는 철학을 갖고 있었던 창빈 안씨로 귀결되고 말았다. 그것이 조선 역사의 조용한 가르침이다.

창빈 안씨가 우리 정치 리더들에게 주는 교훈

롱런할 수 있는 권력은 저절로 이루어지지 않는다. 권력의 빛과 그림자를 두루두루 살피면서 창빈 안씨처럼 욕심 없이 정도를 걸으면서 자기절제를 실천해야만 역사의 승자가 되어 롱런할 수 있는 권력을 지닐 수 있다는 사실이다. 이때의 권력은 세상을 쥐락펴락하는 권불 10년의 파워가 아니라 만세萬世에 이어갈 수 있는 명예와 칭송이다. 또 창빈 안씨는 롱런할 수 있는 권력이 수신제가 치국평천하에서 나온다는 평범한 진리를 조용히 가르쳐주고 있다. 덕흥군은 1549년 10월 18일 창빈 안씨가 사망하자 어머니를 경기도 장흥에다 모셨다가 1550년에 풍수지리가의 조언을 듣고 현재의 동작릉으로 이장했다. 그리고 1552년에 하성군 이균이 태어났고 그가 1567년에 조선의 제14대 임금이 되자 세상 사람들은 한결같이 "덕흥군이 자기 어머니의 묘소를 조선 최고의 명당자리로 모신 덕분에 손자 대에 임금을 탄생시켰다"면서 입을 모아 칭송했다고 전해진다. 즉 덕흥군의 끝없는 효심이 하늘을 감동시켜서 왕기王氣를 받았다는 얘기다. 풍수지리를 어디까지 믿어야 할지, 나로서는 확신할 수 없지만 한 집안에서 부모자식 간에 진정한 효가 싹트고 언행에 조심하며 정도를 걷는 사람들에게 복을 내린다는 결론만큼은 온몸으로 수용하고 싶어진다. 오늘날 대권 병에 눈이 먼 우리나라 정치 리더들이 한 번 정도 곱씹어보아야 할 소중한 가르침이 아닐까 싶다.

1 중국 고전은 리더십의 보물창고寶庫다. 특히 손무가 지었다는 『손자병법』은 지智, 용勇, 신信, 엄嚴, 인仁이 리더의 덕목임을 가르치고 있다. 또 '급할수록 돌아가라'는 우직지계迂直之計의 중요성도 가르쳐준다.

2 공자는 『논어』를 통해서 인仁 사상을 설파하고 군자가 지켜야 할 덕목으로서 '군자화이부동君子和而不同 소인동이부화小人同而不和: 군자는 화합은 하지만 부화뇌동하지 않고, 소인은 부화뇌동은 하지만 화합은 하지 않는다'를 역설했다.

3 노담은 『노자』를 리더십의 진수를 설파했다. 즉 『노자』는 리더의 마음가짐으로서 '무위'無爲와 '청정'淸淨, 곡선적 사고의 중요성과 지족知足의 계戒를 꾸준히 실천할 것을 주문하고 있다.

4 한비는 『한비자』를 통해 리더십의 본질을 일깨워주고 있다. 그는 철저한 인간불신에 기초해서 리더의 모습을 찾고자 노력했던 인물이다. 그는 인간을 움직이는 동기가 애정, 의리, 인정이 아니라 오로지 사적 이익임을 강조했다. 또 그는 부하를 잘 다루고 조직을 통합해서 자신의 지위를 탄탄하게 하기 위한 비법으로 법法, 술術, 세勢를 가져야 한다고 역설했다.

5 장주는 『장자』를 통해 리더십의 핵심을 보여줬다. 그는 이상적인 리더상으로 '나무닭'을 의미하는 목계木鷄를 제시하면서 '무용無用의 용用'과 '좌망'坐忘의 중요성을 강조했다.

객관식

01 손무가 『손자병법』을 통해 강조한 리더의 덕목이 <u>아닌</u> 것은?
① 인仁　　② 신信　　③ 지智　　④ 의義

02 다음 기술된 내용 가운데 <u>잘못된</u> 것은?
① '무용의 용'은 쓸모없는 게 오히려 쓸모 있다는 뜻이다.
② '청정'은 계율을 지켜 도를 닦는 일, 또 맑고 깨끗한 자세를 말한다.
③ '우직지계'는 리더가 갖추어야 할 덕목으로서 사심 없는 마음가짐을 의미한다.
④ '무위'는 사람의 힘이나 지혜를 더하지 않고 자연 상태로 내버려두는 것을 의미한다.

03 '무위'와 '청정'에 대해서 언급한 중국 고전은?
① 『노자』　　② 『한비자』　　③ 『맹자』　　④ 『장자』

04 '좌망'과 '무용의 용'에 대해서 언급한 중국 고전은?
① 『노자』　　② 『한비자』　　③ 『맹자』　　④ 『장자』

05 다음 중에서 '수오훈'으로 볼 수 <u>없는</u> 것은?
① 약한 것이 일관되게 약하면 매우 강한 존재다.
② 물의 본질적인 속성은 고체, 액체, 기체에 따라 달라진다.
③ 물은 스스로를 정화한 후, 남의 오탁을 씻어주고 청탁의 세계를 열어준다.
④ 유수불부流水不腐와 수적석천水滴石穿은 물이 갖고 있는 속성을 매우 잘 대변해준다.

※ 다음 빈칸에 들어갈 알맞은 용어를 적으시오.

01 '군자는 화합하지만 부화뇌동을 하지 않고, 소인은 부화뇌동을 하지만 화합하지 않는다'는 '君子和而不同 小人同而不和'의 출처는 (   )(이)다.

02 (   )은 부하가 신고한 대로 업무를 부여해준 후, 신고와 성과가 일치한 사람에게는 포상을 하고 그렇지 않은 사람에게는 벌을 주는 제도를 의미한다.

03 조용히 앉아서 잡념을 버림으로써 현실 세계를 잊고 절대적으로 무차별적인 경지로 들어가는 것을 (   )(이)라고 정의한다.

04 '나무 닭'을 뜻하는 '목계'木鷄와 '쓸모 없는 것이 오히려 쓸모가 있다'는 '무용無用의 용用'의 출처는 중국의 고전인 (   )(이)다.

05 시청자들의 이목을 집중시킨 「여인천하」의 주인공은 중종의 세 번째 부인이었던 문정왕후 윤씨와 대결을 벌였던 경빈 박씨였다. 하지만 조선 역사에서 최후의 승자 자리는 늘 정숙하고 절제된 언행으로 절대 권력자였던 문정왕후 윤씨로부터 인정을 받았던 어느 여인에게 돌아갔다. 조선의 제14대 임금이었던 하성군 이균의 할머니이자 중종의 여섯 번째 부인이었던 이 여인의 이름은 (   )(이)다.

| 정답 |

객관식   01 ④   02 ③   03 ①   04 ④   05 ②
단답식   01 논어   02 형명참동   03 좌망   04 장자   05 창빈 안씨

CHAPTER 09

조직의 운명은
리더의 위기관리능력에 달려 있다!

조국을 구하기 위해 헌신했던 독립투사들. 사진의 좌로부터 노능서,
김준엽(전 고려대 총장), 장준하(전 국회의원, 사상계 편집인) 선생이다.
(출처: 고려대학교 교우회보)

오향의식과 진주조개, 그리고 대나무

우리 인생은 1막 3장1장은 청소년기, 2장은 장년기, 3장은 노년기의 연극과도 같다. 누구나 자신이 직접 쓴 시나리오를 들고, 주인공의 자격으로 무대에 올라야 한다. 또 프랑스의 소설가 로맹 롤랑Romain Rolland; 1866~1944이 말했듯이, 인생의 여로旅路에는 편도차표片道車票 밖에 발행되지 않는다. 마치 유턴 금지의 고속도로를 달리는 자동차처럼, 한 번 떠나면 원점으로 되돌아올 수 없는 세계로 나가면서 자신의 삶을 일궈내야 한다. 그것이 우리의 인생이다. 우리는 그 과정에서 순경順境: 일이 뜻대로 잘되어 나감과 역경逆境을 모두 경험하게 된다. 양지에서 따뜻한 햇볕을 받으며 출세가도를 달리기도 하고, 음습한 음지에서 삭풍朔風과 싸우며 혹독한 시련을 맛보기도 한다. 물론 음지에서의 역경을 단 한 번도 경험하지 못하고, 일생을 마치는 억세게 운 좋은 사람도 없는 건 아니다.

역경은 인간을 지혜롭게 한다!

그런데 인간의 그릇 크기는 역경을 얼마나 잘 극복했느냐에 따라 결정된다. 자신이 생각한대로 모든 일이 잘 풀리고 입신양명까지 가능하다면 그것보다 더 좋은 것은 없을 것이다. 그러나 역경 또한 그 나름대로 인생에 대한 깊은 통찰력과 소중한 체험을 제공해 주기 때문에 반드시 나쁘다고 말할 수는 없다. '실패는 성공의 어머니', '하늘은 스스로 돕는 자를 돕는다'라는 말도 있지 않은가! 역경은 인간을 고뇌苦惱하게 만들고, 고뇌는 인간을 지혜로운 사람으로 성숙시킨다고 했으니, 무릇 현자賢者가 되길 원한다면 일부러라도 역경을 초대해서 친구처럼 가깝게 지내볼 필요도 있다. 우리 주변에는 사업실패자, 선거에서 낙선한 사람, 동기들에 비해 승진이 늦은 사람, 상관의 눈 밖에 나서 오지奧地나 지방근무로 좌천된 사람들이 적지 않다. 그런데 그들의 행태는 크게 두 부류로 나타난다.

첫 번째 부류는 자신이 직면한 핀치pinch의 본질을 직시하고, 자기혁신을 위한 피나는 노력으로 인생 역전을 위해 도전하는 사람들이다. 적극적 사고로 무장한 이들에게 있어, 역경은 단지 자신들의 내적 성장에 꼭 필요한 자양분일 뿐이다. 세상에 굵은 족적足跡을 남겼던 리더들의 인생여정을 추적해 보면, 그들 중 상당수가 역경을 즐기면서 자신의 운명을 재창조해 나갔음을 확인할 수 있다. 두 번째 부류는 역경 앞에서 좌절감을 느끼거나 체념하면서 자신의 불운不運만을 한탄하는 미련한 사람들이다. 그들은 '지금 이 나이에 내가 무엇을 할 수 있겠어!', '왜 나에겐 걱정거리만 생기지', '상황이 내게 협조를 안 해줘!'와 같은 말을 입에 달고 살면서, 모든 것을 팔자소관八字所關으로 돌리는 고약한 습성이 있다. 그런 탓에 그들의 인생은 대부분 보잘것없는 초라한 삶으로 마감하는 게 보편적 현상이다. 그들에게는 '닥쳐오는 역경을 피하는 사람은 소인배요, 극복하는 사람은 범부요, 스스로 역경을 만들면서 그것을 타파하는 사람은 비범한 사람이다.'라는 말이 한낱 잠꼬대 같은 소리로만 들릴 뿐이다. 또 "지구상에 창조된 피조물 가운데 자신을 바꿀 수 있는 존재는 인간뿐이다. 인간만이 마음속에 갖고 있는 태도를 변화시킴으로써 인생 전체를 바꿀 수 있다"고 일갈했던 제임스 윌리엄James William; 미국의 심리학자 및 철학자. 『프래그머티즘』과 『근본적 경험론』의 저자의 얘기가 자신과는 아무런 상관이 없다며 비웃을 사람들이다. 나는 '이 세상에 역경만큼 값진 것이 없다!'는 것을 시사해주는 몇 가지 사항을 그런 분들에게 전해주고 싶다. 이것은 약 20년 전쯤에 읽었던 『일하기 싫을 때 읽는 책』[1]에 나오는 오향의식五香儀式과 진주조개, 그리고 대나무에 얽힌 얘기를 내 버전으로 각색한 것임을 밝힌다.

오향의식, 진주조개, 대나무가 시사하는 것

옛날 중국인들은 갓난아이가 태어나면, 오향의식을 치렀다. 오향의식이란, 초酢, 소금鹽, 한약漢藥, 구등鉤藤: 콩과에 속하는 만초로서 어린이 간질병을 치료하는 약재, 사탕砂糖 등 다섯 가지 물품을 아기 엄마의 젖꼭지에 묻혀 빨리는 것을 말한다. 그들이 오향의식을 중시했던 이유는, 아이들이 자라서 진정한 단맛성공을 느끼기 위해서는 사전에 시고, 짜고, 쓰고, 매운 것역경을 경험해야만 한다는 생각에서다. 이에 대해 '갓난아이들에게 그런 교육을 시키는 것은 너무나 가혹한 처사다.'라는 비판이 제기될 수 있다. 하지만 나는 중국인들의 오향의식에 대해 비판할 생각이 조금도 없다. 매사를 '내 새끼 제일주의'에 입각하여 자신의 아이들에게 역경을 경험할 기회조차 주지 않으려는 한국의 이상한(?) 엄마들을 생각하면 더 더욱 그렇다.

또 진주는 여성들이 좋아하는 보석류 가운데 하나다. 다이아몬드보다는 값이 싼 편이지만, 그렇다고 누구나 소유할 수 있는 물건이 아니다. 가격이 결코 만만치 않기 때문이다. 진주 반지나 진주 목걸이를 갖고 싶어 하는 여성들도 정작 그것이 어떻게 만들어지는 지에 대해서는 별다른 관심이 없다. 게다가 진짜 진주와 가짜 진주를 정확하게 구별해낼 수 있는 기초지식가짜 진주는 입으로 깨물었을 때 미끌미끌거리는 느낌을 주는데 반해, 진짜 진주는 무언가 긁히는 느낌을 준다조차 갖고 있지 않다. 그러다보니, 가짜 진주를 파는 외국 상인들에게 한국 관광객들은 언제나 봉鳳일 수밖에 없다.

---

[1] 가사마끼 가쓰토시가 쓴 이 책은 1984년, 일본에서 출간되어 공전의 히트를 거두었던 베스트셀러였다.

'상처 난 진주조개가 진주를 만든다'는 얘기가 있다. 이는 진주가 진주조개로부터 일정기간 동안 양식된 후, 채취되는 것임을 시사한다. 진주조개는 조개의 사새목 진주조개과의 한 종種으로서, 어미 진주조개는 7~9월경에 알을 낳으며, 식용도 가능하다. 진주조개로부터 진주를 얻는 과정은 간단하다. 진주조개의 생식선에 구멍을 뚫은 후, 패각 조가비를 둥글게 깎은 핵과 외투막을 4~9mm² 크기로 자른 절편을 그곳에 넣어 몇 년 동안 양식하면 진주가 만들어진다.

그런데 진주조개의 생식선에 구멍을 뚫는다는 것은, 곧 그것에 상처를 낸다는 의미다. 생식선에 들어간 이물질異物質: 잘게 자른 패각조가비의 껍질이 조개에게 고통을 주면, 조개는 그것을 녹여 없애기 위해 강력한 소화액을 분비한다. 이때 이물질이 소화되지 않으면, 소화액이 그것을 둥글게 감싸고 자라면서 영롱한 진주로 변한다고 한다. 산모가 극심한 산통産痛을 겪어야만 어여쁜 아이가 태어나는 것처럼 진주조개도 조갯살이 찢어지는 아픔을 겪어야만 영롱한 빛깔의 진주를 얻을 수 있는 것이다. 이것을 보면, '역경 없는 환희는 진짜 환희가 아니다'는 얘기가 나름대로 일리 있다고 본다.

또 한국에는 두 종류의 사군자가 존재한다. 하나는 학식이 많고 덕망이 높은 사람을 가리키는 사군자士君子고, 다른 하나는 품성이 고결한 군자와 같다는 매화, 난초, 국화, 대나무를 일컫는 사군자四君子다. 그런데 후자의 사군자四君子 중에서 역경과 가장 잘 어울리는 대상은 대나무다. 평소 대나무를 주의 깊게 관찰한 사람이라면, 대나무의 두 가지 특성을 잘 알고 있을 것이다. 대나무는 씨앗을 뿌린 후, 몇 년이 지나도 좀처럼 죽순이 트지 않는다. 적어도 씨앗을 뿌리고 나서 4년이 지나야만 죽순이 하나씩 돋아나기 시작하며, 5년째가 되면 돋은 새싹이 비약적으로 크기 시작한다. 맨 처음 죽순이 나오기까지 4년 동안은 땅속에서 뿌리를 깊이 박기 위한 인고의 세월을 보내야 한다. 또 대나무 가지는 반드시 마디에서만 나온다. 그것은 마디를 만들면서 성장한다. 속이 텅 빈 대나무가 20~30m 이상을 올곧게 자랄 수 있는 것은 마디를 만들 수 있는 대나무의 독특한 습성에서 기인한다. 그것이 마디를 만들지 못한다면, 미식가들이 즐겨 찾는 '대나무 통밥'도 불가능하다. 그런데 대나무의 마디는 성장의 발판을 마련하기 위한 역경을 상징한다. 우리 인생에서도 마디가 없다면, 제대로 된 성장과 발전을 기대하기 어렵다. 가령, 우리의 삶속에서 고교입시, 대학입시, 입사시험 등이 하나의 중요한 마디였다. 사람들은 그런 마디를 무사히 통과하기 위해서 많은 노력과 정열을 불태운다. 그럼에도 불구하고 사람을 탈락시키기 위해 고안된 제도가 시험이기 때문에 그 이면에는 반드시 희비喜悲의 쌍곡선이 난무할 수밖에 없다.

합격한 사람에게는 환호와 주위의 칭찬이 따르지만, 낙방한 사람은 엄청난 좌절감과 모멸감으로 마음의 깊은 상처를 감내해야 한다. 그 상처가 재도전을 위한 새로운 마디로 작용해서 마침내 합격을 했을 때, 사람들은 완성된 마디역경의 극복을 의미가 제공해주는 '기쁨 두 배'의 진가眞價를 짜릿하게 경험할 것이다. '비가 온 뒤, 대지가 굳어진다'는 말도 그런 경우를 묘사하기 위해서 탄생한 얘기라고 생각한다. 수많은 철학자들이 실패를 아름답고 숭고한 대상으로 바라보았던 이유도 그와 무관하지 않다. 나도 지금까지 살아오면서 숱한 실패와 좌절을 경험했다. 그 과정에서 잃은 것도 있지만, 얻은 것 또한 결코 적지 않다. 따라서 나는 온실 속의 화초처럼 안락한 환경에서 편안하게 성장한 사람보다는 인생의 역경을 온몸으로 체험하며 자신의 삶을 치열하게 가꿔온 사람들을 좋아하고 그런 사람들과 오랫동안 친구하고 싶다.

불가의 가르침: 팔고八苦와 삼일수하三日樹下

역경을 경험해 보지 못하고 순풍에 돛단 듯 승승장구한 사람은 연속적인 행운에 힘입어 사회적 지위는 높을지 모르지만, 인간의 그릇이나 사유思惟의 폭은 밴댕이 수준인 경우가 대부분이다. 지나치게 자기중심적이고, 거만한 태도로 일관하며, 타인을 배려하는 따뜻한 심성을 찾아보기 어려운 것도 그들만의 공통점이다. 게다가 역경을 모르기 때문에 위기관리에 취약하며, 한번 실패를 당하면 자신과 조직을 회생 불능의 어려움에 빠트릴 가능성이 높다. 따라서 그런 부류의 사람들은 리더로서 부적합하다. 국민들의 사랑과 존경을 한 몸에 받을 수 있는 리더가 된다는 것이 그리 쉬운 일은 아니다. 그동안 우리 사회에 수많은 리더들이 명멸明滅했지만, 미국의 링컨이나 인도의 간디와 같은 경지에 오른 리더가 있었는가? 우리에게 진정한 리더가 없었던 것은, 리더를 자처했던 사람들이 인간경영에 대한 사유 부족과 끊임없는 자기혁신에 실패했기 때문이다. 그런 의미에서 불가佛家에서 말하는 팔고八苦와 삼일수하三日樹下의 얘기를 미래의 리더를 꿈꾸는 사람들에게 들려주고 싶다.

• 수행정진을 위해 길 떠나는 스님들 (출처: 下心님 블로그) •

팔고란, 생로병사生老病死에 따른 네 가지 고통 외에 사랑하는 사람과 이별해야 하는 고통, 증오하는 사람과 만나야 하는 고통, 간절히 원하지만 이룰 수 없는 고통, 심신에서 우러나오는 마음의 고통을 말한다. 그런데 리더가 인간경영에 성공하기 위해서는 직접 팔고를 체험해 보면서 인간의 본성에 대해 깊이 있는 이해를 해야 한다. 그래야만 국민이나 조직구성원들에게 감동을 줄 수 있는 감성 리더십이나 서번트 리더십을 발휘할 수 있다. 또 '삼일만 같은 나무 아래 머물러 있으면 집착이 생기기 쉬우므로 수도자는 늘 떠나야 한다'는 뜻의 삼일수하三日樹下는 리더들에게 자기혁신을 위한 용맹 정진을 강조하는 경구다. 성공한 리더들의 공통점은 견리사의見利思義의 정신과 초심을 잃지 않고, 일신우일신日新又日新의 자세로 자기혁신의 끈을 한 순간도 놓지 않았다는 점이다. 무릇 우리의 사이비 리더들이 팔고와 삼일수하를 몸소 실천함으로써 '진흙속의 연꽃' 같은 존재로 개과천선改過遷善하여 국가와 조직구성원을 위해 멸사봉공滅私奉公할 수 있기를 기대한다.

위기에 대한 개념과 유형을 분석하라!

위기를 한자로 표기하면 危機가 된다. 여기서 '危'는 위험을 의미하고, '機'는 기회를 말한다. 이는 위기가 위험과 기회를 동시에 내포하고 있다는 것을 의미한다. 위기는 결국 위험한 순간을 잘 넘기면 좋은 기회가 올 수 있다는 것을 시사해 준다. 위기는 인류, 국가, 기업, 가계를 막론하고 찾아온다. 하지만 여기서는 기업의 경우로 한정시켜 그들이 직면할 수 있는 위기의 유형에 대해 살펴보고자 한다. 기업의 생존을 위협할 수 있는 위기의 유형은 크게 6가지 정도다.

1 국가 거시경제 차원에서 직면할 수 있는 경제적 위기로서 오일 파동, 환율변동과 연관된 외환위기 및 국가 신인도 하락, 무역규제에 연관된 슈퍼 301조 발동, 국가간 국지전쟁의 발발 등을 들 수 있다. 이들 거시경제지표에 빨간불이 켜지는 순간, 기업경영은 매우 어렵다.

2 산업스파이나 조직구성원들의 잘못된 일탈행위로 지적 재산권이 강탈强奪당하는 경우로서 첨단기술이나 원천기술의 유출, 디자인 및 상표권의 도용, 전산망의 해킹, 특허 소송을 비롯한 지적 재산권 분쟁 등이 있다.

3 재산과 인명 피해를 초래하는 산업재해도 기업경영을 위협하는 요인들 가운데 하나다. 산업재해는 현장 근로자들의 사기진작에 부정적인 영향을 미치는 데다 기업에게는 재산상의 피해와 인명 피해에 따른 보상금 지급이라는 경제적 부담을 줄 수밖에 없다. 이는 결국 기업경영에 마이너스적인 영향을 끼칠 수밖에 없다.

4 기업의 파산을 초래할 수 있는 불리한 경영여건의 변화를 들 수 있다. 노사분규, 인건비 급증, 금리부담 가중, 경기침체, 가격이나 품질 경쟁력 하락에 따른 매출액 감소와 수익률 하락 등이 그 대표적인 예다.

5 기업 내부의 경영권 분쟁이나 기업 외부에서 벌어지는 적대적 합병 등도 기업경영을 위기에 빠트릴 수 있는 요인 가운데 하나다. 일례로 현대와 롯데 재벌가에서 벌어졌던 형제 간의 경영권 다툼은 기업의 대내외 이미지를 크게 실추시킨 바 있다. 또 적대적 합병에 제대

로 대응하지 못할 경우, 경영권 자체를 빼앗길 수도 있음을 명심해야 한다.

6 2016년에 경주 지역에서 연속적으로 발생한 지진을 비롯해서 가뭄, 홍수, 해일, 황사, 원인 불명의 전염병과 신종 바이러스의 출현도 경제운용의 불확실성을 가중시킴으로써 기업경영에 부정적인 영향을 미칠 수 있다.

위기관리의 중요성을 정확하게 인식하라!

관리 가능한 위기는 더 이상 위기가 아니다!

관리될 수 있는 위기는 더 이상 위기가 아니다. 왜냐하면 진짜 위기는 새벽안개처럼 조용히 다가오기 때문이다. 그렇기 때문에 위기에 대한 대비도 어렵고 원인규명도 쉽지 않다. 가령, 들소 떼를 공격하는 사자나 표범이 큰소리를 치면서 그들 곁으로 다가가는가? 그들은 들소 떼 중에서 최종 목표물을 선정하고 그것을 자신의 사정권 안에 들여놓기까지 최대한 정숙보행靜肅步行을 한다. 그래서 날쌔고 빠른 동물들도 사자나 표범의 무리에게 맥없이 당하는 것이다. 그게 바로 위기의 본질이다. 독일의 사회학자인 울리히 벡Ulich Beck은 원인규명의 어려움이 현대 사회가 경험하는 위기의 본질이라고 설명했다. 현대 사회가 복잡다기하고, 카오스적인 성격이 강하기 때문에 원인과 결과 간의 인과관계가 분명하지 않다. 그렇다보니 위기 발생에 대한 사전 예측도 힘들고, 위기 극복을 위한 대안 마련도 쉽지 않다는 것이다.

위험을 기회로 바꿀 수 있는 비법

전독위약轉毒爲藥은 '독위험이 변하여 약기회이 된다'는 말이다. 그런데 '독'을 '약'으로 바꾸기 위해서는 고도의 전략이 필요하다. 우선 조직 내부에 위기관리시스템을 구축해서 위기의 예측, 분석, 대응체제를 마련하고, 위기관리능력이 뛰어난 사람을 리더로 선임하여 조직경영을 맡겨야 한다. 또 리더와 조직구성원들 간에 화합하고 일치단결할 수 있는 조직문화를 배양하고 자기개혁과 자기혁신을 위해 노력하는 분위기를 만들어 나가야 한다. 미래에 예견되는 변화와 위험요인들을 사전에 포착해서 대응할 능력이 있는 사람들이 많은 조직, 애사심과 투철한 직업의식으로 열심히 노력하는 사람들이 많은 조직, 하나의 작은 실패에 대해서도 원인규명을 철저히 해서 추후 동일한 실패가 일어나지 않도록 노력하는 조직은 어떠한 위기 앞에서도 자유롭다.

위기관리와 리더십의 관계

리더의 진가는 평상시가 아니라 위기의 순간에 드러난다. 여기서는 위기를 슬기롭게 극복할 수 있는 리더들의 유형에 대해서 살펴보자. 자기희생적인 자세로 신속하고 명확하게 의사결정을 내릴 줄 아는 리더, 조직의 숭고한 가치를 지키기 위해 어떤 희생도 불사하는 리더, 멸사봉공滅私奉公의 자세로 대의를 위해 소아小我를 버릴 줄 아는 리더가 위기관리에 적합하다. 조직구성원의 신체적 안녕을 최우선적으로 중시하는 리더, 침착하고 담담한 자세로 위기를 인식하고 그것에 대응할 수 있는 리더, 조직 내에서 자유로운 토론과 가치공유가 가능하도록 분위기를 만드는 리더 또한 위기관리를 잘할 수 있는 훌륭한 리더다. 이런 리더들이 리더십을 발휘하는 조직은 그 어떠한 위기가 닥쳐와도 그 위기를 슬기롭게 극복할 수 있다. 그래서 리더의 역할 가운데 무시할 수 없는 것이 바로 위기관리능력이다.

위기관리의 단계별 프로세스에 대해 학습하라!

위기관리의 단계별 프로세스

위기관리의 단계별 프로세스는 크게 위기진단 시스템 구축, 위기상황 인식, 원인규명, 대응책 마련, 정책집행, 평가 및 사후관리로 구분된다. 또 그들 각각의 프로세스와 관련된 주요 내용을 언급하면 아래와 같다.

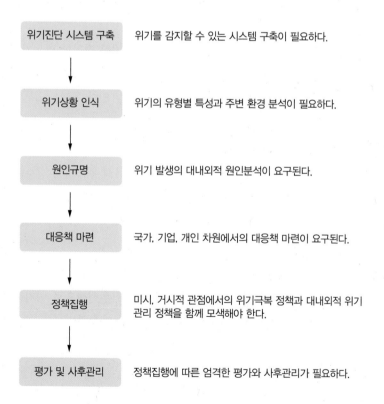

위기진단 시스템 구축	위기를 감지할 수 있는 시스템 구축이 필요하다.
위기상황 인식	위기의 유형별 특성과 주변 환경 분석이 필요하다.
원인규명	위기 발생의 대내외적 원인분석이 요구된다.
대응책 마련	국가, 기업, 개인 차원에서의 대응책 마련이 요구된다.
정책집행	미시, 거시적 관점에서의 위기극복 정책과 대내외적 위기관리 정책을 함께 모색해야 한다.
평가 및 사후관리	정책집행에 따른 엄격한 평가와 사후관리가 필요하다.

각 단계별 행동요령 및 지침사항 검토

위기관리의 단계별 프로세스에 대한 행동요령 및 지침사항은 다음과 같다.

1 위기진단 시스템의 구축

① 위기관리의 사전대책으로 위기진단 시스템을 구축한다.

② 위기관련 정보를 모니터링하면서 체계적인 비상계획을 수립한다.

③ 위기의 조짐이 보이면 현장에서 즉각 해결할 수 있는 만반의 준비태세를 강구한다.

2 위기상황에 대한 올바른 인식

① 어떤 상황이 조직에게 위기로 작용할 것인가, 아니면 그렇지 않은가에 대한 판단을 신속하게 내린다.

② 만약 위기라고 판단되면, 지금의 위기가 어떤 유형에 속하며, 어떤 특성을 지녔는가를 냉철하게 파악한다.

3 원인규명은 정확하고 신속하게!

① 위기의 유형과 특성을 파악했다면, 그 즉시 최고 리더에게 보고한다.

② 위기발생의 원인이 무엇인가? 외부의 환경변화 때문인가? 아니면 내부적인 요인에 의해서 위기가 발생한 것인가?에 대해 신속하게 진단한다.

③ 이 단계에서는 전문가의 진단 외에도 현장의 생생한 목소리를 경청할 필요가 있다. 이때 중요한 것은 조직 내에서 객관적인 사실만을 갖고 소통해야 한다는 사실이다. 그렇게 해야만 각종 풍문이나 억측에서 비롯되는 정보의 왜곡을 막을 수 있다.

4 최적의 대응책 마련

① 위기를 한방에 잠재울 수 있는 최적의 대응책을 모색한다.

② 대응책별로 각각의 기대효과를 정리해보고, 그에 기초해서 대응책의 우선순위를 도출한다. 그렇게 해야만 최소한의 노력으로 최대한의 효과를 거둘 수 있다.

5 효율적인 정책집행

① 최적의 대응책을 갖고 위기를 조속히 극복해 나간다.

② 정책집행 단계는 리더의 위기관리능력이 가장 빛을 발하는 단계이다.

③ 리더는 조직의 생존가치를 '인간'에 두어야 한다. 인간을 최우선적으로 여기는 조직은 국민이나 고객의 신뢰를 잃지 않기 때문에 언제든지 재도약이 가능하다.

6 피드백이 보장되는 평가 및 사후관리

① 정책집행이 끝나고 일정기간이 지난 후, 위기의 종료 여부를 체크하면서 정책집행의 효과를 진단하는 평가작업을 실시한다.

② 정책집행 과정상에 문제점이나 미비점에 대한 점검도 병행해야 한다. 잘 된 것은 잘 된 것 대로, 문제점으로 지적받은 것은 보완책을 철저하게 강구한 후, 조직내부의 위기관리시스 템에 피드백시킨다.

③ 기존의 위기관리시스템에 대한 전반적인 개보수 작업을 통해서 한층 진일보한 위기관리 시스템을 재구축해 나간다.

리더들이 인지하고 있어야 할 '위기관리지침'

01 조직 내에서 위기상황을 감지할 수 있는 신호로는 어떤 것이 있는가?

02 위기 유형별로 원인과 특성 등에 따른 정보가 조직구성원들 사이에 공유되고 있는가?

03 평소 조직구성원들 사이에서 위기관련 시뮬레이션 훈련이 정기적으로 이루어지고 있는가?

04 명확한 지휘계통과 비상시 인적 및 물적 자원을 구비한 위기 대응팀, 일명 태스크포스 팀Task Force Team이 제대로 운용되고 있는가?

05 위기 발생시 조직 내에 원활한 커뮤니케이션이 이루어질 수 있는가? 또 그에 대한 대비책은 무엇인가?

06 위기상황에 즉각적으로 대처할 수 있는 비상 계획은 수립되었는가?

07 위기에 대한 대응전략은 합리적이며, 시의적절하게 설정되었는가?

08 위기상황에서 리더들의 리더십은 제 기능을 할 수 있는가? 아니면 여전히 미지수인가?

09 정책집행에 따른 사후평가가 제대로 이루어졌는가 또는 그에 따른 문제점과 미비점에 대한 보완대책은 합리적으로 이루어지고 있는가?

턴어라운드에 대해 철저하게 학습하라!

무엇이 턴어라운드인가?

턴어라운드turnaround란, 만성적인 적자나 유동성자금위기에 몰린 부도 직전의 부실기업을 정상화시키는 경영활동을 말한다. '반전'이라는 의미를 갖는 턴어라운드는 풍전등화風前燈火 속의 기업을 회생시키는 것이니만큼 유능한 리더를 필요로 한다. 특히 턴어라운드를 성공적으로 완수하기 위해서는 리더의 탁월한 위기관리능력과 강력한 추진력이 절대적으로 필요하다. 리더의 훌륭한 리더십에 힘입어 턴어라운드에 성공한 기업은 회생하여 재도약을 할 수 있지만, 턴어라운드에 실패한 기업은 기업사企業史에 초라한 이름만 새겨 놓은 채 역사의 뒤안길로 사라져 간다. 그것이 바로 현대를 살아가는 기업들의 운명이다.

위기관리와 기업의 턴어라운드

턴어라운드는 주로 기업 회생을 의미하는 경제 및 경영용어이며, 턴어라운드의 주요 프로세스는 다음과 같다.

턴어라운드의 프로세스

01 경영성과의 악화: 적자 폭 확대, 매출액 감소, 수익률 저하, 시장점유율 감소, 기업부채 급증 등의 현상이 나타난다.

02 위기 발생: 노사분규가 극심하고 기업의 사회적 이미지가 실추된다. 그리고 곧바로 기업이 망할지도 모른다는 억측과 괴소문이 난무한다.

03 원인분석 및 전략결정: 방만한 기업경영, 지나친 금융비용, 시장과 고객의 요구를 외면했던 것이 주요 원인으로 인식되며 부채청산과 강력한 구조조정이 필요하다는 결론이 도출된다.

04 개혁 추진: 경영진 교체, 계열사 매각, 자산 매각, 핵심 사업에 대한 집중 투자, 시스템 경영 등의 조치를 강력하게 실행한다.

05 기업회생 및 파산: 턴어라운드에 성공하면 해당 기업은 회생될 것이고, 실패하면 파산의 운명을 맞이할 수밖에 없다.

턴어라운드에 성공하기 위한 10가지 전략 방안

① 책임소재가 투명하게 드러나는 투명한 조직으로 변모시킬 것
② 손익이 쉽게 들여다보이는 깨끗한 조직으로 변모시킬 것
③ 점점 단축되고 있는 기술의 라이프사이클에 역동적으로 대처할 수 있는 조직으로 바꿀 것
④ 고객에 대한 거리감을 최대한 줄이고 고객감동의 감성조직으로 변모시킬 것
⑤ 적은 인원으로 빠른 의사결정을 할 수 있는 스피드한 조직으로 바꿀 것
⑥ 조직 내 커뮤니케이션이 원활하게 잘 되는 스마트한 조직으로 탈바꿈 시킬 것
⑦ 전략을 구체적으로 제시할 수 있는 강한 조직으로 개편할 것
⑧ 신제품 개발에 적극 나설 수 있는 유연하고 창의적인 조직으로 혁신할 것
⑨ 조직 내에서 선의의 경쟁이 활발하게 이루어지도록 자극하고 격려하는 열린 조직으로 변모시킬 것
⑩ 훌륭한 CEO를 내부적으로 키울 수 있는 인재 중시의 조직으로 변모시킬 것

기업이 턴어라운드를 성공시키기 위한 5가지 전제조건

① 신뢰할 수 있는 리더의 영입과 신속하고 과감한 구조조정 실시
② 효율적인 기업혁신 프로그램의 입안
③ 대내외 경쟁력이 있는 핵심사업만 선정하고 나머지는 과감하게 구조조정 단행
④ 고효율 저비용을 추구하는 시스템 경영체제 확립
⑤ 기업의 핵심가치 공유와 조직구성원들의 긍정적인 마인드 정립

턴어라운드에 성공한 리더들의 5가지 공통점

① 목표지향적이고 단호한 측면이 있다.
② 뛰어난 업무추진능력과 탁월한 현장 감각을 소유하고 있다.

③ 커뮤니케이션을 잘하고 다른 사람들보다 감성지수가 높은 편이다.

④ 시스템적 사고에 능숙하고 일에 대한 우선순위를 중시하며 태스크포스TF팀을 매우 효율적으로 운용한다.

⑤ 조직구성원들에게 동기부여를 잘해주고 그들의 마음을 하나로 모으는데 남다른 소질이 있다.

타인의 성공과 실패 사례를 철저하게 벤치마킹하라!

위기를 기회로 바꾸는데 성공한 여인

미국에서 가장 영향력이 있는 여성 가운데 한 분으로 손꼽히는 오프라 윈프리는 대중들에게 자신의 약점을 과감하게 고백하면서 개인의 브랜드파워를 높였다. 그녀는 고교시절 '미스 불자 동차'로 뽑히면서 방송과 첫 인연을 맺었다. 그녀가 방송을 잘 했지만 흑인 여성이 전국적인 지명 도를 얻기란 말처럼 쉽지 않았다. 그녀가 유명해진 것은 시카고에 있는 WLS-TV에서 토크쇼를

진행할 때, 사촌오빠에게 성추행을 당한 사실을 고백하면서부터였다. 그밖에도 그녀는 청소년 시절의 마약복용, 낙태경험, 복잡했던 남자관계 등 자신의 어두웠던 사생활을 고백하면서 출연자의 아픔을 어루만질 줄 아는 MC로 자신의 이미지를 굳히는데 성공했다. 이처럼 오프라 윈프리가 위기를

• 오프라 윈프리 쇼에 출연한 오바마 대통령 부부 (출처: 조선일보) •

기회로 바꾼 비결은 대중들에 대한 그녀의 정직한 태도와 용기였다.

윤리경영의 대명사로 좋은 이미지를 굳힌 존슨&존슨사

1982년 9월 말, 미국 시카고에서 타이레놀을 복용한 환자 7명이 사망하는 사고가 발생했다. 사건 보도 며칠 만에 모든 미국인의 94%가 이 사건을 인지하고 있는 것으로 조사되었다. 또한 사건이 일어나기 전, 미국의 진통제 시장에서 37%를 차지하던 타이레놀의 시장점유율은 6.5%대로

떨어지고 주가 또한 7%나 떨어지는 비상사태에 직면하게 되었다. 존슨 앤 존슨사는 즉각적인 대응방안을 마련했다. 소비자에 대한 책임을 최우선으로 하는 존슨 앤 존슨사는 자신들이 핵심가치로 여기는 '우리의 신조'에 따라 자체적인 소비자경보를 발령하고 원인이 규명될 때까지 타이레놀 제품을 절대 복용하지 말 것을 대대적으로 알렸다. 그 후 누군가에 의해 의도적으로 독극물이 주입했다는 사실이 밝혀지면서 미국 식품의약국FDA은 문제가 된 시카고 지역에 배포된 타이레놀 제품을 거둬들일 것을 존슨 앤 존슨사에 권고했다. 하지만 존슨 앤 존슨사는 시카고뿐만 아니라 전국에 산재되어 있는 문제가 없는 타이레놀 제품 3,000만 병, 총 1억 달러약 1,300억 원 상당의 제품까지도 자발적으로 모두 거둬들였다.

당시 사내에서는 타이레놀 브랜드를 포기하자는 주장도 나왔지만 존슨 앤 존슨사의 경영진은 '우리의 신조'대로 기업경영을 해온 자신들을 소비자들이 신뢰해 줄 것으로 믿었고 실제로 소비자들은 그 기업의 윤리경영을 100% 신뢰했다. 6.5%대로 떨어졌던 시장점유율도 1982년 말에는 29%수준으로 회복되었다. 그 이후 존슨 앤 존슨사의 타이레놀은 현재까지 미국 시장에서 가장 높은 비율을 차지하는 해열진통제로 살아남았으며, 세계적으로 연간 15억 달러의 매출을 올리는 효자상품이 되었다. 아마도 회사의 피해를 줄이기 위해 정당하지 못한 꼼수를 부렸다면 그 기업은 시장에서 신뢰를 잃고 파산했을 것이다. 하지만 그 기업의 윤리경영은 타이레놀의 브랜드를 회생시키는 데 결정적인 역할을 했다. 존슨 앤 존슨사가 위기를 기회로 바꿀 수 있었던 것은 아주 작은 데서 출발했다. 그것은 원칙을 지키는 것이었다. 즉 존슨 앤 존슨사는 고객 최우선의 윤리경영, CEO의 정직한 자세와 용기, CEO의 신속하고 단호한 조치를 통해 소비자의 신뢰를 얻는데 성공했던 것이다.

존슨&존슨사의 경영철학이 되어버린 '우리의 신조' 내용

1 소비자를 위한 것으로,
'우리의 책임은 우리 상품과 서비스를 찾는 의사 간호사 환자 환자가족 등 모든 사람에 대한 것이라 믿는다'

① 소비자의 욕구에 맞추기 위해 상품은 최고의 품질을 유지해야 하며,
② 적절한 상품가격을 유지하기 위하여 원가절감의 노력을 경주해야 하며,
③ 제품을 취급하는 사업자도 정당한 이익을 올릴 수 있도록 해야 한다.

2 직원에 대한 것으로,

'우리의 책임은 전 세계 어디서나 우리와 같이 근무하는 모든 남녀 직원에 대한 것이다'

① 직원은 각자가 한 인간으로 대우받고, 그들의 인간적 존엄성을 인정하며,

② 모든 직원이 안심하고 직무를 수행할 수 있도록 대우는 정당하고 적절해야 하며, 근무
환경은 청결하고 안전해야 한다.

③ 직원의 채용 능력계발 승진 등에서 기회가 균등해야 하며,

④ 우수한 경영진과 관리자를 확보해야 하며 공명정대하고 도덕적인 바탕 위에서 이뤄져
야 한다.

3 지역사회 및 세계공동체에 대한 것으로,

'우리는 우리가 생활하고 근무하고 있는 지역사회는 물론 세계공동체에 대한 책임이다'

① 선량한 시민이 되어야 하며 선행과 자선을 베풀고 적절한 세금을 내야 하며,

② 사회의 발전, 건강과 교육의 증진을 위해 노력해야 하며,

③ 우리에게 특별히 제공된 모든 시설을 최상의 상태로 관리 유지하고 환경과 천연자원
을 보호해야 한다.

4 주주에 대한 것으로,

'우리의 마지막 책임은 주주에 대한 것이다'

① 우리의 사업에서 건전한 이익을 올릴 수 있어야 하며, 새로운 아이디어 창출, 연구 개
발의 수행, 새로운 장비와 새 시설을 제공하여 신상품을 개발해야 한다.

② 실패할 경우 이를 극복해야 하며, 역경에 대한 대비책을 강구해야 한다.

③ 상기의 원칙에 따라 사업을 수행함으로써 주주들이 정당한 이익배당을 받을 수 있게
해야 한다.

반기업윤리로 위기를 자초한 기업과 CEO들

세상을 살다보면 항상 좋은 일, 좋은 사람만 있는 게 아니다. 오히려 그 반대인 경우가 다반사
다. 최근 국내 소비자들로부터 엄청난 원망과 함께 시장퇴출의 압력에 직면한 외국 회사로는 독
일의 폭스바겐 자동차와 영국계 다국적기업인 옥시㈜다. 폭스바겐 자동차는 배출가스 시험성적
조작이라는 저질적 범죄행위로 국내 소비자들의 분노를 자아내게 했다. 한때 판매량 1위를 차지
하기도 했던 폭스바겐 자동차는 기업윤리가 실종된 반사회적 기업으로 낙인을 찍히는 바람에 회
복불능의 위기에 처해졌다.

• 옥시피해자의 항변 (출처: 스타서울 TV) •

또 옥시(주)는 2001년부터 '폴리헬사메틸렌구아니딘'PHMG이라는 화학물질이 첨가된 가습기 살균제를 만들어서 국내에 시판해왔다. 그 화학물질은 외국에서 정화조 살균제와 부패 방지제로 사용되고 있는 공업용 제품이다. 그럼에도 불구하고 옥시 코리아는 제대로 된 독성시험을 거치지 않고 가습기 살균제를 만들어서 판매해왔다. 이 사건이 사회적 이슈로 부각된 것은 2011년에 옥시제품의 가습기 살균제를 사용하고 병원에 입원 중이던 임산부 5명이 사망하면서부터다. 지금까지 옥시가 만든 가습기 살균제를 사용하고 피해를 입은 사람은 총 1,528명에 사망자 수만 239명이다. 옥시(주)의 홈페이지에 가보면 '우리는 사람들의 건강과 더 나은 삶이라는 비전에 영감을 받아 일하는 37,000명의 기업가들이다.'라고 밝히고 있다. 재미있는 것은 자신들을 기업가 정신으로 무장한 기업인이라고 당당하게 소개하고 있다는 점이다. 그런데도 옥시(주)는 2011년부터 시작된 국내 피해자들의 잇따른 고발과 피해보상 요구에 대해 나몰라라 했다. 국내 피해자들의 민·형사상 소송이 시작되고 정부가 개입하기 시작하자 비로소 옥시(주)가 문제해결에 나서는 모양새를 하고 있다. 옥시(주)는 존슨 앤 존슨사와 완전히 대비되는 악덕 기업이라는 생각이 든다.

Reading Data 17

위기관리의 천재였던 이순신의 리더십

일본 옛말에 '신참 어부漁夫는 폭풍우를 제일 겁내지만 노련한 고참 어부는 짙은 안개濃霧를 더 두려워한다'는 말이 있다. 이것은 한치 앞을 볼 수 없게 하는 새벽안개가 폭풍우처럼 눈에 보이는 적敵보다 훨씬 더 무섭다는 것을 의미한다. 디지털 사회를 살아가는 우리들로서는 어느 누구도 0과 1의 조합이 엮어내는 디지털의 기본 속성, 즉 빠른 변화와 스피드로부터 자유로울 수 없다. 시장의 경쟁 환경도 급변하고, 기술이나 상품의 수명주기life-cycle도 매우 짧다. 어제의 동업자가 하루아침에 경쟁자로 돌변하기도 하고, 그 반대인 경우도 다반사茶飯事다. 이처럼 디지털 사회는 모든 게 불확실하고, 위험스런 일들로 가득 찬 카오스chaos의 시기라고 말할 수 있다. 따라서 디지털 사회에 국가나 기업과 같은 거대 조직을 이끌어야 하는 CEO의 절대 덕목은 국민이나 근로자들을 행복하고 편안하게 해줄 수 있는 '위기관리의 리더십'이 아닐까 한다. 오랫동안 이순신 연구에 열정을 쏟아온 나로서는 성공을 꿈꾸는 디지털형 CEO들과 현대를 살아가는 사람들에게 위기관리에 탁월했던 이순신의 진면모를 자세하게 들려주고 싶다.

위기관리의 천재였던 이순신!

조일전쟁을 목전目前에 둔 조선 조정의 '일본 읽기'는 한마디로 형편없었다. 도요토미 히데요시를 만나고 돌아온 서인 출신의 정사 황윤길은 선조宣祖에게 "일본은 있다"고 보고했다. 그러나 동인 출신 부사 김성일은 "일본은 없다"고 강변했다. 동인의 거두巨頭였던 유성룡의 『징비록』을 보면, 김성일이 같은 동인의 유성룡에게는 선조에게 했던 것과는 다른 말을 하는 모습이 나온다. "저 역시 일본이 침략해 올지 여부는 판단하기 힘듭니다. 하지만 황윤길의 말이 너무 강경해서 잘못하면 나라 안의 인심이 동요될까봐 일부러 선조에게 그리 말한 겁니다."라고 고백하는 대목이 나온다. 국가 공직자로서 무책임한 발언이 아닐 수 없다.

한편, 가문의 뒷배경이나 경제력이 없는 데다 성격마저 완고한 원칙주의자였던 이순신은 젊은 시절의 대부분을 미관말직의 신분으로 변방을 떠돌게 된다. 그가 조선 역사의 전면으로 급부상하게 된 것은, 임진왜란 발발 14개월 전인 1591년 2월에 전라좌수사로 부임하면서부터다. 이순신이 전라좌수사로 벼락출세를 할 수 있었던 것은 일본의 침략이 임박해지면서 능력 있는 장군이 절대적으로 필요했던 데다 그의 어린 시절 지기知己였던 유성룡의 적극적인 천거가 있었기 때문이다. 이것을 보면 예나 지금이나 서로에게 힘이 되어줄 수 있는 좋은 친구를 만나는 것이 인생에서 얼마나 중요한 일인가를 재확인해 볼 수 있다. 이순신은 유성룡과 친밀한 인간관계를 유지하긴 했지만, 그렇다고 해서 그가 당쟁에 가담한 것은 아니었다. 그는 노량해전에서 전사할 때까지 당쟁에 가담하지 않았다. 그가 『난중일기』나 한시漢詩를 상고해 보면, 그가 공리공론에 빠져 '끼리끼리의 횡포'만을 일삼는 문신文臣들에 대해 우호적인 생각을 갖고 있지 않았다는 점도 느낄 수 있다.

이순신의 '일본 읽기'는 함량미달의 조선 조정이나 대신들과는 달리 매우 치밀하고 정확했다. 그는 1587년 2월 전라도 흥양 지역을 침범했던 왜군들에게 잡혀갔다가 돌아온 조선인예: 공태원 등들을 상대로 일본의 실상예: 병력 수, 훈련방식, 조총을 비롯한 신식무기의 종류와 성능에 대한 첩보를 입수하고, 도요토미 히데요시가 곧 침략해 올 것임을 예상했다. 그리고는 다른 사람이 하는 말에 조금의 동요 없이 전쟁준비에 박차를 가했다. 조선 조정의 예산지원이 빈약한 상황에서도 자신을 따르는 선박 기술자 나대용과 그의 4촌 동생인 나치용을 중용해서 세계 최고의 돌격선인 거북선을 건조하게 한 것도 그때의 일이다. 역사는 때때로 우리들에게 얄궂은 장난처럼 다가오기도 한다. 이순신이 조일전쟁이 일어나기 하루 전인 1592년 4월 12일에 거북선의 제작을 완료하고, 전라좌수영이 있던 여수 앞 바다에서 각종 총통의 시험사격을 실시했다는 것이 그 대표적인 예다. 이 내용은 이순신이 쓴 『난중일기』1592년 4월 12일자에 자세하게 기록되어 있다.

> 맑다. 아침 밥을 먹은 뒤 배를 타고 거북선에서 지자포, 현자포를 쏘아 보았다. 순찰사 군관 남공심이 떠났다. 정오에 동헌으로 가서 활 10순을 쏘았다. 관청으로 올라가면서 노대석이 놓인 것을 보았다.
>
> 『난중일기』1592년 4월 12일자

또 동서고금을 막론하고 단 한 번도 왜적에게 전장의 주도권을 내주지 않았던 사람은 이순신이 유일하다. 그의 화려한 전공戰功 가운데서도 명량해전은 그의 위기관리능력이 가장 돋보였던 전투였다. 제2대 삼도수군통제사였던 원균이 이끌던 조선 수군이 칠천량 해전에서 와키자카 야스히로가 지휘했던 일본 수군에게 참패를 당한 후, 조선 수군은 전의戰意를 완전히 상실한 상태였다. 조선 수군의 연전연승을 가능하게 했던 거북선도 이 전투에서 모두 침몰하고 말았다. 이처럼 모든 것이 파괴되고 해체된 제로상태에서 제3대 삼도수군통제사로 복직한 무군無軍의 장수 이순신이 선택한 것은 합천 초계에서 전라남도 장흥군 회령포까지 이어지는 대장정이었다. 그의 대장정은 왜적의 턱

밑까지 파고들었던 대담한 작전이었고 그것이 주효했기에 명량해전의 승리가 가능했다고 평가된다.

그는 약 1달여 간에 걸친 고난과 역경의 대장정을 통해 칠천량 해전에서의 패전 이후 흩어졌던 장병들을 하나로 결집시킴은 물론 행정력의 복원을 통해 민심의 이반離反을 막고 무기와 군량미까지 모으는데 성공했다. 더 중요한 것은 명량해전을 앞두고 병을 핑계로 도주한 경상우수사 배설로부터 넘겨받은 8척의 판옥선을 포함해 13척의 전선戰船까지 확보했다는 사실이다. 이순신은 이렇게 확보한 13척의 판옥선으로 133척의 왜선과 명량해전을 벌여 승리를 거두는 기적을 창조해 냈다. 명량해전의 개전 초기에는 조선 수군의 장수들과 장병들이 일본 수군의 기세에 주눅이 들어 뒤로 도망칠 생각만 하고 있었다. 이때 이순신은 일당백의 불퇴전不退戰 정신으로 스스로 선봉에 나서 수십 척의 왜선과 목숨을 건 대접전大接戰을 벌이는 자기희생 정신을 발휘했다. 장군이 직접 나서서 전투를 하는 모습을 지켜보던 조선 수군은 그때서야 죽기를 각오하고 총공격을 감행함으로써 압승을 거둘 수 있었다. 결국 위기 앞에서 조금도 굴하지 않고, 자신의 목숨을 걸고 단호하게 맞섰던 이순신의 위기관리 리더십이 있었기에 명량대첩의 신화를 만들 수 있었던 것이다.

그 밖에도 명량해전이 일어나기 전인 1597년 8월 25일자 『난중일기』와 1597년 9월 7일자 『난중일기』를 보면 각각 "왜적이 왔다"고 거짓정보를 흘리는 자를 붙잡아 처형하거나 왜군의 야간 침입을 예견하고 야간 경계 강화를 지시했는데 실제로 왜군이 쳐들어왔다가 궤멸된 일화들이 자세하게 기술되어 있다.

맑다. 어란포에 그대로 머물렀다. 아침을 먹을 때, 당포의 포작이 피난민의 소 2마리를 훔쳐 와서 잡아먹으려고 거짓으로 왜적이 왔다고 하였다. 나는 이미 그 사실을 알고 배를 굳게 매고 움직이지 않고 그 자들을 잡아오게 했더니 과연 예상한 그대로였다. 이렇게 해서 군중의 인심은 안심시켰으나 경상우수사 배설은 벌써 도망쳐 버렸다. 거짓말을 한 두 사람의 목을 잘라 매달아 널리 보이게 하였다.

『난중일기』1597년 8월 25일자

맑다…(중략)… 벽파진으로 돌아와 여러 장수들을 불러 모아 약속하기를 "오늘 밤에는 반드시 적의 야습이 있을 것이니, 모든 장수들은 미리 알아서 준비를 할 것이며, 조금이라도 군령을 어기는 일이 있으면 군법대로 시행하리라." 하고 두 번 세 번 거듭 타이르고 끝마쳤다. 과연 밤 10시쯤 적이 쳐들어와서 어둠을 이용하여 탄환을 계속 쏘면서 공격해 왔다. 내가 탄 배가 앞장서서 지자포를 쏘았더니 그 소리가 산천을 뒤

흔들었다. 적들도 우리를 당할 수 없음을 알고 네 번쯤 들어왔다 물러갔다 하면서 화
포만 쏘다가 자정이 지나자 완전히 물러갔다. 이들은 전에 한산도에서 승리를 얻은 자
들이었다.

『난중일기』1594년 5월 10일자

우리는 이 대목에서도 조선 수군들의 전쟁 공포심 제거와 군중軍中의 심리적 안정을
도모하면서 왜군의 전술전략을 꿰뚫어보고 대비책을 마련하는데 철두철미했던 이순신
의 탁월한 위기관리능력을 엿볼 수 있다.

위기 앞에서 너무나도 초연했던 이순신의 리더십

또한 이순신은 해전을 목전에 두고 여러 차례 꿈을 꾸었으며, 그때마다 신선이 나타
나 승리의 비결을 가르쳐주곤 하였다. 이는 이순신이 자나 깨나 해전에 대한 승리를 갈
망했기에 가능했던 일이다. 그뿐만이 아니다. 『난중일기』를 읽다보면 이순신이 점을 치
는 모습이 많이 나온다. 이는 힘들고 고독한 조선 수군의 최고 지휘관으로서 스스로 자
신을 위로하고자 했던 행위로 생각된다. 점을 쳤다는 자체가 위기를 돌파해보려는 그의
노심초사를 잘 대변해준다. 또 이순신이 쳤던 점은 거의 대부분 적중했는데, 이는 공
적公的인 조국의 위기를 극복하기 위해 모든 것을 내던졌던 이순신의 영혼이 맑은 데다
국가와 백성에 대한 충성이 지극했기 때문으로 풀이된다.

이순신은 '위기'라는 개념을 공적公的으로 닥치는 어려움이라고 여겼으며, 사적私的으
로 부딪치는 어려움에 대해서는 감내할 것은 감내하고 그렇지 않은 것은 자신의 운명으
로 돌리거나 체념하는 경우가 많았다. 즉 조국 차원에서의 위기나 자신이 지휘하는 조
선 수군에 어려움이 닥쳤을 때만 그것을 진정한 위기로 간주했고, 그의 극복을 위한 해
법 찾기에 혼신의 열정을 쏟으며 죽는 순간까지 노심초사했던 진정한 조선의 리더였다.
이순신의 위대함은 불패의 신화창조에 있는 것이 아니라 멸사봉공의 자세로 위기관리
에 탁월했던 그의 리더십에 있음을 우리는 깊이 인식해야 한다. 적어도 그렇게 하는 것
이 오늘을 사는 우리가 인간 이순신을 바라보는 진정한 자세라고 생각한다.

역풍이 강할수록 연은 높이 난다!

어린 시절에 연날리기를 한번이라도 했던 사람이라면, 바람의 중요성에 대해서 터득했을 것이다. 바람 한 점 없는 날에 연을 날리려면, 연줄을 쥐고 힘껏 달려야만 한다. 만약 힘에 부쳐 달리기를 포기하면, 연은 이내 땅바닥으로 곤두박질을 친다. 연날리기에 가장 좋은 바람은 순풍順風이 아니라 역풍逆風이다. 역풍을 만난 항공기는 많은 에너지를 소비하며 고통스럽게 비행하지만, 연은 그와 정반대로 순항을 하며 아주 높이 날 수 있다. 나는 우리들의 인생도 연날리기와 비슷하다고 생각한다. 인간의 삶 속에서 순풍은 자기가 마음먹은 대로 일이 잘 풀려나가는 것을 뜻하고, 역풍은 온갖 고난과 시련을 의미한다. 그런데 인생이 순탄하게 풀리는 사람은 자신의 삶에 내재된 오묘한 맛을 느끼지 못한다.

일찍이 괴테는 "눈물을 흘리면서 빵을 먹어보지 못한 사람은 인생의 참맛을 알 수 없다"고 역설한 바 있다. 우리가 경험한 시련은 그만큼 우리의 인생을 깊이 있게 해줄 뿐만 아니라 삶의 상처까지 극복할 수 있도록 안내해준다. 이 세상에서 우리가 극복할 수 없는 시련은 존재하지 않는다. 추위에 떨어본 사람만이 태양의 따뜻함을 느낄 수 있고, 질풍노도疾風怒濤의 폭풍우를 이겨낸 뱃사람만이 평화로운 포구에 들어갈 수 있다. 따라서 우리는 시련 앞에서 굴복하지 말고, 오히려 시련이 우리에게 복종하도록 해야 한다. 그것이 괴테가 우리들에게 역설하는 사항일 것이다.

치열한 삶에서 '시련'의 참뜻을 배우다!

'접시꽃 당신'으로 널리 알려진 도종환 시인은 '그대 가슴에 뜨는 나뭇잎 배'를 통해서 시련과 희망을 다음과 같이 노래한 바 있다.

봄에 꽃을 피우는 꽃나무는 봄에 그 꽃을 준비하지 않는다.
한 겨울 내내 준비를 한다.
새벽 아침은 아침이 되어야 밝아오는 것이 아니다.
어둠 속에서 그 어두움과 밤을 새워 싸우면서 준비해온 것이다.
지금 비록 많이 절망스럽기는 하지만
희망도 늘 절망 속에서 절망과 싸우며 마련해 가는 것이다.

나는 이 시詩를 접할 때마다 두 사람의 모습이 떠오른다. 한 분은 작고한 정주영 현대그룹 회장이고, 또 한 분은 낭만파 음악의 선구자로 인정받는 독일의 악성樂聖 베토벤 Ludwig van Beethoven; 1770~1827이다. 정주영 회장은 "사람들은 자신이 이루고자 하는 일이 시련과 역경에 부딪쳐 그르치게 되면 절망부터 합니다. 그러나 이것은 시련이지 실패가 아닙니다. 내가 실패라고 생각하지 않는 한, 그것은 실패가 아닙니다. 나는 생명이 붙어 있는 한, 실패는 없다고 생각합니다. 내가 살아있고 건강을 유지하는 한, 나에게 시련은 있을지언정 실패는 없습니다."라는 말을 즐겨했고, 실제로 그런 삶을 살다가 2001년 3월 21일에 하늘나라로 떠났다.

베토벤 역시 정주영 회장과 필적하고도 남을 만한 인물이다. 독일이 자랑하는 불멸의 음악가 베토벤은 평생 동안 고독, 실연失戀, 귓병청력 상실으로 극심한 고통을 받았다. 그러나 베토벤은 자신에게 들이닥친 생의 어두운 그림자들을 극복하면서 마지막까지 음악에 대한 예술혼을 불살랐다. 그가 음악계의 세계적인 거장巨匠으로 추앙받는 것도 그 때문이다. 그는 17세의 어린 나이에 폐결핵을 앓던 어머니를 여의었고, 28세 때에는 귓병으로 청력까지 잃는 불행이 겹쳤다. 음악가였던 그의 아버지 요한 반 베토벤 Johann van Beethoven는 매독균에 감염된 성병환자인데다 술주정뱅이로 살았다. 당연히 집안의 생계는 베토벤이 떠맡아야 했다. 1802년, 삶의 버거운 무게에 짓눌러버린 그는 자신의 운명을 슬퍼하며 하일리겐슈타드로 요양을 떠난 후, 거기서 유서를 쓰고 자살을 결심했다. 그러나 자살 직전, 한평생을 가난과 병마 속에서 고통스럽게 돌아간 어머니의 모습을 떠올리며 새로운 인생을 살겠다는 각오를 다졌다. 청력을 상실한 그로서는 연주자로서의 삶을 포기할 수밖에 없었다. 그는 외부와의 불필요한 접촉을 자제하면서 오로지 작곡 하나에만 전념했다. 그 결과 '제2교향곡'1802년, '오라토리오 감람산상橄欖山上의 그리스도'1803년, '제3교향곡'영웅교향곡, 1804년과 같은 명곡들을 작곡할 수 있었다. "뜨거운 열정만 있으면 단단한 쇠와 돌도 뚫을 수 있다. 정신을 한 곳에 집중하면 어떤 일이든 못 이룰 것이 없다."라고 주장했던 주자朱子의 말이 바로 베토벤에 대한 헌시獻詩처럼 느껴진다.

1805년, 베토벤은 오페라 '피델리오'를 무대에 올렸지만 별다른 재미를 보지 못했다. 이듬해 그는 그것을 보완해서 재연했지만 결과는 마찬가지였다. 오페라 '피델리오'가 무대에서 나름대로 인정을 받은 것은 1814년이었다. 그 이후부터 베토벤의 명성은 널리 알려지게 되었고, 그의 작품은 빈을 비롯한 유럽 각지의 출판사가 앞 다투어 출판하기에 이르렀다. 그를 후원해주는 귀족예: 루돌프대공, 롭코비츠공작, 킨스키공작 등들도 하나둘씩 생겨나기 시작했다. 제3교향곡이 만들어진 1804년부터 1814년까지 약 10년 동안의 세월은 베토벤에게 있어 더할 수 없는 황금기였다. 피아노소나타, 바이올린소나타, 교향곡, 협주곡의 대부분도 이 기간 동안에 작곡되었다. 그 가운데서 피아노소나타인 '아파시오나토소나타'1805년, '바이올린협주곡 3곡'1806년, '제5교향곡'운명교향곡, 1808년, '제6교향곡'전원교향곡, 1808년, '피아노협주곡 제5번'황제, 1809년 등이 대표적인 명곡으로 손꼽히고 있다.

고독과 절망이 음악의 깊이를 더해주다!

베토벤은 독신주의자가 아니었음에도 불구하고, 그는 인생을 독신으로 살았다. 베토벤의 연인으로 거론되는 사람들로는 쥴리에타 귀챠르디Giulietta Guicciardi, 요세피네Josphine; 그녀는 쥴리에타 귀챠르디의 사촌이었음, 테레제 말파티Therese Malfatti 등이 있다. 쥴리에타 귀챠르디와 요세피네는 베토벤으로부터 피아노 과외를 받은 제자였고, 테레제 말파티는 베토벤을 치료해준 의사의 딸이었다. 그들 중에서 베토벤이 가장 좋아했던 여인은 쥴리에타 귀챠르디였던 것으로 사료된다. 왜냐하면 베토벤이 '월광소나타'로 알려진 'C#단조의 피아노 소나타'를 그녀에게 헌정獻呈했기 때문이다. 그럼에도 불구하고 그들 간의 사랑은 불발로 끝났고, 베토벤은 실연의 아픔을 음악으로 승화시켜 나가는데 전념했던 것으로 보인다. 이 대목에서 생각나는 사람이 헬렌 켈러Helen Keller; 1880년~1968년 여사다. 그녀는 맹인, 벙어리, 귀머거리라는 3중고를 거뜬히 이겨내고 하버드대학에 입학함으로써 수많은 사람들에게 인간승리의 모습을 보여주었던 미국의 사회사업가다. 그녀는 시련과 창조에 대해 다음과 같은 명언을 남겼다. "따뜻하고 안락한 환경에서는 강한 인간이 만들어지지 않는다. 혹독한 시련과 역경을 경험했을 때, 비로소 강한 영혼과 통찰력이 생기고 일에 대한 영감이 떠오를 수 있다. 따라서 무언가를 창조하고 싶은 사람들은 일부러라도 시련과 역경을 선택해서 마음껏 아파볼 필요가 있다. 그렇지 않는 한, 새로운 세계의 창조는 매우 어렵다."

1815년부터 1827년까지 13년이라는 세월은 베토벤에게 있어서 매우 힘들고 비참했던 시기다. 그의 두 귀는 청각을 완전히 상실했고, 실연에 따른 고독과 그에 따른 우울증이 그의 맑은 영혼을 사정없이 망가트렸다. 그는 절망감 때문에 날마다 몸부림쳤다. 그러던 어느 날, 그는 지금까지 지나온 삶을 반추하면서 단풍나무 가지 위에 힘없이 매달린 마지막 잎새가 아니라 자신을 녹여 태움으로써 주위를 환하게 비추는 촛불이 되기로 결심했다. 필담筆談으로만 의사소통이 가능한 상황 속에서도 그는 마지막 투혼을 불사르며 작곡에 전념했다. 그렇게 해서 세상 빛을 보게 된 것이 '장엄미사곡'1823년; 이 곡은 자신을 후원해준 루돌프대공을 위해 만든 것임과 '제9번교향곡'합창, 1824년이다. 음악사音樂史는 '말년의 베토벤은 성난 파도와 같이 머릿속에 떠오르는 선율을 악보 위에 적었으며, 때로는 천둥번개가 내려치는 듯한 격렬한 기세로 웅장한 선율을 작곡했다.'라고 기술하고 있다.

쇠는 자기 몸에서 나온 녹으로 스스로를 망친다!

나는 베토벤의 일생에 대한 애기를 읽으면서 줄곧 '쇠는 자기 몸에서 나온 녹으로 스스로를 망친다'는 생각을 해보았다. 철강회사에서 생산되는 철은 그 자체로 매우 단단하다. 그러나 보다 강철鋼鐵을 만들려는 사람들은 벌겋게 달군 쇠를 육중한 망치로 내려친 뒤 찬물에 넣는 작업을 계속해서 반복한다. 사람들은 흔히 그런 작업을 '담금질'이라고 정의한다. 그런 담금질을 우리 인생에 비유하면 시련이고 고통이라고 말할 수 있다. 자고로 인류역사상 위대한 인물로 평가받는 사람치고 운이 좋다든지 아니면 집안이 좋아서 출세한 인물은 거의 없다. 그들은 모두 평범하거나 그 이하의 가정환경에서 태어났지만 지칠 줄 모르는 열정과 피나는 노력으로 미지의 낯선 세계와 새로운 미션에 도전해서 성공을 거두었기 때문에 역사의 주인공이 될 수 있었다. 그런 것을 보면, '이 세상에 공짜 점심은 없다.'라는 말이 그리 틀린 말은 아닌 것 같다.

또 그 단단한 쇠를 부식시키거나 망가트리는 것은 사람이 아니다. 쇠는 자기 몸에서 나오는 녹 때문에 스스로 소멸한다. 이것은 마치 고高칼로리 음식을 많이 먹고 운동을 하지 않은 사람이 성인병에 걸려 일찍 사망하는 것과 똑같다. 여기서 녹은 안락한 환경을 의미한다. 자주 걷는 사람이 차만 타고 다니는 사람보다 더 건강하고, 하나의 질병을 갖고 늘 조심스럽게 사는 사람이 무병無病을 자랑하며 자신의 건강을 과신過信하는 사람보다 오래 살 수 있는 것도 그와 같은 이치다. 그러니 건강하게 오래살고 싶다면 안락함과 더 이상 친구하지 마라. 그리고 나에게 들이닥친 시련과 역경에 절망하지 말고, 그것들이 오히려 내 성공을 위한 기회라고 생각하고 주저 없이 새로운 세계에 도전했으면 좋겠다. 이제부터 우리들의 마음속에 있는 모든 녹을 열정이라는 윤활유로 깨끗이 지워버리자. 나는 딱딱한 아스팔트를 뚫고 나와 아름다운 꽃을 피우는 민들레의 강인함과 진흙탕 속에서 매혹적인 연꽃을 피우는 연의 모습을 보면서 우리 인간들도 그렇게 도전하는 자세를 가졌으면 좋겠다는 생각을 가져본다. 이 세상에 도전보다 더 아름답고 황홀한 단어는 없다!

리더십에 대한 신의 한수 ⑤

미국 해군사관학교에 가면 이런 글귀를 볼 수 있다고 한다. 'The best ship in times of crisis is leadership' 이것은 '위기상황에서 최고의 배는 리더십'이라는 의미다. 이 얘기를 꺼낸 사람은 국회 외교통상통일위원회 위원장을 지냈던 박진 전 국회의원이다. 그는 과거 미 해군사관학교를 방문했을 때, 그 글귀를 보았다고 했다.

• 미 해군사관학교의 전경 (출처: 장재언 목사님 블로그) •

박 의원은 해군 장교로 군복무를 했기 때문에 그 글귀가 남다르게 다가왔던 것이다. 그는 이 글귀를 알아놓았던 덕분에 콜린 파월Colin Powell 전 미국 국무장관과 허물없는 사이가 되었다고 고백했다. 박 의원은 콜린 파월 미 국무장관의 자서전인 『나의 미국 여행』 한국어판 출판기념회에서 축사를 하면서 그 말을 언급했더니 자리를 함께 했던 그가 박수를 치며 아주 좋아했다는 것이다.

박 의원은 "지금까지 내가 들어본 리더십 관련 얘기 중에서 'The best ship in times of crisis is leadership'라는 것보다 더 훌륭한 것은 없었다"고 말했다. 그리고 "누구든 그 글귀의 출처를 미국 해군사관학교라고 밝힌다면 언제든지 사용해도 된다"고 얘기했다. 즉 미국 해군사관학교의 저작권을 기쁜 마음으로 양도하겠다는 의미다. 물론 이것은 웃자고 해본 얘기다.

암튼 불량 악덕 기업가이자 사이비 종교의 교주였던 유병언이 저지른 세월호 참사를 비롯한 각종 인재人災들로 국민들의 생존 자체가 위협받는 우리 현실에서 박 의원이 소개한 그 글귀는 시사하는 바가 매우 크다. 사실 Leadership이란 단어에도 배를 의미하는 Ship이 들어가 있다.

영화 「타이타닉」을 보면 스미스 선장이 최후까지 배에 남아 승객들의 탈출작전을 진두지휘한 후, 침몰하는 배와 운명을 함께하는 장면이 나온다. 세월호 선장이었던 이준석이 제일 먼저 도망쳐 나오는 모습과는 완전히 달랐다. 대한민국을 이끄는 대통령부터 국회의원, 대기업 CEO, 대기업 노조간부들이 모두 스미스 선장과 같은 자세로 국가와 국민을 위해 일해 주었으면 좋겠다.

1 危機는 말 그대로 위험危과 기회機를 함께 내포하는 용어다. 위기는 위험의 순간을 잘 극복하면 새로운 기회를 얻을 수 있음을 시사한다. 또 기업이 직면하고 있는 위기의 유형에는 크게 경제적 위기, 기업 파산, 산업스파이, 산업재해, 기업의경영권 방어 실패, 자연재해 및 전염병 등이 존재한다.

2 관리될 수 있는 위기는 결코 위기가 아니다. 위기를 극복하기 위해서는 리더의 위기관리 리더십이 절대적으로 필요하다.

3 위기관리 프로세스는 크게 위기진단 시스템 구축, 위기상황 인식, 원인규명, 대응책 마련, 정책집행, 평가 및 사후관리 등으로 구분된다.

4 턴어라운드는 만성적인 적자상태에서 헤어나지 못하고 있거나 자금위기일명, 유동성 위기에 몰려 부도 직전의 기업을 정상화시키는 일련의 경영활동을 의미한다. 또 턴어라운드의 주요 프로세스는 크게 '경영성과 악화 → 위기 발생 → 원인분석 및 전략 결정 → 개혁 추진 → 기업회생 및 파산' 등 5단계로 구분된다.

5 기업의 턴어라운드에서 성공을 거두려면 리더의 위기관리능력이 출중해야 하며 조직 구성원들 또한 자기개혁을 위해 피나는 노력을 다해야 한다.

6 오프라 윈프리나 존슨 앤 존슨사는 진실 앞에 정직하였으며 솔직한 태도, 신속한 의사결정에 힘입어 자신들에게 들이닥친 위기의 순간을 기회로 바꾸는데 성공했다.

01 다음 중 기업의 턴어라운드 성공전략이 <u>아닌</u> 것은?

① 유연한 조직 활성화

② 분명한 손익구조의 정립

③ 신속한 의사결정체계의 확립

④ 책임소재의 다단계화 구축 시도

02 다음 중 위기의 특성이라고 볼 수 <u>없는</u> 것은?

① 쉽사리 관리되지 않는다.

② 원인규명이 비교적 명확하다.

③ 피해규모에 대한 사전예측이 매우 어렵다.

④ 사소한 위기가 조직의 생존여부에 큰 영향을 끼칠 수 있다.

03 조일전쟁 중에 '일당십'의 전쟁원리가 그대로 적용되었던 해전은?

① 명량 해전   ② 옥포 해전   ③ 노량 해전   ④ 한산도 해전

04 턴어라운드에 성공한 리더들의 공통점이 <u>아닌</u> 것은?

① 쾌도난마처럼 단호하다.

② 감성지수가 매우 뛰어나다.

③ 탁월한 현장 감각을 갖고 있다.

④ 철저하게 기록하는 속성이 있다.

05 다음 중에서 리더의 위기관리능력이 가장 위력을 발휘하는 단계는?

① 위기상황 인식 단계   ② 원인규명 단계

③ 대응책 마련 단계   ④ 정책집행 단계

※ 다음 빈칸에 들어갈 알맞은 용어를 적으시오.

01 옛날 중국인들이 갓난아이들을 상대로 오향의식을 치렀다고 한다. 오향의식은 초 (식초), 소금, 한약, 구등, (　　)(을)를 아기 엄마의 젖꼭지에 묻혀 빨리는 것을 의미한다.

02 위기관리의 6단계 프로세스는 크게 위기진단 시스템, 위기상황 인식, 원인규명, 대응책 마련, (　　　), 평가 및 사후관리로 이루어진다.

03 만성적인 적자나 자금위기에 몰린 부도 직전의 부실기업을 정상화시키는 일련의 경영활동을 (　　　)(이)라고 정의한다.

04 1982년 두통약 타이레놀의 독극물 사건이 발생했을 때, 존슨 앤 존슨사가 자신의 막대한 손실을 감수하면서까지 소비자 보호를 위해 적극 나서게 만들었던 경영철학은 (　　　)(이)다.

05 이순신의 위기관리 리더십이 가장 빛을 발휘했던 전투는 (　　　)해전이었다.

| 정답 |

객관식　01 ④　02 ②　03 ①　04 ④　05 ④

단답식　01 사탕　02 정책집행　03 턴어라운드　04 우리의 신조　05 명량

CHAPTER 10

프레젠테이션을 잘해야
진짜 리더의 반열에
오를 수 있다!

프레젠테이션의 대가 故 스티브잡스
(출처: 생각비행)

일당백의 비밀과 휴테크

발명왕이자 제너럴일렉트릭GE사의 창립자인 토마스 A. 에디슨Thomas A. Edison, 『자본론』의 저자인 칼 맑스Karl Marx, 작가인 토마스 만Thomas Mann, 세계적인 음악가인 루트비히 판 베토벤 Ludwig van Beethoven, 뉴욕타임스의 사주社主인 아서 슐츠버그Arthur Sulzberger, 정신분석학의 대가인 지그문트 프로이트Sigmund Freud, 노벨경제학상 수상자인 밀턴 프리드먼Milton Friedman의 공통점은 무엇일까? 정답은 그들 모두가 유대인이라는 사실이다.

2015년에 발표된 한 〈국제인구통계조사보고서〉에 따르면, 전 세계에 흩어져 살고 있는 유대인의 숫자는 약 1,650만 명 정도라고 한다. 세계 총인구수를 약 69억 명으로 추정할 때, 거기서 유대인이 차지하는 비율은 약 0.2%에 그친다. 그런데도 그들은 수없이 많은 창의적 인재들을 배출하면서 세계의 정치, 경제, 사회, 문화, 과학, 예술 등의 분야를 좌지우지하고 있다.

일례로 역대 노벨상 수상자들의 이름과 국적을 추적해보면, 약 1/3 이상이 유대인임을 금방 알 수 있다. 또 미국의 총인구 가운데서 유대인이 차지하는 비율은 3% 미만에 불과하지만, 미국의 최고 갑부 400명 중에서 23%가 유대인이며 미국 내 유대인 가구의 연평균 소득은 전체 평균의 2배가 넘는다고 한다. 이것을 종합해보면, 유대인들은 이미 '일당백'一當百: 한 사람이 백 사람을 당해낼 수 있음의 기세로 세계를 주름잡고 있는 우수한 민족임을 재확인해 볼 수 있다.

유대인의 정체성과 휴-테크

유대인들의 뛰어난 역량은 그들이 신주단지처럼 여기는 안식일과 밀접한 연관이 있다. 그들은 안식일이라는 개념을 세계 최초로 창안해낸 민족이다. 그들은 7일로 구성되는 1주일의 개념을 정립했을 뿐만 아니라 다른 민족들보다 앞서서 그 마지막 날을 법적 공휴일인 안식일로 정했다. 유대인을 가장 유대인답게 만들어주는 안식일은 샤바트Sabbath라고도 불리우며, 그 근거는 「창세기」2장 3절에 나온다. 즉 창세기 2장 3절을 보면, '하나님이 일곱째 날을 복 주사 거룩하게 하셨으니, 이는 하나님이 창조하시며 만드시던 모든 일을 마치시고 이날에 안식하셨음이더라'는 구절이 나온다.

샤바트는 유대인들의 생활 철학이자 삶의 가치다. 그들은 구매력의 기본인 돈을 벌기 위한 노동 못지않게 휴식을 매우 중시했다. 어쩌면 세계 최초로 휴식을 의무화시킨 종교가 유대교라고 볼 수 있다. 또 샤바트에서 말하는 휴식은 그 내용면에서 우리들이 생각하는 것과 차원이 다르다. 우리들의 휴식은 대부분 법적 공휴일에 집중되어 있다. 휴일 날이 돌아오면 사람들은 누구나 외국으로, 산으로, 강으로, 쇼핑센터로, 노래방이나 찜질방으로, 술집으로 나가서 1주일 동안 쌓인 스트레스와 피로를 푼다. 하지만 이런 휴식문화는 피로를 풀기보다는 오히려 피로를 가중시킬 뿐이다. 우리나라 직장인들에게 자주 나타나는 월요병의 정체도 따지고 보면, 이와 무관하지 않다.

한편, 유대인들은 '안식일'에 외출을 하지 않는다. 안식일 날 하루 동안은 집안에 머물면서 그동안 업무에 쫓기느라 소홀히 했던 자신을 뒤돌아보고 가족들과 오붓한 시간을 보낸다. 또 유대인에게 있어서 1일의 정의는 우리가 생각하는 것처럼 '오전 0시에서 이튿날 오전 0시'까지가 아니다. 그들은 '해질 무렵日沒부터 이튿날 해질 무렵까지'를 하루로 정의한다. 샤바트 역시 금요일 저녁 일몰 시간부터 다음날 저녁의 일몰 시간까지다.

샤바트가 시작되면, 유대인들은 아무 일도 하지 않고 무조건 휴식을 취해야 한다. 업무에 대한 얘기, 독서, 운동, 고기잡이, 청소, 요리, 글쓰기, 담배 피우기, 과일 깎기, 불火의 사용이 일체 금지된다. 심지어는 운송수단도 이용할 수 없다. 불가피하게 이동할 경우에는 탈것예: 자동차, 항공기, 선박을 이용하지 않고 걸어서 가야 한다. 유대인들이 안식일 날 집에 머물면서 먼 곳을 방문할 계획을 세우지 않는 것도 그 때문이다. 유대인들에게 있어서 샤바트는 자기 자신을 뒤돌아보며 내면의 반성을 시도하는 날이다. 다시 말해 그들은 1주일마다 하루씩 자기 자신을 정면으로 직시하면서 스스로에 대한 질문과 대답을 반복한다. '나는 지금까지 어떤 삶을 살아왔는가?', '그리고 앞으로 어떤 삶을 살아갈 것인가?'를 묻고 그에 대한 대답에 진지하게 모색한다. 자기 자신을 객관적으로 바라보고, 내적 반성을 시도하는 노력들이 결국 유대인의 자기 발전과 내적 성장을 가져온 원동력이었다. 비록 샤바트가 온갖 금기사항을 요구하고 있음에도 불구하고 한 가지 예외사항이 있다. 그것은 자녀교육이다. 부모는 집안에서 휴식을 취하면서 자녀들의 장래희망이나 취업문제에 대해 상담해줄 수 있고, 또 아이들이 학교에서 배운 학습내용에 대해 다양한 질문이나 학습지도學習指導도 가능하다.

건전한 휴-테크가 세상을 바꾼다!

샤바트는 유대인의 사유능력思惟能力과 타인에 대한 발표능력을 획기적으로 발전시키는데 크게 이바지했다. 진정한 사유는 '과연 내가 바라다보는 이 세상이 진실한가?'에 대해 끊임없이 의문을 제기하는 것으로부터 시작된다. 그런데 의문을 제기한다는 것은, 그만큼 관련 대상에 대해서 문제의식을 갖고 많은 고민을 했다는 증거다. 왜냐하면 관련 대상에 대해서 골똘하게 생각하지 않는 한, 의문이 생길 여지가 없기 때문이다. 그동안 명망 있는 유대인 랍비들은 "본질적인 것에 대한 의문은 지성知性이 들어가는 문門이다. 이해와 깨달음이 깊을수록 의문은 늘어나기 마련이다."라는 말을 자주 했다. 또 어떤 랍비는 "인간 세상에 대한 끊임없는 질문과 의문이 오늘날과 같은 문명사회를 탄생시켰다."라고 말하기도 했다. 이것은 의문을 제기하고 그것에 대한 진위眞僞여부를 탐색해 가는 과정에서 획기적인 발견이나 발명, 더 나아가 우주의 근본원리까지도 규명할 수 있는 실마리를 찾을 수 있었음을 시사한다.

그런 점에서 유대인의 휴-테크는 질적인 측면에서 우리보다 한수 위다. 같은 휴식을 취하더라도 한국인들은 더 피곤해지는 휴식을 취하는데 반해, 유대인들은 피로를 풀며 자기반성과 자기창조를 도모한다. 그들은 휴식을 '일하기 위한 사전준비'라고 생각하지 않는다. 그들은 온전하게 쉬는 것을 진정한 휴식이라고 여기며, 그 과정에서 진지한 사색과 반성, 그리고 미래를 도모하는 에너지를 비축한다. 따라서 전문가들은 유대인의 휴-테크가 세계 문명의 발달에 기여하고 있다고 주장하는 것이다. 에디슨의 숱한 발명, 세인들의 심금을 울려준 베토벤의 음악, 정신분석의 지평을 열어준 프로이트의 입체적 사고도 그들의 휴-테크가 빚어낸 산물이다.

교육개혁도 휴-테크에서 출발해야 성공할 수 있다!

일과 관련된 모든 것을 금기禁忌하는 샤바트도 자녀교육만큼은 예외로 인정했다. 유대인 어린이들은 아주 어렸을 때부터 수시로 질문할 것을 강요받는다. 그에 반해 우리 어린이들은 대답할 것만을 강요받는다. 그런데 대답이 갇힌 사고라면, 질문은 열린 사고다. 즉 스스로 생각하고 고민해서 자기만의 의견을 정립하지 못하면, 다른 사람에게 쉽사리 질문할 수 없다. 공부를 잘하는 학생이 질문을 잘하는 이유도 그 때문이다. 이와 같이 유대인 어린이들은 자신만의 생각을 터득하고 익히면서 질문에 익숙한 사람으로 성장해간다.

질문에는 크게 3가지 종류가 있다. 첫째는 농경시대에 부합한 질문으로서 "다른 아이들하고 싸우지 않고 잘 다녀왔냐?", "선생님께 꾸중은 듣지 않았느냐?"가 주류를 이룬다. 둘째는 배우고 익힌 지식을 개인 소유로 생각하는 산업화 시대에 걸맞는 질문으로서 "오늘은 학교에서 무엇을 배웠느냐?"가 그 대표적인 예다. 셋째는 지식정보화 시대에 부응하는 질문으로서 "오늘은 학교에서 선생님께 무엇을 질문했느냐?", "오늘은 어떤 문제에 대해서 궁금증을 품어보았느냐?", "오늘은 친구들과 어떤 대화를 나눴으며 어떻게 얘기했느냐?"가 핵심내용이다. 그런데 유대인의 자녀교육법은 세 번째의 질문들과 밀접하게 연관되어 있다.

이에 반해 우리 부모들은 질문보다 대답을 강요하는 경향이 무척 강하다. 더욱이 부모는 자녀들에게 충분히 생각할 수 있는 여유를 주지 않고 무조건 대답하기만을 고집한다. 그것도 입체적 사고가 필요한 주관식형 질문이 아니라 "예", "아니오"로 대답할 수 있는 단답형 질문이 대부분이다. 또 학교는 우리 아이들에게 5지 선다형 질문만 제공한다. 항상 20%의 성공확률이 보장되는 5지 선다형 문제는 아이들에게 미지의 세계에 대한 탐구의욕이나 본질적인 궁금증을 불러일으키지 못한다. 왜냐하면 5개 문항 중에 정답 1개가 반드시 들어있기 때문이다. 우리 아이들은 초등학교부터 고등학교 3학년까지 12년 동안 약 100만 개의 5지 선다형 문제를 풀면서 기계적 사고에 익숙한 사람으로 철저하게 길들여진다. 낯선 영역에 과감하게 도전하려는 야성적 태도와 한 가지 사물을 여러 각도에서 바라보며 남들과 다른 생각을 할 수 있는 입체적 사고가 결여된 아이들이 훗날 노벨상을 수상하는 학계의 거목巨木으로 성장할 수 있을까? 아무리 백보를 양보해서 생각해봐도 결론은 부정적이다.

이제 창의적인 인재양성을 도모하기 위해서는 기존의 교육시스템을 혁파하려는 새로운 노력이 시도되어야 한다. 그에 앞서 우리는 유대인의 대표적인 천재로 추앙받고 있는 앨버트 아인슈타인Albert Einstein의 교육관을 음미해 볼 필요가 있다. 그가 『내 노년의 기록들』이란 책에서 언급한 교육관을 언급하면 다음과 같다.

> "교육이란, 타인의 주장에서 자기 자신을 해방시키는데 그 목적이 있다. 자기 스스로 '나는 어떤 사람인가?'에 대해서 결론을 내릴 수 있는 능력을 기르는 과정이 바로 교육이다. 또 이렇게 길러진 각 개인의 능력을 사회가 직면한 각종 난제難題들을 해결할 수 있는 힘으로 전환시킬 수 있을 때, 비로소 우리 시대의 교육이 정당했다는 면죄부免罪符를 부여받을 수 있다."
>
> 김욱 저, 『유대인 기적의 성공 비밀』, 지훈, 2006, p.61.

아인슈타인의 교육관이 우리나라 교육계에 시사해주는 점은 크게 두 가지다. 하나는 청소년들이 건전한 휴-테크를 통해서 진정한 자아自我를 발견할 수 있도록 도와주는 것이고, 다른 하나는 '자아'를 중심으로 새로운 세계를 창조할 수 있는 힘을 길러주어야 한다는 점이다. 그런데 우리의 현행 교육시스템에는 아이들 스스로 자아를 발견하고, 자신의 개인적인 능력을 사회나 국가차원으로 확산시켜 나갈 수 있는 프로그램이 내재되어 있지 않다. 오로지 수박 겉핥기식의 얕은 지식과 '내 새끼 제일주의'만 판을 치고 있으니, 안타깝기 그지없다. 이런 문제에 대한 우리 사회의 인식전환을 강력하게 주문하고 싶다.

프레젠테이션의 개념과 필요성에 대해 학습하라!

프레젠테이션에 대한 개요

프레젠테이션presentation은 자기 견해나 경험, 아이디어나 자신의 업무와 관련된 노하우를 다른 사람에게 전달하고 설득하는 일련의 행위를 말한다. 프레젠테이션에 대한 사례는 이루 셀 수 없이 많다. 그 중에서 중요하다고 생각되는 것을 몇 개만 열거하면 신규 사업에 대한 투자설명회, 최신기술의 개발동향에 대한 설명회, 고객들에 대한 기업 설명회, 판매 및 생산실적 보고회 등을 들 수 있다. 학회나 세미나에서의 발표, 초청 강연, 대중 강연, 학위취득을 위한 석·박사 논문심사, 취업시험의 마지막 관문인 면접시험도 프레젠테이션의 범주에 속한다고 볼 수 있다.

프레젠테이션의 목적 및 필요성

프레젠테이션의 목적과 필요성은 '남에게 알린다'는데 있다. 다만, 알리는 것이 무엇이냐에 대한 차이만 있을 뿐이다. 석·박사 학위논문의 발표는 심사교수들에게 해당 학생의 지적 수준을 알리고 관련 학위를 받아도 좋은지를 평가하기 위한 프레젠테이션이다. 기업이 자사 제품이나 서비스를 홍보하기 위한 광고활동은 타 기업의 제품이나 서비스에 비해 얼마나 사용하기 편리하고 성능상 우수한 것인지를 알리기 위한 프레젠테이션이다. 유명강사나 석학들이 진행하는 강연 역시 그들이 알고 있는 교양지식이나 전문지식을 학생들이나 일반 대중들에게 잘 알리기 위해서 행해지는 프레젠테이션이다. 기업의 투자설명회는 투자자들에게 기업의 신규 투자와 관련된 사항을 공개함으로써 투자를 유도하기 위한 프레젠테이션이고, 기술동향 보고회는 최신기술의 트렌드와 향후 발전방향을 관계자들과 공유하기 위해서 실시되는 프레젠테이션이다.

프레젠테이션의 성공을 위한 3P 분석

프레젠테이션에서는 3P를 매우 중시한다. 3P는 프레젠테이션에서 반드시 고려해야 할 핵심요소로서 목적purpose, 청중people, 장소place를 말한다. 프레젠테이션에서 소기의 성과를 거두기 위해서는 무엇보다도 발표자가 3P에 대해 철저한 이해와 치밀한 준비가 선행되어야 한다. 그들에 대해서 좀 더 자세히 살펴보기로 한다.

1 목적

어떤 목적에서 프레젠테이션을 할 것인가? 프레젠테이션의 목적은 크게 7가지다.

① 설명회기술개발, 회사의 제품 및 서비스, 신규 투자, 제품 특성

② 광고새로운 사실이나 정보 전달

③ 보고회일상 보고, 생산실적 보고, 판매실적 보고 등

④ 강연

⑤ 논문심사, 취업시험에서의 면접

⑥ 사회적으로 가치있는 일에 동참시키기 위한 홍보불우이웃돕기, 헌혈 캠페인

⑦ 판매촉진 활동

2 청중

청중이 누구인가? 발표자는 프레젠테이션을 준비하면서 다음과 같은 5개 항목에 대해 고민해야 한다.

① 청중에 대한 특성연령대, 남녀 성비, 직업, 성별, 취향 등

② 청중의 수

③ 청중의 수준교육수준, 문화수준, 지적수준, 의식수준, 전문성 등

④ 청중의 주요 관심사항최근 이슈나 사건, 청중의 기대 사항

⑤ 청중 속의 핵심인물정확한 이름과 공식 직함

3 장소

어떤 장소에서 프레젠테이션을 할 것인가? 이와 관련해서 발표자가 고민할 사항은 크게 3가지다.

① 장소의 특성실내냐, 아니면 실외냐?

② 프레젠테이션을 위한 설비빔프로젝트, 음향, 조명, 좌석 수 등

③ 장소에 대한 접근의 용이성 여부

프레젠테이션의 설계방법에 대해 탐색하라!

성공적인 프레젠테이션을 하기 위해서는 사전에 치밀하게 준비해야 한다. 즉 청중들의 관심 사항을 충족시켜줄 만한 테마인지, 발표자가 가장 자신 있게 할 수 있는 주제인지, 주어진 시간 내에 충분히 소화시킬 수 있는 주제인지에 대해 진지하게 생각하고 분석해야 한다. 또 프레젠테이션은 주로 서론부, 본론부, 결론부 등 3단계로 구성하는데, 그 주된 이유는 발표자는 자신이 의도하는 바를 명확하게 전달하고, 청중 또한 발표자의 말을 쉽게 이해시키도록 하기 위함이다.

1 서론부

서론부에서 발표자가 주의할 사항은 4가지다. 하나, 서론부의 5~10초 동안, 발표자에 대한 청중들의 첫인상이 프레젠테이션의 성패成敗를 결정짓는다. 따라서 서론부의 시간대는 전체의 10~15% 정도가 적당하다. 둘, 이때 발표자는 단정한 복장, 자신감, 편안한 자세, 밝은 표정으로 청중들에게 스마트한 인상을 심어줘야 한다. 셋, 프레젠테이션의 시작은 관심을 끌만한 얘기, 최신 유머와 위트, 프레젠테이션의 주제와 직결된 최근의 연구결과나 해당 분야 권위자의 의미있는 얘기, 흥미를 유발시킬 만한 자신의 경험담을 거론하며 발표를 진행하면 큰 효과를 얻을 수 있다. 넷, 발표자는 발표주제를 명확히 제시하고, 그 주제가 청중들에게 매우 유용한 것임을 설득시켜야 한다.

2 본론부

발표자는 본론부에서도 청중들의 귀와 눈을 자극하며 자신에게 집중하도록 해야 한다. 특히 본론부는 발표자의 얘기 중에서 가장 중요한 부분이기 때문에 더 더욱 그렇다. 유념해야 할 사항도 서론부나 결론부에 비해 많은 편이다.

하나, 발표자의 초점이 다른 곳으로 빗나가지 않도록 주의해야 한다. 어쩌다가 삼천포로 빗나 갔을 경우에는 관련주제로 재빠르게 환원시켜야 한다. 둘, 발표자는 시종일관 논리적인 자세로 발표를 이어나가면서 청중들의 지적 호기심과 흥미를 끊임없이 자극해야 한다. 특히 목소리의 고저高低와 강약强弱을 조절함으로써 청중들이 지루하고 졸리지 않도록 해야 한다. 셋, 논리전개는 특수 사례로부터 일반적인 원리로, 주변의 가벼운 신변잡기로부터 시작해서 구체적인 결론을 내려줘야 한다. 넷, 발표 중간 중간에 청중들에게 질문과 호응을 유도해서 발표자와 청중이 하나되는 장을 마련할 필요도 있다. 다섯, 청중들에게 익숙하지 않은 전문적인 학술용어나 영어식 표현은 가급적 피해야 한다. 발표자의 강연을 들으면서 지적 열등감이나 스트레스를 받고 싶은 청중은 단 1명도 없다는 사실에 유념해야 한다. 여섯, 발표자가 숫자를 얘기할 경우에는 정확한 수치보다는 대략적인 수치를 말하는 것이 듣는 청중들에게 부담을 덜 줄 수 있다. 단, 과학적인 통계나 경제 경영분야의 통계수치예: 환율, GDP, 국제수지, 1인당 GNI, 외환보유고, KOSPI 지수, 세계 1등을 하는 국산제품의 명칭 등는 정확하게 얘기해야 한다. 그래야만 청중들로부터 신뢰를 받을 수 있기 때문이다.

3 결론부

결론부는 발표자가 자신의 의도와 주장하고자 하는 내용을 모두 다 밝히고 정리하는 단계이기 때문에 나름대로 많은 고민을 해야 한다. 왜냐하면 프레젠테이션을 끝나고 났을 때, 반향이 얼마만큼 있느냐의 문제는 전적으로 발표자가 마무리를 어떻게 했느냐에 따라 판가름이 나기 때문이다. 결론부에서 발표자가 주의해야 할 사항은 4가지다.

하나, 성공적인 프레젠테이션의 여부는 전적으로 끝맺음을 얼마나 잘했느냐에 달려 있다. 발표 초반에 호감을 가졌던 프레젠테이션도 결론을 잘못 맺으면 전체 프레젠테이션이 당초에 기대했던 성과를 거둘 수 없다. 둘, 발표자가 결론을 잘 맺기 위해서는 서론부와 본론부에서 언급했던 사항들을 전체적으로 요약해주면서 그 상황에 부합하는 격언이나 명언을 인용하면서 끝을 맺는 게 효과적이다. 셋, 프레젠테이션의 시간을 엄수해야 한다. 50분짜리 프레젠테이션을 60분으로 10분 연장할 경우에는 청중들로부터 좋은 호감을 얻을 수 없다. 시간을 엄수하는 발표자가 프레젠테이션을 가장 잘하는 사람이라는 사실을 명심해야 한다. 넷, 프레젠테이션을 마치기 전에 발표자가 해야 할 일은, 마지막 말은 짧게, 최소한 3명 정도의 청중들에게 질문기회를 던져주고 감사하다는 인사를 잊지 말아야 한다. 겸손한 프레젠테이션은 누구에게나 좋은 인상과 평가를 받기 마련이기 때문이다.

10.4

프레젠테이션의 테크닉을 완벽하게 구사하라!

말과 바디 랭귀지를 적절히 구사

언어말가 커뮤니케이션에서 차지하는 비중이 얼마라고 딱 잘라 말할 수는 없다. 하지만 분명한 것은 화술이 뛰어난 사람이 그렇지 못한 사람보다 커뮤니케이션을 잘한다는 점이다. 말을 잘하는 사람은 사고체계가 매우 논리적이고, 유머와 재치에 대한 감각이 뛰어나다. 또 음성의 고저와 강약을 유효적절하게 조절할 줄 알고 청중을 배려하는 감성까지 풍부하다. 청중들의 관심과 이목을 끌만한 화젯거리도 남달리 풍부하고, 때에 따라서는 Y담까지도 잘 소화시켜 웃음으로 연결시킬 수 있는 재치까지 구비하고 있는 경우도 많다. 당연히 청중들로부터 인기가 많을 수밖에 없다.

바디 랭귀지body language는 '의사전달과 관련한 몸짓 언어'로 정의된다. 일례로 청중들과 눈을 마주치며 일심동체를 유도하는 아이콘택트, 손의 움직임, 화법話法 등을 들 수 있다. 최근에는 언어보다 바디 랭귀지가 프레젠테이션에서 더욱 더 중요한 비중을 차지하고 있다는 것이 이 분야 전문가들의 공통된 의견이다. 우리나라에서 바디 랭귀지로 인기를 끌었던 대표적인 인사로는 고황수관 박사와 도올 김용옥 교수를 들 수 있다. 사람들은 그들의 얘기뿐 아니라 그들 특유의 제스처와 목소리의 억양에 대해서도 많은 관심을 가졌다.

또 외국의 국가원수들 가운데 바디 랭귀지가 뛰어났던 인물은 존 F. 케네디John F. Kennedy 대통령이었다. 2011년 2월 20일, MBC TV의 「신비한TV-서프라이즈」에 따르면 '1960년도에 치러진 제35대 미국 대통령 선거에서 후보로 나선 존 F. 케네디가 리처드 닉슨을 이기고 당선된 이면에는 그의 출중한 바디 랭귀지가 한몫 했다고 한다. 그 두 사람 간의 TV 토론회는 미국 대선 역사상 최초의 일로서 토론회 날 당일, 케네디 후보는 바디 랭귀지 측면에서 닉슨 후보를 압도했다. 즉 닉슨이 시종일관 자신의 경쟁자인 케네디만을 쳐다보며 얘기했던 것과 달리 케네디는 국민들 앞에서 얘기하는 것처럼 카메라를 정면으로 응시했다. 또 케네디는 다양한 손짓과 몸짓을

• TV 토론회 장에서의 케네디와 닉슨 후보 (출처: JTBC 뉴스룸) •

이용해 국민들과 진짜 대화를 나누는 것처럼 보였지만 닉슨은 긴장한 모습이 역력해 부동자세만을 취했다. 이들의 행동에서 국민들은 케네디에게 더 편안함을 느꼈던 것이다. 그 결과 케네디는 국민들의 신뢰를 얻고 그들의 마음을 움직여 닉슨을 제치고 대통령에 당선될 수 있었다는 것이다. 이는 발표자의 작은 행동과 눈빛이 청중의 마음을 움직일 수 있다는 것을 반증하는 결과였다. 많은 전문가들 역시 케네디가 의도를 했든, 하지 않았든 그는 TV 미디어의 속성을 제대로 간파했으며 그의 손짓 하나가 자신의 매력 표시는 물론 국민들의 지지까지 이끌어냈다는 것이다.[1]

아이콘택트

프레젠테이션을 구성하는 두 개의 엔진이 있다면 그것은 눈Eye과 인용-Quotation이 갖는 파워다. 청중을 쳐다보며 그들에게 최신의 정보와 자료, 지식과 지혜를 전달해주는 파워풀한 인용引用이 핵심요소라는 뜻이다. 아이콘택트는 '눈'과 관련된 개념이다. 아이콘택트는 발표자가 청중과 눈을 마주치며 일심동체를 유도하는 것을 의미한다. 아이콘택트는 단순히 청중들을 응시하는 게 아니라 청중 한 사람 한 사람의 눈을 쳐다보면서 말을 했을 때에 성공적인 효과를 거둘 수 있다. 발표자가 아이콘택트를 잘하면, 청중의 반응을 가까이에서 직접 확인할 수 있다. 또 청중의 지적 자극이나 동기부여는 물론 프레젠테이션에 대한 흥미와 집중도까지 배가시킬 수 있다. 그 결과 발표자는 청중에게 신뢰와 감동을 선사하고, 그들로부터 따뜻한 이해와 공감까지 불러올 수 있다. 반면, 발표자가 아이콘택트에 실패하는 경우에는 여러 부작용들이 동시다발적으로 나타난다. 발표자에 대한 청중들의 신뢰도가 떨어지고, 그로 인해 프레젠테이션에 대한 흥미 저하 및 집중도 결여 현상이 나타날 수밖에 없다.

---

1 뉴스앤 조연경 기자 칼럼, '美 존 F. 케네디 대통령 당선은 바디랭귀지' 때문? 미디어귀재(2011년 2월 20일자)' 기사 부분 인용.

손

손을 활용한 바디 랭귀지도 중요한 변수다. 손으로 테이블이나 연단을 잡는 것은 가급적 피하는 게 좋다. 손은 발표자가 상황에 부합하도록 자연스럽게 활용할 때, 매력적인 수단이 될 수 있다. 주먹을 자주 쥐면 상대방이나 청중들에게 공격적인 태도나 과격한 사람으로 비춰질 우려가 있다. 따라서 핵심사항을 강조할 때, 1~2차례 사용하는 것으로 충분하다. 또 손을 바지주머니에 자주 넣을 경우에는 거만하거나 상대방을 잘 무시하는 불량한 사람이라는 느낌을 줄 수 있다. 양손을 부여잡고 가슴 선까지 올리는 모습 역시 교만한 사람이나 상대방에 위압적인 인사로 오해 받기에 충분하다. 따라서 그런 행동은 최대한 자제하는 게 바람직스럽다. 어떤 대상을 가리키거나 강조할 때는 손을 들어서 활용하고, 원고나 시나리오를 적은 종이가 필요할 경우에는 손으로 그것을 들고 있는 것이 자연스럽다. 또 손을 사용할 필요가 없을 때는 그것이 바지 재봉선 아래에 오도록 자연스럽게 내려놓는 게 제일 무난하다. 현란한 손 동작은 마술가의 세계에서나 필요할 뿐이다. 프레젠테이션에서 손동작은 절제와 조화의 미를 추구하고 유효적절하게 사용해야만 소기의 목적을 이룰 수 있다.

화법

화법의 구성요소는 크게 5가지다. 말의 스피드와 악센트, 목소리의 고저와 음색, 목소리 크기가 그것이다. 말의 스피드가 빠르고 악센트가 강하면 청중들은 발표자가 흥분했거나 긴장 상태라고 판단하기 쉽다. 또 목소리가 고음이거나 음색이 날카로울 때, 목소리가 큰 경우에도 청중들은 발표자에 대한 불안감이나 불쾌감을 느낄 수밖에 없다. 발표자의 절대 덕목은 처음부터 끝까지 청중들을 편안하고, 즐겁고, 기분 좋게 모셔야 한다는 점이다. 청중들 가운데 스트레스나 긴장감 속에서 타인의 프레젠테이션에 노출되고 싶은 사람은 단 1명도 없다는 사실을 직시하고 최고로 멋진 화법 개발에 피나는 노력을 경주해야 한다. 그래야만 성공적인 프레젠테이션을 할 수 있다.

최고의 화법은 그리 어렵지 않다. 발표자의 의도된 가식이나 위선이 아닌 진실한 모습을 보이도록 노력하면 그만이다. 강조할 부분에서는 분명한 어조로 말하고, 저속한 표현이나 억지웃음을 자아내는 표현은 자제해야 한다. 또 음색은 부드럽게 하되, 음색의 고저는 파도타기처럼 해야 청중들의 졸음을 방지할 수 있다. 거기에다 발표자의 웃는 얼굴과 해맑은 표정, 그리고 유머와 위트가 곁들여지면 최고의 프레젠테이션을 할 수 있다. 청중이 제아무리 잠을 자려고 노력해도 발표내용이 너무 즐겁고 신기하고 재미있어서 도무지 잠이 오지 않는 프레젠테이션이 최고로 멋진 프레젠테이션이다. 타인을 불편하게 하고, 화가 나게 만들고, 저절로 잠이 오게 하고, 듣고 나면 시간만 낭비했다는 자괴감이 들게 만드는 프레젠테이션과 그것을 주도한 사람은 최악의 발표자라고 말할 수 있다.

비주얼 프레젠테이션을 끊임없이 개발하고 연마하라!

비주얼 프레젠테이션에 대한 개요

비주얼visual 프레젠테이션이란, 발표자가 언어말나 바디 랭귀지보다 청중의 시각에 호소할 수 있는 설명도구나 자료를 가지고 프레젠테이션을 하는 것을 말한다. 매스 미디어 시대에는 언어식 표현이 프레젠테이션의 주류였지만, 멀티미디어 시대에는 귀청각보다 눈시각을 자극하는 비주얼 프레젠테이션이 대세라고 본다. '새 술은 새 부대에'라는 말이 있다. 시대가 바뀌면 청중들도 바뀌게 마련이므로 그에 따른 프레젠테이션의 패러다임도 바뀌야 성공적인 프레젠테이션을 할 수 있다.

• 파워포인트를 이용해서 특강하는 저자 •

한편, 비주얼 프레젠테이션을 잘하기 위해서는 무엇보다도 그것을 뒷받침해줄 각종 도구들이 필요하다. 과거에는 OHP나 VTR과 같은 설명도구들이 활용되었지만 지금은 강력한 설명도구들이 많이 개발되어 있는 상태다. 좀 더 편리하고 좀 더 선명하고 좀 더 명확하게 설명할 수 있는 도구들이 발표자나 청중들의 시선을 사로잡고 있는 실정이다. 요즘은 그림, 도표, 엑셀 프로그램, 동영상, 사진 등을 총망라해서 보여주는 파워포인트가 맹위를 떨치고 있다. 파워포인트를 가동시키기 위해서는 컴퓨터와 빔프로젝트만 구비되면 그만이다. 또한 비주얼 프레젠테이션에 성공하기 위해서는 사전에 명심해야 할 사항이 몇 가지 있다.

우선 비주얼 자료는 어디까지 발표자의 프레젠테이션을 보조해주는 역할에 머물러야 한다. 프레젠테이션의 주체는 발표자 본인이고, 프레젠테이션의 성공여부도 발표자 개인의 역량에 달려 있다. 비주얼 자료는 단지 발표자의 전달의도를 제대로 전달할 수 있도록 하고, 청중들의 흥미를 유도하면서 지적 호기심과 기억력을 자극할 수 있도록 활용하는 것으로 한정하는 게 좋다. 또 비주얼 자료는 청중의 나이와 이해 수준에 맞도록 제작하는 것이 좋다. 즉 청중들이 노년층이면 그들에게 부합하는 비주얼 자료를, 청중들이 30~40대의 장년층이면 그들에 맞는 비주얼 자료를, 청중들이 10~20대의 청년층이면 그들의 눈높이에 일치하는 비주얼 자료를 활용해야만 소기의 목적을 거둘 수 있다.

비주얼 프레젠테이션의 활용에 따른 기대효과

비주얼 프레젠테이션은 언어식 표현에 따른 프레젠테이션보다 매우 큰 기대효과를 거둘 수 있다. 첫째, 언어식 표현에 입각한 프레젠테이션은 발표자의 의중을 정확히 전달하지 못하는 경우가 종종 발생한다. 집중해서 듣지 않는 한, 소리는 시각보다 뇌리에 남는 잔상효과가 짧기 때문이다. 하지만 비주얼 프레젠테이션은 청중이 눈으로 직접 확인할 수 있는 관련 자료들을 보여주고 친절한 설명까지 곁들임으로써 발표자의 의중을 일목요연하게 전달할 수 있다. 둘째, 비주얼 프레젠테이션은 언어식 표현보다 많은 양의 지식과 정보를 한꺼번에, 체계적으로 전달할 수 있다. 셋째, 프레젠테이션에 소요되는 시간도 크게 절약할 수 있다는 장점이 있다. 우리 속담에 '백번 듣는 것보다 한번 보는 게 훨씬 더 낫다'는 말이 있다. 이는 청각에 의존하는 정보보다 시각에 의존하는 정보가 효용성 면에서 매우 뛰어나다는 것을 강조하는 말이다. 넷째, 비주얼 프레젠테이션 자료는 처음 만들기가 어렵지, 일단 만들어 놓으면 그 이후부터는 새로운 사항만 첨가시켜서 관련 자료를 계속 업그레이드 시킬 수 있다는 이점이 있다. 당연히 자료 준비에 따른 시간 절약도 가능하다. 다섯째, 비주얼 프레젠테이션은 언어식 표현보다 발표내용을 좀 더 오랫동안 기억한다는 연구결과가 있다. 언어식 표현청각에 따른 프레젠테이션은 3시간이 지나면 발표자가 얘기한 내용의 70%를 기억하지만 3일이 지나면 10%밖에 기억하지 못한다고 한다. 하지만 비주얼 프레젠테이션에 입각한 내용은 3시간이 지나면 발표자가 언급한 얘기의 85%를 기억하고 3일이 지난 후에도 60%를 기억한다고 한다. 비주얼 프레젠테이션의 위력을 실감할 수 있는 대목이다.

비주얼 프레젠테이션과 청중의 기억률 분석

(단위: %)

감각의 종류	3시간 후	3일 후
청각	70%	10%
비주얼	85%	60%

자료: 박경록 저, 『WWW.리더십박사.COM』(2000), 도서출판 미래로, p.386.

탁월한 프레젠테이션은 피나는 노력의 대가다!

이 세상에 공짜 점심은 없다!

탁월한 프레젠테이션을 하기 위해서는 피나는 노력과 사전준비가 필요하다. 프로 강사와 아마추어 강사의 차이는 프레젠테이션에 대한 자세와 열정에 달려 있다. 마찬가지로 최고의 의사전달수단인 프레젠테이션에 취약한 사람은 리더로서의 자질이 부족한 사람이다. 남 앞에 서서 자신의 의사를 분명하게 밝히고 청중이나 일반 대중들로부터 호감을 얻기 위해서는 무엇보다도 남을 이해시키고 설득시킬 수 있는 프레젠테이션 능력을 갖고 있어야 하기 때문이다. 프레젠테이션을 잘 하기 위해서는 평소부터 어떻게 하면 말을 조리있게 잘할 수 있을까?, 어떻게 하면 비주얼 자료를 환상적으로 준비할 수 있을까?, 어떻게 하면 청중들의 마음을 확 휘어잡을 수 있을까?에 대한 시뮬레이션을 반복적으로 실시해야 한다. 그밖에도 어떻게 하면 쾌도난마식의 멋진 강연으로 청중의 막힌 가슴을 뚫어줄 수 있을까에 대한 고민을 하면서 자기만의 색깔, 자기만의 특성을 찾아내는 훈련을 지속적으로 해야 한다. 오늘날 우리가 TV나 강연장에서 만나는 일류 강사나 일류 리더들은 오랜 세월동안 프레젠테이션에 대해 많은 훈련과 노력을 해온 사람들임을 잊지 말아야 한다.

철저한 준비가 프레젠테이션을 세련되게 한다.

프레젠테이션에서 높은 평가를 받으려면 사전에 프레젠테이션과 관련된 원고를 철저하게 숙지하는 노력을 기울여야 한다. 원고를 읽는 횟수가 중요한 게 아니다. 얼마만큼 원고를 소화해서 완벽하게 자기버전화 시켰느냐가 프레젠테이션의 성공을 결정짓는 핵심요인이다. 원고가 완벽하게 숙지되었으면 다음 단계는 비주얼 자료와 원고를 갖고 실전과 같은 프레젠테이션 연습에 임해야 한다. 그리고 프레젠테이션의 마지막 단계는 실제로 프레젠테이션이 행해질 장소에서 각종 프레젠테이션 관련기기나 설비 등을 점검해 보면서 최종적인 예행연습까지 마쳐야 한다. 이때 발표자는 실제 장소의 위치, 좌석배치 현황, 좌석 수, 연단 위치, 화이트보드나 칠판의 준비여부, 비주얼 자료를 보여줄 수 있는 각종 기자재의 확보 여부 및 사전 운용 연습을 철저히 실행해 본 후, 본격적인 프레젠테이션에 나서야 한다. 유비무환의 정신은 프레젠테이션 부문에서도 통용되는 가장 기본적인 진리임을 잊지 말아야 한다.

강사들이 저지르기 쉬운 7가지 실수

요즘 강의를 업으로 하는 사람들이 크게 늘어났다. 직장에서 해고를 당한 사람들, 또 입담이 강한 사람들, 정년퇴임을 한 후 자신의 경험담을 밑천으로 강의나 강연시장으로 진입하는 사람들이 꽤 많기 때문이다. 물론 선택은 본인의 자유이지만 강의나 강연시장에서 이름을 날리는 것 또한 연예인으로 성공하는 것만큼 결코 쉬운 일이 아니다. 프로선수들을 능가하는 혹독한 자기관리와 풍부한 독서, 그리고 청중들의 감각과 시선을 확 끌어당길 만한 콘텐츠 개발에 적극 나서야 한다. 또 자신이 지닌 재능의 상품성을 정확하게 인지하고 그것을 시장에다 내다팔아서 부가가치로 연결시킬 수 있는 배짱과 순발력으로 무장해야 한다. 그렇지 않는 한, 유명강사의 꿈은 정말로 개꿈에 불과할 것이다.

1 자신의 강의에 대해 스스로 후한 평가를 내린다.

강연시장에 막 뛰어든 풋내기 강사는 청중의 반응을 잘 읽지 못하는 경우가 많다. 그래서 스스로를 과대 포장하는 실수를 저지른다. 가령, 강의가 끝나면 대부분의 청중들은 강사에게 박수를 쳐준다. 프로강사는 그 박수의 의미를 정확하게 읽지만, 경험이 일천한 강사는 그것을 보고 무척 만족스러워한다. 즉 자신의 강의가 괜찮았다고 착각하는 것이다. 청중은 어느 누구도 강사를 향해 대놓고 "오늘 당신 강의는 최하였습니다!"라고 말해주지 않는다. 강사의 입장을 고려하기 때문이다. 하지만 강사를 추천한 측에서 청중을 대상으로 은밀하게 강의평가를 한다는 사실을 잊지 마라. 처음에 강사로 초대했던 기관이나 조직에서 두 번 다시 부르지 않으면 당신의 강의 실력이 기대 이하였음을 냉철하게 자각하고 피나는 노력을 경주해야 한다.

2 강사 자신의 무능력을 불경기 탓이라고 착각한다.

시장은 그것이 상품시장이든, 강연시장이든 무척 냉철하고 엄격하다. 고객의 요구에 미치지 못하는 상품이나 강사는 곧바로 퇴출 명령을 받는다. 강사가 고객들로부터 어떤 평가를 받고 있는지를 정확하게 판단하려면 강연시장에서 자신을 초대하는 횟수를 정확하게 체크해야 한다. 시간이 흐를수록 초청횟수가 늘어나면 그 강사는 성공할 가능성이 크지만, 반대의 상황이 일어나면 조만간 퇴출의 위기를 맞이할 가능성이 크다고 보면 정확하다. 그런데도 풋내기 강사들은 "불경기라서 그럴 수 있다."면서 자기 스스로 위안을 삼는 경우가 많다. 하지만 기억해 두길 바란다. 제아무리 극심한 불경기라도 뜨는 강사들, 콘텐츠가 빵빵한 강사들은 눈코 뜰 새 없이 바쁘다는 사실을 말이다.

3 청중의 입에 발린 칭찬을 진짜로 받아들인다.

대부분의 청중들은 강의가 끝난 후 "좋은 강의였다.", "멋진 강의였다."라고 말해준다. 그런데 이 말을 액면그대로 받아들이면 곤란하다. 강사의 면전에다 "당신 강의는 형편없다.", "당신은 퇴출 대상 강사다."라고 말해주는 청중들은 거의 없다. 다만 다음부터는 다시 만나는 일이 없기를 기도한다는 사실이다. 또 당신 스스로 타인의 강의를 듣고 과연 감동했던 순간이 있었는지? 냉정하게 평가해보라. 그러면 자신의 강의에 대해서 좀더 객관적으로 바라볼 수 있을 것이다.

4 청중의 웃음을 보고 자아도취에 빠지는 강사들이 꽤 많다.

대부분의 강사들은 청중을 웃기기 위해 노력한다. 사실 좋은 강의는 엄격한 분위기를 유발하는 것보다 청중의 부드러운, 그러나 자발적인 웃음을 유도하는 강사가 정말로 유능한 강사다. 풋내기 강사들은 억지춘향으로 웃음을 이끌어내려고 안간힘을 쓴다. 그런 다음, 청중이 웃어주면 그것을 자신의 능력으로 착각한다. 하지만 이것 하나만큼은 꼭 기억해두길 바란다. 청중의 웃음에도 허접하고 빈 웃음이 있을 수 있다는 사실을. 즉 너무나도 웃기려고 노력하는 강사가 측은해서 웃어주는 청중도 꽤 많이 있다는 점을 말이다. 그런 청중이 나중에 하는 말은 단 한가지다. "정말로 저 강사 웃기는 인간이네. 결국 남는 게 하나도 없는 저질 강의였잖아! 차라리 개그콘서트나 볼 걸!"

5 강의가 끝난 후, 청중의 미지근한 반응에 좌절한다.

청중의 반응에 예민하게 대응하는 것은 좋은 강사가 되기 위한 전제조건이다. 하지만 청중의 반응에 일희일비하지 않는 게 좋다. 어차피 청중은 겉이 아닌 속으로 평가하는 사람들이다. 따라서 좋은 강의를 듣고서도 남 앞에 나서는 것을 좋아하지 않는 청중은 별다른 반응 없이 조용히 강의실을 떠난다. 그러니 강의가 끝난 후, 공허감에 빠지지 않기를 바란다. 오히려 청중의 공개적인 비난이 없었음에 감사하며 더욱 더 적극적인 자세로 다음 강의에 열정을 쏟아주길 기대한다. 그런 자세가 프로강사가 되는 지름길이다.

6 명강사 타이틀을 가졌다고 은근히 자랑하는 사람들이 적지 않다.

수많은 의사들 가운데 진정한 명의名醫를 찾아볼 수 없듯이 수많은 강사들 가운데 진짜 명강사는 손에 꼽을 정도로 희소하다. 하지만 요즘은 각 대학들이 정규 교육프로그램 이외로 명강사 교육프로그램을 운영하고 있다. 그 과정을 이수하면 명강사 타이틀을 부여해준다. 하지만 그것은 어디까지 각 대학들이 하는 장삿속에 불과하다. 사실 그런 타이틀은 강연시장에서 절대로 통용되지 않는다. 그러니 그런 명강사 타이틀에 연연하지 마라. 또 설령 각고의 노력으로 명강사의 반열에 올랐다고 가정하자. 만약 그런 사람도 후속 콘텐츠 개발을 게을리 하거나 조금이라도 자만심에 사로잡혀 자기개발에 대한 노력을 게을리 하면 곧바로 명강사의 반열에서 퇴출당하는 사실에 유념하라. 곡 하나로 떴던 가수들 가운데 후속 곡이 발표되지 않거나 각광을 받지 못해 대중들의 뇌리 속에서 사라져버린 가수들이 얼마나 많은지 생각해보면 금방 내 얘기가 틀리지 않은 것임을 인지할 것이다.

7 자신의 강의 하나로 청중을 변화시켰다고 착각한다.

풋내기 강사는 자신의 강의로 대다수 청중을 변화시켰다고 착각한다. 자신의 강의에 눈을 맞추고 적극적으로 동조해주었다고 착각하는 것이다. 하지만 청중은 남의 얘기에 쉽게 동화되는 사람들이 아니다. 진정으로 청중을 변화시키기 위해서는 '영혼'이 있는 강의를 해야 하고, 그것이 청중의 심금을 울려주어야 한다. 또 강사의 주장이 쉽게 실천할 수 있는 것이어야 한다. 또한 청중은 망각의 귀재들이다. 강의를 듣고 하루만 지나도 어제 들었던 강의제목이 뭐더라? 어제 강의한 강사이름이 뭐더라? 할 정도다. 강의이름이나 강의 내용에 대한 기억은 사라지고, 그 강사의 외모나 말투만 뇌리에 남아있을 정도다. 따라서 청중의 뇌리에 이름 석자가 기억되고 강의내용이 일부라도 남아있는 강사라면 매우 훌륭한 강사에 속한다고 본다.

Reading Data 20

의사소통의 달인이 되기 위한 두 가지 비법

프레젠테이션도 결국은 의사소통의 일종이라고 생각한다. 아내와의 대화도, 일반 대중들과의 대화와 크게 다르지 않다. 일반 대중들과 강사의 대화가 프레젠테이션을 통해 이루어지듯이 남편과 아내와의 대화도 넓게 보면 프레젠테이션의 범주에 들어간다고 볼 수 있다. 우연히 인터넷에서 '3소 5쇠'라는 재미있는 내용을 발견했다. 우리 남성들이 한번 정도 귀담아 들어야 할 의사소통의 철칙이라고 생각해서 소개하고자 한다.

3소의 장점

자신의 아내와 소통이 잘 안 되는 남성들은 '3소'부터 실천해보길 권유한다. 여기서 말하는 3소는 '그렇소', '맞소', '옳소'를 의미한다. 첫째로, 당신 아내가 어떤 말을 하든지 일단 '그렇소!'하고 맞장구를 쳐줘라. 그러면 당신 아내의 눈빛이 달라질 것이다. 둘째로, 당신 마누라가 어떤 일을 하든지 일단 '맞소!'라고 동의해줘라. 그러면 당신 마누라의 안색이 화사하게 바뀔 것이다. 셋째로, 당신의 애들 엄마가 주장하는 모든 사항에 대해 '옳소!'라고 지지해줘라. 그러면 당신의 애들 엄마가 해주는 저녁 식탁의 메뉴가 달라질 것이다.

5쇠의 매력

'3소'를 통해 자신의 아내와 의사소통의 물꼬를 텄다면 2단계로 추진해야 할 것이 '5쇠'의 법칙이다. 5쇠는 마당쇠, 변강쇠, 자물쇠, 구두쇠, 모르쇠를 의미한다.

첫째는 마당쇠다. 즉 업무가 끝나면 밖에서 머뭇거리지 말고 즉각 집으로 퇴근하라. 그런 다음, 당신의 아내를 위해서 집안 청소부터 허드렛일까지 말끔하게 정리하고 아내를 모든 집안일로부터 해방시켜줘라. 때로는 저녁식사도 당신이 직접 지어서 아내에게 바쳐라. 이때 당신이 지녀야 할 마음가짐은 오로지 '마당쇠'와 같은 헌신적인 자세다. 그러면 당신 아내가 당신을 다시 쳐다볼 것이다.

둘째는 변강쇠다. 술과 담배를 멀리하고 적당한 운동으로 신체를 강력하게 단련시켜라. 그리고 당신 아내가 한밤중에 눈을 가냘프게 뜨고 뜨거운 사랑을 요구할 때는 인정사정보지 말고 화끈한 변강쇠로 변신하라. 그러면 당신 아내는 당신에게 '늑대'라는 표현을 절대로 사용하지 않을 것이다. 물론 당신을 바라보는 태도도 180도로 변할 것이다. 사랑 전쟁에서 패배한 남성들은 갈 곳이 그리 많지 않다. 그러니 죽을 때까지 당신의 몸 관리를 철저하게 해야 한다.

셋째는 자물쇠다. 집안이나 밖에서 일어난 일들에 대해서 함부로 발설하지 말고 무겁게 행동하라. 당신 아내는 입이 가벼운 사람보다 입이 무거운 사람을 훨씬 더 좋아한다는 사실을 잊지 마라. 그러니 매사에 '자물쇠'가 되는 게 현명한 처사다. 특히 당신 아내에게 불리한 얘기, 아내가 감추고 싶어 하는 얘기에 대해 일일이 캐내려 하지 말고 비밀에 부쳐라. 탐정처럼 행동하는 남편보다는 자물쇠를 입에 문 남편이 훨씬 더 사랑받는 사실을 직시하고 그 길을 택하라. 그러면 당신 아내는 당신이 팥으로 메주를 쑨다 해도 당신 말을 믿고 따를 것이다.

넷째는 구두쇠다. 남을 위해서는 조금 짠 사람이라는 평을 들을 정도로 구두쇠가 되어라. 그래야만 당신 아내의 호주머니에서 나가는 돈의 지출을 조금이나마 막을 수 있다. 대신 당신 아내와 가족들에겐 구두쇠가 되지 마라. 산다는 것은 저축하기 위해서가 아니라 쓰기 위해서임을 잊지 마라. 당신 아내와 가족들에겐 후하고 다른 사람들에겐 조금 짜다는 평가를 받을 때 집안은 경제적으로 윤택하게 생활할 토대를 갖게 된다. 헛돈을 쓰지 않겠다는 구두쇠의 정신이 아내로부터 사랑을 받는 첩경임을 명심하라!

다섯째는 모르쇠다. 당신이 집안일에 대해서 시시콜콜 간섭하면 아내와의 사이에 금이 가기 시작하고 나중에는 TV 드라마 '사랑과 전쟁'의 주인공으로 전락할 수 있다. 그러니 전화요금과 전기요금을 비롯한 공과금에 대해서 관심 갖지 마라. 그리고 냉장고를 수시로 열어보며 콩나물은 어떻고 두부는 어떻고…그런 식의 간섭을 일체 중지하라. 집안의 소소한 일에 대해서는 무조건 모르쇠로 일관하는 게 상책이다. 당신이 그렇게 행동하면 당신 아내는 당신을 배포가 큰 괜찮은 남편으로 생각하게 된다. 미주알 고주알 따지는 남편을 좋아할 여성은 이 세상 어디에도 없다는 사실을 잊지 마라.

조선의 대쪽 선비였던 명재상 허조

흔히 세종대왕 시대를 조선의 르네상스 시기라고 평가한다. 국토가 확정되고, 훈민정음, 아악, 법과 제도 등 조선식 문물이 체계적으로 정비된 데다 임금까지 뛰어난 성군聖君으로서 백성들의 태평스런 삶을 일궈나갔기 때문이다. 하지만 그 모든 것을 세종대왕 혼자서 이룬 것이 아니다. 그를 지근거리에서 최선을 다해 보필했던 훌륭한 재상宰相들과 공직자들이 있었기에 가능했다.

재상의 참뜻은 무엇인가?

재상을 한자로 표기하면 '宰相'이다. '宰'는 '다스린다'는 뜻도 있지만 여기서는 '고기를 저밀 재', 즉 '칼을 가지고 고기를 저미면서 요리한다'는 뜻으로 이해하는 게 옳다. '相' 역시 '정승 될 상'이라는 의미도 있지만 여기서는 '관찰 상'과 '가신 상'의 뜻을 지닌다. 이를 종합해서 재상을 정의하면 다음과 같다. 일국의 재상은 법과 제도(칼)라는 정책수단을 가지며 고기를 저미듯 신중한 자세로 국정을 운영(요리)하는 사람을 지칭한다. 이때 재상이 해야 할 으뜸 덕목은 임금을 제대로 보필하며 좌우를 둘러보고 억울한 사람이 발생하지 않도록 세심하게 보살펴야 한다는 점이다. 그것이 바로 재상의 진정한 의미다.

다행스럽게도 세종대왕 시절에는 이런 재상들이 여럿 있었다. 조선 초기의 태평성대와 르네상스 시대가 가능했던 것은 전적으로 성군聖君과 현신賢臣이 정치를 함께 했기 때문이다. 누가 나에게 세종대왕 시절의 대표적인 현신을 단 1명만 꼽으라고 한다면 나는 두말없이 경암敬菴 허조許稠; 1369~1439를 지목하고 싶다. 본관이 하양河陽인 그는 고려 말에 성리학을 들여온 문성공 안향의 사위였던 허수許綏의 증손자다. 또 권근權近의 문하에서 공부했던 그는 고려 공양왕 2년(1390)에 치러진 식년문과에 급제한 후, 공직 생활을 시작했다. 그리고 태조 이성계가 1392년 조선을 개국하자 그는 전주 이씨 가문과 인연을 맺게 되었다.

허조는 요즘으로 치자면 허리가 굽은 장애를 갖고 있었다. 그 출처는 성종 때의 문신이었던 서거정徐居正; 1420~1488의 『필원잡기』이다. 『세종실록』에는 그 부분에 대한 기록이 나오지 않기 때문에 서거정의 얘기를 공식적으로 확인할 방법은 없다. 하지만 허조에 대해 분명히 말할 수 있는 것은 그가 대단한 청백리였다는 사실이다. 그는 부정한 돈, 다른 여성과의 스캔들, 불의不義와는 거리가 멀었던 깐깐한 인물이었다. 조선의 제3대 임금이었던 태종 이방원도 처음에는 자신에게 직언을 서슴지 않는 허조를 미워해서 중용하기를 꺼렸을 정도였다. 그러나 허조보다 6살 많았던 황희가 적극적으로 변호를 해주는 바람에 꽃보직이었던 이조정랑과 예조참의를 역임할 수 있었다. 태종 이방원도 나중에는 허조의 진면목을 간파한 후, 세종대왕에게 선위를 하는 자리에서 특별히 그를 앞으로 나오게 한 후, 세종대왕과 신하들을 향해 이런 말을 했다고 전해진다. "허조는 나의 주석柱石: 나라를 떠받치는 중추적인 신하이었다. 그러니 앞으로도 허조를 중요하라!"

아름다운 공직자의 표상

허조는 예禮와 법률에 아주 해박했고, 조선의 공직자답게 불교를 결렬하게 배척하는 스탠스를 취했다. 또 그는 원칙주의자로서 어느 누구의 눈치도 보지 않았다. 조선의 국토를 확정짓기 위해 세종대왕이 강력하게 추진했던 파저강 정벌에 대해서도 그는 끝까지 반대했다. 또 보수적인 입장을 고수했던 그는 세종대왕이 추진하고자 했던 일련의 진보정책에 대해서도 예禮와 법조문을 들이대며 수시로 반대했다. 하지만 우리가 눈여겨 볼 것은 그런 허조를 대하는 임금의 태도였다. 세종대왕은 사사건건 반대로 일관하는 허조를 미워하거나 배척하지 않았다. 오히려 세종대왕은 그에게 예조판서, 이조판서, 좌의정을 맡겼을 정도로 그를 아끼고 사랑했던 것이다. 세종대왕이 그렇게 한 것은 딱 한 가지 이유에서다. 예나 지금이나 절대권력 앞에서는 예스맨들만 존재한다. 그러나 허조는 생리적으로 예스맨이 되지 못했다. 세종대왕은 국정운영에서 예스맨들이 집단체면에 걸리는 것을 가장 우려했고, 그것을 막기 위해서는 허조 같은 원칙주의자가 절대적으로 필요하다고 봤던 것이다. 그는 세종대왕의 기대에 부응하며 국정운영이 갈지之자를 걷지 않고 정도를 걸을 수 있도록 예스맨들에 대한 비판을 서슴지 않았다. 요즘 소통에 문제가 있는 우리나라 정치지도자들이 깊이 참고해야 할 사항이 아닐 수 없다.

허조는 조선 초기의 인사제도를 정립한 인물로 기록되어 있다. 어찌 보면 허조의 공적 가운데 가장 훌륭했던 것이 바로 인사시스템의 정립이다. 그는 10년 동안 이조판서를 역임하면서 '간택-평론-중의'로 이어지는 3단계 인사검증 및 선발시스템을 확립했다. 간택은 이조의 인사담당자가 후보자의 자질, 경력, 가족관계, 부패유무 등을 꼼꼼히 살핀 후 뽑는 것을 말한다. 평의는 이렇게 1차로 간택된 인물들을 이조 관원들이 함께 모인 자리에서 후보자가 그 자리에 적합한 사람인지 여부를 광범위하게 검토하고 토론하는 것을 지칭한다. 중론은 인재선발의 최종단계로 이조 밖의 여론을 청취하는 것을 의미한다. 특히 고위직 인사를 선발하는 경우에는 이조의 적합판정에도 불구하고 조정 안팎의 여론이 좋지 못하면 중의衆議과정을 통과하기 어렵다. 그러면 해당 인사는 자동으로 탈락되는 시스템이다. 세종대왕 시절에는 조선 조정에 뛰어난 인재들이 넘쳐났던 것도 허조의 이런 공적에 힘입은 바 크다. 수첩인사로 세인들의 비난과 원성을 샀던 정치 리더가 귀담아 들었어야 할 얘기다.

• 허조 부자의 공덕을 기리는 정충각 (출처: 문화재청) •

공직자로서 허조의 또 다른 매력 포인트는 지식인답게 의리를 잘 지켰다는 사실이다. 배신을 밥 먹듯이 하는 요즘 고위공직자들과는 달리 그는 형제 간의 의리는 물론 자신이 과거시험을 치를 때 시험관이었던 분을 '은문'恩門이라 부르며 평생 동안 스승으로 모셨다는 얘기가 『세종실록』에 나온다.

"좌의정 허조許稠가 졸卒하였다. 허조는 경상도 하양현河陽縣 사람인데, 자字는 중통仲通이다. 나이 17세에 진사시進士試에 합격하였고, 19세에 생원시生員試에 합격하였다. 뒤에 은문恩門 염정수廉廷秀가 사형을 당하였는데, 문생門生과 옛 부하이던 아전들이 감히 가보는 이가 없었는데, 허조는 홀로 시체를 어루만지며 슬피 울고, 관곽을 준비하여 장사지냈다."

출처: 세종실록, 세종21년(1439년) 12월 28일자 허조의 『졸기』편

최순실 게이트와 관련된 박근혜 정권의 실세들이 자신만 살겠다며 저지르는 배반의 정치를 목도하면서 허조의 기품있는 의리관에 절로 머리가 숙여질 따름이다. 허조의 자녀 교육관이나 여성관 또한 우리들을 부끄럽게 한다. 그는 자식들을 교육시킬 때에도 엄하게 시켰다. 혹시라도 자식들이 공부를 게을리 하거나 품행에 문제가 생기면 사당의 조상들에게 고하고 회초리를 댔다고 한다. 그런 만큼 집안의 노비들이 잘못했을 경우에도 가법에 따라 엄하게 다스렸다. 또 그는 평생 동안 여색을 가까이 하지 않은 것으로도 유명한 인물이다. 하루는 그보다 9살이 많은 맹사성이 술기운을 빌어 "허조는 음양의 이치도 모르는 사람 같다"고 얘기를 하자, 그는 "내가 음양의 이치를 모른다면 내 아들들허눌, 허후은 어떻게 나왔겠냐?"며 따졌다는 일화가 지금까지 회자되고 있다.

큰 울림을 주는 허조의 유언

허조의 『졸기』에 등장하는 그의 유언은 우리들에게 깊은 감동을 안겨준다. 그는 죽기 직전에 "태평한 시대에 나서 태평한 세상에 죽으니, 천지간에 굽어보아도 부끄러운 것이 없다. 이것은 내 손자가 미칠 바가 아니다. 내 나이 70이 지났고 지위가 재상에 이르렀으며 성상의 은총을 만나 간언하면 행하시고 말하면 들어주시었으니 죽어도 여한이 없다"는 말을 남겼다. 국가 일을 자신의 일로 여기고 늘 조심스런 자세로 최선을 다해 일했던 허조, 나랏돈을 자신의 돈처럼 소중하게 생각하고 한 푼을 쓰는데도 온갖 정성을 기울였던 허조였기에 죽는 순간, 하늘에 우러러 하나도 부끄러운 점이 없었을 것이다. 또 세종대왕에게 진언을 해도 사약이나 귀양을 보내지 않고 그의 진언을 수용해서 올바른 정사를 하셨으니 허조 자신은 공직자로서의 보람과 행복을 느꼈을 것이다. 하지만 그것은 '어짊으로서 정치를 시작하겠다'는 시인발정施仁發政의 자세로 통치권을 태종 이방원으로부터 넘겨받았던 세종대왕이 있었기에 가능했다. 훌륭한 임금聖君과 현명한 신하賢臣가 환상적인 앙상블을 이루었기에 세종대왕이 조선 최고의 태평성대를 만들 수 있었던 것이다.

1 발표자가 프레젠테이션에서 성공을 거두려면 말과 바디 랭귀지, 화법말의 스피드와 악센트, 목소리의 높고 낮음과 음색, 목소리 크기, 아이콘택트청중들과 눈 마주치기, 손 등을 자연스럽게 활용할 줄 알아야 한다.

2 프레젠테이션은 자신의 견해나 경험, 아이디어나 자신의 업무와 관련된 노하우 등을 다른 사람에게 전달하고 설득하는 일련의 행위를 말한다. 또 프레젠테이션에 성공하기 위해서는 3P목적, 청중, 장소에 대한 철저한 이해가 선행되어야 한다.

3 프레젠테이션은 크게 서론부, 본론부, 결론부로 구분되며 발표자는 각 단계마다 필요로 하는 사항들을 철저하게 숙지하고 그대로 이행해야 한다. 그렇게 프레젠테이션을 하면 청중은 발표자가 의도한 바를 명확하게 이해할 수 있다.

4 비주얼 프레젠테이션은 발표자가 단순한 언어나 바디랭귀지보다 청중들의 시각에 호소할 수 있는 자료를 가지고 프레젠테이션을 하는 것을 의미한다. 또 과거 한때는 OHP나 VTR 같은 것이 비주얼 프레젠테이션의 주요 도구로 각광을 받았다. 하지만 지금은 동영상, 사진, 그림, 도표 등을 자유자재로 편집첨가, 삭제, 보완할 수 있는 파워포인트와 그것을 지원해주는 빔 프로젝트, 엑셀 프로그램 등이 많이 활용되고 있다.

5 탁월한 프레젠테이션을 위해서는 많은 준비가 필요하다. 잘 준비된 원고와 깔끔한 비주얼 자료, 사전에 충분한 프레젠테이션 예행연습을 해야 만이 청중들에게 찬사를 받을 수 있는 프레젠테이션이 가능하다.

01 다음 중에서 3P에 해당되지 <u>않는</u> 것은?
　　① 인기　　② 청중　　③ 장소　　④ 목적

02 발표자가 프레젠테이션의 결론부에서 유의해야 할 사항이 <u>아닌</u> 것은?
　　① 철저한 시간엄수가 필요하다.
　　② 발표주제가 이상적인 것이었는지 고민한다.
　　③ 발표내용을 전체적으로 요약해주는 것이 좋다.
　　④ 프레젠테이션의 목적이나 상황에 잘 부합하는 격언이나 명언을 인용한다.

03 연설을 잘할 수 있는 방법이 <u>아닌</u> 것은?
　　① 말은 간단명료하고 짧게 하는 것이 좋다.
　　② 움직임과 제스처는 그리 큰 연관이 없다.
　　③ 유머와 재치로 청중들을 매료시켜야 한다.
　　④ 항상 미소짓는 모습으로 청중과 만나야 한다.

04 다음 중 화법의 구성요소가 <u>아닌</u> 것은?
　　① 말의 스피트
　　② 말의 악센트
　　③ 목소리의 길이
　　④ 목소리의 고저와 음색

05 다음 중 아이콘택트의 장점으로 볼 수 <u>없는</u> 것은?
　　① 청중들에게 지적 자극을 줄 수 있다.
　　② 청중들에게 신뢰감이나 안정감을 줄 수 있다.
　　③ 청중들의 이해를 높이고 프레젠테이션에 대해 흥미를 갖게 한다.
　　④ 청중들과의 일심동체를 유도하지만 그 효과는 그다지 크지 않다.

※ 다음 빈칸에 들어갈 알맞은 용어를 적으시오.

01 의사소통의 달인이 되기 위한 두 가지 비법으로는 '3소 5쇠' 전략이 있다. 그 중에서 5쇠 전략은 마당쇠, 변강쇠, (   ), 구두쇠, 모르쇠를 지칭한다.

02 세종대왕의 1등 참모로서 "태평한 시대에 나서 태평한 세상에 죽으니, 천지간에 굽어보아도 부끄러운 것이 없다.…내 나이 70이 지났고 지위가 재상에 이르렀으며 성상의 은총을 만나 간언하면 행하시고 말하면 들어주시었으니 죽어도 여한이 없다"는 말을 남겼던 조선 제일의 청백리 이름은 (   )(이)다.

03 화법의 구성요소는 크게 3가지로 나눈다. 즉 말의 스피드와 악센트, 목소리의 고저와 음색, 목소리의 (   )(이)가 그것이다.

04 발표자가 청중들과 눈을 마주치며 일심동체를 유발하는 행위를 (   )(이)라고 정의한다.

05 발표자가 단순한 언어나 바디 랭귀지보다 청중들의 시각에 호소할 수 있는 자료를 가지고 프레젠테이션을 하는 것을 (   ) 프레젠테이션이라고 정의한다.

| 정답 |

객관식 01 ①   02 ②   03 ②   04 ③   05 ④
단답식 01 자물쇠 02 허조 03 크기 04 아이콘택트 05 비주얼

CHAPTER 11

리더십의 핵심은
협상 능력에 달려 있다!

북핵 6자 회담
(출처: 럭스위탄 Tistory)

떼법은 '업'을 죽이는 저격수다!

한참 전의 일이다. 여의도 국회의사당 앞에서 아주 이색적인 시위가 벌어졌던 적이 있다. 그동안 농민시위, 의약분업을 둘러싼 의사와 약사들의 시위, 노동자들의 파업시위, 전교조의 시위는 종종 볼 수 있었지만, 이날의 솥단지 시위는 나에게 아주 낯선 시위였다. "경기침체로 음식장사가 안되니 정치권이 책임지라!"는 식당 주인들의 구호와 피켓들을 보면서 여러 생각들이 머리를 맴돌았다.

대한민국은 직업선택과 경제활동의 자유가 보장된 자본주의 국가다. 자본주의 사회에서는 식당을 할 것인지, 그만둘 것인지는 전적으로 개인의 사적 영역에 해당되는 문제다. 정부나 정치권이 특정 개인에게 "○○식당을 개업하라!"고 강요한 적도 없고, 또 강요할 수 있는 사안도 아니다. 게다가 "경기침체 때문에 장사가 안 된다!"는 주장 또한 이치에 맞지 않는 말이다. 한국 경제가 최악의 상태였던 IMF 구제금융위기 때도, 장사가 잘 되는 식당은 항상 문전성시를 이루었다.

물론, 경기가 침체되면 문을 닫는 식당들이 하나둘씩 늘어나기 마련이다. 그런데 식당들만 문을 닫는 게 아니다. 경쟁력이 없는 모든 업종의 가게나 기업들이 폐업을 당한다. 또 망하는 가게나 기업에는 다 그럴 만한 이유가 있다. 가격·품질·서비스 측면에서 경쟁력을 갖지 못했기 때문에 망하는 것이다. 그 가운데 식당이 망하는 가장 큰 이유는 경기침체 때문이 아니라 다른 음식점에 비해 맛좋은 음식을 만들지 못하기 때문이다. 음식 맛만 뛰어나면 손님들이 제 발로 찾아와서 돈을 쓰고 가는 게 소비자들의 심리다. 고객들 사이에 입소문이 괴력을 발휘하는 영역도 음식점 분야다.

명필은 결코 붓을 탓하지 않는다!

식당의 성공여부와 관련하여 한 가지 흥미를 끄는 점은 '진짜 상인은 다른 핑계를 대지 않는다'는 점이다. 진짜 상인은 자신의 식당을 찾는 손님들이 줄어들면 그 원인을 남의 탓으로 돌리지 않고 자기 자신한테서 찾는다. 또 진짜 상인은 상도商道의 본질을 꿰뚫고 그것을 철저하게 실천한다. 그는 자신의 '업'業이 고객을 감동시킬 수 있는 최고의 음식을 제공하는데 있음을 인식하고 그것을 달성하기 위해서 최선을 다한다. 더욱이 그는 음식장사를 하면서도 이윤추구만을 지상과제로 삼지 않는다. 그는 오히려 '진짜 상인은 이문利文을 남기기보다 사람을 남기려고 노력한다'는 점을 금과옥조로 여기며, '맛'이라는 소프트 혁명을 통해 미처 충족되지 않고 있는 고객들의 잠재적 식욕을 만족시키기 위해 온갖 정성을 다한다.

진짜 상인은 다른 식당 주인들과 떼를 지어 다니며 가당치도 않는 '떼법'을 주장하지도 않는다. 그들은 장사가 잘 되기 때문에 떼법을 주장할 필요도 없거니와 설령 장사가 안 돼도 그 이유를 자기 자신에서 찾으려고 하기 때문에 솥단지 시위에 동조하지 않는다. 그는 대정부 투쟁을 할 시간이 있으면, 차라리 그 시간에 자기 식당의 아이덴티티를 찾기 위한 비장秘藏의 소스를 개발하거나 새로운 음식 개발에 박차를 가할 것이다. 따라서 그가 운영하는 식당은 '맛 좋은 음식 개발 ⇒ 단골 고객의 급증 ⇒ 많은 이익 창출 ⇒ 더욱 더 친절한 서비스와 맛있는 음식 제공 ⇒ 더 많은 단골고객의 확보 ⇒ 엄청난 이익 창출 ⇒ …'와 같은 선순환적 사이클을 밟음으로써 큰 명성과 부를 거머쥔다.

생선초밥이 비빔밥보다 경쟁력이 있는 이유

일부 식당들은 맛좋은 음식과 친절한 서비스를 통해 많은 돈을 벌고 있지만, 아직도 상당수의 식당들은 '업'의식의 부재로 현상유지에 급급하고 있다. 요즘에는 젊은 요리사들이 톡톡 튀는 아이디어와 맛깔나는 요리 실력으로 한식의 경쟁력을 높여주고 있지만, 아직도 한식의 경쟁력은 일식에 비해 한 수 아래라고 생각한다. 특히 비빔밥과 생선초밥에서 한·일 양국의 음식경쟁력을 생각해 보기로 하자.

한국 식당에서 비빔밥을, 일본 식당에서 생선초밥을 주문해보기 바란다. 비빔밥을 주문하면, 식당 주인은 온갖 채소들을 섞은 그릇심지어 어떤 경우에는 들기름과 고추장까지 식당 주인 마음대로 넣어져 있다과 밥공기, 된장국과 6~7찬 정도가 따라 나온다. 그런데 비빔밥은 고객의 취향을 무시하는 경향이 있다. 나는 고사리를 좋아하지 않는데, 식당 주인은 그릇에다 자기 마음대로 고사리를 다른 채소들과 함께 섞어놓는다. 그래서 나는 젓가락으로 그것을 일일이 제거하고, 고추장을 내 입맛에 맞도록 재조정하는 수고와 번거로움을 겪고 나서 비빔밥을 먹을 수 있다. 또 비빔밥은 '빨리빨리'의 문화적 코드를 그대로 반영해주는 우리의 토속 음식이다. 일본인들은 밥과 여러 가지 밑반찬을 골고루 먹으면서 위장에서 그것들이 한데 섞일 수 있도록 느긋하게 식사를 한다. 하지만 비빔밥은 그것을 먹기 전부터 밥, 채소, 밑반찬을 한데 섞어주는 컨셉이다. 따라서 위장이 그것을 또 다시 섞어줄 필요가 없다. 그 때문인지는 몰라도 대부분의 한국인들이 한 끼의 식사를 마치는 데는 10분도 채 걸리지 않는다. 한국인들 가운데 위암 환자가 유난히 많은 것도 이런 식사문화와 무관하지 않다.

한편, 생선초밥을 주문하면 고추냉이를 곁들인 정갈한 생선초밥과 밑반찬, 빈 종지 2개가 따라 나온다. 이때 곁들이는 고추냉이는 대체로 맛만 살짝 내는 수준이다. 고추냉이를 더 넣을 것인지, 말 것인지는 전적으로 고객의 선택에 맡긴다. 그런데 2개의 종지그릇 가운데 1개의 종지는 아무것도 없는 빈 종지흔히 초장을 담는 그릇고 나머지 1개의 종지는 고추냉이가 들어있는 종지다. 거기에는 고객에 대한 식당 주인의 배려가 담겨져 있다. 즉 생선초밥을 초장에 찍어 먹을지, 아니면 간장에다 고추냉이를 풀어서 먹을지는 전적으로 고객의 선택사항으로 남겨둔다. 만약 비빔밥과 생선초밥이 국제 음식시장에서 경쟁을 벌인다면, 세계의 고객들은 자신의 취향과 입맛을 좀 더 배려해주는 생선초밥을 더 많이 선택할 것이다. 물론 고추장을 넣어야 제 맛이 나는 비빔밥은 그 매운 맛 때문에 외국인들이 싫어할 수도 있다. 그 때문인지는 몰라도 생선초밥은 이미 일본을 상징하는 세계적인 음식의 반열에 올랐지만, 비빔밥은 아직까지 그 단계에 이르지 못하고 있다는 게 내 생각이다. 그렇게 된 이유 중의 하나가 바로 고객의 취향과 입맛에 대한 세심한 배려가 2% 부족하기 때문이라고 본다.

'家'에서 서비스 경쟁력 부재의 원인을 찾다!

• 우리의 전통 담장 (출처: 전원사랑모임) •

한국 식당 주인의 서비스 경쟁력이 떨어지는 이유를 해명하기 위해서는 무엇보다도 '家'에 대한 깊은 성찰이 필요하다. 이 세상에서 한국인만큼 '우리'라는 말을 즐겨 사용하는 민족도 찾아보기 어렵다. 우리 엄마, 우리 아빠, 우리 선생님, 우리 학교, 우리나라, 우리 회사, 우리 가족, 우리 동네 등. 한국어에서 '우리'라는 표현이 들어가지 않으면, 아예 말이 되지 않을 정도다. 물론 영어에도 '우리'를 뜻하는 We가 있긴 하지만, 한국인처럼 그렇게 사용빈도는 높지 않다. 일본어에서도 마찬가지다. '나'를 의미하는 '와따시'私가 주로 사용될 뿐, 우리 엄마나 우리 아빠와 같은 한국식 표현은 거의 사용하지 않는다.

한편, '우리'라는 단어의 어원은 '집' 또는 '울타리'다. 한양대 명예교수인 김용운 박사가 쓴 『카오스의 날갯짓』이라는 책을 보면, 그에 대한 얘기가 나온다. 그 책을 읽어보지 않았더라도, '돼지우리'가 돼지 집이라는 한 가지 사실만으로도 '우리'가 '家'와 깊은 연관을 맺고 있음을 유추할 수 있다. 그런데 한국인이 다른 나라 사람들보다 '우리'라는 말을 즐겨 사용하는 것은 '家', 즉 가족 중심의 집단주의 문화가 한국인의 사고체계를 오랫동안 지배해왔기 때문이라고 본다. 한국인은 최소 집단인 가정家庭으로부터 사회社會, 국가國家, 세계世界, 우주宇宙에 이르기까지 모든 질서를 '家'의 개념으로 파악한다.

한국인은 사회라는 개념도 가정보다 약간 확대된 '사회일가'社會—家로 간주한다. 한국인은 낯선 사람에게 말을 걸거나 대화를 나눌 때, "어이, 이봐!"라는 표현보다는 "아저씨, 아주머니!"라는 친근한 말을 많이 사용한다. 그런데 아저씨나 아주머니와 같은 호칭은 일면식—面識이 있는 일가친척들에게 주로 사용하는 말이다. 또 한국인은 나라마저 '거대한 집'으로 이해한다. 나라는 '국'國자만 써도 충분하다. 그러나 한국인은 '국'國자에다 반드시 '가'家자를 붙여서 국가라고 말한다. 더욱이 한국인은 나라보다 넓은 개념인 세계를 얘기할 때도 지구촌地球村 개념인 세계일가世界—家라고 말하며, 세계보다 더 큰 우주宇宙마저 '家'의 연장선상에서 바라본다. '우주'宇宙라는 한자가 '집 우'宇와 '집 주'宙로 구성되어 있다는 점이 그것을 입증해준다. 이처럼 집을 떠나서는 단 하루도 살 수 없는 민족이 한국인들이다. 문제는 '家'에서 연유된 가족 중심의 집단주의 문화가 식당 주인들의 서비스 정신 부재와 밀접하게 연관되어 있다는 점이다.

이 문제는 우리 집의 사례를 통해 언급하는 게 훨씬 더 현실감이 있을 것 같다. 과거 내 어머니는 김치나 반찬을 만들 때, 항상 자기 입맛을 기준으로 젓갈을 고르고 간을 맞추셨다. 그러다 보니 식구들의 취향이나 입맛과는 상충되는 경우가 종종 발생했다. 한번은 식탁에 올려진 겉절이를 먹어보고 "엄마! 겉절이가 왜 이리 매워요!"라고 말한 적이 있다. 그러자 어머니께서는 기다렸다는 듯이 "먹기 싫으면 그만둬라! 네가 지금 배가 불러 그렇지, 어디 한번 굶어봐라. 그때도 그런 말을 할 수 있는지!"하셨다. 어머니의 거침없는 반격 속에는 "이 녀석아! 내가 너랑 얼마나 가까운 사이냐? 그러니까 내가 해주는 음식이 설령 네 입맛에 맞지 않더라도 엄마 정성을 생각해서 그냥 먹어주는 거야"라는 훈계가 담겨있다. 그때 나는 어머니한테 "만약 엄마도 시장에서 구입할 수 있는 상품이라면, 저는 엄마라는 상품을 거들떠보지도 않을 거예요!"라고 말해주고 싶은 충동을 느껴야만 했다.

그런데 우리 어머니와 같은 여성들이 식당을 개업하거나 식당 주방에서 일할 경우, 그들이 제공하는 음식 서비스는 처음부터 고객감동을 기대하기 어렵다. 앞에서 언급했듯이 한국인은 가정보다 큰 개념인 사회도 일가친척으로 간주한다. 그래서 낯선 사람들에게도 스스럼없이 아저씨, 아주머니라는 용어를 사용하는 것이다. 그런데 이들 아주머니가 식당 주인이 되면, 그 아주머니는 내 어머니처럼 자기 식당을 찾아준 손님을 고객이 아니라 일가친척으로 착각한다는 사실이다. 손님을 고객이 아닌 일가친척으로 생각하는 순간부터, 그 식당은 우리 집과 똑같은 음식제공 메커니즘이 작동하기 시작한다. 즉 "내가 만든 음식은 맛이 조금 없더라도 일가친척 아주머니가 만든 음식이니까, 시비 붙지 말고 대충 먹어줘!"라는 대충주의가 오토매틱으로 작동한다. 하지만 음식 만드는 사람의 혼과 열정이 녹아들지 않는 한, 그것은 허기진 배를 채우는 데는 적합할지 모르지만 고객감동을 불러일으키지는 못한다. 당연히 큰돈을 벌 수 없다.

'家'에서 새로운 경쟁력을 도출하자!

한편, '家'에 내재된 가족 중심주의 문화가 무조건 나쁘다고 비판할 수만은 없다. 가족 중심주의 문화 속에는 가족 간의 이해와 무한사랑이라는 긍정적 요소도 있고, '대충해도 서로가 이해해 주면 그만이다'와 '우리는 광의의 가족으로서 한통속이 될 수 있다.'라는 부정적인 요소도 들어있기 때문이다. 그러나 대충주의로 일관하거나 동종업종의 사람들이 한통속이 되어 떼법을 도모하는 것은 비즈니스를 하는데 있어서 독약을 마시는 것과 똑같다. 진짜 상인으로 성공하려면 가족 중심주의 문화의 장점인 가족 간의 유대와 사랑은 고객에 대한 신뢰와 무한사랑으로 승화시키고, 가족 중심주의의 병폐인 대충주의와 떼법 논리는 '업'의 논리로 전환시켜야 한다. 그렇게 함으로써 고객감동의 완벽한 서비스를 실현시킬 때, 한국인의 가족 중심주의는 새로운 차원에서 한식의 국제경쟁력을 뒷받침해주는 뜨거운 에너지로 작용할 수 있다. 비록 늦은 감은 있지만 이제라도 '독이 변하면 약이 될 수 있다'는 전독위약轉毒爲藥의 자기혁신이 우리들의 '家'로부터 활활 타오르기를 진심으로 기대해본다.

무엇이 협상인가?

협상negotiation에 대한 정의

협상이란, 당신에게 무엇인가를 간절히 원하는 상대방으로부터 당신에 대한 호의와 당신이 원하는 무엇인가를 확실하게 얻어내기 위한 일련의 과정을 뜻한다. 또 긴장과 대립 속에서 상호 간에 치열한 두뇌싸움이 전개되는 와중에 자신에게 유리한 결과를 얻기 위해 정보, 시간, 힘을 사용할 수 있는 능력을 의미한다. 협상은 그것이 정치적인 것이든, 경제적인 것이든, 일상의 개인적인 것이든 간에 정보, 시간, 힘이라는 3가지를 구성요소로 한다. 여기서 정보는 협상 파트너, 즉 상대방에 대한 정보, 협상 당사자인 본인에 대한 정보를 말하며, 시간은 최종 기한일자와 같은 시간적 제약을 말한다. 또 힘은 사람, 업무, 상황, 자기 자신에 대한 통제를 통해서 맡은 업무를 능숙하게 처리할 수 있는 능력이나 자질을 말한다.

'가격표는 하느님이 프린터로 찍어 놓은 신성한 것이 아니다.'라는 말이 있다. 이것은 어떤 상황에서도 협상을 통해 가격을 깎음으로써 자신의 이익을 도모해 나갈 수 있음을 시사한다. 또 협상이 제대로 실행되기 위해서는 두 가지 전제조건이 충족되어야 한다. 하나는 협상이 이루어졌을 때, 각자의 몫으로 돌아갈 공동의 이익common interests이 있어야 한다는 것이고, 다른 하나는 협상 당사자들에게 상충되는 이슈issues of conflict가 해소되어야 한다는 점이다.

협상에 임하는 사람들의 스타일 검토

협상에 임하는 사람들의 스타일은 최후통첩형, 의견일치형, 동문서답형, 돈키호테형, 인내형 등 5가지로 구분된다. 그들 각각에 대해 요약하면 아래와 같다.

1 최후통첩형

이 유형은 자신이 취할 수 있는 협상카드가 마지막 조건이라는 점을 강조함으로써 협상을 관철시키려는 경우에 해당된다. 하지만 이런 스타일의 협상은 피치 못할 극한 상황에서만 제한적으로 사용하는 게 바람직하다.

2 의견일치형

이 유형은 상대방의 이해와 요구조건을 충분히 파악하고 그 조건에 진정으로 동감하거나 공감하는 분위기 조성을 통해 상대방과의 견고한 신뢰관계를 구축함으로써 협상을 성공적으로 마무리하는 경우에 해당된다. 협상의 형태로서 가장 바람직한 것이지만 협상결과를 도출하기 위해서는 엄청난 양의 희생과 대가를 지불해야 한다는 문제가 있다.

3 동문서답형

이 유형은 상대방이 장황하게 조건을 제시하는 경우, 몇 번이고 제안 설명을 다시 해달라고 말하는 경우로서 은근과 끈기로 상대방을 질리게 만드는 협상 스타일이다. 일반적으로 사람들은 같은 말을 몇 번이고 반복하다 보면 자기 스스로 조건을 완화하는 경향이 있는데, 동문서답형은 그것을 역이용하는 유형이다.

4 돈키호테형

이 유형은 상대방의 분명한 거절이 있었음에도 불구하고 막무가내로 새로운 협상카드를 계속적으로 제안함으로써 협상을 주도해 나가는 경우다. 상대방에게 다소 무례하고 불쾌한 느낌을 줄 수 있는 협상 스타일로서 그리 권장할 만한 방법은 아니다.

5 인내형

이 유형은 협상과정에서 서로를 이해하기 위해 모든 것을 인내하고 참아가면서 협상에 골인하려는 사람들이 자주 보여주는 형태다. 이런 유형에 해당하는 협상가는 화급火急을 다투는 협상이나 지리한 공방전이 허용되지 않는 협상에서는 소기의 목적을 이룰 수 없다는 한계점이 있다.

효율적인 협상 시스템을 견고하게 구축하라!

협상 진행의 단계별 유의점 검토

협상 진행의 주요 단계별로 유의해야 할 점을 살펴보면 다음과 같다.

협상 준비 및 전략 수립 단계	① 협상 목표를 설정하고, 주요 협상 이슈를 점검하며, 협상 파트너에 대한 문화적 차이 여부를 냉철하게 검토한다. ② 협상 파트너의 관심 사항을 비롯하여 개인적 요구조건, 협상 스타일 등에 대한 사전 분석을 철저히 한다.
협상 개시 및 파트너의 의중탐색 단계	① 협상에 임하는 당사자들이 다뤄야 할 주요 이슈를 설정한다. ② 협상의 마감시한을 검토하고, 협상 파트너가 의도하는 최저 및 최고 조건을 객관적으로 분석한다. ③ 협상 당사자 간에 긴밀한 대화와 정보교류를 통해 상대방의 의중을 탐색한다.
협상 전개 및 합의 도출 단계	① 협상 당사자끼리 견고한 신뢰관계를 구축한다. ② 서로 양보하고 존중하며 공동의 이익을 함께 추구하는 윈-윈 게임을 도모한다. ③ 최적의 합의안 도출을 위해 서로 최선을 다한다.
실행 단계	① 진지하고 성실한 자세로 협상 결과를 준수하고 실천해야 한다. ② 당신이 협상에 임했던 파트너를 불신하면, 그 파트너도 당신을 불신할 것이다. 그러면 어렵사리 마련한 협상이 원점으로 되돌아갈 위험에 직면하게 된다. ③ 협상의 순간은 냉정하고 냉철해야 한다. 그러나 일단 협상이 종료되면 처음부터 끝까지 '상호 신뢰와 존중'을 전제로 협상의 로드맵에 따라 강력한 실행이 뒤따라야 한다.

합리적인 협상 설계

협상에서 파트너보다 유리한 고지를 점하고, 협상주도권을 확보하기 위해서는 상대방보다 좀 더 구체적이고 시스템적인 협상 설계를 해야 한다. 협상에서 우위를 점하기 위해서는 상대방보다 우월한 안목과 정보를 많이 확보해야 한다. 또 협상은 전쟁터에서 목숨을 걸고 싸우는 전투가 아니다. 협상은 서로 다른 두 입장을 합의에 도달할 수 있도록 하는 제반 요소를 탐색하고 그것을 통해 쌍방이 납득하고 수용할 수 있는 결론을 도출하는 일이다. 다음은 성공적인 협상 설계를 하는데 반드시 유념해야 할 주요 체크리스트다.

성공적인 협상 설계를 위해 유념해야 할 주요 체크리스트

01 협상 주체와 협상 목적은 분명하게 설정되어 있는가?

02 협상에 적용될 룰rule, 이를테면 법, 규범, 사회적 관례 등에 대해서 사전에 충분히 검토했는가?

03 협상의 주요 어젠다agenda를 검토하고 정리했는가?

04 협상의 성공에 따른 이익과 실패에 따른 손실을 냉철하게 검토했는가?

05 제1차 협상이 실패할 경우의 대응 방안을 준비했는가? 즉 제2차, 제3차…. 협상 실패에 따른 대응 방안을 준비하면서 각 상황별 시나리오를 철저하게 수립했는가?

06 협상 당사자 간 상호 협상 가능영역과 상생 방안에 대해 구체적으로 탐색했는가?

07 협상 결과의 실행에 따른 문제점과 개선 방안에 대한 준비가 되어 있는가?

성공적인 협상 전략 탐색

이 세상에는 핑계 없는 무덤이 없다. 성공과 실패에도 다 나름대로의 이유가 있다. 어떤 사람은 운이 성공과 실패를 결정한다고 주장하지만, 그것은 설득력이 높지 않다. 오히려 성공과 실패는 행운의 존재 여부가 아니라 협상에 임하는 당사자들의 노력 여부에 의해서 판가름 난다고 보는 게 옳다. 특히 협상에서의 성공과 실패는 반드시 그렇게 만든 이유가 있다. 여기서는 협상에서 실패하는 10가지 이유와 7가지의 성공적인 협상 전략에 대해 언급하고자 한다.

협상에 실패하는 10가지 이유

01 협상에 대한 사전준비 소홀과 협상 전략 부재

02 상대방의 협상 스타일에 대한 정보 부재와 정확한 이해 부족

03 협상과 관련된 상호 간의 문화적 내지 언어적 차이에 대한 인식 부재

04 협상에 임하는 상대방의 침묵을 긍정이나 동의로 착각하는 경우

05 '모' 아니면 '도'라는 식의 흑백논리로 협상을 진행하는 경우

06 협상 결과에 대해 지나친 낙관주의로 일관하는 경우

07 상대방의 입장보다 자신의 입장만을 고집하는 경우

08 협상에 임하는 상대방이 수락할 최저 및 최고 조건에 대한 정보 부재

09 로비스트나 정치인들로부터 상대방이 받는 압력을 미처 고려하지 못한 경우

10 화합이나 돈독한 인간관계에 치중한 나머지 정작 중요한 협상 내용을 소홀하게 취급한 경우

7가지 성공적인 협상 전략

1 경쟁의식을 유발하라!

예: "저 가게는 당신들보다 싸게 팝니다."

2 최후통첩을 적극적으로 활용하라!

예: 골프샵 판매원의 시간을 잔뜩 빼앗은 다음, 최종적으로 "나한테 지금 100만원이 전부입니다. 그런데 저 골프채를 사고 싶습니다. 어떻게 안 되겠습니까?"

3 덤으로 무엇을 달라고 요구하라!

예: 골프채를 흥정하면서 골프공 3박스를 서비스로 달라고 요구하는 것을 의미한다. 물론 판매원의 시간을 어느 정도 뺏은 다음에 시도해야 성공할 확률이 높다.

4 '만약 … ?' 이라는 표현을 적극 활용하라!

예: "만약 만년필을 한 번에 4개 구입한다면 가격을 좀 깎아 주실 수 있습니까?"

5 '헬프 미'를 이용하라!

예: 완벽한 사람보다는 약간은 모자란 부분이 있어 보이는 사람에게 도움을 주고 싶은 게 인지상정이다. 그러니 때로는 약간 어리숙해 보이는 것도 하나의 전략이다.

6 상대방의 약점을 파고들어라!

예: 이 냉장고 모델은 문이 왼쪽으로 열리게 되어 있네요. 그런데 우리 가족은 모두 오른 손잡이 입니다. 하지만 가격을 약간 깎아 준다면, 한 번 구매해 보겠습니다.

7 다른 부분에서 협상 요인을 도출하라!

예: 신제품의 가격은 깎지 않고 다만, 새것을 사기 위해 팔려고 내 놓은 중고 제품 값만 제대로 보상해 달라는 메시지를 던질 수 있다.

죄수의 딜레마 모형을 통해 협상의 중요성을 학습하라!

죄수의 딜레마 모형에 대한 개요

죄수의 딜레마 모형은 공동 범죄를 저지른 것으로 추정되는 두 명의 용의자_{철수와 칠복이}가 검찰 취조를 받고 있는 상황을 전제로 한다. 일례로 검찰은 철수와 칠복이 두 사람이 1년 징역형을 받을 만한 범죄에 대해서는 확실한 물증을 갖고 있지만 그보다 더 심각한 범죄행위에 대해서는 심증만 있고 물증을 확보하지 못한 경우를 상정한다.

또 검찰이 철수와 칠복이를 각각 분리된 빈방에 가두고 다음과 같은 제안을 했다고 가정한다. "우리는 당장 너희들을 1년 동안 감옥에 집어넣을 수 있다. 너희 두 사람이 살인을 했다는 사실을 자백하고, 다른 방에서 조사받고 있는 네 동료가 주범이라고 증언해라. 그러면 너는 수사에 적극 협조한 대가로 석방되고, 네 동료는 혼자서 종신형을 살게 될 것이다. 하지만 너희 두 사람 모두가 자백하면 너희들은 공범으로서 10년 징역형에 처해질 것이다." 이와 같은 상황에서 철수와 칠복이는 어떠한 선택을 하게 될까? 다음 표를 보면서 그 결과를 분석해 보기로 하자.

	철수 선택	
	자백	부인
칠복이 선택 — 자백	각각 징역 10년	철수 종신형 칠복이 석방
칠복이 선택 — 부인	철수 석방 칠복이 종신형	각각 징역 1년

철수와 칠복이는 각각 자백과 부인이라는 2가지 전략 가운데 어느 하나를 선택할 수 있으며, 철수와 칠복이가 받게 될 형량은 자신의 선택뿐만 아니라 상대방의 선택에 의해서도 영향을 받을 수 있다. 우선 철수의 선택부터 살펴보자. 철수는 칠복이가 자백을 하든, 아니면 부인을 하든지에 상관없이 자백하는 것이 최선의 선택이 된다. 왜냐하면 칠복이가 자백하는 경우, 자신도 자백하면 징역 10년만 살면 되지만, 부인하면 종신형을 살아야 하기 때문이다. 또 칠복이가 부인하는 경우에도 자신이 자백하면 석방되지만, 부인하면 징역 1년을 살아야 하기 때문에 자백하는 것이 더 유리하다. 이때, 철수가 선택할 우월전략은 '자백'뿐이다. 마찬가지 논리로 칠복이가 선택할 우월전략도 '자백'이다. 만약 철수와 칠복이가 서로를 굳게 믿고 부인으로 일관한다면 2사람은 모두 징역 1년만 살면 된다. 하지만 서로 교감을 나눌 수 없는 분리된 독방에서 각자 취조를 받다보니 철수와 칠복이는 상대방을 믿을 수 없게 되고 만다. 따라서 두 사람은 자신의 우월전략으로 '자백'을 선택함으로써 두 사람 모두 징역 10년형에 처하는 결과를 초래하고 만다.

죄수의 딜레마 모형과 협상 전략

위에서 언급한 죄수의 딜레마 모형은 다른 협상 전략에도 적용시킬 수 있다. 철수와 칠복이는 각각 협상 당사자인 '갑'과 '을'로, 자백과 부인은 각각 '신뢰'와 '배신'으로 대체시킬 수 있다. 이것을 협상 전략에 접목시키면, 아래와 같은 표를 그릴 수 있다.

'갑' 선택

	신뢰	배신
신뢰	'갑/을' 공동이익 극대화	'갑' 이익 > '을' 이익
배신	'갑' 이익 < '을' 이익	'갑/을' 공동이익 미발생

('을' 선택)

협상 주체인 갑과 을이 신뢰 관계를 형성하고 서로 협력할 경우, 협상 주체인 갑과 을은 공동이익을 극대화시킬 수 있다. 그러나 갑이 배신하고 을이 신뢰관계로 대하면, 갑이 을보다 큰 이익을 거둘 수 있다. 마찬가지로 갑이 신뢰관계로 대하고 을이 배신하면 을이 갑보다 큰 이익을 거둘 수 있다. 마지막으로 협상 주체인 갑과 을이 서로 신뢰하지 못하고 배신으로 일관할 경우, 갑과 을 두 사람은 아무런 이익을 얻지 못한다. 하지만 협상결과는 두 사람이 모두 '배신'을 자신의 우월적 전략으로 선택하는 바람에 공동이익이 발생하지 못하는 최악의 결과를 초래하고 만다.

최선의 협상 전략에 대한 시사점

우리 주변을 둘러보면 죄수의 딜레마 모형으로 해명할 수 있는 사항들이 적지 않다. 과거 미국과 구소련 사이의 군비확장 경쟁도 그것들 가운데 하나다. 만약 미국과 구소련이 상호 신뢰 하에 군비확장을 포기하고 거기에다 투입할 천문학적 규모의 돈을 세계 평화와 자국민들의 복지증진을 위해 사용했다면 서로에게 엄청난 이득이 되었을 것이다. 참고로 '무'武라는 한자를 보면, 그것은 '그칠 지'止와 전쟁을 의미하는 '창 과'戈의 합으로 구성되어 있다. 이는 무기가 전쟁을 일으키기 위해 존재하는 것이 아니라 전쟁을 억제하거나 중지하게 만드는 수단임을 시사한다. 그런 의미에서 바라볼 때, 미국과 구소련 사이의 군비확장 경쟁도 전쟁을 억제하기 위해 두 강대국들이 벌인 '바보들의 게임'이라고 해석할 수 있다. 어떤 협상이라도 결국은 미국과 구소련의 협상과 크게 다르지 않다. 협상 당사자들이 서로 믿고 협조하는 분위기를 만들면서 공동선善을 추구하기 위해 상호 노력한다면 모두에게 이익이 되는 윈-윈 게임을 할 수 있다. 그것이 바로 죄수들의 딜레마 모형이 우리들에게 가르쳐주는 교훈이라고 생각한다.

협상에 대한 각종 기준을 마스터하라!

협상의 객관적인 기준에 대한 개요

협상과정에서는 협상 주체들 간에 다양한 의견충돌과 갈등이 표출되게 마련이다. 이때 자신의 이익추구에만 초점을 맞춘 주관적인 기준과 판단만을 고집할 경우, 협상은 난항을 거듭할 수밖에 없다. 따라서 협상 주체들이 성공적인 협상결과를 도출해내기 위해서는 다음과 같은 객관적이고 합목적적인 기준을 마련하고, 그것을 잘 지키려고 노력하는 모습을 보여주어야 한다.

협상의 객관적인 기준

01 협상 절차의 공정성과 합리성 유지

02 서로에게 도움이 되는 상호주의 입장 견지

03 고효율 저비용의 협상 메커니즘 정립

04 일방적인 압력행사가 아닌 원칙에 입각한 현상 절차 확립

05 사회가 요구하는 최소한의 도덕적 기준에 부합되는 협상

06 협상 결과가 시장가치의 상승으로 연결되는 긍정적 내지 우호적 협상

07 전문가적 시각으로 협상에 임하고, 협상안의 도출은 합리적인 판단에 따를 것

이와 같이 협상 주체들이 서로 인정하고 납득할 수 있는 공정하고 객관적인 기준을 갖고 협상에 임하면 상호 간에 얼굴을 붉히지 않고도 바람직한 협상 결과를 도출할 수 있다. 또 그렇게 할

경우, 협상 결과에 대한 양측의 만족도도 매우 높게 나타날 수밖에 없다.

협상의 성공여부를 평가하는 기준

협상이 성공했는가, 그렇지 않은가?의 문제는 다음과 같은 기준에 입각해서 판단해야 한다.

1 협상 결과, 내 자신의 이익뿐만 아니라 협상 파트너인 상대방의 이익도 증가되었는가, 그렇지 않은가?

만약 "그렇다"고 대답할 수 있다면, 협상은 성공적이라고 말할 수 있다.

2 협상 절차가 공정하고 투명하고, 객관적이어서 최적의 대안 도출이 가능했는가, 그렇지 않은가?

만약 "대안 도출이 가능했다."라고 대답할 수 있다면, 협상은 성공적이라고 말할 수 있다.

3 협상 파트너인 상대방과 긴밀한 인간관계를 구축하고 그 토대 위에서 서로 신뢰할 수 있는 단계에까지 도달했는가, 그렇지 않은가?

만약 "그렇다."라고 대답할 수 있다면, 협상은 성공적이라고 말할 수 있다.

4 협상 당사자들끼리 즉각 실행에 옮길 수 있을 만한 합의점에 도달했는가, 그렇지 않은가?

만약 "그렇다"고 대답할 수 있다면, 협상은 성공적이라고 말할 수 있다.

11.6

리더십의 핵심은 협상 능력에 달려 있다!

리더십은 협상 능력에 의해 판가름 난다!

조직을 이끄는 리더는 매일같이 협상의 주체라는 역할을 맡아야 한다. CEO들은 기업 매각이나 매입, 원자재 구매 및 판매, 하청관계, 특허공유, 기술도입 등과 같은 기업과 기업 간의 협상부터 임금과 성과금을 비롯한 근로조건에 대한 노사협상, 정부를 비롯한 외국기업과의 제반 협상을 해야 하는 사람들이다. 따라서 이런 협상에서 최고의 협상 능력을 발휘하지 못하면 CEO로서 제 역할을 다했다고 평가받을 수 없다. 당연히 임기를 채우지 못하고 퇴출되거나 연임자 명단에 끼지 못하는 불명예를 떠안게 된다.

또 CEO의 협상 능력은 본인의 능력만 있다고 해서 유지되는 게 아니다. 협상을 잘하려면 무엇보다 팀워크가 중요하다. 상대방에 대한 작은 정보까지 수집할 수 있는 정보력, 시장 동향, 기술 동향 등을 비롯한 협상 조건을 챙기고 관련 자료를 실시간으로 백업해서 CEO에게 제공해줄 수 있는 참모나 부하직원들의 역량이 전제되어야 한다. 모든 것을 CEO 혼자서 할 수 없기 때문이다. CEO에게 정말로 요구되는 것은 부하직원이나 참모들이 제공해준 정보를 기반으로 자신의 조직에게 최고의 이익을 보장해줄 수 있는 협상력이다. 하지만 그에 못지 않게 중요한 것은 협상 테이블로 나서는 CEO의 마음가짐과 정신자세다. CEO의 협상 능력 제고를 위해 고민해 보아야 할 사항을 정리하면 아래와 같다.

우선 CEO 자신이 상대방에 대한 깊은 이해와 따뜻한 인간미, 부드러운 언어와 매너를 가져야 하는 동시에 미래 변화의 흐름을 읽어내면서 협상의 큰 그림을 그릴 수 있는 안목을 구비해야 한다. 또 CEO는 자신이 원하는 것을 얻으려면 먼저 상대방이 원하는 것을 얻을 수 있도록 양보하고, 상대방의 체면을 세워줄 수 있는 아량과 배짱까지 갖고 있어야 한다. 또 경우에 따라서는 상대방에게 "안 됩니다!"라고 말하고 협상을 중단할 줄 아는 단호한 자세와 카리스마까지 갖고 있다면 그 CEO는 매우 출중한 협상 전문가라고 평가할 수 있다.

협상은 고도의 종합예술이다!

협상은 고도의 두뇌 플레이를 필요로 하는 게임이다. 전략적 상황을 만들고 그 가운데서 최적의 선택을 해야만 하기 때문이다. 따라서 CEO는 전략적인 사고를 하면서 상대방의 복잡 미묘한 심리까지 꿰뚫어 볼 수 있는 통찰력과 상대방의 전술 및 전략까지 세밀하게 파악해서 역공을 구사할 수 있는 지혜를 갖고 있어야 한다. 그러려면 CEO는 평소 게임이론, 사회학 및 심리학, 정신분석학, 정치학, 문화인류학에 대한 폭넓은 교양과 지식을 보유해야 한다. 그 밖에도 세계역사와 지리, 자연과학에 대한 지적 탐색의 영역을 넓혀나가면서 인간과 세상을 조망하는 눈을 갖고 있어야 한다. 왜냐하면 협상에서 CEO들에게 요구되는 것은 종합적이고 입체적인 사고思考이기 때문이다. '리더는 Leader가 아니라 Reader를 의미한다'는 말처럼 리더는 늘 책과 가까이 지내고 그 속에서 남이 보지 못하는 그 무언가를 끊임없이 찾아내야 한다. '아는 자가 이긴다.' '아는 게 힘이다.'라는 말도 협상에 임하는 CEO들의 독서능력을 강조하는 얘기라고 생각한다.

수학이 모르는 지혜

재미있는 우화 하나를 소개하려고 한다. 옛날 아라비아의 어떤 상인이 임종을 맞게 되었다. 그는 자기 앞에 세 아들을 불러 앉혔다. 그리고는 "내가 너희들에게 남겨줄 유산이라고는 말 17마리가 있을 뿐이다. 그러나 이 고장의 관습에 따라 똑같이 나눠줄 수는 없으니까 맏아들인 너는 17마리의 1/2을, 둘째 아들인 너는 전체의 1/3을, 그리고 막내아들인 너는 전체의 1/9을 갖도록 하라"고 유언을 했다. 그리고 얼마 후, 아버지는 세상을 떠났다. 재산을 나눠가져야 할 삼형제 간에는 오랜 싸움이 계속되었으나 해결의 기미는 보이지 않았다. 맏아들은 17마리의 1/2로 9마리의 말을 갖겠다고 주장했다. 그러나 동생들은 9마리는 17마리의 1/2을 초과하니까 도저히 줄 수 없다는 것이었다. 8마리 반이 되지만, 반 마리는 처리할 수가 없기 때문이다. 둘째 아들은 6마리를 가져야 한다고 고집을 부렸다. 그러나 형과 동생은 5마리밖에 줄 수가 없다는 것이다. 막내아들은 2마리를 가져야겠다고 욕심을 부렸다. 그러나 형들은 2마리는 17마리의 1/9을 넘으므로 자신들만 손해를 볼 수 없다는 고집이었다. 싸움은 여러 날 계속되었지만, 누구도 만족할 만한 해결을 내리지 못했다.

어느 날 이들의 집 앞을 지나가던 한 목사가 있었다. 세 아들은 그 목사에게 아버지의 유산 문제를 해결해 달라고 간청했다. 누구도 만족할 만한 결론을 도출할 수 없었기 때문이다. 모든 이야기를 듣고 난 목사는 "그러면 이렇게 합시다. 내가 타고 온 말 1마리를 당신들에게 드리지요. 그러면 18마리가 될 것입니다. 맏아들은 그 1/2에 해당하는 9마리를 가지시오. 둘째 아들은 전체의 1/3에 해당되는 6마리를 가지시오. 그리고 막내아들은 전체의 1/9에 해당하는 2마리를 차지하십시오. 그렇게 되면 당신에 세 사람은 모두가 아버지가 유언으로 남긴 유산보다도 많은 것을 가지게 될 것입니다."라고 말했다. 세 아들은 모두 만족해했다. 목사가 얘기해 준 대로 자기들에게 돌아올 말을 나눠가졌다. 일을 끝낸 목사는 "그러면 나는 다시 길을 떠나야 하겠습니다"는 인사를 하고 도보로 대문 앞을 나섰다. 바로 그때였다. 한 아들이 목사를 뒤따라 나오면서, "목사님! 말을 타고 오셨다가 어떻게 이 사막 길을 걸어가실 수 있습니까? 외양간에 가 보니까 아직도 말이 1마리 남아 있습니다. 우리들이 차지할 것은 다 차지했는데도 1마리가 남아 있으니 이 말을 타고 가십시오."라고 말했다. 목사는 "그렇습니까? 나에게 말 1마리를 다시 주신다면 타고 가겠습니다."라고 말하면서 말을 탔다. 세 아들들은 목사에게 감사를 드렸다. 그리고 목사는 자기가 타고 온 말에 오른 다음, 먼

길을 떠났다. 생각해보면 세 아들은 어리석기 그지없는 젊은이들이었다. 목사가 나타나지 않았더라면 언제까지라도 싸우다가 무슨 결과를 가져왔을지 모른다. 그러나 어리석은 사람은 그 세 아들만이 아니다. 오늘의 우리들 모두가 그와 똑같은 생각을 하고 있지는 않은가?

나라를 사랑한다는 정치가들이 정당 싸움과 감투 싸움을 하는 꼴도 비슷하고, 경제 사회에서 이권을 다투는 사람들의 마음도 마찬가지다. 유산을 둘러싼 형제들의 갈등 때문에 형제들 간에 분란이 일어나고 결국 집안이 망해 가듯이 오늘날 우리들은 선조들의 고귀한 정신적 유산을 짓밟고 불행을 찾아 달리고 있다. …(이하 생략)

위의 글은 원로교수 김형석 박사의 수필 『수학이 모르는 지혜』 중에서 일부를 발췌한 것임.

이 땅의 일벌레 아부지我不知들에게 고함!

근 60년을 살아오면서 나는 내 아버지를 단 한 번도 아빠라고 불러보지 못했다. 그렇다고 해서 내가 홍길동처럼 첩의 자식도 아니었다. 유년기에는 과묵하셨던 아버지가 무서워서 감히 아빠라는 말이 입에서 나오지 않았다. 철이 들고부터는 아빠라는 단어가 낯간지러워서 사용하지 못했다. 다만, 가장家長의 권위주의에 대한 반감, 부자父子 간의 미묘한 거리감으로 점철된 '아부지'라는 용어로 아빠를 대신하고 말았다.

이제 두 아들을 키우면서 하루에도 몇 차례씩 아빠라는 말을 들으며 생활해 왔다. 퇴근해서 아파트의 초인종을 누르면, "아빠야?"하며 반갑게 문을 열어주는 막둥이 녀석을 보면서 약 20년 전에 작고하신 아버지를 떠올려보곤 한다. 나는 한 아이의 아빠가 되고도 한참이 흐른 뒤에야 비로소 아버지의 고독과 번민을 이해할 수 있었다. '소금의 고마움은 그것이 떨어졌을 때 알게 되고, 아버지의 고마움은 돌아가신 뒤에야 알게 된다'는 인도의 속담을 가슴으로 느낄 수 있었던 것도 그때쯤이었다. 또 김현승 시인이 쓴 '아버지의 눈에는 눈물이 보이지 않으나/아버지가 마시는 술에는 항상/보이지 않는 눈물이 절반이다'라는 「아버지의 마음」을 읽으며, 아버지에게 무관심했던 과거를 후회했던 것도 그와 비슷한 시기였다.

일벌레 아부지들은 이미 오래전에 죽었다!

과거 농경시대나 봉건시대의 아버지들은 공동체 사회의 암묵적 규약과 남성 특유의 완력을 바탕으로 장유유서와 가부장적 질서를 확실하게 유지할 수 있었다. 그러나 산업화시대의 도래로 기계가 남성의 힘을 대신하고, 핵가족화와 가전제품의 등장으로 여성의 여가시간과 사회활동이 늘어나면서 일벌레 아버지들의 권위는 맥없이 추락하기 시작했다. 이 때, 도시의 공장근로자로 전락한 일벌레 아버지들이 자신의 권위를 지키기 위해 주로 사용했던 것은 용돈이나 선물을 통한 자녀들의 '비위 맞추기'였다. 또 초등학교 아이들이 즐겨 부르는 동요에 나오는 것처럼, 시장에 가서 비단구두를 사오거나 아이들이 좋아하는 나팔꽃을 기르기 위해 새끼줄이라도 매어주는 아버지가 되어야만 그럭저럭 아버지로서의 체면과 위신을 지킬 수 있었다.

그런데 예고도 없이 다가온 디지털 혁명의 후폭풍으로 직장에서 쫓겨나는 일벌레 아버지들이 늘어나면서 40~50대 가장들의 권위는 한마디로 설 땅조차 없어지고 말았다.

더욱이 랩 음악, 테크노-댄스, 컴퓨터, 영어실력으로 무장된 자녀들과 대화조차 되지 않는 일벌레 아버지들은 그들의 어떠한 물음에 대해서도 아부지我不知, 즉 '나는 알지 못한다'로 일관할 수밖에 없다. 1960~1970년대의 일벌레 아부지가 권위주의시대를 대변하는 애증愛憎의 용어였다면, 21세기를 살아가는 40~50대의 일벌레 아부지들은 디지털시대에 적응하지 못한 낙오자들만이 갖는 회한悔恨과 설움의 단어다.

• 김정현의 소설 『아버지』 •

성의 쾌락추구를 비롯한 인간본능의 해방을 주장하며 1960년대 서구 학생운동의 기폭제 역할을 했던, 독일 태생의 미국인 비평가 헤르베르트 마르쿠제Herbert Marcuse는 이미 오래 전에 일벌레 아버지들의 권위추락을 예상했다. 그는 "우리 시대의 아버지는 죽었다. 이제 아버지는 아이를 생산하기 위한 정자精子를 공급하는 것 이외에 그 어떤 존재이유도 갖지 못한다"고 선언해 버렸다. 독일의 시인이며 실존주의 철학의 선구자였던 프리드리히 W. 니체Friedrich W. Nietzsche가 신의 사망선고를 내렸던 것처럼, 마르쿠제는 일벌레 아버지들을 죽임으로써 오이디푸스oedipus시대를 열어 놓았다. 1997년도에 출간된 김정현의 소설 『아버지』도 그러한 시대적 배경을 갖고 있기에, 가족을 위해 봉사하고 희생했던 일벌레 아버지들의 강력한 권위에 대한 향수나 안타까움을 갖고 있는 수많은 독자들의 코 눈물을 자아낼 수 있었던 것이 아닐까? 한다.

하지만, 우리들이 간과해서는 안 될 중요한 사항이 하나 있다. 그것은 『아버지가 없는 사회』의 저자인 폴 페데른, 『고독한 군중』의 저자인 리스먼과 같은 지성들이 지적하는 고언苦言이다. 그들은 한결 같이 오늘날 우리 청소년들의 비행과 폭력성에 대한 근본원인을 아버지들의 권위 상실과 그로 인한 가정 내 부권父權의 실종에서 찾고 있다. 즉 올바른 자녀교육을 위해서는 부모 간에 균형 잡힌 역할이 매우 중요한데, 아버지들의 권위 실추로 그만 부父의 역할이 블랙홀에 빠져버렸다는 것이다.

그렇다면, 오늘날의 일벌레 아버지들이 겪고 있는 시련은 어디에서 비롯된 것인가. 그것은 투철한 애사심을 바탕으로 조직발전을 위해 산업전사産業戰士로서의 미션을 100% 수행했던 일벌레 아버지들이 유연성, 창의성, 스피드, 도전정신이 요구되는 디지털시대에 잘 적응하지 못한데 있다. 즉 시대의 급격한 변화에 탄력적으로 대응하지 못한 일벌레 아버지들은 하루아침에 퇴출 대상으로 지목되어 직장을 잃고 경제력을 상실했다는 점이 가장 큰 이유다.

'남편 기 살리기' 담론은 시대착오적인 발상

한편, 일벌레 아버지들의 경제력 상실과 그에 따른 가장으로서의 권위추락은 자살과 가출, 이혼의 급증, 청소년 비행의 심화와 같은 사회적 문제를 불러 일으켰다. 그런 와중에 핫-이슈로 제기된 것이 '남편 기氣 살리기'라는 사회적 담론이다. 그것은 가정주부들에게 비록 남편들이 밖에 나가 돈을 벌어오지 못하더라도 바가지를 긁지 말고 따뜻한 위로와 격려를 해주자는 취지에서 시작되었다. 그러나 '남편 기 살리기'의 담론은 우리가 직면하고 있는 사회적 위기와 문제의 본질을 정확하게 간파하지 못한 상태에서 급조된 함량미달의 대안에 불과하다.

'남편 기 살리기'는 남성 중심의 가부장적 이데올로기와 엄격한 성별 분업을 전제로 한다. 여기서 성별 분업이란, 남편은 가족의 생계를 책임지기 위해 밖에 나가 돈을 벌어야 하고 아내는 그런 남편에게 순종하면서 육아와 가사를 전담하는 것을 의미한다. 하지만 실업에 따른 경제적 고통은 남편만 겪는 게 아니다. 성별 분업의 경계가 확실하면 할수록 남편의 일자리 상실로 경제적 고통을 당하는 사람은 오히려 아내 쪽이다. 아내는 남편의 기를 살려 주기 위해 백수 남편의 눈치를 더 살펴야 하고, 아내가 취업할 경우에도 남편의 자존심이 상할까봐 조심스럽게 행동해야 한다. 그러다 보니 아내는 남편에게 가사노동에 대한 분담요구를 포기하고, 취업과 육아, 가사노동의 전담이라는 삼중고三重苦를 고스란히 감내해야 한다.

'이처럼 경직적인 성별 분업의 논리와 '남편 기 살리기'가 계속되는 한, 삶의 무게에 눌려버린 아내들은 무능한 남편을 마음속으로 원망하고 비난하다 끝내 가족 해체를 결심하기에 이른다. 또 남편들은 자신의 무능력을 탓하며 가족과 가정으로부터 일탈하여 홈리스homeless족으로 전락하거나 극단적인 경우에는 자살로 삶을 마감하기도 한다. 그런 의미에서도 '남편 기 살리기'는 바람직한 사회적 대안이 되지 못한다.

지금의 디지털 시대는 우리들에게 노동시장의 유연성을 요구한다. 이제는 어디에도 평생직장이 존재하지 않는다. 앞으로는 아내가 취업해서 가족의 생존을 책임지고, 남편이 육아와 가사를 전담하는 경우도 적지 않을 것이다. 따라서 남편들의 권위를 진정으로 추켜세우기 위해서는 무엇보다도 '남편들은 경제력을 지닌 가장이어야 한다.'라는 삶의 굴레로부터 해방시켜 줄 필요가 있다. 그와 함께 지금까지 아내들에게 정신적, 육체적 고통과 좌절감을 안겨주었던 육아와 가사의 분담을 남편들이 자연스럽게 받아들일 수 있는 사회적 분위기를 조성해 나가야 한다.

일벌레 아부지들의 새로운 변신을 기대한다!

말 그대로 요즘은 변화와 도전이 거세게 요구되는 새로운 시대다. 이러한 때에 요구되는 바람직한 아버지 상像은, 어떠한 시련이 닥쳐온다 해도 그에 굴복하지 않고 자신의 삶을 열심히 개척해 나가는 아버지이다. 그를 위해 우리 아버지들은 창의적인 생각과 열정적인 자세로 자기혁신을 실천하는 모범을 보여 주어야 한다. 요즘 자녀들은, 한마디의 영어라도 더 배우려고 노력하는 아버지, 컴퓨터에 익숙해지려고 최선을 다하는 아버지들을 좋아한다. 또 자녀들은 불치하문不恥下問의 자세로, 미지의 세계를 얻기 위해 끊임없이 도전해 나가는 진취적인 아버지들에게 뜨거운 애정과 박수갈채를 보낸다. 그런 점에서 아날로그 시대의 일벌레 아부지들이 가장 경계해야 할 것은 족탈불급足脫不及의 자학적 심정으로 디지털식 아빠로 거듭 태어나기 위한 수受·파破·창創 프로세스 남의 좋은 것을 받아들인 후, 창조적으로 파괴해서 자기고유의 독창적인 것을 재창조하는 것으로서 내가 외부 강연을 위해 고안한 개념의 가동稼動을 시작하는 일이다.

여기에는 아내들의 따뜻한 협조와 진정한 동반자가수 태진아도 '동반자'라는 노래를 열심히 불렀다. 의식도 필요하다. 그동안 우리 사회의 일부 아내들은 고급 옷 바람, 계 바람, 치맛바람, 애인 바람과 같은 온갖 장풍長風을 휘둘러대면서 자녀들 앞에서 자기 남편들의 권위를 사정없이 깎아내렸던 것도 사실이다. 이제 그런 아내들도 거울 앞에 선 큰 누님 같은 넉넉한 자세로 한없이 마이크로화된 아부지들의 위상을 높여 줌으로써 남편들이 삶에 대한 애착을 가지고 훌륭한 아버지로서 자기변신에 성공할 수 있도록 적극 도와줄 필요가 있다. '백지장도 맞들면 낫다'는 옛말도 있지 않는가!

결론적으로, 아내와 자식들 앞에서 회사 일을 제외하곤 '나는 그 어떤 것도 잘 알지 못한다'는 의미의 아부지我不知를 외치며 스스로 부父의 권위와 역할을 폄하시키거나 포기하려는 일벌레 아부지들은 더 이상 성공적인 아빠가 될 수 없다. 또 그런 일벌레 아부지들로 가득 찬 나라는 결코 디지털 시대를 선도하는 일등국가로의 진입을 꿈꿀 수 없다. 나는 이 순간에도 좌절과 번민으로 방황하고 있을 일벌레 아부지들에게 고故 김현 교수가 남긴 말을 전해주고 싶다. 서울대 불문과 교수로 재직하다 1990년에 작고한 김 교수는 생전에 '어떠한 일이 있더라도 살아서 이 세계의 무의미無意味와 싸워야 한다'고 역설한 바 있다. 우리 시대의 블랙홀인 무의미와 정면으로 맞서 싸우며 새로운 세계를 창조해가는 아부지들의 열정적인 모습을 기대한다. 제아무리 보잘 것 없는 직위나 일거리라도 그것에 삶의 애착을 느끼며 마지막 정열을 불태우겠다는 자기와의 협상에서 더 이상 패배하지 않고 당당하게 성공할 수 있기를 기도한다.

리더십에 대한 신의 한수 ⑥

☀ 고단수 부모님들의 4가지 협상 전략

요즘 자녀들을 출가시킨 부모님들의 공통적인 고민은 '어떻게 하면 친손자, 친손녀, 외손자, 외손녀들을 돌보지 않고 편안하게 지낼 수 있는가?'라고 한다. 유아幼兒들을 돌봐주는 어린이집이나 돌보미 아주머니들의 일탈행위 등이 심심찮게 보도되면서 직장에 다니는 워킹-맘들의 고민이 이만저만이 아니라고 한다. 그 때문에 요즘 워킹-맘들은 자신의 아이를 시댁이나 친정집 부모님들께 맡기는 경우가 크게 늘어났고 한다. 또 어차피 시댁이나 친정 부모님께는 용돈을 드려야 하는데 아이를 맡기면서 용돈을 드린다면 경제적으로 이익이라는 생각도 한몫 한 것 같다.

하지만 요즘 부모님들은 그런 부담에서 벗어나려고 하는 게 대세다. 연세가 들면서 아이를 돌보고 키우는 것이 그리 쉽지 않기 때문이다. 그렇다고 자녀들에게 대놓고 "애들을 우리에게 맡기지 마라!"고 얘기할 수 있는 입장도 못 된다. 왜냐하면 어차피 마지막 가는 길은 자기 자식들에게 의존할 수밖에 없기 때문이다. 이와 관련해서 모 스포츠 신문의 <유머 란>에서 다음 글을 보고 크게 웃었던 기억이 있다. 노부모의 비밀스런 협상치고는 꽤 멋져보였기 때문이다.

스포츠 신문에서 '부모님들이 노후를 편히 보낼 수 있는 4가지 방법'으로 소개된 것은 크게 4가지다. 나름대로 꽤 의미 있고 자식들의 의타적인 정신을 조용하게 퇴치시키는 방법이라고 생각된다. 비록 씁쓸한 느낌을 지울 수는 없지만.

어린 아이에게 진한 사투리를 가르쳐라!

시댁이나 친정집 부모가 아이들에게 진한 사투리를 가르친다면 아이의 미래교육을 고민하는 젊은 엄마 아빠들은 두 번 다시 아이를 맡기려고 하지 않는다. 왜냐하면 자신의 아이가 어른들의 사투리에 노출되어서는 안 된다고 생각하기 때문이다.

어린 아이에게 밥을 먹일 때, 자신이 씹다가 먹여라!

시댁이나 친정집 부모가 자신의 친(외)손자 손녀에게 밥을 먹일 때, 자신이 씹다가 뱉은 것을 먹인다면 소스라치게 놀랄 것이다. 불결함과 위생상에 큰 문제가 있다고 생각하기 때문이다. 그러면 두 번 다시 아이를 맡아서 키워달라는 얘기를 꺼내지 않을 것이다.

아이에게 화투나 포커를 가르쳐라!

만약 시댁이나 친정집 부모가 어린 아이들에게 화투나 포커를 가르친다면 젊은 엄마 아빠들은 기절초풍을 할 것이다. 자신의 아이에게 노름을 가르친다고 생각하기 때문이다. 자신의 아이를 영화「타짜」에 등장하는 노름꾼으로 키우지 싶지 않은 젊은 엄마 아빠들은 화투나 포커를 가르치는 부모님께 자신의 아이를 맡기지 않을 공산이 크다.

걸레질을 하다가 아이가 코를 흘리면 그것으로 아이의 입을 닦아줘라!

만약 시댁과 친정집 부모가 걸레질을 했던 더러운 천으로 자기 아이의 코를 닦아주는 장면을 젊은 엄마 아빠가 목격했다면 충격을 받을 것이다. 더럽다고 생각하기 때문이다. 따라서 그런 것을 대수롭지 않게 한 시댁과 친정 부모님께 자신의 아이를 맡기지 않을 것이다.

요즘 세상은 워낙 빠르게 돌아갈 뿐만 아니라 연세가 든 부모님들 역시 자녀들과 생각의 차이가 무척 크다. 우리가 어린 시절에는 위에서 예로 든 일들을 한다 해도 크게 문제되지 않았다. 오히려 할아버지와 할머니로부터 직·간접적으로 배우는 것이 많았다. 또 엄마나 아빠로부터 꾸중을 듣고 나서 그 아픈 상처를 할아버지나 할머니에게로 달려가서 위로받곤 했다. 그 때문에 '할아버지와 할머니가 손자 손녀를 망치게 한다'는 얘기까지 심심찮게 나돌기도 했다. 하지만 요즘은 그렇지 않은 모양이다. 요즘 젊은 엄마 아빠들은 위생을 따지고, 교육을 따지고, 품성을 따진다. 과연 어느 것이 어린 아이들에게 더 좋은 것인지는 알 수 없다. 다만, 나는 개인적으로 우리 세대가 그래도 좋은 시절에 살았다고 생각한다. 그런 의미에서 이제 나도 '노털' 쪽에 속하는 나이가 된 것 같다.

1 협상은 당신에게 무언가를 간절히 원하는 상대방으로부터 당신에 대한 호의와 당신이 원하는 무언가를 얻어내기 위한 일련의 과정을 의미한다. 또 세상에 존재하는 모든 협상은 그것이 정치적인 것이든, 경제적인 것이든, 일상생활에서 경험할 수 있는 것이든 정보, 시간, 힘이라는 3가지 요소가 포함되어 있다.

2 협상의 진행절차는 '협상 준비 및 전략 수립 → 협상 개시 및 파트너의 의중탐색 → 협상 전개 및 합의 도출 → 실행' 순으로 이어진다. 또한 협상에서 상대방보다 유리한 고지를 점하고 협상에서의 주도권을 확보하기 위해서는 상대방보다 좀 더 구체적이고 시스템적인 협상 설계를 해야 한다.

3 게임이론에서 언급되는 죄수의 딜레마 모형은 최적의 협상 전략이 가져야 할 특성에 대해 많은 것을 시사해준다. 공동선을 추구하는 최적의 협상 전략은 협상 당사자들끼리 열린 마음에 기초한 돈독한 신뢰관계를 구축하는 길 뿐이다.

4 협상 과정에서 이해당사자 간의 다양한 의견충돌과 갈등이 표출되게 마련이다. 이때 협상 당사자들이 자기 이익에만 초점을 맞춘 주관적인 기준과 판단만을 고집할 경우, 협상은 난항을 거듭할 수밖에 없다. 따라서 협상 당사자들이 협상을 성공적으로 이끌어내기 위해서는 객관적이고 합목적적인 기준을 마련하고 그것을 철저하게 지켜나가야 한다.

5 리더십은 협상 능력에 의해 판가름 난다. 따라서 리더는 탁월한 협상 기술을 확보하기 위해 평소 폭넓은 교양과 세상을 바라보는 안목을 쌓기 위해서 평소 많은 독서를 해야 한다.

객관식

01 다음 중에서 협상의 실패를 초래하는 주요 요인이 <u>아닌</u> 것은?

① 협상에 대한 사전준비 소홀과 협상 전략 부재

② 자신의 입장보다는 상대방의 입장을 지나치게 배려하는 경우

③ 협상과 관련된 상호 간의 문화적 및 언어적 차이에 대한 인식 부재

④ 로비스트나 정치인들로부터 상대방이 받는 압력을 미처 고려하지 못한 경우

02 다음 중 협상의 3가지 구성요소가 <u>아닌</u> 것은?

① 힘　② 정보　③ 관용　④ 시간

03 다음 중에서 협상 전개 및 합의 도출 단계와 <u>무관</u>한 것은?

① 협상 당사자들끼리 견고한 신뢰관계를 구축한다.

② 최적의 합의안 도출을 위해 서로 최선을 다한다.

③ 협상 당사자 간에 대화와 정보교류를 통해 의중을 탐색한다.

④ 서로 양보하고 존중하며 공동의 이익을 추구하는 윈–윈 게임을 한다.

04 "저는 갖고 있는 돈이 100만원 뿐입니다. 어떻게 저 제품을 제게 주실 수 있습니까?"라고 묻는 것은 다음 중 어떤 협상 전략을 채택한 것인가?

① 최후 통첩　② 헬프 미　③ 만약에…?　④ 덤

05 다음 중 협상의 객관적인 기준으로 볼 수 <u>없는</u> 것은?

① 협상 절차의 공정성과 합리성의 유지

② 고효율 저비용의 협상 메커니즘 정립

③ 서로에게 도움이 되는 배타적 이익 우선의 법칙

④ 협상 결과가 시장가치의 상승으로 연결되는 협상

※ 다음 빈칸에 들어갈 알맞은 용어를 적으시오.

01 한국인들은 자신들의 최소 집단인 가정으로부터 사회, 국가, 세계, 우주에 이르기까지 모든 질서를 (   )의 개념으로 파악하고자 하는 속성이 있다. 사실 이런 문제로부터 한국인들의 서비스 정신 부재가 도출된다고 주장하는 분들이 있다.

02 "저 가게는 당신들보다 싸게 팝니다."라는 말은 협상에서 상대방의 (   )(을)를 유발하는 전략이라고 말할 수 있다.

03 상대방의 신뢰 부족 때문에 협상에서 최선의 결과를 낼 수 없는 한계점을 정확하게 설명해주는 모형은 (   ) 모형이다.

04 퇴직 후 좌절과 번민으로 방황하는 일벌레 아버지들을 향해 "어떠한 일이 있더라도 살아서 이 세상의 무의미와 싸워야 한다"고 역설했던 문학비평가는 (   ) 교수다.

05 여러 분야에 대한 교양과 지식이 풍부하면서도 자신이 맡고 있는 분야에 대해 정통한 인재를 (   )형 인재라고 정의한다.

| 정답 |

객관식 01 ② 02 ③ 03 ③ 04 ① 05 ③
단답식 01 집(家) 02 경쟁의식 03 죄수의 딜레마 04 김현 05 T자

CHAPTER 12

브랜드파워를 지닌
리더가 되어라!

아웃도어의 명품 브랜드파워
(출처: 아웃도어 뉴스)

자신의 인생을 성공으로 이끄는 '5끈'의 법칙

아주 오래 전의 일이다. 경남 밀양의 창녕농협교육원에 특강을 나갔다가 용혜원 시인으로부터 '5끈'의 법칙이란 얘기를 듣고 박장대소를 했던 기억이 있다. 강사 대기실에서 그가 내게 들려준 5끈은 매끈, 발끈, 화끈, 질끈, 따끈이었다.

곧바로 내 강의 차례가 되어서 그의 걸쭉한 입담을 다 들을 수 없었지만, 5끈이란 단어는 지금도 내 뇌리에 각인되어 있다. 5끈은 60의 나이를 바라보는 지금도 꽤 의미있는 삶의 지혜로 느껴진다. 왜냐하면 나이를 먹을수록 그동안 내가 다른 사람들과 어떤 관계를 맺으며 지내 왔는가?를 되돌아보는 시간이 점점 더 많아지기 때문이다. 그 내용을 간단하게 정리하면 아래와 같다.

첫째는 매끈이다. 매끈이란 '까칠한 사람이 되지 말고, 가능하면 훈남이 되자'는 얘기다. 어딜 가나 모난 돌은 정을 맞기 십상이다. 외모나 능력이 출중할수록, 또 돈이 많을수록 주변 사람들에게 과시하거나 뻐기지 말고 겸손하게 대하면서 밝게 웃고 매너 좋게 행동하라는 얘기다. 그러면 많은 사람들이 매끈 남을 더욱 더 인정하고 좋아해줌으로써 보다 폭넓은 인맥을 구축할 수 있다는 것이다.

둘째는 발끈이다. 이는 오뚝이 정신을 강조하는 말이다. '이래도 흥, 저래도 흥'하는 자는 자신의 컬러를 상실한 무미건조한 사람이다. 그런 정신을 갖고서는 큰일을 해낼 수 없다. 실패를 경험했을 때, 모든 것을 포기하고 좌절하는 게 아니라 7전 8기의 오뚝이 정신으로 툴툴 털고 일어나서 재도전에 나서는 자세를 견지해야 한다. 그것이 발끈의 정신이다. 크게 성공한 사람들은 대부분 과거에 실패한 경험을 갖고 있다. 만약 그들이 자신의 실패에 직면해서 발끈의 정신을 갖지 않았더라면, 결코 오늘의 성공은 없었을 것이다. 모름지기 동이 트기 전의 어둠이 가장 어두운 법이다. 그러니 그 어둠을 발끈의 정신으로 참고 이겨내면 곧바로 서광曙光이 비쳐온다는 사실을 잊지 말자.

셋째는 화끈이다. 이는 매사에 미적지근한 사람이 되지 말고 열정적인 인재가 되자는 얘기다. 일 잘하는 사람과 그렇지 못한 사람의 본질적인 차이는 일에 대한 마인드다. 누군가 해야 할 일이라면 내가 먼저 행하고, 언젠가 해야 할 일이라면 지금 당장 행하고, 어차피 해야 할 일이라면 내가 제일 잘하겠다는 자세가 '화끈'의 정신이다. 화끈하게 일하는 사람치고 실패하는 경우는 많지 않다. 설령 한두 번 실패를 하더라도 최종적으로는 반드시 성공하게 되어 있다. 왜냐하면 뇌는 차갑고, 가슴이 뜨거울수록 성공 가능성은 높아지기 때문이다.

넷째는 질끈이다. 실수나 결점이 없는 사람은 없다. 그러니 타인의 잘못이나 실수에 대해서 질끈 눈을 감아라. 또 내뱉은 말은 주워 담을 수 없으니 입이 간지러워도 참고 남의 험담을 하지 마라. 설령 타인이 자신을 비난해도 질끈 눈을 감아라. 물론 그것을 실천하는 게 말처럼 쉽지 않다. 그러나 엄지를 치켜들고 "당신 멋져!"하면 4개의 칭찬이 돌아오고, "저 인간!"하며 검지를 빼들면 3개의 비난이 돌아옴을 명심하라.

다섯째는 따끈이다. 계산적인 치밀한 인간보다는 털털하고 인정 많고 감성적인 사람에게 많은 사람이 몰려든다. 그러니 마음이 차가운 사람처럼 행동하지 말고 타인에게 베푸는 것을 잘하는 사람으로 스스로를 변모시켜 나가자.

암튼 많은 분들이 매끈, 발끈, 화끈, 질끈, 따끈의 정신으로 무장해서 유난히 추운 올 겨울을 슬기롭게 극복하면서 주위에 좋은 사람들로 가득한 인맥지도를 풍성하게 만들어 나갈 수 있기를 기대한다. 그러면 우리 곁에 찾아온 그 어떤 동장군冬將軍도 거뜬히 이겨낼 수 있을 것이다.

12.2

브랜드파워의 의미와 중요성을 파악하라!

브랜드파워에 대한 개요

브랜드brand의 사전적 의미는 '상표, 품질, 낙인, 오명'汚名 등으로 풀이된다. 하지만 브랜드에 대한 일반적 정의는 '상표' 또는 '일관된 목적지향성을 갖고 만든 단일한 아이덴티티'라고 본다. 또 브랜드파워란, 브랜드가 일반인들에게 얼마만큼 강력하게 인지되어 있는가를 나타내주는 척도다. 가령, KBS 2TV에서 방영된 「태양의 후예」에서 주인공으로 열연했던 탤런트 송중기의 브랜드파워는 다른 탤런트들보다 매우 크다고 말할 수 있다. 제품이나 서비스에서도 마찬가지다. 스위스의 롤렉스사가 생산하는 롤렉스 시계의 브랜드파워는 타 회사들이 생산 판매하는 시계들보다 브랜드파워가 매우 세다. 브랜드파워와 관련해서 한 가지 흥미있는 점은 그것이 높을수록 사람에 대한 몸값이나 제품서비스 포함 가격이 매우 높다는 점이다. 앞으로도 브랜드파워의 중요성은 점점 더 커질 것으로 확신한다. 그 이유는 크게 4가지 관점에서 생각해 볼 수 있다.

첫째, 신자유주의와 세계화에 따른 무한 경쟁이 일상화되고 있기 때문이다. 치열한 경쟁에서 서바이벌을 하려면 무엇보다 브랜드파워를 키워야 한다. 왜냐하면 부유한 VIP 고객들의 관심과 선호는 브랜드파워가 높은 제품과 서비스로만 집중되기 때문이다.

둘째, 현대의 스마트한 고객들은 옛날처럼 단지 제품이나 서비스 가격이 싸다고 해서 그것을 사는 사람들이 아니다. 그들이 어느 제품을 구입할 것인지, 말 것인지를 결정하는 핵심요인은 브랜드다. 어쩌면 그들은 제품이나 서비스가 아니라 브랜드 자체를 소비한다 해도 과언이 아니다. 특히 부유한 VIP 고객일수록 그런 경향이 강하다. 따라서 최고의 브랜드를 가진 명품이라면 그들은 가격 불문, 이유 불문하고 그것을 구입한다. 왜냐하면 브랜드파워를 지닌 제품이나 서비스를 소비하는 것 자체가 그들에게는 하나의 명예요, 자부심이기 때문이다. 경제학은 이런 현상을 베블렌 효과veblen effect라고 정의했다.

셋째, 기업 역시 직장의식이 아닌 직업의식을 가진 인재들을 요구한다. 직장의식은 평생직장의 개념을 갖고 9시에 출근해서 오후 6시에 칼같이 퇴근하는 사람들의 의식을 지칭한다. 반면, 직업의식은 남과 분명하게 차별될 수 있는 자신만의 특출난 업무능력을 소유하고 있으면서 자신이 맡은 바를 책임 있게 수행하려는 정신자세를 뜻한다. 직업의식을 지닌 인재들은 '노마드'nomad의 기질을 갖고 있기에, 평생 동안 어느 한 곳에 정주할 생각을 갖고 있지 않다. 따라서 그들에게는 평생직장의 개념이 없다. 그들은 현재의 직장을 단지 자신의 캐리어를 관리하는 하나의 프로세스로 인식한다. 그래서 그런지 인재사냥꾼인 헤드헌터들도 그들에게만 관심을 쏟고 있다.

넷째, 고만고만한 사람들과 재화들로 넘쳐나는 상황 속에서 당당하게 생존하기 위해서는 평균적인 개념에서 골고루 잘하는 것이 아니라 확실하게 잘할 수 있는 자기 고유의 장기長技나 전문능력을 갖고 있어야 한다. 여기서 말하는 장기나 전문능력이 다름 아닌 브랜드파워다.

브랜드파워에 대한 사례 분석

꽤 오래된 얘기이긴 하지만 그래도 브랜드파워를 설명하기에 좋은 자료라고 판단되어 여기 소개하고자 한다. 1997년에 미국 MIT대학 교수 출신인 마이클 암스트롱Michael Armstrong이 미국 통신회사인 AT&T사의 CEO로 취임한다는 소식이 전해지자 미국 주식시장에서 그 회사의 주가가 하루 사이에 5%나 인상했다. 또 칼리 피오리나Carly Fiorina라는 매력적인 여성이 휴렛팩커드사Hewlett-Packard Company의 CEO로 취임하자마자 미국 주식시장에서 휴렛팩커드의 주가가 1.9%나 올랐다. 이 뿐만이 아니다. 인터넷 포털 사이트의 선두주자로서 최고의 주가를 기록한 바 있는 '야후'의 경우에도 CEO의 개인 브랜드파워가 회사의 가치에 고스란히 반영된 케이스에 해당된다. 미국의 명문사학인 스탠퍼드대학에서 전기공학 박사를 취득하고 '야후'를 창업했던 제리 양Jerry Yang의 경영능력과 CEO로서의 인간적인 매력이 알려지면서 '야후'의 주식 1장 가격이 억 대를 기록하기도 했다.

이런 사례는 우리나라에서도 쉽게 찾아볼 수 있다. 우당 이회영 선생 일가가 수천억 원 대의 자산을 비밀리에 처분한 후, 독립운동을 위해 몽땅 바쳤던 고귀한 사례가 존재한다. 또 유일한 박사가 구두 두 켤레와 양복 세벌을 남기고 떠나면서 자신이 평생 동안 일궈낸 '유한양행'이라는 회사를 사회에 환원시킨 일도 우리 국민들은 기억하고 있다. 또 얼마 전에는 국내 굴지의 건설회사 가운데 하나인 대림기업㈜의 이준용 회장께서 자신의 전 재산이라 할 수 있는 2,000억원을 '통일을 위한 재단'에 쾌척했다는 소식이 들려왔다. 이분들은 남들이 쉽게 하지 못하는 '노블레스 오블리주'를 실천함으로써 개인과 가문, 더 나아가 CEO로서 기업의 브랜드파워를 높이는데 크게 기여했다. 하지만 거꾸로 브랜드파워를 떨어뜨린 사례도 적지 않았다. 얼마 전에 L그룹 총수 일가의 경영권 분쟁이나 수천 억 원 대의 세금탈루 소식이 전해지면서 해당 그룹 계열사의 주식이 큰 폭으로 떨어졌다. 또 몇몇 CEO들의 분별없는 일탈행위도 해당 기업의 브랜드파워에 악영향을 미쳤다. 국내 유명 유가공품 제조회사인 N유업은 대리점들을 상대로 갑질 행위를 하다가 적발되는 바람에 곤욕을 치렀다. 또 M 피자㈜와 M 간장㈜의 CEO가 회사 경비원과 운전기사를 폭행했다는 소식이 전해지면서 그 기업의 주가는 물론 사회적 이미지까지 크게 실추되기도 했다.

브랜드파워와 업, 전용수입, 경제지대 간의
관계를 이해하라!

'업'業자 속에 숨겨진 3가지 비밀과 브랜드파워

널빤지 '업'業자로 알려진 '업'은 3가지로 해석된다.

첫째는 쇠못을 사용하지 않고 나무와 나무의 홈을 이용하여 큰 집을 지을 수 있는 능력을 의미한다. 적어도 그런 수준의 목수가 되려면 나무를 잘 다루는 대목수가 아니고는 불가능하다. 과거에는 이런 대목수를 업자業者라고 불렀다. 이때의 '업'은 일반 목수들이 흉내 낼 수 없는 특출난 능력, 즉 핵심 역량core competence을 의미한다. 하지만 요즘의 '업자'는 상대방을 아래로 보고 무시하는 말이다. 이는 조선시대의 신분제사회를 특징지었던 사농공상士農工商 체제의 부정적인 바이러스가 여전히 맹위를 떨치고 있기 때문이다.

둘째는 불가佛家에서 말하는 '업'으로서, 이것은 전생前生에서 지은 선악善惡의 결과가 현세現世에 인과응보로 나타나는 것을 의미한다. 그래서 우리는 가급적 남에게 좋은 일을 하면서 살아야 한다. 적어도 우리 자신이나 후손들이 축복을 받고 살아가려면 말이다.

셋째는 요즘 많은 사람들이 즐기고 있는 골프 경기에서, 현재 이긴 홀hole의 수나 타수打數를 의미한다.

하지만 위에서 언급한 업의 세 가지 개념 가운데 브랜드파워와 관련된 것은 첫 번째 의미의 업이다. 즉 자기 고유의 확실한 장기長技나 전문능력으로 명명되는 업을 가져야만 브랜드파워를 갖게 된다. 일례로 토트넘에서 공격수로 맹활약 중인 손흥민 선수, 텍사스 레인저스의 외야수로 뛰고 있는 추신수 선수, 피겨 스케이팅 하나로 세계를 평정했던 김연아 선수는 스포츠분야에서 브랜드파워를 키워온 대한민국의 자랑스런 아들딸이다. 또 알파고와의 대결을 통해 한국 바둑의 수준을 재인식시켜준 이세돌 씨, 많은 선행을 하면서 국민 MC로 이미지를 굳히는데 성공한 유재석 씨, 「수사반장」과 「전원일기」는 물론 최근 「한국인의 밥상」이란 프로로 시청자들의 관심을 끌고 있는 최불암 씨도 브랜드파워가 큰 사람이다. 이 뿐만이 아니다. 불과 몇 년 전까지만 해도 요리사들은 우리들의 관심 밖 인물이었다. 그러나 최근에는 종편 방송을 중심으로 먹방과 쿡방 프로가 잇달아 뜨면서 요리사의 주가가 천정부지로 뛰어올랐다. 과거엔 잘 듣지도 못했던 셰프 chef라는 용어가 이제는 일상용어가 되었고 각 방송사들은 음식이나 요리 관련 프로를 메인 프로로 설정해서 내보내는 추세다. 이를 계기로 백종원, 최현석, 이연복, 오세득, 김풍 씨 같은 셰프들이 인기를 끌며 젊은이들의 롤-모델이 되고 있다.

그런데 만약 이 분들이 성남의 인력시장에 나가서 일당을 받는 1일 노동자라면, 그렇게 많은 돈과 명예를 얻을 수 있었을까? 답은 "아니올시다."이다. 결론적으로 말해서 돈과 명예를 거머쥐기 위해서는 브랜드파워를 가져야 하고, 그 전제조건은 최소한 한 분야에 있어서 만큼은 타인이 추종하거나 흉내 낼 수 없는 히든카드를 하나 정도 갖고 있어야 한다. 그렇지 않는 한, 브랜드파워를 가질 수 없고 많은 돈도 벌 수 없다.

브랜드파워, 전용수입과 경제지대 간의 상관관계

우선 전용수입transfer earning과 경제지대economic rent에 대한 개념부터 살펴보자. 전용수입은 한 생산요소가 현재의 용도에서 다른 용도로 옮겨가지 못하도록 하기 위해서 지불해야 하는 최소한의 소득을 말한다. 독자들의 이해를 돕기 위해 한화구단에서 야구선수로 맹활약하고 있는 김태균 선수를 하나의 사례로 제시하고자 한다.

가령, 김태균 선수는 자신이 마음만 먹으면 언제든지 2,400만원의 연봉을 받고 숯 찜질방에서 숯을 굽는 인부생활을 할 수 있다. 이때 김태균 선수에게 다른 직업을 갖게 하려면 최소한 2,400만원 이상의 연봉을 보장해줘야 한다. 그렇지 않는 한, 김태균 선수는 계속해서 숯 찜질방에서 일을 하려고 할 것이기 때문이다. 이때의 2,400만원이 바로 김태균 선수의 전용수입이다. 한편, 김태균 선수가 야구선수로 직업을 바꿔서 15억원의 연봉을 받는다고 가정하자. 실제로 2015년 그의 연봉수준이 15억원이었다. 이때 그의 경제지대는 15억원에서 2,400만원을 공제한 14억 7,600만원이다. 이를 통해 우리는 '경제지대가 클수록 몸값이 비싸다.'라는 명제를 도출할 수 있다. 그렇다면, 인기스타들의 몸값만 높은 것인가? 절대로 그렇지 않다. 남들이 쉽게 흉내 낼 수 없는 자신만의 탁월한 전문분야예: 가수, 탤런트, 요리, 학원강사, 강연, 바둑, 춘난재배, 보석세공 등를 갖고 있고, 그 분야에 대한 사회적 수요가 많은 경우, 그들은 돈방석 위에 올라앉게 될 가능성이 매우 크다.

이제 경제지대와 고소득을 보장하는 브랜드파워 간의 상관관계에 대해서 살펴보자. 경제지대는 특정분야의 능력에 대한 사회적 수요가 큼에도 불구하고 그 분야에 탁월한 재능을 가진 사람들이 적을수록 증가하는 속성을 지닌다. 또 브랜드파워가 클수록 경제지대도 커지는 속성이 있다. 따라서 브랜드파워와 경제지대 사이에는 플러스(+)의 상관관계가 있다고 말할 수 있다. 향후 많은 돈을 벌기를 희망하는 사람들은 이제부터라도 다른 사람들과 분명하게 차별되는 인생전략을 새롭게 짜 나가야 한다. 즉 다른 사람들이 갖지 못한 자신만의 독특한 능력예: 끼, 개성, 전문능력을 갖추거나 톡톡 튀는 아이디어와 기발한 발상으로 기존에 익숙했던 낡은 생각의 틀을 파괴하면서 새로운 세계를 끊임없이 창조해 나가야 한다.

12.4

BLACKBELT
LEADERSHIP

기업과 개인의 생존 부등식에 대해 철저하게 학습하라!

기업의 생존 부등식

우리나라가 1997년에 들이닥친 IMF 구제금융위기를 체험한 이후, 기업경영의 투명성이 그 어느 때보다 강조되고 있다. 그러나 투명경영만이 기업의 존재 목적은 아니다. 기업은 누가 뭐라 해도 이윤을 창출해야만 생존이 가능한 조직체다. 기업이 이윤을 창출하지 못하면 결국 부도가 날 수밖에 없다. 또 기업의 부도는 기업에 돈을 빌려준 금융기관의 부실채권 규모를 키워서 결국에는 금융기관의 연쇄도산으로 이어진다. 그리고 금융기관의 부도는 공적자금의 급증을 초래하며 이는 고스란히 국민들의 부담으로 전가될 수밖에 없다. 따라서 기업의 가장 중요한 사회적 책임은 부도에 따른 도산으로 인해 사회와 국가에 누를 끼치지 않는 것이다. 법이 보장하는 테두리 내에서 올바른 정도正道경영으로 많은 이윤을 창출하는 기업이 가장 훌륭한 기업이라는 사실에 우리 모두 유념할 필요가 있다.

한편, 기업의 생존 부등식은 '재화의 주관적 만족도(MU) 〉 재화의 단위당 가격(P) 〉 재화의 단위당 생산비용(C)'으로 정의된다. 여기서 MU는 재화의 소비에 따른 소비자의 한계효용-marginal utility, P는 가격price, C는 생산비용-cost을 각각 의미한다. 이를 좀 더 구체적으로 설명하면 다음과 같다. 우선 소비자가 특정 재화를 구매할 것인지, 하지 않을 것인지는 전적으로 특정 재화의 추가적인 소비로부터 느끼는 주관적인 만족도경제학은 이것을 한계효용이라고 정의함가 재화의 가격보다 크냐, 아니면 작으냐에 따라 결정된다. 만약 크다면 재화를 구입하여 소비하는 것이 합리적 선택이고, 작다면 재화에 대한 구매를 포기하는 것이 합리적인 선택이다. 또 기업이 이윤을 얻기 위해서는 재화 1단위의 시장가격이 재화 1단위의 생산을 위해 소요되는 생산비용보다 커야 한다. 즉 재화 1단위의 가격이 재화 1단위의 생산비용보다 커야만 이윤이 발생할 수 있다. 만약 재화 1단위의 가격이 재화 1단위의 생산비용보다 작다면 손실이 발생하고 이것이 누적되면 엄청난 적자가 되어 기업의 부도로 이어질 수밖에 없다. 따라서 기업이라는 조직이 생존을 보장받기 위해서는 '재화의 주관적인 만족도(MU) 〉 재화의 단위당 가격(P) 〉 재화의 단위당 생산비용(C)'의 조건이 충족되어야 한다.

개인의 생존 부등식

생존 부등식은 개인의 인생에도 그대로 적용될 수 있다. 개인이 어느 기업에 취직이 되려면, 적어도 그 기업에 일정 정도 기여해야 한다. 즉 자신이 기업에 제공한 연간 노동서비스의 총체적 가치가 자신의 연봉보다 많아야 한다. 그렇지 못할 경우에는 해고의 대상으로 전락하여 실직失職할 가능성이 매우 크다. 또 개인이 일생 동안 파산을 경험하지 않기 위해서는 일생동안 벌어들일 것으로 예상되는 총소득의 현재가치가 일생동안에 사용될 총總생계비용의 그것보다 커야 한다. 그렇지 않으면 살아가는 도중에 신용불량자나 개인파산자로 전락할 가능성이 있기 때문이다. 이런 내용을 종합적으로 고려하여 개인의 생존 부등식을 정리하면, '개인이 조직에 기여하는 월별 서비스의 가치(V) 〉 자신이 기업으로부터 받는 월급(W) 〉 자신이 지출하는 월 생계비용(C)'으로 요약할 수 있다. 여기서 V는 자신이 기업에게 제공하는 서비스의 가치value, W는 임금wage, C는 생계비용cost을 의미한다.

브랜드파워와 생존 부등식 간의 관계

기업의 경우로 한정해서 브랜드파워와 생존 부등식 간의 관계를 살펴보면, 기업의 브랜드파워예: 기업의 대외적 이미지, 기업이 소유한 브랜드 가치, 기업 CEO의 가치, 기업이 생산하는 재화의 상표가치 등가 클 경우에는 고객들이 그 기업이 만든 재화나 서비스의 소비에 높은 주관적 만족도를 보이게 된다. 따라서 해당 기업의 재화나 서비스 가격이 다른 기업의 그것보다 다소 높더라도 잘 팔리게 된다. 그런데 생산비용이 일정한 상황에서, 재화나 서비스가 높은 가격에서도 잘 팔린다는 것은 곧 그만큼 많은 이윤을 낼 수 있다는 것을 의미한다. 많은 이윤을 창출한 기업은 그것을 기술혁신을 위한 연구개발비에 충당할 수 있고, 기업의 경쟁력을 제고시키기 위한 설비투자의 확대나 구조조정 비용으로 활용하게 됨으로써 기업의 체질강화와 사세 확장을 도모할 수 있다. 이는 결국 기업의 대내외 경쟁력 강화를 통해 신규 일자리 창출과 국부國富 증대에 기여하면서 국민경제에 선순환적 역할을 할 수 있다.

다음으로 개인의 경우로 한정해서 브랜드파워와 생존 부등식 간의 관계를 살펴보면, 특정 개인이 브랜드파워예: 전문능력, 남다른 끼나 개성, 기발한 발상이나 아이디어 등를 갖게 되면, 그는 자신이 받는 임금보다 더 많은 가치를 기업에 제공할 수 있다. 그렇게 되면 그는 기업에서 해고당할 위험이 사라질 뿐만 아니라 비싼 연봉을 제시하는 헤드헌터의 타깃 대상으로 급부상할 수 있다. 또 개인의 브랜드파워가 강할수록 남들보다 높은 연봉을 받을 수 있기 때문에, 그 사람은 개인 신용불량자나 파산의 위험으로부터 영원히 해방될 수 있다. 요즘, 젊은 대졸자의 취업이 어려운 것도 대학에서 젊은이들에 대한 '업'의식을 제고시켜 주지 못하고 있기 때문이다. 암기식 교육에 익숙한 대학생들에게 시대가 요구하는 창의적인 '업'의식 제고를 위한 교육혁신이 일어나야 하는데 그렇지 못한 게 오늘의 현실이다. 결국 대학 교수들의 부실과 무능, 그리고 젊은이들의 '업'마인드 부재가 결국 청년실업의 증가, 독신자 수의 증대, 출산율의 급격한 저하로 이어지고 있는 것이다. 안타까운 일이 아닐 수 없다.

브랜드파워를 키우기 위한 7가지 비법을 몸으로 익혀라!

브랜드파워를 키우기 위해서는 먼저 자신의 브랜드파워에 대한 수준을 정확하게 알아야만 한다. 그래야만 브랜드파워를 어떤 방법으로 어느 수준까지 올려야 하는지를 명확하게 정립할 수 있다. 우선 브랜드파워에 대한 자가 진단법을 통해 자신의 현 수준부터 정확하게 체크해 보길 권유한다.

브랜드파워에 대한 자가 진단법

다음에서 소개하는 브랜드파워에 대한 자가 진단법은 오랫동안 이 분야를 연구해온 전문가들의 의견을 종합해서 만든 안이다. 물론 이러한 자가 진단법이 완벽하다고 말할 수는 없다. 하지만 이것을 토대로 브랜드파워에 대한 현 수준을 파악한다면 나름대로 브랜드파워를 제고시키기 위한 전략을 짜는데 큰 도움이 될 것이다. 정직한 자세로 다음 8가지 사항을 꼼꼼하게 읽어가며 브랜드파워에 대한 자신의 현재 수준을 정확하게 체크해 주었으면 한다.

브랜드파워에 대한 자가 진단법

01 남들의 삶에 긍정적인 가치를 제공할 만한 자신의 특기나 장점이 있는가?

02 자신을 포함한 주위 사람을 변화시킬 만한 비전을 제시할 능력이 있는가?

03 비전을 실현시킬 수 있는 현실적인 대안과 전략을 갖고 있는가?

04 개인이 수립한 비전을 끊임없이 추구해 나가는 과정에서 일관되게 지키고 싶은 개인의
   규칙이나 신념이 있는가?

05 자신과 주위 사람들에게 긍정적인 가치를 제공하기 위해서는 수많은 시련과 위험을 극

복해야만 하는데, 그때마다 시련과 고통에 좌절하지 않고 그것을 슬기롭게 극복해 나
갈 수 있는 용기와 자신이 있는가?

06 개인에게 다가오는 주위의 환경변화에 냉정하게 인식하고 그것에 능동적으로 대처해
나갈 수 있는 역량이 있는가?

07 혼자의 힘만으로 성공하는 개인 또는 기업은 찾아보기 어렵다. 지원세력을 규합하여
서로 돕고 신뢰하면서 공동의 이익을 추구해 나갈 환상의 드림팀을 구성할 수 있는가?

08 개인의 브랜드파워 구축에 결정적으로 중요한 것은 올바른 의사결정이다. 개인에게 있
어 올바른 의사결정 시스템을 갖고 있는가?

자신의 브랜드파워의 최종평가는 아래와 같은 기준에 기초하여 이루어졌으면 한다.

01 자신 있게 말할 수 있는 것이 1개 이하이면 브랜드파워가 거의 없다.

02 자신 있게 말할 수 있는 것이 2개 정도면 브랜드파워가 미미한 수준이다.

03 자신 있게 말할 수 있는 것이 4개 정도면 브랜드파워가 보통 수준이다.

04 자신 있게 말할 수 있는 것이 6개 정도면 브랜드파워가 상당 수준이다.

05 자신 있게 말할 수 있는 것이 8개 모두라면 이미 브랜드파워를 완벽하게 구축했다고
평가할 수 있다.

자신의 브랜드파워에 대한 측정 결과, 4개 이하인 경우에는 브랜드파워에 대한 이해와 능력이
부족한 사람이라고 평가할 수 있다. 만약 그런 사람이 직장인이라면 멀지 않은 장래에 해고될 위
험성이 상존한다고 봐도 큰 무리가 아니다. 또 그런 사람이 자영업자라면 조만간 동종업계의 경
쟁자들에게 밀려 가게 문을 닫게 될 위험성이 매우 크다. 따라서 직장과 자신의 업종에서 생존
발전을 도모하기 위해서는 무엇보다도 브랜드파워에 대한 중요성을 깊이 인식하고 그것을 제고
시키기 위한 노력을 경주해나가야 한다. 그러면 직장 내에서 뿐만 아니라 자신의 영업 분야에서
발군의 능력을 발휘하면서 승승장구할 수 있다. 그런 꿈을 가진 분들을 위해 그동안 내가 터득
하고 발전시킨 '브랜드파워를 높이기 위한 7가지 비법'을 소개하고자 한다.

브랜드파워를 높이기 위한 7가지 비법

개인의 브랜드파워를 높이기 위한 핵심요소는 '통찰'洞察이다. 즉 통찰만 잘하면 개인의 브랜드 파워는 저절로 상승하게 마련이다. 조직 내에서는 군계일학과 같은 존재가 될 수 있고, 자영업자일 경우에는 고객들이 문전성시를 이룰 수 있을 만큼 무슨 장사를 하든지 대박을 터트릴 수 있다. 그렇다면 통찰이 무엇인지 검토해볼 만한 가치가 있다. 통찰의 사전적 정의는 '예리한 관찰력으로 사물을 꿰뚫어볼 수 있는 능력'이다. 이것을 좀 더 쉽게 풀어보면 3가지 정도로 요약할 수 있을 것이다. 첫째는 고객들이 불편하다고 느끼는 것을 꿰뚫어볼 줄 아는 능력을 말한다. 둘째는 남들과 다른 관점에서 새롭고 진화된 생각을 도출할 수 있는 능력이다. 셋째는 조직이나 자신의 영업점에 내재된 문제점을 동료나 고객보다 먼저 발견하고 해결할 수 있는 능력을 말한다.

그렇다면 이 시점에서 통찰이 중요시되고 있는 이유는 무엇일까? 직장이나 시장의 경쟁 환경이 예전과 달리 매우 치열하다는 점을 들 수 있다. 그런 상황에서 살아남기 위해서는 무엇보다 남과 다른 발상과 생각으로 사물을 직시하지 않으면 곤란하다. 또 기술의 수명주기가 짧아지고, 고객들의 기호나 욕구도 빠르게 변화하기 때문에 그것에 탄력적으로 대응하지 못하면 도태되기 십상이다. 따라서 늘 일신우일신하는 자세로 기술의 수명주기와 고객들의 욕구변화보다 한발 앞서는 자세로 자기 경영에 임해야 한다. 그것을 실현시켜줄 최고의 무기가 다름 아닌 통찰이다. 그러면 통찰력을 제고시키기 위한 7가지 비법에 대해 알아보도록 하자.

1 문제를 새로운 관점에서 재해석할 수 있는 능력을 키워라!

복잡한 문제를 잘 푸는 사람들의 공통점은 그 문제를 단순하게 바라보고 해결책을 찾아낸다는 사실이다. 일례로 우리들이 매일 같이 타고 오르내리는 엘리베이터를 생각해보자. '그것은 누가, 어떻게 개발한 것일까?'를 생각하며 엘리베이터를 타는 사람들은 그리 많지 않을 것이다. 세계 최초의 엘리베이터는 1851년에 엘리샤 G. 오티스Elisha G. Otis라는 미국인에 의해 개발되었다. 그는 자신이 살았던 시골의 우물가에서 자주 보았던 두레박의 원리를 새로운 관점에서 재해석함으로써 엘리베이터를 발명했다고 한다. 즉 깊은 샘물을 퍼 올리기 위해서는 우물가 천장에 부착시킨 고정 도르래에다 두레박이 매달린 굵은 밧줄을 걸어 놓은 다음, 끌어올리는 것을 경험하고 그 원리를 엘리베이터 개발에 활용했던 것이다. 미국 오하이오주의 랜드마크가 된 수제 바구니를 만드는 기업인 롱거버거의 본사 건물도 이런 통찰을 통해서 얻어낸 산물이라고 볼 수 있다.

2 고객의 불만족이나 결핍된 요소로부터 해답을 찾아라!

고객들은 진짜 제품을 저렴하게 구입하고 싶어 한다. 하지만 짝퉁이 난무하고, 가짜가 판을 치는 세상이기에 늘 고객들은 제품을 구입하면서도 늘 찜찜한 느낌을 지울 수 없다. 이런 문제를 동시에 해결해주는 주유소가 있다. 가짜 휘발유, 가짜 경유에 대한 고객들의 의구심을 불식시키기 위해서 주유기의 일부를 투명하게 해서 기름이 들어가는 장면을 직접 볼 수 있게 한 것이 그 한 예다. 또 기름을 저렴하게 넣고 싶은 고객들의 욕구를 충족시키기 위해서 셀프 주유기를 설치한 것도 좋은 사례로 지적될 수 있다. 이렇게 변신을 거듭한 주유소는 다른 주유소들에 비해 매출액이 높을 것이다.

③ 역발상을 즐기고 그것을 자산 가치로 전환시켜라!

우리 속담엔 유난히 '3'이란 숫자가 많이 들어가 있다. '서당 개 3년에 풍월을 읊는다'부터 '일식 삼찬', '중신을 잘하면 술이 3잔, 못하면 뺨대기가 3대', '세 발 자전거', '벤츠 자동차의 로고', '국무회의 의결 후 대통령께선 의사봉을 3번 두드림' 등이 그 대표적인 사례. 심지어는 의자왕이 데리고 놀았다는 궁녀의 수도 3,000명이라고 주장한다.

여기서 '3'이란 숫자는 세 가지 의미를 갖는다. 첫째는 '많다'는 의미이고, 둘째는 '튼튼하다', '안전하다'는 상징으로 쓰인다. 셋째는 '영원하다.' 또는 '완벽하다'는 의미다. 그 가운데 벤츠자동차의 로고는 이 세 가지 의미 가운데 어느 것에 해당될까? 답은 두 번째 의미인 '튼튼하다', '안전하다'는 것을 상징한다고 보면 좋을 것 같다. 즉 벤츠자동차의 로고는 '우리가 만든 자동차가 세계에서 가장 튼튼하고 안전한 차입니다'를 상징한다. 그렇다면 군인들의 식판1식 3찬에서 볼 수 있는 '3'은 무엇을 의미하는지 독자들 스스로 생각해보길 바란다.[1]

④ 융합적 사고로 시너지효과를 극대화시켜라!

융합적 사고란, 한마디로 비빔밥적 사고를 지칭한다. 기존의 지식 A와 기존의 지식 B를 섞어서 전혀 다른 새로운 지식 C를 만들어내는 것을 의미한다. 카카오택시KakaoTaxi가 카카오와 택시서비스가 통합되어 운용되는 융합적 사고의 대표적인 사례다. 카카오는 지난 2015년 콜택시 어플리케이션앱 서비스를 출시했다. 카카오택시를 이용하려는 고객은 카카오 계정으로 로그인을 한 후, 고객 정보를 카카오택시에 적용한다. 고객이 승객용 앱을 통해 택시를 부르면 카카오택시 기사용 앱에 가입한 택시기사에게 고객의 현 위치와 목적지가 전송된다. 카카오택시는 카카오 계정으로 연동되어 사용한다는 점과 전국 어디에서나 편리하게 이용할 수 있다는 점, 기사에 대한 평가시스템을 운영한다는 장점이 있다.

⑤ 이분법을 즐겨 사용하라!

사람들은 항상 1, 2등만 기억한다. 따라서 3등 전략은 매우 위험한 전략일 수밖에 없다. 과거 3김 씨 가운데서도 YS와 DJ만 대통령을 지냈고, 충청권의 맹주였던 JP는 국무총리로 만족해야 했다. 요즘은 성균관대가 고려대나 연세대 못지않게 훌륭한 학생들을 배출하고 있지만 세인들과 수험생들은 그렇게 생각하지 않는다. 이미 오래전부터 고려대와 연세대는 SKY체제를 굳히면서 사학의 최고 명문은 자신들임을 깊이 각인시켰기 때문이다. 그들은 고연전과 연고전을 통

---

1 이에 대한 해답은 첫 번째 의미인 '많다'는 뜻이다. 즉 군인들이 먹는 밥과 국, 그리고 반찬은 국민의 혈세로 준비하는 것이다. 따라서 비록 반찬은 3가지로 소찬에 해당하지만 국민들이 내준 세금으로 준비한 것이니만큼 '많은 반찬'이라고 생각하고 즐겁게 먹으라는 뜻으로 풀이하면 어떨까 한다.

해 그 체제를 더욱 더 공고히 하려고 노력한다. 따라서 조직 내에서든 자영업에서든 경쟁을 하려면 가장 강한 상대와 하는 게 바람직스럽다. 그러면 고객들이 최소한 당신을 제2인자로 인정해 줄 것이기 때문이다.

6 벤치마킹을 생활화하라!

하늘 아래 새로운 것은 하나도 없다. 지금 잘 나가는 사람, 장사가 잘 되는 집도 사실은 어느 누구를 벤치마킹한 것이다. 벤치마킹이란, 앞서가는 개인이나 조직으로부터 따라 배운 혁신기법을 말한다. 따라서 성공하기를 원하는 사람들은 누구든지 자신보다 앞서가는 사람의 장단점을 벤치마킹하는데 주저하지 말아야 한다. 특히 벤치마킹은 동종업체보다는 이종업체에서 하는 게 보다 더 바람직스럽다. 가령, 타이어뱅크가 벤치마킹한 것은 한국타이어 대리점이 아니라 하이마트의 물류시스템과 가격경쟁력이다. 또 상대방의 장점을 창조적으로 파괴한 후, 그것을 자기 특유의 강점으로 변환시킬 수 있어야 한다.

7 당신의 약점을 강점으로 활용하라!

인생은 새옹지마塞翁之馬다. 새옹지마는 변방에 사는 노인의 말馬처럼 복이 화가 되기도 하고 또 화가 복이 되기도 한다는 의미다. 따라서 자신의 단점에 주눅들지 말고 당당하게 대처하라는 의미다. 작고한 코미디언 이주일 씨는 TV에 첫 출연해서 "얼굴이 못생겨서 죄송합니다."라고 말했다. 그것이 그의 진심인지, 아니면 코미디성 개그였는지는 판단하기 어렵지만 시청자들은 그의 말을 진심으로 받아들였다. 그 이후로 그는 자신의 못생긴 얼굴로부터 자유로울 수 있었다. 일본에서 경영의 신으로 존경하는 마쓰시다 전기㈜의 CEO였던 마쓰시다 고노스케 회장은 이런 고백으로 일본인의 심금을 울렸다. "나는 못 배웠습니다. 그래서 많이 배운 분들의 가르침을 받는데 게을리 하지 않았습니다. 그래서 어느 정도 지식을 갖출 수 있었습니다. 또 나는 허약했습니다. 그래서 술과 담배, 그리고 여자를 가까이 하지 않았습니다. 그래서 죽을 때까지 비교적 건강하게 지낼 수 있었습니다. 또 나는 무척 가난했습니다. 그래서 늘 근검 절약하고 돈을 아꼈습니다. 그랬더니 나중엔 큰 부자가 될 수 있었습니다." 우리는 자신의 단점을 숨기려고 한다. 나는 그것이 잘못이라고 생각한다. 통찰을 통해 자신의 단점을 장점으로 바꿔나가기 위해 노력한다면 오히려 지금의 단점에 감사할 날이 분명히 오리라 확신한다.

인터브랜드사가 선정한 세계 10대 브랜드는 무엇일까?

세계적인 브랜드컨설팅 회사인 인터브랜드Interbrand사는 2016년 10월 5일현지시각 미국 뉴욕의 '삼성 837'에서 세계 상위 100개 브랜드를 발표했다. 삼성 837은 고객들이 제품과 서비스는 물론 문화행사까지 동시에 경험할 수 있도록 설계된 체험형 마케팅 센터다. 인터브랜드사는 관련 기업들의 재무 성과, 고객들이 제품이나 서비스를 구입할 때 미치는 브랜드파워, 관련 기업들의 브랜드 경쟁력 등을 종합해서 세계 상위 100개 브랜드를 선정했다고 밝혔다.

유감스럽게도 우리 기업의 브랜드는 1999년까지 세계 100개 브랜드에 끼지 못했다. 2000년도에 들어와서 삼성전자가 브랜드가치 52억 2,300만 달러로 43위를 기록하며 세계 100대 브랜드 안으로 진입했다. 2016년 삼성전자의 브랜드가치는 518억 800만 달러로 지난해와 같은 세계 7위를 차지했다. 이는 대단히 자랑스런 일이 아닐 수 없다. 또 2016년 인터브랜드사의 평가에서는 우리나라 기업의 브랜드가 약진했다. 삼성전자의 브랜드가치가 전년도에 비해 14% 상승했고, 현대자동차의 브랜드가치는 지난 해에 비해 11%가 상승한 125억 4,700만 달러로서 세계 35위를 차지했다. 이는 전년도에 비해 4단계나 약진한 결과다. 기아자동차의 브랜드가치 역시 전년도에 비해 12% 성장한 63억 2,600만 달러로서 세계 69위를 차지했다. 이 역시 전년도에 비해 5단계 약진한 수치다. 또한 국가별 브랜드가치를 합산한 총액 기준으로 평가할 때, 우리나라 기업의 브랜드가치 총액은 미국, 독일, 일본, 프랑스에 이어 세계 5위를 차지했다.

인터브랜드사가 선정한 세계 10대 브랜드

세계의 고객들과 주요 언론들이 비상한 관심을 갖는 것은 아무래도 인터브랜드사가 선정해서 발표한 세계 10대 브랜드다. 그들 10대 브랜드는 명품 브랜드로 각인되어 세계의 고객들이 제품이나 서비스를 구매하는데 엄청난 영향력을 끼칠 것이다. 고객들은 그런 명품 브랜드를 소유하고 있다는 자체만으로 자신이 성공한 삶을 살고 있다는 자부심과 명예를 느낀다. 그런 만큼 10대 브랜드의 제품이나 서비스 가격은 일반 제품이나 서비스보다 월등히 높을 수밖에 없고 그들

브랜드의 주체들은 큰 매출액과 이익을 창출하게 된다.

그러면 인터브랜드사가 선정한 세계 10대 브랜드의 면면을 살펴보도록 하자. 세계 10대 브랜드의 순위는 아래와 같다.

• 인터브랜드가 선정한 세계 10대 브랜드 (출처: 인터브랜드) •

1 세계 1위 브랜드: 애플

애플의 상징이자 창업주였던 스티브 잡스가 작고한 이후에도 애플의 브랜드가치는 식을 줄 모르고 있다. 2016년 애플의 브랜드가치는 전년도에 비해 5% 상승한 1,781억 1,900만 달러를 기록하며 세계 최고의 브랜드 자리를 굳건히 지켜냈다.

2 세계 2위 브랜드: 구글

구글은 '페이지 랭크'라는 독자적인 검색 알고리즘을 개발해서 세계 검색 시장을 장악하고 성장한 인터넷 검색 서비스 전문회사다. 그들의 주요 취급 품목으로는 인터넷 광고, 운영체제, 구글 글라스, 크롬캐스트, 클라우드 컴퓨팅 등이 있으며 60개국 이상에 지사를 두고, 130개가 넘는 언어로 검색 인터페이스를 제공하고 있다. 2016년 구글의 브랜드가치는 전년도에 비해 11% 증가한 1,332억 5,200만 달러를 기록했다.

3 세계 3위 브랜드: 코카콜라

1886년 약제사 출신이었던 존 펨버튼John Pemberton이 설립한 미국의 탄산음료 브랜드로 코카나뭇잎, 콜라 열매,. 시럽 등을 혼합하여 코카콜라 음료를 생산 판매하고 있다. 코카콜라는 동구권 국가나 사회주의 국가들의 시장개방을 선도하는 첨병역할을 맡아왔으며 세계 어린이들로부터 높은 인기를 구가해왔다. 다만 최근 들어 조금씩 브랜드가치가 하락하는 추세를 보이고 있다. 2016년 코카콜라의 브랜드가치는 전년도에 비해 7% 하락한 731억 200만 달러였지만 여전히 경쟁력이 있는 브랜드로서 상위권을 차지하고 있다.

④ 세계 4위 브랜드: 마이크로소프트

마이크로소프트MS사는 미국 워싱턴 주 레드먼드에 본사를 둔 다국적 기업으로, 컴퓨터 기기에 사용되는 소프트웨어 및 하드웨어를 개발, 생산, 판매하는 회사이다. MS사는 1975년 4월, 빌 게이츠Bill Gates와 폴 앨런Paul Allen에 의해 설립되었다. 2016년 MS사의 브랜드가치는 전년도에 비해 8% 증가한 727억 9,500만 달러를 기록했다.

⑤ 세계 5위 브랜드: 도요타 자동차

도요타 자동차는 연간 1,000만 대 이상의 차를 생산하는 세계 최대의 자동차 메이커이며, 매출액과 시가 총액 기준으로 볼 때 일본 제1위 기업이다. 도요타 자동차는 1937년 8월 도요타 키이치로豊田佐吉에 의해 설립되었다. 주요 취급품목은 자동차, 상용차, 엔진, 모터사이클 등이 있다. 2016년 도요타 자동차의 브랜드가치는 전년도에 비해 9% 증가한 535억 8,000만 달러를 기록했다.

⑥ 세계 6위 브랜드: IBM

다국적 기업인 IBM사는 미국 뉴욕 주 아먼크에 본사를 두고 있으며 컴퓨터 하드웨어, 소프트웨어 판매 및 기업 컨설팅과 서비스를 주된 사업 분야로 하고 있다. IBM사는 1911년 허먼 홀러리스Herman Hollerith에 의해 설립되었다. 2016년 IBM사의 브랜드가치는 전년도에 비해 19% 감소한 525억 달러를 기록했다. 이를 반영하기라도 하듯이 IBM사의 브랜드가치 순위는 2015년의 5위에서 6위로 한 단계 하향 조정되는 양상을 보여주었다.

⑦ 세계 7위 브랜드: 삼성전자

삼성전자는 삼성그룹의 대표 기업으로 휴대폰, 정보통신기기, 반도체, TV 등을 생산 판매하는 제조업체다. 주요 취급품목은 모니터, VCR, 텔레비전, 휴대폰, 냉장고, 에어컨, 홈네트워킹제품, CCTV, 반도체, 정보통신기기, LCD 등이다. 삼성전자는 1969년 1월 13일 이병철 회장에 의해 설립되었다. 2016년 삼성전자의 브랜드가치는 전년도에 비해 14% 증가한 518억 800만 달러를 기록했다.

⑧ 세계 8위 브랜드: 아마존

1994년 제프 베조스Jeff Bezos가 미국의 시애틀에 설립한 IT기업으로서 전자상거래를 기반으로 하고 있다. 아마존의 주요 취급품목으로는 도서를 비롯하여 전자북, 태블릿 PC, 기업형 클라우드 서비스 등이 있다. 2016년 아마존의 브랜드가치는 전년도에 비해 33% 증가한 503억 3,800만 달러를 기록했다. 특히 2016년에는 아마존 브랜드가치의 대약진이 두드러졌다고 평가된다.

9 세계 9위 브랜드: 메르세데스 벤츠

메르세데스 벤츠는 1883년 칼 벤츠Carl Benz가 설립한 벤츠&시에Benz & Cie와 1890년 고틀립 다임러Gottlieb Daimler가 설립한 DMG가 합병하면서 만들어진 독일의 자동차 회사로서 주요 취급 품목으로는 세단, 컨버터블, 스포츠카, 쿠페, SUV 등이 있다. 2016년 메르세데스 벤츠의 브랜드 가치는 전년도에 비해 18% 증가한 434억 9,000만 달러를 기록했다.

10 세계 10위 브랜드: GE

GE는 미국에 본사를 둔 세계적인 제조업체이다. 현재 사업영역은 에너지, 기술인프라, 금융, 소비자, 산업의 5개 부문으로 구분된다. 주요 취급품목으로는 송전, 전기모터, 항공장비, 에너지, 금융, 가스, 헬스케어, 기관차, 오일, 소프트웨어, 물, 무기, 풍력터빈 등이다. GE사는 1892년 미국의 발명왕인 토마스 A. 에디슨Thomas A. Edison이 만든 에디슨제너럴일렉트릭Edison General Electric과 톰슨휴스턴Thomson-Houston이 합병한 결과다. 2016년 GE의 브랜드가치는 전년도에 비해 2% 증가한 431억 3,000만 달러였다.

새우깡의 이름에 얽힌 비밀을 아십니까?

우리 국민들 가운데 농심(주)^{이하 농심}이 만들어 판매하는 '새우깡'을 모르는 사람은 단 한사람도 없을 것이다. 새우깡은 1971년 초부터 시판된 이래로 지금까지 우리나라 어린이들과 어른들로부터 폭넓은 사랑을 받아왔다.

장수 식품이 되어 버린 새우깡!

새우깡은 과거 서울 종로에서 오랫동안 명성을 떨쳤던 '이명래 고약'보다도 훨씬 더 장수^{長壽}를 누리고 있는 식품 가운데 하나다. 새우깡이 그렇게 된 데는 브랜드에 대한 남다른 열정을 가지고 최고의 맛을 내기 위해 도전했던 농심의 신춘호 회장^{이하 신 회장}과 연구진의 노력 때문이다. 농심이 설립되었던 1965년부터 1970년까지는 라면에 대한 국내 소비자들의 인식이 부족하여 시장규모 자체가 그리 크지 않았다. 그런 와중에서도 국내 라면시장은 라면 제조회사들 간에 경쟁이 매우 치열했다. 1971년 당시, 농심의 연간 총매출액은 현재 농심의 1주일 매출액 수준인 203억에 불과할 정도로 판매가 부진했다. 이때, 농심의 신 회장은 중대결심을 하게 된다. 라면의 고품질 시대를 선언한 것이다.

보릿고개가 해소되지 않은 1970년 당시, 소고기는 잔치 때나 명절에만 맛볼 수 있는 귀한 음식이었는데, 농심이 국내 최초로 소고기 라면을 개발해서 별식 중의 별식으로 큰 각광을 받았다. 이렇게 소고기 라면이 대 히트를 치면서 농심의 사세^{社勢}는 호전되어갔고, 그런 분위기는 곧바로 새우깡의 탄생으로 이어졌다. 국내산 새우를 주원료로 결정한 농심은 최고의 맛과 품질을 얻기 위해 당시의 사세로 볼 때, 혁명이라고 일컬을 수 있을 만큼 재료를 아낌없이 투입했다. 혁명은 재료의 투입량에서 뿐만 아니라 기술적인 측면에서도 일어났다. 그 당시 과자를 만들 때는 기름에 튀겨내는 방법이 전부였다. 그러나 농심은 새우깡을 만드는데 기름에 튀기는 방법을 사용하지 않고 가열된 소금의 열을 이용해서 튀겨내는 일명, 파칭^{parching}공법을 적용해서 새우깡의 독특한 맛을 창출하는데 성공했다. 특히 농심은 일반적인 파칭 공법과는 전혀 달리 식물성 기름인 팜유를 뿌려준 상태에서 파칭하는 기발한 기술을 창안해서 고소하면서도 짭짤한 새우깡의 맛을 창조해냈다. 개발부서 연구진들은 연구에 몰두하느라 밤늦게까지 일하는 것은 물론이고 날밤을 새우는 일도 잦았다. 더욱이 새우깡을 개발하기 위해 사용된 밀가루 양이 4.5톤 트럭으로 80대분 정도라고 하니, 1970년의 국내 경제상황을 고려할 때 이것은 엄청난 양이 아닐 수 없다.

신 회장의 창의성과 '새우깡' 브랜드

전통적으로 한국 사람들에게 '깡'이라는 용어가 주는 어감은 그리 좋지 않다. '깡'으로 시작하는 단어나 끝나는 단어들이 거의 대부분 좋은 의미를 갖지 못하기 때문이다. 일례로, 군대에서 유격훈련을 받을 때 주로 사용하는 '악으로 깡으로'를 비롯해서 '깡패', '깡다구', '와리깡' 등이 있다. 특히 와리깡은 암달러상이 달러를 환전할 때 적용하는 할인율을 의미하는데, 일본에서는 '와리깡'이라는 용어를 사용하지 않는다. 다만, 할인을 의미하는 '와리히끼'가 존재할 뿐이다. '와리깡'은 정체불명의 외래어라고 말할 수 있는데, 이와 같은 단어를 연상해 보면 내 주장이 그리 틀리지 않음을 알 수 있을 것이다. 그럼에도 불구하고 새우깡은 '깡'이라는 낱말을 붙여 성공을 거두었으니, 내 눈에는 아주 신기하게 보일 뿐이다. 그래서 나는 새우깡에 얽힌 비밀을 풀어보기 위해 아주 오래 전에 농심의 고위 경영자께 여쭤본 적이 있다. 그로부터 전해들은 내용을 토대로 새우깡에 얽힌 비밀을 풀어보고자 한다.

• 새우깡의 여러 종류 (출처: 나무위키) •

본래 새우깡의 명칭은 '새우랑'으로 할 계획이었다고 한다. 전통적으로 '랑'이라는 용어는 영어의 'and'와 같은 의미를 갖고 있는데, 새우깡이 새우가루와 밀가루로 만들어진 제품이기 때문이다. 그런데 그 당시 농심의 신 회장 딸이 유치원에 다녔는데, 그 아이가 '아리랑'이라는 노래를 부르면서 '아리깡 아리깡'이라고 발음을 했던 모양이다. 신 회장은 딸의 발음을 듣고 어린이들이 '랑' 발음 보다는 '깡' 발음을 쉽게 한다는 데 착안하여 '새우랑'을 '새우깡'으로 새롭게 명명했다고 한다. 바로 이 점에서 우리는 신 회장의 창의성을 엿볼 수 있다. 그는 새우깡의 주요 고객이 어린이라는 사실을 잊지 않았다. 비록 깡이라는 어감이 좋은 이미지를 갖고 있지 않았지만 고객인 어린이들이 부르기 쉬운 용어라면 위험을 무릅쓰고 자신의 신제품에 깡이라는 용어를 기꺼이 채용했던 신 회장의 도전정신이 아름답게 다가온다. 또 기업가의 입장에서가 아니라 어린이 고객의 관점에서 모든 것을 생각하고 판단했던 신 회장의 고객 제일주의 정신이 결국 새우깡의 신화를 만들었다고 생각한다. 그 후, 새우깡이 한국의 스낵 문화를 선도하면서 다양한 '깡'시리즈고구마깡, 양파깡, 감자깡 등를 선보였고, 농심은 그때마다 대성공을 거두었다.

한번 록인lock in된 것은 바꾸기 어렵다.

언젠가 내가 슈퍼에 가서 아이들에게 줄 과자를 사다가 우연히 '꽃게랑'이라는 스낵을 발견하였다. 1971년 농심의 신 회장이 온갖 고민을 하다가 포기했던 '랑'자가 시장에서 새로운 도전을 시도하는 것 같아 반가운 마음이 들기도 했지만, '꽃게랑'이라는 스낵류 과자가 시중에서 대박을 터뜨렸다는 얘기가 들리지 않는 것을 보면, 스낵류의 브랜드는 당분간 '랑'이 아니라 '깡' 체제로 가지 않을까? 하는 생각이다. 이처럼 과자인 새우깡에서도 브랜드파워가 막강하게 작용하고 있으니, 우리가 어찌 브랜드파워를 무시할 수 있겠는가? 무엇이든 처음 록인lock in된 것은 바꾸기가 어렵긴 어려운 모양이다.

Reading Data 24

도전정신의 화신化身을 쫓아서…

시골 본가의 처마 밑에 살고 있던 거미와 내 어머니와의 전쟁은 언제나 거미의 한판 승리로 끝났다. 노안老眼으로 고생하는 어머니가 새로 나온 10원짜리 동전 크기의 거미를 찾아내서 죽인다는 게 쉽지 않았기 때문이다. 또 거미는 좌절과 포기를 모르는 녀석이다. 어머니가 긴 빗자루로 처마 밑 거미줄을 걷어내면, 그 녀석은 처마 끝으로 삼십육계 줄행랑을 쳤다가 다음날 아침이면 어김없이 나타나 다시 거미줄을 쳤다. 그런 거미의 행동은 자기 뇌 속에 내장된 '거미집 짓기'라는 프로그램의 자동화 실행에 따라 본능적으로 거미줄을 쳤을 것이다. 하지만 그것을 바라보는 내게는 마치 거미가 도전정신의 화신으로 다가온다. 만약 사람들도 거미처럼 세상의 온갖 시련과 고통에 초연할 수 있다면, 또 그런 것으로 인해 좌절하거나 포기하지 않는다면 우리는 훨씬 더 살맛나는 사회를 만들 수 있을 것이다. 세상을 살다보면, 성공을 거두는 일보다 실패하는 일이 훨씬 더 많다. 또 나이가 들수록 다리 힘만 빠지는 게 아니다. 패기와 도전정신도 함께 수그러들게 마련이다. 그것은 세상살이를 통해 산전수전山戰水戰을 다 경험한 후, 될성부른 일과 그렇지 않은 일을 가려낼 수 있는 동물적 감각이 저절로 길러졌기 때문이다.

빈대로부터 삶의 지혜와 철학을 배우다!

하지만 우리 주위를 둘러보면, 나이가 들어서도 젊은이들 못지않은 도전정신과 청년정신으로 평생을 살다간 분들이 적지 않다. 대표적인 사람이 바로 '현대'HYUNDAI라는 세계적인 브랜드로 일궈냈던 고故 정주영 회장이하 정 회장이다. 정 회장은 생전에 "나의 도전정신은 빈대에게서 배운 것이다."라는 말을 자주 했다고 한다. 그의 자서전인 『시련은 있어도 실패는 없다』에 나오는 빈대 얘기를 잠깐 인용하면 다음과 같다.

…(중략)… 네 번째 가출로 인천부두에서 막노동을 할 때, 그곳의 노동자 합숙소는 그야말로 빈대지옥이었다. 떠메고 가도 모를 만큼 고단한 지경에도 잠을 잘 수 없게 빈대가 극성이었다. 하루는 다같이 꾀를 써서 밥상위로 올라가 자기 시작했는데, 잠시잠깐 뜸한가 싶더니 이내 밥상 다리로 기어 올라와 물어뜯었다. 다시 머리를 써서 밥상다리 네 개를 물 담은 양재기 넷에 하나씩 담가놓고 잤다. 빈대가 밥상 다리를 타려 하다가 양재기 물에 익사하게 하자는 묘안이었다. 쾌재를 부르면서 편안히 잔 것이 하루나

이틀쯤 되었을까? 다시 물어뜯기기 시작했다. 불을 켜고 도대체 빈대들이 무슨 방법으로 양재기 물을 피해 올라 왔는가 살펴보았더니 기가 막힐 일이었다. 빈대들은 네 벽을 타고 천정으로 올라온 다음, 사람을 목표로 뚝 떨어져 목적달성을 하고 있는 것이 아닌가. 그렇다. 빈대도 물이 담긴 양재기라는 장애를 뛰어넘으려 그토록 전심전력으로 연구하고 필사적으로 노력해서 제 뜻을 이루는데 나는 사람이 아닌가. …(중략)…

정주영 저, 『시련은 있어도 실패는 없다』(1991), 제삼기획, p.67.

빈대로부터 삶의 교훈을 얻은 정 회장은 부하직원들에게 이런 말을 즐겨했다. "사람들은 곤경에 처하면 어쩔 줄을 모르고 당황하다가 쉽게 체념해 버린다. 그러고는 탈출구가 없다고 변명한다. 그러나 곤경에서 빠져나오려는 노력을 포기했기 때문에 탈출구가 보이지 않는 것이다. 따라서 마지막까지 최선을 다해야 한다." 또 그는 "남의 성공은 행운 탓으로 돌리고 자기의 실패는 불운 탓으로 돌리는 경향이 강하다. 물론 세상을 살다보면, 순탄하게 일이 잘 풀리는 경우도 있고 힘겹게 뚫고 나가야 하는 경우도 있다. 그래서 어느 때는 운 비슷한 것이 존재한다는 생각도 든다. 그런데 운이 뭐 별건가. 운은 '때'를 의미한다. 타고난 '때'에 따라 사람의 일생이 결정된다는 것은 정말로 우스운 얘기다. 사주가 우리의 팔자를 결정짓는 게 아니라 자신이 세상을 살아가면서 이런 저런 '때'에 어떻게 대처하고 노력하느냐에 따라 인생의 승패勝敗가 판가름 난다"는 말로 자신의 인생관을 피력하기도 했다.

또 정 회장은 계열사 CEO들에게 "나는 지금도 어려운 상황에 직면하면 지칠 줄 모르는 빈대의 노력을 되새겨본다. 대단치도 않은 시련과 고통 앞에서 쉽게 좌절하고 포기하는 사람을 보면, '빈대만도 못한 사람"이라고 비판하고 싶은 충동에 빠진다."라고 고백한 적도 있다. "장애란 뛰어 넘으라고 있는 것이지, 걸려 엎어지라고 있는 것이 아니다.", "내가 실패라고 생각하는 한, 그것은 실패가 아니다.", "최선의 노력을 쏟아 부으면 성공하지 못할 일도 없다."라는 정 회장의 철학도 빈대에게서 비롯된 것이다.

청개구리를 함부로 깔보지 마라!

정 회장은 『시련은 있어도 실패는 없다』라는 책에서 초등학교 시절에 배웠던 '청개구리의 교훈'에 대해서도 자세하게 언급했다.

…(중략)… 청개구리 한 마리가 버드나무 가지에 올라가고 싶어 몸을 날려 뛰었으나 버드나무 가지가 너무 높아 닿지도 못하고 실패했다. 그러나 청개구리는 낙심하지 않고 열 번, 스무 번, 서른 번 계속 뛰어오르기를 시도해서 결국 성공했다는 이야기

가 보통학교 교과서에 나오는 '청개구리의 교훈'이었다. 개구리도 성공하는데, 나는 사람의 자식이었다.

나는 이 대목을 읽으면서 깜짝 놀랐던 기억이 있다. 정 회장의 얘기가 화투 비광에 숨겨진 비밀이었기 때문이다. 더욱이 오늘날 일본 초등학교 교과서에서 '오노의 전설'이란 제목으로 소개되고 있는 청개구리 얘기가 정 회장의 초등학교 시절에 '청개구리의 교훈'으로 읽혀졌다는 것이 놀랍기 그지없다. 화투는 분명 포르투갈에서 일본으로 건너온후, 1900년 초에 우리나라로 수입된 것이다. 그런데 어찌해서 비광의 핵심내용인 '오노의 전설'이 일본보다 60~70년 앞서서 조선의 초등학교 학생들에게 '청개구리의 교훈'으로 소개될 수 있었을까? 라는 의문이다. 혹시 제국주의 시대의 일본 교과서에서 '청개구리의 교훈'으로 다뤄졌던 것이 조선의 초등학교 교과서에 그대로 소개되었고, 그것을 정 회장이 학습한 것이 아닐까? 라는 생각이 들었다.

• 화투 비광의 모습 •

정 회장은 비광 속에 등장하는 청개구리에 대해서도 반대 못지않은 칭찬을 해주고 있다. 화투 비광을 보면 능수버들, 선비 한 사람, 청개구리 한 마리가 등장한다. 나는 처음에 비광 화투를 보고 매우 이상하게 생각했다. 추운 겨울인 12월을 상징하는 화투 비광에, 여름 양산을 쓴 선비와 땅속에서 겨울잠을 자고 있어야 할 청개구리가 등장하기 때문이다. 그에 대한 궁금증을 갖고 화투에 나오는 각종 동식물과 문양의 등장배경 및 의미에 대해 자세히 살펴볼 수 있었다. 화투에 대한 국내 최초의 연구자는 동덕여대에서 일본어와 일본문학을 가르치고 있는 이덕봉 교수님이다. 그는 문화기호학적인 측면에서 일본 화투를 최초로 분석했다. 나는 이 교수님의 연구물을 참조하면서 몇 가지 새로운 사항을 추가적으로 밝혀내고, 그것을 종합 정리해서 독자들에게 알기 쉽게 전달했던 기억이 있다.

한편, 청개구리를 도전정신의 화신으로 소개하는 '오노의 전설'은 다음과 같다. 본명이 오노노도후小野道風인 오노는 일본의 귀족으로서 약 10세기경에 활약했던 당대 최고의 서예가였다. 그런데 젊은 시절의 오노가 붓글씨 공부를 하다 싫증이 났던 모양이다. 그래서 그는 방랑길을 떠나게 되었다. 하긴 한창 젊었을 때, 공부를 좋아하면 그것이 오히려 이상한 사람이다. 화투 비광에 나오는 양산 쓴 선비가 바로 방랑길을 떠나는 오노의 모습이다. 그러던 어느 날 오노가 능수버들 가에 도착했을 때, 그는 아주 신기한 광경을 목격하게 되었다. 그것은 청개구리 한 마리가 능수버들 잎에 기어오르기 위해서 안간힘을 쓰는 모습이었다. 청개구리는 능수버들 잎을 향해 점프를 시도했지만, 자기 몸무게를 이기지 못하고 오르다가 미끄러지고 또 오르다가 미끄러지기를 반복했다. 그럼에도 불구하고 청개구리는 계속해서 점프를 시도하는 것이었다. 오노는 지칠 줄 모르고 도전하는 청개구리의 모습을 한동안 지켜보았다. 그리고는 "미물인 청개구리도 저렇게 좌절을 모르고 노력하는데, 인간인 내가 여기서 포기하면 되겠는가?"라는 깨달음을 얻은 후, 곧장 집으로 되돌아갔다. 그런 다음, 붓글씨 공부에 매진해서 일본이 자랑하는 최고의 서예가로 대성했다.

내 스승은 모기다!

정 회장이 빈대와 청개구리로부터 삶의 철학을 배웠다면, 나는 모기한테서 도전정신과 집중력을 벤치마킹한 사람이다. 다른 곤충들의 삶과 비슷하게 모기 또한 '알 ⇒ 유충 ⇒ 성충 ⇒ 모기'로 변신하는 프로세스를 밟는다. 그런데 이 과정 중에 어느 한 군데에서 제대로 된 변신이 일어나지 않으면, 모기의 운명은 그것으로 끝이다. 따라서 모기는 서바이벌을 하기 위해 모든 것을 벗어야 하는 환골탈태換骨奪胎를 시도한다. 그것이 모기 세계의 섭리이자 생리다. 또 모기는 인간이나 동물을 이길 만한 육체적인 힘을 갖고 있진 않지만, 야음夜陰을 틈타서 그들의 피를 느긋하게 빨아먹을 수 있는 고도의 집중력과 도전정신을 갖고 있다.

모기는 그 특유의 집중력으로 주위의 여러 가지 방해 요인들을 극복하고, 인간이나 동물의 땀 냄새를 비롯한 체취, 체온, 빛 등에 집중해서 그들의 존재를 찾아내고 소리소문 없이 접근해서 흡혈을 시도한다. 그것 또한 모기의 생존을 위한 절대조건이다. 게다가 1,000미터에서도 인간이나 동물의 존재를 감지하고 그들을 향해 날아갈 수 있다고 하니, 그 능력은 칭찬을 해주고도 남을 만하다. 흡혈을 하다 발각되면 인간의 육중한 손바닥이나 동물들의 꼬리털에 의해 가혹하게 죽임을 당할 수 있지만, 모기는 그것에 전혀 게으치 않고 흡혈을 시도한다. 모기의 집중력과 도전정신은 히말라야 정상을 밟기 위해 사투를 벌이는 산악인의 그것과 조금도 다르지 않다. 그런 의미에서 나는 모기 자체는 좋아하지 않지만, 그 녀석이 생존을 위해 실천하는 집중력과 도전정신만큼은 매우 사랑하고 있다. 나에게는 모기도 스승이다. 만약 우리들이 거미, 청개구리, 모기로부터 삶의 지혜와 전략을 터득하고 실천해 나간다면 개인의 브랜드파워를 상당부분 제고시킬 수 있을 것이라고 확신한다.

💡 자신의 부를 사회에 기꺼이 환원했던 경주 최 부잣집

흔히 부자들의 돈 욕심은 일반인들보다 무척 강하다고 한다. 그랬기에 부자가 되었는지도 모른다. 99섬의 쌀을 가진 부자는 9섬의 쌀을 가난한 이웃들에게 나눠주고 90섬의 쌀에 만족하기 보다는 어떻게든 1섬을 가져와서 100섬을 채우려고 한다는 얘기가 좀 더 설득력있게 다가오는 이유도 그 때문이다. 하지만 여기에 보통 부자들과 전혀 다른 삶을 살다간 진짜 부자 가문이 하나 있다. 그 주인공이 바로 경주 최 부잣집이다. 오늘은 그들에 대한 얘기를 나눠보고자 한다.

경주 최 부잣집의 6훈六訓

경주 최 부잣집의 아이덴티티는 6훈에 잘 드러나 있다. 그것은 경주 최씨 가문을 다스리는 교훈으로서 아래와 같은 6개 항목으로 구성된다.

① 과거를 보되, 진사 이상의 벼슬은 하지 말라.
② 만석 이상의 재산은 사회에 환원하라.
③ 흉년기에는 땅을 늘리지 말라.
④ 과객을 후하게 대접하라.
⑤ 주변 100리 안에 굶어 죽는 사람이 없게 하라.
⑥ 시집 온 며느리들은 3년간 무명옷을 입게 하라.

• 경주 최부잣집 12대손 최준 어른
(출처: 참언론대구) •

우선 ①은 부와 권력을 함께 소유해서는 안 된다는 정경분리의 자세를 보여준다. ②는 적정이윤을 추구하며, 초과 달성된 목표는 과감한 분배를 통해 소득재분배에 적극적으로 임하라는 가르침이다. ③은 깨끗한 부자라는 의미의 청부淸富정신과 공정한 경쟁을 지향하겠다는 마음가짐을 보여준다. ④ 소통과 긴밀한 정보교류, 그리고 부자로서의 좋은 이미지를 구축하겠다는 굳은 의지의 발로發露로 볼 수 있다. ⑤ 부의 사회적 환원과 빛나는 상부상조의 정신을 읽게 하는 대목이다. ⑥ 부자의 며느리로서 가난한 사람들의 처지를 이해시키고 매사에 솔선수범을 시키겠다는 자세를 엿볼 수 있게 한다.

나는 경주 최 부잣집의 6훈이 우리나라 정치지도자들과 대기업의 CEO들이 금과옥조로 삼아야 할 한국적 리더십의 전형이라고 생각한다. 경주 최 부잣집 사람들은 국가적인 변괴나 반란사건, 동학운동, 활빈당의 대두, 6·25남침전쟁 중 좌익들의 준동에서도 별다른 피해를 입지 않았다. 왜냐하면 그 집안은 세상의 민심을 잘 읽은 다음, 소작인들의 소작료를 30% 이상 깎아주고 어려운 이웃들에게 따뜻한 밥 한 끼와 온정을 베푸는데 인색하지 않았기 때문이다. 평소 지주들의 전횡과 학대에 치를 떨며 극도의 반감을 가졌던 반란세력이나 좌익들도 자신들에게 온정을 베푸는데 인색하지 않았던 최 부잣집 사람들을 도저히 해칠 수가 없었던 것이다.

경주 최 부잣집의 6연六然

6연은 경주 최 부잣집 사람들이 자신을 지키기 위한 수신修身의 덕목으로 풀이된다. 이 6연은 중국 명나라 말기의 학자였던 육상계陸湘客의 글이라고 한다. 나는 경주 최 부잣집의 6연이 부자로서의 품격을 지키고 주위 사람들의 모범이 되기 위한 일종의 실천사항이라고 생각한다.

① 자처초연自處超然: 스스로 초연하게 지내고
② 대인애연大人曖然: 남에게 온화하게 대하며
③ 무사징연無事澄然: 일이 없을 때 마음을 맑게 가지고
④ 유사감연有事敢然: 일을 당해서는 용감하게 대처하며
⑤ 득의담연得意淡然: 성공했을 때는 담담하게 행동하고
⑥ 실의태연失意泰然: 실패했을 때는 태연히 행동한다.

①은 크고 작은 일에 일희일비一喜一悲하지 않고 항상심을 유지하라는 얘기다. ②는 사람을 대할 때는 상대방에 대한 배려와 따뜻한 마음을 잃지 말라는 얘기다. '땅콩회항'으로 국민들의 빈축을 샀던 조현아 대한항공 부사장이나 '돈도 실력이니 너네 부모를 원망하라'는 말로 젊은이들을 좌절시킨 천박녀 최순실의 딸 정유라가 정말로 배우고 느껴야 할 교훈이다. ③은 무사태평할 경우에는 방심하며 타락에 빠지기 쉬운 만큼 몸가짐을 정갈하게 하라는 뜻이고, ④는 큰일이 일어나도 겁을 먹거나 당황하지 말고 용기있게 대처하라는 주문이다. ⑤는 성공했을 경우에도 남들에게 자랑하거나 뻐기지 말고, ⑥은 설령 실패를 하더라도 주눅들지 말고 담담하게 하던 일을 계속하며 미래를 도모하라는 가르침이다.

'재물을 지키려면 각고의 노력이 필요하다!'

흔히 '재물은 3대 이상 유지되기가 매우 어렵다'고 한다. 하지만 경주 최 부잣집은 그 많은 부를 오랫동안 유지해왔다. 그 비결은 바로 6훈과 6연을 통해 자손들에게 시대정신을 읽고 그에 따라 세상 사람들과 소통하고 상생할 수 있는 비법을 제대로 가르쳤기 때문이다. 나는 개인적으로 경주 최 부잣집이 오랫동안 실천해 온 6훈과 6연의 정신은 오늘날 우리 가정이나 사회에서 올바른 인재를 양성하기 위한 전략으로 사용하더라도 조금도 손색이 없을 만큼 훌륭하다고 생각한다. 사실 재산을 모은다는 것은 무척 힘든 일이다. 그것은 자신의 노력과 하늘의 보살핌이 있어야 가능한 일이다. 하지만 조상들이 물려준 재산을 잘 지키고 그것을 값지게 사용하는 것은 재산을 축적하는 것보다 훨씬 더 힘든 일이다. 그럼에도 불구하고 경주 최 부잣집 사람들은 그것을 훌륭하게 실천해냈으니 참으로 대단한 일이 아닐 수 없다.

1 브랜드는 주로 '상표' 또는 '일관된 목적 지향성을 갖고 만든 단일한 아이덴티티'라고 정의한다. 또 브랜드파워는 브랜드가 일반인들에게 얼마만큼 강력하게 인지되어 있는가를 나타내는 척도를 의미한다.

2 브랜드파워를 키워나갈 수 있는 첩경은 '업'의식을 바탕으로 타인이 흉내내거나 따라올 수 없는 자기 특유의 핵심역량을 갖고 있어야 한다. 또 브랜드파워의 제고는 고소득을 올리기 위한 전제조건이며, 브랜드파워는 경제지대의 발생과 밀접한 관계를 맺고 있다. 즉 사회적인 수요는 많고 그것을 충족시켜줄 수 있는 특유의 장기長技나 전문능력이 희소할 때, 경제지대가 커지며 그런 능력의 소유자는 엄청나게 많은 소득을 올릴 수 있다.

3 기업의 생존 부등식은 '재화의 주관적 만족도 > 재화의 단위당 가격 > 재화의 단위당 생산비용'이며, 개인의 생존 부등식은 '개인이 조직에 기여하는 월별 서비스 가치 > 자신이 기업으로부터 받는 월급 > 자신이 지출하는 월 생계비용'으로 요약할 수 있다. 또 기업과 개인이 브랜드파워에 성공하면 기업은 업계를 주도하는 선도기업으로 성장하고 개인은 해고의 위험으로부터 영원히 해방될 수 있다.

4 개인이나 기업이 현재의 생존이나 미래의 번영을 위해서는 브랜드파워의 제고가 필수적이다. 그런데 브랜드파워의 제고를 위해서는 무엇보다도 브랜드파워에 대한 자가진단법을 설계 및 구축한 후, 객관적인 자기평가와 문제점을 도출해야 한다. 그런 다음 그의 극복을 위한 최적의 대안과 전략을 철저하게 준비해야 브랜드파워의 제고에 성공할 수 있다.

5 세계적인 브랜드 컨설팅 회사인 인터브랜드사는 각 기업들의 재무성과, 각 기업들이 생산하는 제품과 서비스가 갖는 브랜드파워, 각 기업들의 브랜드 경쟁력을 종합해서 세계 100대 브랜드를 선정해오고 있다. 그 가운데 2016년에 10대 브랜드로 선정된 기업들을 보면 아래와 같다. 1위 애플, 2위 구글, 3위 코카콜라, 4위 마이크로소프트, 5위 도요타 자동차, 6위 IBM, 7위 삼성전자, 8위 아마존, 9위 메르세데스 벤츠, 10위 GE사였다.

6 기업이나 조직구성원들의 브랜드파워를 위해서는 무엇보다도 리더의 역할이 중요하다.

01 다음 중 인터브랜드사가 선정한 2016년 세계 10대 브랜드가 <u>아닌</u> 것은?

　　① 삼성전자　　② 아마존　　③ 질레트　　④ 메르데세스–벤츠

02 다음 기술 가운데 <u>틀린</u> 것은?

　　① 브랜드파워와 전용수입은 밀접한 연관이 있다.

　　② 경제지대는 핵심역량이 강할수록 커지는 속성이 있다.

　　③ MU한계효용 > P제품가격 > C생산비용은 기업의 생존 부등식이다.

　　④ 브랜드파워의 제고를 위해서는 리더의 역할이 대단히 중요하다고 본다.

03 다음 중 융합적 사고와 밀접한 연관이 있는 것은?

　　① 롱거버거의 본사 건물　　　② 카카오택시

　　③ 세발자전거　　　　　　　　④ 타이어뱅크의 판매기법

04 다음 중 기업의 브랜드파워를 높이기 위한 리더의 역할이 <u>아닌</u> 것은?

　　① 기술혁신 추구

　　② 조직 내에 지식마켓 설립

　　③ 끊임없는 학습조직화 구축

　　④ 수직적인 의사결정체계 구축

05 다음 중 못 배움, 허약, 가난이란 약점을 극복하고 일본 경영의 신으로 추앙받는
　　인물은?

　　① 손정의　　　　　　　　　② 야마구치 스게노보

　　③ 혼다 소이치로　　　　　　④ 마쓰시다 고노스케

※ 다음 빈칸에 들어갈 알맞은 용어를 적으시오.

01 (   )(이)란, 타인과 분명하게 차별될 수 있는 핵심역량을 의미한다.

02 (   )(이)란, 어느 한 생산요소가 현재의 용도에서 다른 용도로 옮겨가지 못하도록 하기 위해서 지불해야 하는 최소한의 소득을 의미한다.

03 기업의 생존 부등식은 '재화의 주관적인 만족도 > 재화의 단위당 (   ) > 재화의 생산비용'으로 정의된다.

04 인생의 성공을 이끄는 5끈의 법칙은 매끈, 발끈, (   ), 질끈, 따끈으로 구성된다.

05 (   )(이)란, '상표 또는 일관된 목적지향성을 갖고 만든 단일한 아이덴티티'라고 정의된다.

정답

객관식 01 ③   02 ①   03 ②   04 ④   05 ④

단답식 01 業   02 전용수입   03 가격   04 화끈   05 브랜드

CHAPTER 13

우먼파워가
세상을 바꾼다!

마가렛 대처 전 영국 총리
(출처: sht76574님 블로그)

금줄에 얽힌 비밀을 아십니까?

내가 고등학교에 다닐 때까지만 해도 우리 동네에서 아이가 태어나면 그 집 대문에다 외부인의 출입을 금지하는 금줄을 매달았다. 본래 금줄은 볏짚으로 만든 새끼줄이었고, 그 사이사이에 숯, 흰 종이, 빨간 고추, 솔가지 등을 끼워 넣었다. 하지만 요즘에는 아이를 출산하고 금줄을 매단 집을 찾아보기 어렵다. 우선 산업화가 급속도로 진행되면서 주거 형태가 단독주택에서 아파트로 바뀐 데다 볏짚을 구하기도 쉽지 않기 때문이다. 또 사람들의 의식수준이 높아짐에 따라 금줄이 미신에 불과하다는 생각이 만연되면서 자연스럽게 소멸해간 것이 아닌가 싶다.

사실 금줄 문화는 우리나라의 전통 생활에서 몇 가지 중요한 의미를 내재하고 있었다. 첫째, 우리 선조들은 아이가 태어났을 때 금줄이란 특별한 코디네이션을 대문 앞에 설치함으로써 동네 사람들에게 신생아의 탄생을 알렸다. 그를 통해 동네 사람들의 진심어린 축복을 받았던 것이다. 둘째, 옛날에는 위생수준이 매우 열악했다. 따라서 태어난 아이들 가운데 절반 이상이 1년을 넘기지 못하고 죽었다. 특히 갓 태어

• 금줄 (출처: eozlffk12님 블로그) •

난 아이는 면역력이 없는 상태이기에 매우 위험했다. 그것은 산모도 마찬가지였다. 따라서 일정 기간 동안, 외부인의 출입을 금지함으로써 질병이나 바이러스의 유입을 차단시켜서 산모와 신생아를 보호하려고 했던 것이다. 이것을 종합해보면 금줄 문화는 미신이라기보다는 과학이라는 생각이 든다.

남존여비 사상의 상징물: 빨간 고추와 솔가지

어린 시절, 나는 어머니께 이런 질문을 드린 적이 있다. "엄마, 왜 사내아이가 태어나면 금줄에

다 빨간 고추를 끼워 넣고 여자아이가 태어나면 솔가지를 다는 거예요?" 그때 내 어머니는 이런 말씀을 하셨다. "아, 그건 사내아이는 고추가 달렸으니까 빨간 고추를 끼워 넣고 여자아이는 그것이 없기 때문에 솔가지를 다는 거란다." 나는 한동안 어머니의 말씀을 진실로 받아들였다. 하지만 언제부터인가 어머니의 말씀에 뭔가 문제가 있었다. 장독대에 있는 간장독에서 숯과 빨간 고추를 보았기 때문이다. 그래서 다시 여쭤봤다. "어머니, 간장독에 빨간 고추는 왜 넣어요, 간장독과 사내아이가 무슨 관계가 있나요?" 그때 나의 질문을 받고 당황하셨던 어머니의 모습이 지금도 눈에 선하다. 사실 내 어머니도 빨간 고추와 솔가지에 숨겨진 비밀을 정확하게 모르셨던 것이다. 그것을 제대로 알게 된 것은 그로부터 한참의 시간이 흐른 뒤였다.

금줄은 말 그대로 '부정한 것의 접근을 차단하기 위해 대문이나 신성한 대상물에 매다는 새끼줄'이다. 따라서 사람들은 금줄이 매달려 있는 곳의 출입을 자제했다. 갓난아이가 태어난 집, 장을 담궈 놓은 장독대, 마을 성황당이나 정령이 깃들었다고 믿는 마을 앞의 큰 느티나무, 잡병을 쫓기 위한 의식이 행해지는 장소에는 어김없이 금줄이 드리워졌고 사람들은 그곳의 출입을 삼갔다. 특히 '장맛이 변하면 그 집안이 망한다'는 속설 때문에 종갓집의 아낙네들은 장맛 유지에 사활을 걸었다. 그런데 그녀들은 하나같이 간장독에 빨간 고추를 넣는다. 문제는 간장독과 사내아이와는 아무런 연관이 없다. 실제로 빨간 고추는 장맛의 변화를 부추기는 귀신이나 사악한 것들을 쫓기 위한 목적에서 넣은 것이다. 그것도 녹색의 풋고추가 아니라 빨간 고추를 넣은 이유는 귀신이 가장 싫어하는 색깔이 빨간색이라고 믿었기 때문이다.

이 대목에서 사내아이가 태어나면 금줄에다 빨간 고추를 끼우고, 여자아이가 태어나면 그것을 생략했던 이유가 자연스럽게 이해된다. 옛날 어른들이 대놓고 말은 하지 않았지만 사내아이를 여자아이보다 귀신이나 부정한 것으로부터 좀 더 보호하고 싶은 생각에서 그렇게 했던 것이다. 즉 당시 우리나라는 농업 국가였기 때문에 농사일에 적합한 남성이 여성들보다 훨씬 더 중요했다. 일례로 소를 몰고 쟁기질을 하는 데는 남성이 여성보다 우월했던 것이다. 여성들은 기껏해야 들녘에서 열심히 일하는 남성들의 새참이나 점심밥을 챙겨주는 일만 하면 되었으니까. 따라서 옛날 어른들은 다 같은 자식이지만 아들을 딸보다 선호했던 것이다. 그런 의미에서 나는 남존여비男尊女卑의 극치사상이 깃들어 있는 게 바로 우리 전통문화인 금줄이라고 생각한다.

3·7일과 병뚜껑

금줄 문화와 관련해서 궁금한 게 또 하나 있다. 과연 며칠 동안 금줄을 매달 것인가의 문제다. 지역에 따라, 집안 사정에 따라 조금씩 차이가 있긴 했지만 일반적으로 옛날 어른들은 세이레 동안 금줄을 매달았다. 전통적으로 이레는 7일을 의미한다. 따라서 세이레 하면 이레가 3번 겹친 21일이다. 즉 21일 동안 금줄을 매달았던 것이다. 그런데 한 가지 우리의 관심을 끄는 것은 사이다, 콜라, 맥주 병마개에 들어가 있는 홈의 숫자도 세이레와 똑같은 21개라는 사실이다.

이것이 우연의 일치인지, 아니면 다른 비밀이 숨겨져 있는 것인지는 알 수 없다. 문제는 세이레가 우리 전통문화에서 신神의 영역과 속俗의 영역을 구분경계짓는 '임계치'라는 사실이다. 이는 21일이 지나면 더 이상 귀신이나 사악한 대상으로부터 부정을 타지 않는다는 뜻이다. 혹시 병마개를 개발한 사람도 이런 세이레의 비밀을 적용시킨 것은 아닌지 궁금할 따름이다.

• 병마개 (출처: 나무위키) •

여성 리더십에 대한 오해와 편견을 바로잡자!

사람들이 여성 리더십에 대해 잘못 인식하고 있는 것을 정리하면 아래와 같다.

오류 1 남성 리더십이 여성 리더십보다 우월하다!

그렇지 않다. 남성 리더십의 특징은 통제, 권위, 카리스마다. 반면 여성 리더십의 핵심 키워드는 모성에서 비롯되는 섬세함, 부드러움, 소통, 포용, 감성이다. 규모의 경제와 효율경영의 논리하에서는 남성 리더십이 맹위를 떨쳤지만 창조와 협업이 중시되는 수평적 네트워크 사회에서는 여성 리더십이 큰 힘을 발휘할 수도 있다. 일찍이 피터 F. 드러커Peter F. Drucker도 21세기를 '여성들의 세기'라고 단언한 바 있다.

오류 2 리더는 감성보다 이성이 앞서야 성공할 수 있다!

그렇지 않다. 물론 리더가 감성만 풍부하고 이성이 없으면 제대로 된 리더십을 발휘할 수 없다. 하지만 제대로 교육받은 여성들이 남성들보다 이성 측면에서 뒤처진다는 근거는 어디에도 없다. 정상상태의 이성을 갖춘 여성들이 민주적인 의사결정방식과 상대방의 마음을 읽는 따뜻한 심성으로 조직을 이끈다면 남성들 못지않게 훌륭한 리더십을 발휘할 수 있다.

오류 3 여성은 생리적으로 조직생활과 잘 맞지 않는다!

그렇지 않다. 아마도 남성들이 가장 많이 오해하는 부분이 오류3의 내용이다. 남성들은 기혼여성들이 직장 일보다는 가정과 육아에만 관심을 갖기 때문에 칼 퇴근을 하고 부서 회식에도 참석하지 않는 등 조직생활에 많은 문제가 있다고 지적한다. 이는 잘못된 팀워크와 야근문화, 가부장적 조직문화와 밀접한 관련이 있다. 디지털 사회에서는 단순한 근무시간보다 근무의 질적 내용이 보다 더 중요하다. 또 건강과 시간을 죽이는 밤 문화와 술 문화보다는 진심으로 소통할 수 있는 수평적 네트워킹이 조직성과를 높이는데도 훨씬 더 바람직스럽다.

오류 4 　리더는 카리스마가 강해야 한다!

그렇지 않다. 리더십하면 사람들은 권위적이고 가부장적인 리더십부터 떠올린다. 그동안 박정희, 전두환, 김영삼, 김대중 대통령이 보여주었던 리더십이 바로 그런 유형의 리더십이었기 때문이다. 하지만 현대 사회는 그런 리더십이 더 이상 필요하지 않다. 일단 국민들의 지적 수준과 의식수준이 높아졌고, 조직구성원들 역시 톱-다운 방식의 일방통행적인 보고나 훈시보다는 쌍방향의 의사소통채널을 중시하기 때문이다. 고래를 춤추게 만드는 것은 카리스마에 기초한 제왕적 리더십이 아니다. 조직구성원들의 의견을 민주적인 방식으로 수렴하면서 그들 각자가 최고의 능력을 발휘할 수 있도록 도와주는 멘토형 리더십이 더 큰 위력을 발휘할 수 있다. 이런 리더십에서는 여성들이 결코 남성들에게 뒤지지 않는다.

오류 5 　리더의 역할은 일이 우선이고 '관계'는 나중이다!

그렇지 않다. 과거 산업화 사회에서는 위계적이며 통제적인 관리시스템이 유용했다. 그때는 '관계'하면 오로지 상하관계 뿐이었다. 당시 훌륭한 조직구성원으로 평가받기 위해서는 무엇보다도 윗사람이 시키는 것만 잘해야 했다. 직장상사가 시키지도 않은 일을 했을 경우, 설령 그 일을 잘했다고 하더라도 핀잔이나 꾸중을 듣기 일쑤였다. 하지만 지금은 윗사람도 무엇을, 어떻게 시켜야할지 모르는 경우가 대부분이다. 왜냐하면 이미 복잡다기한 사회가 되어버렸기 때문이다. 이제 윗사람은 조직구성원들과 머리를 맞대고 긴밀한 관계를 유지하면서 소통을 잘 해야 한다. 그래야만 실수를 줄이면서 일을 효율적으로 추진할 수 있기 때문이다. 과거에는 관계의 중요성이 약했지만 이제는 관계기술, 즉 소통을 잘하면서 상하 간에 수평적 네트워크를 설정하는 기술이 부족하면 아무런 일도 할 수 없는 시대가 되었다. 창의력, 정보, 지식이 날로 중시되는 시대에는 민주적인 조직운영을 통해 소통과 공유를 잘하는 리더가 큰 성과를 창출할 수 있다. 관계기술에 관한 한, 여성들이 남성들을 압도한다고 해도 과언이 아니다.

오류 6 　글로벌화에 따른 변화관리를 위해서는 남성 리더의 역할이 막중하다!

그렇지 않다. 글로벌화에 따른 무한경쟁에 탄력적으로 대응하기 위해서는 리더의 대내외적인 역량강화가 필요하다. 우선 대내적으로는 기존 조직을 경영환경 변화에 탄력적으로 대응할 수 있는 아메바형 조직으로 혁신하면서 내부의 다면적 내지 다층적인 욕구를 조율하고 인재 발굴과 관리에 주력해야 한다. 또 리더는 조직 외부의 다양한 이해관계자들과 긴밀한 관계를 맺으며 조직 발전을 도모해 나가야 한다. 특히 외국의 법·제도와 정치·경제, 그리고 사회·문화를 깊이 이해하며 그들과의 비즈니스에 만전을 기해야 한다. 이 때 리더에게 절대적으로 요구되는 것은 리더의 인격에 바탕을 둔 윤리경영과 인간에 대한 깊은 이해다. 또 상대방의 마음을 읽는 공감과 포용의 리더십, 사회 정의를 초지일관되게 실행할 수 있는 언행일치의 리더십, 상호통합의 리더십이 요청된다. 이런 측면을 종합적으로 고려할 때, 글로벌화에 따른 변화관리 역시 여성 리더들의 역할이 점점 더 중요해지고 있다고 말할 수 있다.

위미노믹스와 골드칼라의 등장

요즘 위미노믹스Womenomics라는 신조어가 많은 사람들의 이목을 끌고 있다. 물론 독자들 중에는 그 단어를 처음 접한 사람도 있을 것이다. 위미노믹스란 여성women과 경제학economics의 합성어로서 여성들의 구매력이 커짐에 따라 생겨난 낱말이다. 그것은 골드만 삭스Goldman Sachs의 일본 지사에서 여성수석 전략분석가로 일하는 마쓰이 게이시가 일본 경제의 침체 요인을 분석하면서 사용되기 시작했다. 그녀는 일본 경제의 침체 원인 가운데 하나로 여성 인력의 저조한 경제활동을 꼽았고, 앞으로의 일본 경제도 여성 인력의 경제활동 활성화 여부에 따라 좌우될 것이라고 주장했다. 또 여성 인력의 출산과 육아를 도와줄 인프라의 탄탄한 구축이 경제성장의 기초라고 강조했다.

위미노믹스는 또 다른 측면에서 언급되기도 한다. 즉 앞으로는 여성들이 상거래를 주도할 것이라는 의미로 사용되기도 한다. 이미 2008년 11월에 출간된 『자유&미래보고서』는 10년 후쯤에는 소비의 구매주도세력이 남성에서 여성으로 바뀔 것이라는 전망을 내놓은 적이 있다. 그런데 지금 시점에서 보면 그 예측이 거의 맞아떨어지고 있다고 해도 과언이 아니다. 가령, 핑크나 옐로우와 같은 화려한 색상의 IT제품이 넘쳐나고 있으며 백화점을 비롯한 각종 서비스업체들이 여성 고객들을 사로잡기 위한 다양한 전략을 펼치고 있다. 헬스클럽도 여성전용 헬스클럽이 성업 중이며, 점심식사를 고급 레스토랑에서 품위 있게 먹는 분들도 대부분 여성들이다. 가히 여성 상위 시대라고 말할 수 있을 만큼 우리나라에서 여권신장은 이미 하나의 대세로 자리잡아가고 있다.

여성들의 사회적 지위가 처음부터 높았던 것은 아니다!

우리나라가 농경사회였던 시기에는 여성들의 사회적 지위가 보잘 것 없었다. 나는 그 시기를 1960년도 이전의 한국사회라고 규정한다. 당시에는 여성들이 딱히 할 일이 없었다. 시집가서 아이 낳아 잘 기르고, 농사꾼 남편과 시부모님 봉양을 잘하고 집안을 깨끗이 청소하는 게 전부였다. 농경사회에서 대접받는 일꾼은 힘이 세서 가축인 소를 잘 다루고 무거운 쟁기질도 능수능란하게 할 수 있는 사람이었다. 나는 그런 인재를 그린칼라Green Color라고 정의한다. 그것은 가수 남진 씨가 부른 유행가 〈님과 함께〉에 나오는 것처럼 '저 푸른 초원 위에 그림 같은 집을 짓고 사랑하는 우리 님과 한평생 살고 싶네!'를 읊조리며 열심히 농사일에 전념하는 시골 사나이를 지칭한다. 이 시기에 우리 여성들에게는 자유가 없었다. 마음대로 밖에 나돌아 다닐 수도 없었고 친정집에 다녀오는 것도 몇 년 만에 한번 있을까 말까 하는 외출이었다.

1960년대에 들어와서 산업화와 도시화가 시작되었지만 여성들의 사회적 지위는 크게 나아지지 않았다. 1970년대 초까지의 초기 산업화 사회에서는 공업고등학교의 졸업과 함께 공장에 취직해서 기름때가 묻은 청색 작업복을 입고 육중한 기계를 잘 다뤘던 기능공 내지 공장기술자들이 각광을 받았다. 나는 그런 인재들을 블루칼라Blue Color라고 정의한다. 이 시기에도 여성들의 노동력은 크게 주목받지 못했다. 여성들에게 주어진 일자리는 고작해야 회계장부정리, 타자수, 전화교환수, 공장식당 종업원, 조립·가공 공정의 여공女工들이 전부였기 때문이다. 월 급여도 남성들의 50~70% 수준에 머물렀다. 다만, 도시화가 진전되면서 농촌에서 이탈한 여성들의 사회적 지위는 예전보다 일정부분 나아졌다. 취업 여성들의 경우에는 경제적 지위의 개선과 함께 남편이나 시부모님을 봉양해야 하는 의무로부터 벗어났기 때문이다. 이것이 가능했던 것은 여성들의 농촌 이탈과 함께 핵가족화가 급속하게 이루어졌기 때문이다. 또 전기밥솥과 진공청소기와 같은 가전제품의 등장은 여성들의 가사부담까지 크게 줄여주었다.

1970년대 중반부터 1990년대 초까지는 우리나라의 중후장대重厚長大 산업이 꽃을 피웠던 시기다. 이 시기를 이끌었던 산업의 주역들은 공장 기술자가 아니라 하얀 와이셔츠를 입고 깨끗한 사무실에서 관리기술로 조직 경영을 이끌었던 화이트칼라White Color들이었다. 이 시기에는 초기 산업화 사회 때보다 여성들의 사회적 진출이 활발하게 일어났다. 여성들은 단순한 사무보조에서 벗어나서 조직의 중견관리자까지 올라가는 경우가 속출했다. 어떤 경우에는 정부중앙부처의 장·차관이나 기업의 CEO까지 오르는 맹렬한 여성들도 하나둘씩 나타나기 시작했다. 이것이 가능했던 것은 소통, 전문지식, 민주적인 의사결정방식을 중시하는 지식경제사회가 도달했기 때문이다. 하지만 이 시기에도 여성들의 사회적 지위는 초기 산업화 사회와 비교해볼 때, 크게 신장된 측면이 있지만 최고위층 인사 가운데 여성들이 차지하는 비율은 극소수였다. 그 이유는 유능한 여성들의 조직 내 승진을 저해하는 '유리천장'이 견고하게 구축되어 있었기 때문이다. 이 시기의 또 다른 특징은 금융의 온-라인 시스템이 정착되면서 여성들이 가정의 경제권까지 틀어쥐게 되었다는 사실이다.

골드칼라들이 맹위를 떨치는 세상!

요즘에는 골드칼라Gold Color가 대세라고 할 정도로 그 위력이 엄청나다. '골드칼라'라는 용어를 처음 사용한 사람은 카네기멜론대의 로버트 켈리Robert Kelly 교수다. 그는 1985년도에 출간된 『골드칼라 노동자』라는 책에서 화이트칼라의 몰락과 골드칼라의 부상을 예고했다. 지식정보화 사회 이전의 시대를 대표하는 직업군은 공장 근로자인 블루칼라와 사무실에서 일하는 관리직 노동자인 화이트칼라였다. 이에 비해 골드칼라는 톡톡 튀는 아이디어 노동자로서 새로운 가치를 창조해내는 지식창조형 전문가라고 할 수 있다. 이들은 육체적인 힘, 학력, 경력, 자격증과는 아무런 관계가 없다. 오로지 남들이 흉내 낼 수 없는 금빛 아이디어와 뛰어난 창의력을 무기로 세상을 변화시키는 사람들이다. 어떤 이들은 이런 골드칼라를 '플래티넘platinum칼라'나 '슈퍼휴먼super human'이라고도 말한다.

일례로 정보통신, 금융, 광고, 서비스, 첨단기술, 스포츠, 강연, MC 등의 각종 분야에서 이름을 날리고 있거나 급부상 중인 신직업인들이 바로 골드칼라에 해당된다. 마이크로소프트MS사의 빌 게이츠 전 회장과 영화 『인디아나 존스』, 『쉰들러 리스트』, 『쥬라기 공원』 등을 만든 스티븐 A. 스필버그Steven A. Spielberg 감독이 골드칼라의 전형이다. 또 젊은이들의 인기를 얻고 있는 웹툰 작가, 컴퓨터 프로그래머, 그래픽 디자이너, 헤어 디자이너, 신상품개발자, 보험이나 자동차 판매왕, 요리의 신세계와 음식문화를 소개하는 인기 셰프, 스포츠 스타, 유명 MC, 맛깔 나는 연기로 1,000만 관객을 동원하는 인기배우도 골드칼라에 속한다. 요즘 우리 사회에도 골드칼라로 주가를 높이는데 성공한 여성들이 꽤 많다. 골프 세계의 신기원을 써내려갔던 박인비와 전인지 선수, 리듬체조의 손연재 선수, 국내 포털의 첫 여성 CEO인 한성숙 대표, 영화배우 전지현, 가요부문의 소녀시대, TV 인기드라마 작가인 김수현 같은 분들이 대표적인 사례다. 이들 골드칼라 영역에서는 여성들의 사회적 진출을 가로막는 유리천장이나 여성들을 조직 내에서 밀어내는 유리절벽이 더 이상 존재하지 않는다. 탄탄한 실력이나 탁월한 전문능력, 기발한 아이디어나 남과 차별되는 창의력으로 무장되어 있기 때문에 그들의 생명력은 무궁무진하다. 직장인들의 노동생산성은 나이를 먹을수록 점점 더 하락하지만 장인정신을 지닌 골드칼라들의 노동생산성은 오히려 경륜과 함께 높아지는 성향마저 나타나고 있다. 가령, 유명 MC나 유명 탤런트의 개런티가 나이가 많아질수록 높아지는 것을 보면 잘 알 수 있다. 그런 점이 바로 화이트칼라와 골드칼라의 본질적인 차이점이다.

골드칼라로서 성공할 수 있었던 비결

여성들이 골드칼라가 될 수 있었던 비결은 일반여성들의 사회적 지위를 격상시켜준 핵가족화나 가전제품의 발달과 별다른 연관관계가 존재하지 않는다. 여성들이 골드칼라가 될 수 있었던 것은 교육기회의 확대와 끊임없는 자기계발에 있다고 생각한다. 특히 여성들의 교육기회가 넓어진 것은 전적으로 고도경제성장에 따른 1인당 GNI의 증가와 깊은 연관이 있다. 경제형편이 나아진 부모님들은 아들과 딸을 구분하지 않고 막대한 교육투자를 하면서 자녀들이 교육 받을 수 있는 기회를 넓혀주었다. 그런 과정에서 우리 여성들은 자신의 적성에 최적으로 부합하는 진로를 탐색했고, 오랜 시간 동안 그 분야에서 각고의 노력을 기울였기 때문에 오늘과 같은 골드칼라의 반열에 올라설 수 있었던 것이다.

세상 정상에 우뚝 선 10인의 여성 리더들![1]

지난 2016년 6월 6일현지시각, 미국의 경제전문지인 「포브스Forbes」는 '2016년 가장 영향력이 있는 여성 100명'의 명단을 공개했다. 이들 가운데 세인들의 주목을 끈 것은 세계 1위부터 10위까지의 여성 리더들이다. 6년 연속으로 1위 자리를 고수한 사람은 앙겔라 D. 메르켈Angela D. Merkel 독일 총리였다. 이날 포브스는 "유럽연합이 직면한 정치·경제적 어려움을 극복하는데 있어서 최고 적임자를 뽑는다면, 그것은 두말할 필요도 없이 메르켈 독일 총리이다."라고 밝혔다. 포브스는 그녀가 스페인과 그리스를 비롯한 유럽연합 회원국들 가운데 경제적 위기에 직면한 나라들의 문제를 합리적으로 다루면서 자국 국민들에게도 확신을 안겨주었던 점을 높이 평가했던 것이다.

| 1 앙겔라 메르켈 독일 총리 | 2 힐러리 클린턴 미국 민주당 대선 후보 | 3 재닛 옐런 미국 연방준비제도 의장 | 4 멀린다 게이츠 빌&멀린다게이츠재단 의장 | 5 메리 배라 제너럴 모터스 CEO |

• 포브스 선정 '2016년 가장 영향력이 있는 여성 1위부터 5위'까지 (출처: 조선일보) •

2위의 영광은 미국의 민주당 대선후보였던 힐러리 R. 클린턴Hillary Rodham Clinton에게 돌아갔다. 그녀는 미국의 제42대 대통령을 역임한 빌 클린턴의Bill Clinton아내이자 버락 오바마Barack Obama 행정부에서 국무부장관을 역임했다. 포브스는 "힐러리는 뉴욕 주 최초의 여성 상원의원이었으며 미국 대통령에 그 누구보다 한발 가까이 다가간 여성 리더"라고 소개했다. 그녀는 미국 민주

---

1 이 항목에 등장하는 여러 여성 리더들에 대한 글을 작성하는데 있어서는 「위키백과」, 「시사상식사전」 등의 내용을 참조하면서 부분 각색한 것임을 밝힌다.

당 대선후보 지명에 필요한 대의원을 확보한 후, 민주당 대선후보가 되는데 성공했다. 하지만 자신을 둘러싼 여러 가지 정치적 위기를 극복하지 못하고 도널드 트럼프에게 패함으로써 많은 여성들에게 큰 아쉬움을 안겨주었다. 민주주의를 꽃피운 미국에서조차 여성의 국가지도자 등극은 여전히 유리천장으로 작용하는 것 같은 느낌을 준다.

3위는 미국 연방준비제도이사회FRB: Federal Reserve Board of Governors 의장인 재닛 L. 옐런Janet L. Yellen이 차지했다. 미 버클리 대학의 경영학과 교수 출신인 옐런은 샌프란시스코 연방준비은행 총재, FRB 이사, FRB 부의장을 역임한 후, 2014년 2월에 제15대 FRB 의장에 취임했다. 2001년에 노벨 경제학상을 수상한 조지 애커로프George Akerlof의 아내인 그녀는 부부 경제학자로서 경제이론을 일상생활과 접목시켜 설명하는데 탁월한 능력을 발휘한 바 있다. 포브스 역시 "옐런은 현란한 수완을 가졌거나 뛰어난 혁신가는 아니다. 하지만 그녀는 명쾌한 논리로 자신의 영향력을 입증한다"고 평가했다.

4위는 MS사의 전 CEO였던 빌 게이츠의 아내이자 빌&멀린다 게이츠재단 의장인 멀린다 게이츠Melinda Gates에게 돌아갔다. 포브스는 "멀린다 게이츠가 미국의 정계와 재계의 유력한 인사들에게 사회적 기부를 유도하고 효과적 자선 사업의 방향을 제시한 업적을 높이 했다"고 밝혔다.

5위는 제너럴 모터스General Motors Corporation의 CEO인 메리 T. 배라Mary T. Barra였다. 핀란드계 미국인인 배라는 지난해 포브스가 선정한 '2015년 가장 영향력이 있는 여성 100명' 가운데 35위를 차지했는데 올해에는 무려 30단계를 뛰어넘어 5위를 차지했다. 그녀는 18세 때부터 GM에서 고졸 생산직으로 근무를 시작했고 25세가 되어서 당시 GM의 산학협력대학이었던 GM Institute 현 케이터링대에 입학해서 전기 엔지니어링을 공부했다. 그리고 스탠퍼드 대학원에서 MBA를 취득했다. 포브스는 그를 5위에 선정한 이유로 "그녀가 GM의 CEO가 된 이래로 중국 자동차시장에서 SUV의 판매 실적이 크게 향상된 데다 미국 시장에서도 매출액이 크게 증가하는 등 경영성과가 탁월했기 때문이다."라고 설명했다.

• 포브스 선정 '2016년 가장 영향력이 있는 여성 6위부터 10위'까지 (출처: 조선일보) •

6위의 영광은 프랑스 출신 여성인 크리스틴 라가르드Christine Lagarde에게 돌아갔다. 그녀의 이력서를 보면 '최초'라는 수식어가 꽤 많이 등장한다. 라가르드의 IMF 총재 취임은 IMF가 1947년에 출범한 이후부터 지금까지 역사상 첫 여성 총재의 탄생이자, 경제학자가 아닌 법률가 출신이 총재직에 올랐던 첫 번째 사례다. 그녀는 파리 10대학 로스쿨에서 법학석사 학위를 받고 1981년부터 미국의 로펌 회사인 베이컨&맥킨지에서 변호사 생활을 시작했다. 이어 베이컨&맥킨지의 최초 여성 CEO를 역임한 후, 프랑스의 산업통상부2005년, 농업부2007년, 재무부2007장관을 지냈다. 이때 그녀는 프랑스 최초의 여성 산업통상부장관과 여성 재무부장관이라는 신기록을 세웠다. 그후, 2011년 6월 28일 워싱턴 D.C.의 IMF본부에서 열린 집행이사회에서 만장일치로 IMF의 새 총재로 선출되어 오늘에 이르고 있다. 포브스는 '라가르드는 조직운영의 경험이 풍부하고, 영어에도 능통해서 전 세계의 어떤 리더와도 소통할 수 있으며 미국 금융시장인 월가의 대해서도 정통한 여성 리더'임을 높이 평가했다.

7위는 페이스북facebook의 최고운영책임자COO: Chief Operating Officer이자 구글Google의 글로벌 온라인운영 부회장을 맡고 있는 셰릴 샌드버그Sheryl Sandberg의 몫이었다. 샌드버그는 스타벅스 이사를 시작으로 2008년부터 지금까지 페이스북 최고운영책임자의 역할을 맡고 있으며 2009년부터는 월트디즈니 이사도 겸임하고 있다. 또 미국의 명문사학인 하버드 대학에서 학사, 석사학위를 취득한 그녀는 페이스북과 구글의 성공 아이콘으로서 자기계발서인 『린인LEAN IN』을 출간해서 많은 화제를 불러일으키기도 했다. 2013년 우리나라를 방문한 그녀는 강남교보문고에서 저자사인회를 개최해서 많은 국내 독자들과 만남의 시간을 갖기도 했다. 더욱이 우리를 감동하게 만든 것은 남편과 사별하는 고통을 딛고 일어선 그녀가 UC 버클리 대학에서 행한 졸업축사의 내용이다. 그녀는 사회로 새 출발을 하려는 젊은이들에게 '고통과 절망에서 빠르게 벗어나는 3가지 비법'을 소개하면서 희망의 메시지를 전달했다. 그녀가 했던 말은 3P로 요약된다.[2] 첫째는 개인화Personalization로서 절망적인 순간이 내 잘못에서 왔다고 생각하지 말아달라는 것이다. 즉 책임지지 않아도 되고, 책임질 수도 없는 문제에 대해 '내 탓'이라는 생각에서 벗어나야 한다는 말이다. 둘째는 침투성Pervasiveness이다. 슬픔은 우리 삶의 모든 영역에 순식간에 스며들어 우리 일상은 물론 업무까지 악영향을 끼친다. 그러니까 슬픔이 내 삶의 모든 영역에 잠식하는 것을 막아야 한다는 것이다. 셋째는 영속성Permanence이다. 지금 느끼는 이 절망과 슬픈 감정이 절대로 나아지지 않을 것 같다는 부정적인 생각에서 벗어나야 한다는 말이다. 시간이 지나면 지금의 슬픔도 서서히 잊혀질 것이기 때문이다. 포브스도 남편과 사별한 싱글맘으로서 가정경제와 자녀교육은 물론 조직경영까지 완벽하게 해내는 샌드버그에게 높은 점수를 주었다고 생각한다. 내가 유독 그녀에 관한 얘기를 많이 기술한 것도 그것과 무관하지 않다.

8위는 유튜브의 CEO인 수전 보이치키Susan Wojcicki가 차지했다. 유튜브는 매일 1억 개의 비디오 조회 수를 기록하는 세계 최대의 동영상 사이트http://www.youtube.com이다. 또 유튜브는 전 세

---

2 blog.naver.com/ssungpal?Redirect=Log&log 내용 참조.

계 네티즌들이 올리는 동영상 콘텐츠를 공유하는 웹사이트로서 2005년 2월 채드 M. 헐리Chad Meredith Hurley, 스티브 첸Steve Chen, 자웨드 카림Jawed Karim이 공동으로 창립했다. 2005년 11월부터 정식 서비스를 개시한 유튜브는 2006년 「타임지」로부터 '올해의 최고 발명품'로 선정된 이후부터 웹 2.0의 선두주자로 급부상하는데 성공했다.

한편, 1998년 인텔사에서 근무했던 수전 보이치키는 스탠퍼드대 대학원생이었던 세르게이 브린Sergey Brin과 래리 페이지Larry Page에게 매달 1,700달러와 자신의 차고를 임대해주었고, 두 청년은 그곳에서 세계 최대의 검색엔진인 구글을 개발했다. 보이치키는 그것을 계기로 현재 구글 수석부사장 겸 유튜브 최고경영자를 맡고 있다. 또 그녀는 구글의 공동창업자인 세르게이 브린의 전 부인인 앤 보이치키의 친언니이기도 하다. 지난 2014년 그녀는 포브스가 선정한 '세계에서 가장 영향력 있는 여성 100인'의 리스트 가운데 16위를 차지했다. 하지만 2년 뒤인 2016년에는 8위로 그 순위가 껑충 뛰어올랐다. 그 배경에는 디스플레이 광고 수입을 많이 거둔데다 자신을 이끄는 조직을 놀라운 커뮤니티와 감각적인 크리에이터의 조직으로 탈바꿈시키는데 성공했기 때문으로 풀이된다.

9위는 세계 최대의 PC 제조업체인 휴렛팩커드Hewlett-Packard의 여성 CEO 맥 휘트먼Meg Whitman에게 돌아갔다. 그녀는 세계적으로 유명한 인터넷 경매 사이트 이베이eBay를 10년간1998~2008 이끌면서 매출액 규모를 10배 규모로 끌어올린 입지전적인 여성 리더였다. 또 그녀는 미국의 명문사학인 프린스턴대학 경제학과를 졸업하고 하버드대학에서 MBA과정을 이수한 학구파이기도 하다. 하지만 정계에 입문할 목적으로 2008년에 이베이에 사직서를 제출하고 2010년도에 치러진 캘리포니아 주지사 선거에 공화당 후보로 출마했으나 경쟁자였던 제리 브라운Jerry Brown 후보에게 패하는 바람에 정치입문의 꿈은 좌절되고 말았다. 그로부터 1년이 지난 후, 휴렛패커드는 그녀를 이사로 영입했고 2011년 9월 CEO로 선출되는 행운을 얻었다. 그는 기업의 혁신을 이끄는 여성 리더답게 실적이 부진한 사업 부서를 과감하게 구조조정하고 PC 및 프린터 사업과 엔터프라이즈 사업을 별도 법인으로 분리함으로써 조직의 슬림화에 성공했다는 평을 듣고 있다. 그녀에 의해서 구조조정된 인원만도 약 55,000명에 이를 정도라고 한다. 또 그녀는 성장잠재력이 있는 유망 신사업분야인 더머신 하드웨어와 사물인터넷IoT 등을 제시하고 선택과 집중투자전략을 세워나가겠다는 포부를 밝힌 바 있다. 포브스가 '세계에서 가장 영향력 있는 여성 100인'의 리스트 가운데 그녀를 9위로 선정한 배경에는 이런 것들이 영향을 미쳤을 것으로 보인다.

10위는 1857년에 설립된 스페인 은행으로 지금은 유로존의 핵심 은행으로 성장한 산탄데르은행Banco Santander의 CEO인 아나 파트리샤 보틴Ana Patricia Botín이 차지했다. 장녀인 그녀는 부친이자 산탄데르은행의 CEO였던 에밀리오 보틴Emilio Botín이 급서急逝하자 그의 뒤를 이어 CEO직에 오른 인물이다. 2013년 9월 9일 심장마비로 세상을 뜬 보틴은 2008년 금융위기 때 공격적인 M&A전략으로 지방은행이었던 산탄데르은행을 유로존의 최대 은행시가총액기준으로 성장시킨 주인공이었다. 또한 그녀는 미국 하버드대를 졸업했고 5개 언어를 구사할 정도로 소통과 친화력이 뛰어나다는 평가를 받고 있다. 또 1988년에 산탄데르은행에 입사해서 핵심요직을 두루 거친 후, 2010년부터 영국 소재의 산탄데르은행을 이끌며 그룹 전체 이익의 20%를 거둘 정도로 키워 냈다. 스페인이 유로존의 재정 위기로 심각하게 휘청대던 2012년에 은행 정상화에 기여하면서 탁월한 경영 능력을 인정받았다. 포브스도 그녀의 이와 같은 능력을 높이 평가하고 10위로 선정한 것으로 판단된다.

그 밖에도 해외의 유명 여성 리더들이 '2016년 가장 영향력이 있는 여성 100명'의 리스트에 자신의 이름을 올렸다. 우리들이 눈여겨볼 만한 대상으로는 오바마 미국 대통령의 아내이자 미국의 퍼스트레이디인 미셸 오바마Michelle Obama가 13위, 차이잉원Tsai Ing wen 대만 총통이 17위, 미국의 토크쇼의 여왕인 오프라 윈프리Oprah Winfrey가 21위, 미얀마의 외무장관 겸 국가자문역인 아웅산 수지Aung San Suu Kyi는 26위, 엘리자베스 2세Elizabeth II 영국 여왕이 29위를 차지했다. 우리나라의 박근혜 대통령도 2015년보다 한 단계 하락한 12위에 선정되었다. 나는 이 순위도 과대포장되었다고 생각한다. 포브스는 그녀가 북핵문제에 대한 단호한 자세로 강대국들의 지지를 이끌어냈던 점을 높이 평가했다고 밝혔다. 하지만 그녀는 불통의 대통령, 수첩인사의 대통령으로서 인재등용에 실패했고 급기야는 비선 실세였던 최순실 일당이 국정농단을 자행하게 하는 등 역사상 최악의 대통령으로 평가받고 있기 때문이다. 만약 지금 「포브스」가 순위를 재조정한다면 그녀는 100위권에도 들지 못할 것이 확실하다. 진실로 안타까운 대목이 아닐 수 없다.

끝으로 포브스는 "2005년부터 '세계에서 가장 영향력이 있는 여성 100명'의 리스트를 발표해 왔다. 그런데 지금은 2005년도에 비해 약 2배에 가까운 여성 리더들이 대통령을 비롯한 국가의 주요직책을 맡고 있다"고 밝혔다. 또 "타이완, 미얀마, 네팔, 크로아티아, 리투아니아와 같은 국가들에서도 사회지도층의 반열에 오른 여성들이 많아지고 있다"면서 여성 리더들에 대한 사회적 편견과 유리 장벽이 사라져주기를 기대했다.

알파 리더십과 베타 리더십

2001년 8월에 국내에서 번역 출간된 『크게 생각할수록 크게 이룬다』라는 책을 보면 알파 리더십과 베타 리더십에 대한 얘기가 나온다. 저자인 데이비드 J. 슈워츠David J. Schwartz 교수미 조지아 주립대학 경영관리학부는 그 책에서 남성 중심적인 전통적 리더십을 알파 리더십이라고 정의했다. 또 시대의 변화와 함께 새롭게 요구되는 리더십을 베타 리더십이라고 명명하고, 두 리더십 간의 차이에 대해 언급했다. 즉 알파 리더십은 권위와 위계질서를 지향하며 분석적·합리적 관점에서 사물과 현상을 바라보며 양적인 사고를 중시한다. 반면, 베타 리더십은 소통과 통합을 지향하며 직관적 관점으로 사물과 현상을 직시하며 질적인 사고를 중시한다고 강조했다. 베타 리더십은 결국 여성 중심의 리더십을 지칭한다고 볼 수 있다.

알파 리더십과 베타 리더십, 어느 것이 대세일까?

시대가 소프트한 리더십을 요구한다고 하지만, 베타 리더십이 알파 리더십보다 훨씬 더 나은 대안이라고 단정하기는 이르다. 여전히 우리 사회에서는 여성 리더의 비중이 다른 선진국들에 비해 현저히 낮은 상황이고, 또 성공한 여성 리더의 숫자 역시 남성들에 비해 크게 부족하기 때문이다. 하지만 『경영 2.0 이야기에서 답을 찾다』의 저자이자 CnE 혁신연구소장인 곽숙철 박사가 2015년 6월 6일에 쓴 칼럼 '여성 리더십, 16개 역량 중 12개 남성에 앞서'를 보면 베타 리더십에 대해 많은 생각을 갖게 한다. 관심 있는 독자들을 위해 곽숙철 박사의 글을 여기에 소개하고자 한다.

최근 미국의 한 조사기관이 20개국 대기업 여성 임원 비율을 조사한 결과, 노르웨이가 35.5%로 1위를 차지했으며 일본이 3.1%로 꼴찌에 머물렀다. 우리나라는 아예 조사대상에도 포함되지 못했다. 미국은 호주와 함께 19.2%로 공동 10위를 차지했다. 잘 알다시피 미국의 경우 임원은 말할 것도 없고 세계적인 기업의 CEO 가운데 여성들이 다수 포진해 있다. GM의 메리 바라

Marry Barra, 야후의 마리사 메이어Marissa Mayer, 듀폰의 엘렌 쿨먼Ellen Kullman, 휴렛 팩커드의 맥 휘트먼Meg Whitman, 오라클의 공동 CEO인 사프라 캣츠Safra Catz 등등. 그리고 해가 갈수록 여성 CEO로의 교체비율이 높아지고 있다. 여성 리더 비율의 증가는 세계적인 추세다. 왜 그럴 까? 1차적으로는 여성의 사회 참여가 늘어나는 만큼 그 비율도 따라서 증가하는 것으로 볼 수 있다. 실제적으로는 21세기에 들어 여성이 남성보다 더 뛰어난 리더십을 발휘하기 때문이라는 게 전문가들의 분석이다.

세계적인 리더십 개발 전문업체인 'Zenger/Folkman'의 공동 대표인 잭 젠거Jack Zenger와 조 셉 포크맨Joseph Folkman은 2011년 7,280명의 계층별 리더를 표본으로 동료와 상사, 부하 등으 로 구성된 360도 평가를 통해 남성과 여성의 리더십 효과성을 조사했다. 그리고 그 결과를 2012 년 3월 『하버드 비즈니스 리뷰』에 'Are Women Better Leaders than Men?'이라는 제목으로 발 표했다. 이들이 조사한 결과를 보면 조직 내에서 남성 리더들의 비율이 훨씬 높았음에도 불구 하고 리더십 효과성Leadership Effectiveness을 나타내는 16개 역량Competency 가운데 12개 분야 에서 여성이 앞섰으며 3개 분야는 통계적으로 유의차가 없었고, 단 1개 분야에서만 남성이 앞선 것으로 나타났다. 아래에 그 내용을 요약 소개한다.

1. 계층별 남성과 여성의 리더십 효과성

Overall Leadership Effectiveness by Gender by Position(Percentile Scores)	Male	Female
Top Management, Executive, Senior Team Members	57.7	67.7
Reports to Top Management, Supervises Middle Managers	48.9	56.2
Middle Manager	49.9	52.7
Supervisor, Front Line Manager, Foreman	52.5	52.6
Individual Contributor	52.7	53.9
Other	50.7	52.0
Total	51.3	55.1

Source: Zenger Folkman Inc., 2011.

위의 도표에서 보는 것처럼 최고경영자와 고위직 임원은 물론, 관리자, 중간 관리자, 감독자 등 계층을 불문하고 여성의 리더십 효과성이 남성보다 뛰어난 것으로 나타났다.

The Top 16 Competencies Top Leaders Exemplify Most

	Male Mean Percentile	Female Mean Percentile	T value
Takes Initiative	48	56	−11.58
Practices Self-Development	48	55	−9.45
Displays High Integrity and Honesty	48	55	−9.28
Drives for Results	48	54	−8.84
Develops Others	48	54	−7.94
Inspires and Motivates Others	49	54	−7.53
Builds Relationships	49	54	−7.15
Collaboration and Teamwork	49	53	−6.14
Establishes Stretch Goals	49	53	−5.41
Champions Change	49	53	−4.48
Solves Problems and Analyzes Issues	50	52	−2.53
Communicates Powerfully and Prolifically	50	52	−2.47
Connects the Group to the Outside World	50	51	−0.78
Innovates	50	51	−0.76
Technical or Professional Expertise	50	51	−0.11
Develops Strategic Perspective	51	49	2.79

Source: Zenger Folkman Inc., 2011.

위의 도표에서 보는 것처럼 16개의 역량 가운데 '이니셔티브 장악'Takes Initiative을 포함한 12개 분야에서 여성의 리더십 효과성이 남성보다 뛰어난 것으로 나타났으며, 맨 아래의 '전략적 관점 개발'Develops Strategic Perspective 단 1개 분야에서만 남성이 여성보다 앞선 것으로 나타났다. (T값의 절대 값이 1이하인 분야는 통계적으로 남여간 유의차가 없다는 의미)

이와 같은 결과는 무엇을 말하는 걸까? 한마디로 이제는 여성 리더십이 대세라는 말이다. 그 이유를 간단하게 살펴보면 아래와 같다. 과거 산업사회가 효율성생산성을 추구했다면, 지식정보화사회를 넘어 창조사회로 전환되고 있는 지금은 효과성창조성이 요구되는 시대다. 그리고 많은 학자들이 말하듯 이러한 창조사회에 있어 리더에게 가장 필요한 역량이 '공감 능력'이다. 바로 이 공감 능력 면에서 여성이 남성보다 앞서기 때문에 이와 같은 결과가 나온 것이다. 이런 점에서 볼 때 한국의 현실은 참으로 암담하다. 정치적으로 여성 대통령이 선출된 시대임에도 불구하고 아직도 두꺼운 유리 천장이 우리나라 여성들의 머리 위에 놓여 있으니 말이다. 모쪼록 이제는 '공감 리더십', '여성 리더십'이 대세라는 것을 우리나라 기업들도 빨리 깨우치기를 바라며, 이와 관련하여 졸저『경영 2.0 이야기에서 답을 찾다』의 한 부분을 아래에 옮긴다.

Empathy: 공감으로 리드하라

리더는 지시하는 사람이 아니다. 조직의 핵심 인물도 아니다. 리더는 신뢰를 바탕으로 직원과 꿈과 목표, 지식과 정보, 결과와 성과를 공유하는 사람이다. 이제 더 이상 논리로는 안 된다. 권위로는 더욱 안 된다. 이 시대의 리더에게 필요한 것은 공감의 능력이다. 공감이야말로 사람과 사람을 연결해 주는 가장 보편적인 언어이기 때문이다.

박근혜 대통령의 실패에서 느끼는 절망과 안타까움

2013년 2월 25일, 대한민국의 제18대 대통령이자 최초의 여성 대통령으로 취임한 박근혜 대통령은 그 존재 자체만으로 우리나라 여성들의 희망이자 롤-모델이었다. 박 대통령은 단아한 이미지에 원칙과 자신이 한 약속을 잘 실천하는 이미지를 갖고 있었다. 게다가 부친인 고 박정희 대통령과 모친인 고 육영수 여사가 물려준 정치적 유산에다 19년이라는 긴 세월동안 만고풍상을 이겨내며 지켜왔던 절제와 품격 덕분에 보수층의 열렬한 지지를 받아서 대통령의 자리에 올랐던 분이다. 많은 국민들은 그녀에게 큰 기대를 했다. 특히 우리 사회에서 만연된 부정부패와 반칙, 그리고 비정상화 문제만큼은 발본색원 해줄 것으로 믿었다. 그건 나도 마찬가지였다. 그러나 최근에 밝혀진 '최순실 게이트'의 실상을 보노라면 억장이 무너지고 내가 대한민국 국민이라는 사실이 부끄럽기만 하다. 그동안 친형제자매까지 멀리하면서 지켜왔던 '원칙과 정도의 정치인'이라는 깨끗한 이미지가 천박녀 최순실에 의해 박살이 나고 말았다. 국정의 최고책임자인 그녀가 최순실의 리모트 콘트롤을 받고 있었다는 사실에 많은 국민들이 경악하고 분노했다.

사실 박 대통령의 리더십은 베타 리더십보다는 알파 리더십에 가까웠다고 본다. 그것은 1974년 8월 15일 모친인 육영수 여사가 국립국장에서 거행된 8·15경축식에서 북한의 사주를 받은 문세광의 저격에 의해 서거한 후, 한동안 부친인 고 박정희 대통령을 퍼스트레이디로 보필하면서 나름대로 체득한 경험 때문이라고 생각한다. 그녀는 자신도 모르는 사이에 권위주의 통치 문화와 단편적인 명령과 지시에 익숙했던 것이다. 더욱이 결혼을 통해 가정을 가져보고, 그 속에서 가족들 간에 수평적 네트워크와 아이를 키우면서 경험했을 어머니로서의 감정 공유와 소통의 경험이 없었던 것도 그녀에게는 불리하게 작용했다. 그렇다고 해서 내가 박 대통령의 미혼에 대해 폄하하거나 부정적인 인식을 갖는 것은 아니다. 다만, 최순실 게이트가 터지고 대통령의 문제가 불거져 나오면서 객관적으로 고민해본 것이니만큼 그에 대한 쓸데없는 오해가 없길 기대한다.

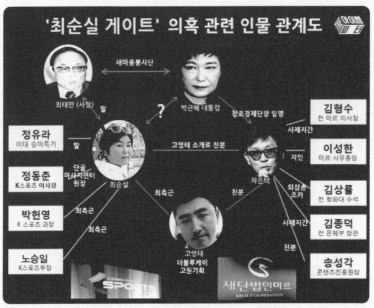

• 추악한 최순실 게이트의 실체 (출처: 미디어 솜) •

　　만약 박근혜 대통령이 알파 리더십의 장점인 카리스마와 원칙을 잘 준수하고, 베타 리더십이 강조하는 소통과 경청의 덕목만 잘 실천했다면 오늘과 같은 불상사는 일어나지 않았을 것이다. 대통령의 수첩인사에서 알 수 있듯이 사적 친분이나 개인적인 인연에 의존하지 말고 우리 사회의 현인賢人들에게 두루두루 조언을 구하고 객관적으로 능력을 검증받은 분들을 선택해서 적재적소에 배치했다면 어땠을까? 또 여성 특유의 섬세한 감성을 발휘하며 경제적 약자나 사회적 의인들을 챙겨주면서 국민들과 긴밀한 소통을 즐기는 동시에 장차관들과 격의없는 난상토론을 즐기며 국정운영을 주도해 나갔다면 오늘날과 같은 불명예스러운 퇴진요구도 일어나지 않았을 것이다. 그동안 베타 리더십이 알파 리더십을 대체해야 할 시대를 맞이하고 있다면서 여성 대통령의 출현을 누구보다 반겼던 내 마음도 괴롭기 그지없다. 하지만 나는 아직도 베타 리더십에 대한 열망과 확신을 갖고 있다. 또 다른 훌륭한 여성 리더가 출현해서 오늘날 우리 국민이 경험하고 있는 이 아픔과 좌절을 깨끗하게 불식시켜 주기를 간절하게 기도한다.

우먼파워를 제고시키기 위한 6가지 전략

우리 사회에서 여성 리더로 살아간다는 것은 결코 만만치 않은 일이다. 여성들이 승진하는데 여러 가지 제약이나 장벽들이 존재하고 있고, 여성들에 대한 편견도 100% 사라진 것이 아니기 때문이다. 이러한 상황에서 성공적인 여성 리더를 꿈꾸는 사람들은 대개 3가지 방향에서 자신의 진로를 결정한다.

첫째는 자신의 능력과 소신만을 믿고 조직 내의 복잡다기한 인간관계나 정치적인 역학관계보다는 원칙을 중시하고 업무성과로 승부를 걸고자 하는 여성들이 의외로 많다. 박근혜 대통령이 대표적인 경우다. 하지만 그녀는 자신의 소신이 대다수 국민들이 바라는 방향과 거리가 멀었고, 또 상식적이지도 않았다. 게다가 자신이 임명한 각 부처장관들과의 토론이나 소통은 생략한 채, 부도덕한 비선 실세들과 내시 수준의 문고리 하수인들의 의견에 기초해서 정치를 했기 때문에 퇴진요구에 직면할 수밖에 없었다.

둘째는 조직 내에서 살아남기 위해 남성처럼 돌변하는 여성들도 적지 않다. 얼마 전 직원들을 대상으로 성희롱과 폭언 논란에 휩싸였던 서울시향의 P사장이 이런 경우에 해당된다. 능력 있는 여성들이 남성화되는 이유는 간단하다. 조직 내에서 여성들에 대한 곱지 않은 시선이나 편견의 장벽을 극복하고 강한 리더십을 통해 자신의 입지를 구축하기 위함이다. 이처럼 유사 남성의 길을 선택한 여성들은 남성처럼 짧은 머리, 남성 정장과 비슷한 옷차림, 권력지향적인 태도, 비속어를 포함한 거친 말투, 부하직원에 대한 공개적인 면박 주기 등을 거침없이 행하는 경향이 있다. 하지만 이런 여성 리더들 또한 성공하기가 그리 쉽지 않다. 겉으로는 남성 부하직원들이 복종하는 척 하지만 뒤를 돌아서는 "자신이 남자인 줄 아는 모양이지?", "오래 가겠어. 좀 참고 기다리자. 곧 있으면 해고당할 것인데 뭐?", "저렇게 독하니까, 임원까지 올랐겠지?"라는 뒷말을 듣고 스트레스를 받게 마련이다. 또 남성 부하직원들이 진심으로 협조를 해주지 않기 때문에 그 이상의 성공도 확신할 수 없다.

셋째는 자신이 여성임을 분명하게 자각하고 여성성女性性: Feminity에 기초해서 모성의 리더십을 실천하는 경우다. 이런 여성은 사회 구조를 계급 간 투쟁이나 이원론二元論으로 바라보지 않고 통합론적 관점에서 조직 전체를 아우르는 모습을 띤다. 즉 서로 다른 이해집단들이 한 지붕 아래에서 생활하며 공존공영을 한다고 보는 것이다. 마치 MBC의 농촌드라마로서 시청자들의 인기를 얻었던 「전원일기」의 김 회장최불암 역 댁의 경우처럼 4대가 한 집에서 생활하는 것처럼 말이다. 또 이때의 여성 리더는 김 회장의 부인이었던 김혜자나 맏며느리였던 고두심처럼 넉넉한 마음으로 모든 식구들의 애환을 이해하고 끌어안는 포용의 리더십을 발휘한다. 이런 여성 리더는 위에서 언급한 첫 번째나 두 번째 리더보다 성공할 확률이 매우 높다. 왜냐하면 남성 부하직원들도 인간이기 때문에 자신을 잘 이해하고 부드럽게 대해주는 여성 리더들에게 감동을 받게 마련이다. 그러면 남자 부하직원들은 그 여성 리더의 지시나 명령에 순응하며 헌신하려는 자세를 갖는다. 사마천의 『사기』에 등장하는 '사나이는 자기를 알아주는 사람을 위해 죽고士爲知己者死, 여성은 자기를 기쁘게 하는 이를 위하여 얼굴을 가꾼다母爲悅己者容'는 얘기도 이런 경우를 두고 하는 말일 것이다.

여성성에 기초한 리더가 성공하기 위한 6가지 전략

1 권력의 의미를 정확히 이해하고 그것을 아껴 써라!

권력의 진정한 맛은 그것을 휘두르는데 있지 않다. 칼을 예로 들어보자. 리더가 칼을 함부로 휘두르면 순간적으로는 조직구성원들이 공포심을 느끼고 복종하는 척 하지만, 뒤로는 배반이나 역모를 꾀하기 시작한다. 따라서 고단수의 리더들은 칼을 함부로 뽑지 않는다. 진짜 권력은 칼집에 들어있는 칼에서 나오기 때문이다. 그러니 권력의 남용을 최대한 억제해야 한다. 여성들은 부드러움이 강점이기 때문에 성질이 급한 남성들처럼 칼을 쉽게 빼들지 않는다. 하지만 일단 칼을 빼들었다면 무라도 베어버리고 칼집에 넣어야 한다. 그냥 넣어버리면 조직구성원들은 칼에 대해서도 두려움을 갖지 않기 때문이다.

2 끊임없이 학습하고 또 학습하라!

지금은 체력이 국력인 시대가 아니다. 지혜로움智力과 명석함腦力 더 나아가 마음heart이 국력으로 작용하는 시대다. 따라서 리더를 꿈꾸는 사람들은 남녀 구분 없이 지력과 뇌력은 물론 따뜻한 마음씨까지 구비해야 한다. 이제는 시키는 사람이 명령을 받는 사람보다 무척 똑똑하고 따뜻해야 한다. 그래야만 조직을 망가트리지 않고 번영시킬 수 있다. 특히 여성들은 남성들에 비해 완력이 약하다. 힘센 남성들을 올바른 방향으로 이끌기 위해서는 여성 리더들의 심성과 머리수준이 한 단계 더 높아야 한다. 그런 의미에서 우리 사회가 요구하는 진정한 리더Leader은 훌륭한 독서가Reader로서 두뇌와 심성을 키우는 작업에 열중해야 한다는 생각이다.

3 항상 자기 자신을 의심하라!

여성 리더들이 성공하려면 항상 겸손하게 처신하는 게 바람직스럽다. 즉 자신의 생각이 언제나 옳다는 생각을 버려야 한다. 대신, 자신의 생각에 문제가 있을 수 있고 무언가 2% 부족할 수도 있다는 생각에서 끊임없이 자신을 의심해보는 습관을 가져야 한다. 그런 자세를 가져야만 조직 구성원들의 말을 진지하게 경청할 수 있기 때문이다. 소통은 타인의 말을 진지하게 들어주는 배려와 경청에서 출발한다. 부성父性의 리더십과 가부장적 리더십에 익숙한 남성 리더들 가운데는 소통에 각角이 서 있는 사람들이 많다. 반면, 모성의 리더십으로 무장한 여성들은 바텀-업 방식의 소통으로 부하직원들의 공감과 조화로움을 이끌어내는데 능숙하다. 또 조직구성원들을 감화시키고 업무생산성을 높여주는 것은 톱-다운 방식의 일방통행적인 명령이 아니라 자신들의 의견을 진지하게 들어주고 조직경영에 반영해주는 리더들의 열린 자세다. 그러니 성공하고 싶은 리더들은 항상 자기 자신의 생각과 능력을 의심하면서 조직구성원들에게 가까이 다가가서 의견을 구하고 배우는데 주저하지 마라. 혼자 하는 생각보다는 둘이 하는 생각이 낫고, 둘이 하는 생각보다는 셋이 함께 하는 생각이 훨씬 낫다는 점을 명심하라.

4 견고한 휴먼-네트워크를 구축하라!

흔히 여성들은 인맥 구축에 취약하다고 한다. 특히 여성들은 퇴근 이후 가사나 육아문제로 인한 심리적 부담 때문에 직장 동료들과의 술자리 회식이나 동호회 활동에 아무래도 제약이 따를 수밖에 없다. 그러다보니 조직 내 정보에서 발 빠르게 대응하기 어렵고 또 때로는 왕따를 당할 가능성도 크다. 그렇다고 해서 동료나 부하직원들과 담을 쌓고 지내면 인맥 구축은 더 더욱 힘들어지기 때문에 이에 대한 대비책을 강구하지 않으면 안 된다. 하지만 여성들에게는 인맥 구축을 위한 비장의 히든카드가 하나 있다. 그것은 '사랑'이다. 여성에게는 그들 특유의 '보살핌'을 잘하는 천부적인 재능이 있다. 그것을 잘 실천해 나가면 최고의 인맥을 구축할 수 있다. 여성들은 주변에서 누가 아프거나 안타까운 일을 당하면 주위의 눈치를 보거나 이해타산을 따지지 않고 달려가서 도와주려는 모성 본능을 갖고 있다. 심적으로 고독하고 힘든 사람에게 먼저 다가가서 따뜻한 손길을 내미는 여성에게 배신하는 남성들은 없을 것이다. 어려울 때 도움을 받은 사람은 그 여성에게 감사함을 느끼고 최고로 친하고 견고한 인맥을 구축하는데 기꺼이 협조할 것이다. 조직에서 리더의 반열에 오르느냐, 그렇지 못하냐의 핵심은 그가 평소에 만들어놓은 인맥의 견고성 여부에 의해서 판가름 난다.

5 하트경영Heart Management으로 승부수를 띄워라!

우리 사회에 시테크와 협업의 중요성을 화두로 던진 윤은기 박사가 하트경영에 대해서 이런 정의를 내린 바 있다.

"하트경영은 마음의 에너지, 즉 심력心力을 이용하는 경영활동입니다. 우리는 그동안 '좀 더 열심히', 그리고 '빨리빨리'라는 생각으로 무작정 앞만 바라보며 달려왔습니다. 하지만 이런 방식으로는 더 이상의 발전을 구가하기 힘듭니다. 이제는 뚜렷한 직업의식을 가지고 무엇이든 재미있게 창의력을 발휘하며 일해야 합니다. 더 이상 Hard Worker로 생활해선 곤란합니다. 앞으로는 Hard Thinker가 성공하는 시대입니다. 그런데 Hard Thinker는 변화의 방향과 속도를 감지하는 능력, 여러 가지 대안을 잘 만드는 능력, 다양함 속에서 최적의 답안을 도출할 수 있는 능력을 구비한 사람입니다. 이것을 위해서는 새로운 기능과 지식, 창의력, 팀워크가 전제되어야 합니다."

전통적으로 Hard Worker는 남성들의 전유물이라고 해도 과언이 아니다. 하지만 지금은 Hard Worker의 시대가 아니다. 이제 Hard Worker들은 노동생산성도 낮을 뿐만 아니라 과로사를 당할 가능성마저 있다. 따라서 조직구성원들도 Hard Thinker로 변신해야 한다. 어떻게 하면 값싸고 질 좋은 제품과 서비스를 생산해낼 것인가? 어떻게 하면 고객의 변화 욕구를 정확하게 읽어내고 그것에 탄력적으로 대응해나갈 것인가?를 고민하면서 조직경영을 해야 한다. 여성들은 Hard Worker보다는 Hard Thinker에 익숙한 사람들이다. 또 창의력이나 팀워크 측면에서도 여성들의 강점이 남성들보다 앞선다고 본다. 따라서 여성들이 하트경영의 트렌드를 잘 읽고 실천해나간다면 그 여성 리더가 속한 조직의 발전은 물론 국가경쟁력 향상에도 크게 공헌할 것으로 믿어 의심치 않는다.

6 벤치마킹을 주저하지 마라!

여성 리더들 가운데 성공한 리더도 있고 실패한 리더도 많다. 따라서 미래의 성공을 꿈꾸는 여성 리더들은 그들로부터 많은 것을 벤치마킹해야 한다. 잘한 점은 따라 배우고, 잘못한 것은 철저하게 반면교사로 삼아야 한다. 특히 성공한 리더들 가운데 우리 여성들이 참고해볼 만한 분이 있는데, 그녀가 바로 마거릿 대처Margaret Thatcher 영국 총리다. 그녀는 '영국병'을 치유한 영국 최초의 여성 총리였다. 1979년 그녀가 총리로 취임했을 당시, 영국은 과도한 인플레이션과 실업률, 낮은 경제성장률로 극심한 경제적 위기에 직면해 있었다. 그럼에도 불구하고 공공부문 근로자들의 파업 열풍이 전국을 휩쓸고 있었다. 그녀는 영국병의 원인을 '반기업적이고 과격한 노조와 정부에 의존하려는 무능한 기업가의 존재'라고 진단하고 국영기업의 민영화를 강력하게 추진했다. 그녀는 적당한 타협을 일체 거부하고 과격한 정책추진과 때로는 독단적인 자세로 공공부문의 개혁을 추진하는데 성공했다. 파업 열풍은 사라졌고, 혼돈의 영국 경제는 안정을 되찾기 시작했다. 또 그녀는 아르헨티나와의 포클랜드 전쟁에서 승리함으로써 자국의 국익을 지키는데도 성공했다. 마침내 영국 국민들은 그녀에게 '철의 여인'이라는 닉네임을 붙여주면서 11년 간의 장기집권1979~1990년을 허락했다. 성공적인 여성 리더를 꿈꾸는 사람들은 항상 부드럽고, 섬세하고, 공감을 불러일으키는 리더십이 능사라는 생각을 버려야 한다. 때에 따라서는 대처 총리처럼 논리정연하고 스스로에게 엄격하고 남성 리더들 못지않은 권위와 카리스마로 밀고 나가는 강한 리더십을 가질 필요도 있다는 사실을 깊이 인식할 필요가 있다.

아폴로 11호 우주인들로부터 배우는 '배려'의 리더십

『손자병법』을 보면 '윗사람과 아랫사람이 하고자 하는 마음이 같은 나라는 전쟁에서 반드시 승리한다.'라는 말이 나온다. 나는 그것이 수평적 네트워크를 강조하는 최고의 명언이라고 생각한다. 즉 조직구성원들 간의 수평적 네트워크는 청소년들이 운동회 때마다 즐겨하는 기마전騎馬戰의 원리와 매우 비슷하다. 기마전의 기본 전투대형은 1인의 리더와 3인의 추종자인 총 4명으로 구성된다. 이때 3인의 추종자는 1마리의 말馬과 2인의 협조자다. 이들 4명 가운데 어느 한 사람이라도 자신의 역할을 제대로 수행하지 못하면, 나머지 사람들은 자신의 의지와는 상관없이 패배할 수밖에 없다. 그들의 전투력과 생존가능성은 전적으로 리더인 전사와 3인의 추종자들 사이에 존재하는 무한대의 믿음, 공동의 목표를 향한 희망과 비전, 승리했을 때 공功을 함께 나누는 분복分福의 정신에 의존한다.

인간관계의 기본은 믿음이다!

우선, 공자께서도 "인간관계의 기본은 믿음이다."라고 강조했을 만큼 수평적 네트워크의 첫 번째 전제조건은 믿음信이다. 오늘날 세계 초일류기업으로 성장한 삼성그룹의 창업자인 고故 이병철 회장도 생전에 '의인막용疑人莫用 용인물의用人勿疑'라는 말을 즐겨 썼다고 한다. 이는 '의심이 가는 사람은 기용하지 말고, 일단 기용했으면 의심하지 마라'는 뜻이다. 또 카리스마의 측면에서 이병철 회장과 팽팽한 라이벌 관계를 유지했던 현대그룹의 창업자인 고故 정주영 회장 역시 한번 믿은 부하직원은 끝까지 신뢰했으며 평소 불치하문不恥下問이란 말을 좋아했다고 한다.

희망과 비전은 '마법의 반지'다!

둘째로, 공동의 목표를 향한 희망과 비전은 '마법魔法의 반지'와 똑같다. 개인의 이익을 최우선적으로 추구하는 인간들은 자신의 희망과 비전을 실현하기 위해 죽을 힘을 다하는 속성이 있다. 『역경』에 나오는 '이인동심二人同心 기리단금其利斷金', 즉 '두 사람의 뜻이 맞으면 육중한 금고金庫도 부술 수 있다'는 글귀도 이런 경우를 빗대서 하는 말인 것 같다는 생각이다. 더구나 개인들의 성취 욕구를 충족시켜주고 경제적인 보상까지 제공해주는 공동의 목표를 제시한다면, 모래알 같이 흩어졌던 사람들도 다시 불러 모아 하나로 뭉칠 수 있게 하는 엄청난 위력을 발휘할 수 있다. 단, 한 가지 유념할 것은, 희망과 비전은 커야 하지만, 그것이 단순하고 명료하게 제시되었을 때 수평적 네트워크 효과가 배가倍加된다는 사실이다.

남에게 자신의 영광을 양보하라!

셋째로, 공功을 독식하지 않고 남들과 함께 나눌 수 있는 분복의 자세가 수평적 네트워크를 잘할 수 있게 만들어주는 묘약妙藥이라는 점을 강조하고 싶다. '잔치 끝에 비위 상한다'는 얘기가 있다. 조직구성원들이 함께 노력해서 일정한 성과를 얻었다면, 그것은 조직구성원들이 납득할 수 있는 기준에 따라 분배하는 것이 건전한 수평적 네트워크의 구축에 도움이 된다. 그런데 현실은 그렇지 않은 경우가 더 많다. 일반적으로 파이 자체를 키우는 데는 많은 사람들이 동의하고 기꺼이 협조한다. 그러나 커진 파이를 나누는 영역에서는 자신의 몫을 조금이라도 더 가져가려는 사람들의 이기심으로 인해 삿대질과 고성이 난무한다. 이는 전적으로 조직구성원들 사이에 열린 마음이 2% 부족하기 때문이다. 자신에게 다가온 영광을 다른 사람에게 양보하는 분복의 자세로 이러한 문제를 슬기롭게 극복했던 하나의 사례를 제시하고자 한다.

우주개발부문에서 구舊소련에게 선두자리를 뺏긴 케네디 대통령은 미국의 자존심 회복을 위해 국가 주도의 우주개발 프로젝트를 강력하게 추진했다. 그 결과, 미국은 1969년 7월 20일한국 시간 7월 21일에 아폴로 11호를 달 표면에 착륙시킬 수 있었다. 이때, 아폴로 11호 우주선에는 선장인 닐 A. 암스트롱Neil A. Armstrong과 에드윈 E. 올드린Edwin E. Aldrin, 마이클 콜린스Michael Collins 등 세 사람이 탑승하고 있었다. 이들 가운데 21시간 37분 동안 달에 머물면서 달 표면에 발자국을 남긴 사람은 암스트롱아래 사진 맨 왼쪽과 올드린맨 오른쪽이었다. 콜린스중앙는 우주선의 모선母船을 제어하는 역할을 맡았기 때문에 달 표면에 내릴 수가 없었다.

물론 암스트롱에게는 '인류로서 달 표면에 자신의 발자국을 남긴 세계 최초의 사람'이라는 영광이 돌아갔다. 그가 달 표면을 밟으면서 세상 사람들에게 전했던 말, 즉 "내가 지금 내딛는 발자국은 비록 작은 것에 불과하지

• 아폴로 11호 우주인 (출처: 위키백과) •

만, 이는 분명 인류발전을 위한 거보巨步다"는 우주개발 역사를 증언해주는 명언으로 남아있다. 그런데 암스트롱은 달 표면에 서서 성조기를 꽂고 손을 흔드는 모델 자리는 동료였던 올드린에게 기꺼이 양보했다. 선장이란 자리를 이용하여 모든 영광을 독차지할 수 있었음에도 불구하고, 그는 세계 사진사寫眞史에 길이 남을 환희의 모델 자리는 올드린에게 양보했던 것이다. 결국 올드린은 TV를 통해 아폴로 11호의 달 착륙을 지켜본 전 세계의 시청자들에게 우주에서 손을 흔들었던 최초의 우주인으로 자리매김할 수 있었다. 암스트롱과 올드린은 콜린스의 역할에 대해서도 극찬을 아끼지 않았다. 그들은 "달 착륙선인 이글 호와 NASA 본부의 통신두절로 우리들은 우주 미아의 신세가 될 뻔했다. 이글 호가 모선으로 귀환했을 때, 연료는 30초 분량밖에 남지 않았을 만큼 우리들은 절체절명의 위기에 놓여 있었다. 만약 콜린스가 침착하게 대처하지 않았다면 미국의 아폴로 11호 계획은 실패할 가능성이 높았다."며 아폴로 11호의 무사귀환에 대한 모든 공功을 콜린스의 몫으로 돌렸다.

그로부터 30년이 흐른 1999년 7월, 이들 세 우주비행사는 '새뮤얼 랭글리' 훈장을 공동으로 수상하는 영예를 안았다. 그 자리에서도 올드린과 콜린스는 밝은 미소를 띠며 언론의 스포트라이트를 받는 주빈主賓자리를 암스트롱에게 양보했다. 이미 이들 세 사람은 열린 마음으로 분복의 숭고한 정신을 실천함으로써 그 무엇과도 비교할 수 없는 강력한 수평적 네트워크를 구축하고 있었던 것이다. 내게는 그 모습이 너무나도 부럽고 아름다운 광경으로 다가왔다. 우리나라의 정치지도자들이, 기업의 CEO들이, 각 가정의 부모님들이 저 세분의 우주인처럼 수평적 네트워크를 잘해주었으면 정말로 좋겠다는 생각을 가져본다.

기간제 여교사와 왕정치 선수로부터 배우는 지혜

몇 년 전, 우리 고장의 B초등학교에서 기간제 여교사_{이하 여교}사에게 차 심부름을 시켰다가 교권을 침해했다는 이유로 전교조 교사들의 격렬한 항의를 받은 S교장 선생님_{이하 S교장}이 자살하는 사건이 일어났다. 그 이후 나는 전국교장단협의회와 전교조, 그리고 학부모들 간의 볼썽사나운 대립과 상호 반목을 지켜보면서 교육자의 한 사람으로서 형언할 수 없는 자괴감을 느껴야만 했다.

교단에 첫발을 내디딘 여교사가 S교장의 차 심부름을 자신의 친정아버지에 대한 차 대접 정도로 가볍게 여기고 즐거운 마음으로 차를 갖다드릴 수는 없는 문제였을까? 차의 세계에서, 즉 다도茶道에서 통용되는 말 가운데 '일기일회'一期一會라는 게 있다. 이 말은 차를 마시는 자리를 접할 때, '이 분은 일생에 한번 밖에 만날지 모른다. 그러니 최선을 다해 가장 맛있는 차를 대접해야겠다'는 마음가짐을 의미한다. 물론 여교사의 입장에서는 "나는 학생들을 가르치기 위해 학교에 출근한 것이지 교장의 차 심부름을 하려고 온 것은 아니다."라고 강변할지 모른다. 또 그런 강변에 대해 나 또한 딱히 할 말이 없다. 다만, 자신보다 세상을 더 많이 살았고 교육경력이나 인생경험 면에서 대 선배인 S교장을 정중하게 모실 수도 있지 않았을까? 하는 아쉬움은 남아있다.

S교장에게도 안타깝게 여겨지는 부분이 있다. 아마도 S교장이 교직에 입문해서 교장의 자리에 오르기까지 그분 역시 윗분들을 지극 정성으로 모셨을 것이다. 지금 교장, 교감의 자리에 계신 선생님들은 다들 그런 인고의 세월을 살아오신 분들이다. 그래서 S교장 본인도 후배 교사들로부터 지난 날 자기가 선배 교사들에게 해드린 것과 같은 인간적인 대접을 받고 싶었는지도 모른다. 그러나 이제는 세월이 바뀌었다는 사실을 정확히 인식해야 한다. "시대가 정말로 더러워졌다!"고 얘기하는 사람들에게 밝은 미래는 결코 보장되지 않는다. 급변하는 시대에는 사회의 변화에 탄력적으로 그리고 능동적으로 대응하면서 교장과 교감의 직책에 부합되는 리더십을 원만하게 발휘할 때, 신세대 후배 교사들로부터 존경과 칭송을 받는 교육계의 리더가 될 수 있다. 지금은 권위주의를 미련 없이 포기하고 후배 교사들이 원하는 사항을 그들보다 앞장서서 개혁함으로써 진정한 권위와 교단의 평화를 찾아가는 교육계의 원로로서의 지혜가 그 어느 때보다 절실한 시점이다. 왜냐하면 교육이란 인간의 여러 활동 중에서도 현재보다는 미래, 안정보다는

변화를 추구하는 인간의 숭고한 활동이기 때문이다. 또 권위라는 것은 자기 자신을 진정으로 버릴 때에 한해서 얻을 수 있는 고귀한 선물이다.

아름다운 인간 승리자, 그 이름은 왕정치!

내가 차 심부름 사건으로 자살한 S교장의 얘기를 접하면서 아주 오래 전에 일본 책에서 읽었던 일본의 홈런왕 왕정치 선수 얘기를 떠올려 보았다. 그 책은 읽은 지가 하도 오래되어서 도서명과 저자 이름은 가물가물하지만 내용만큼은 또렷하게 기억하고 있다. 일본식 이름으로 오사다하루ぉぅさだはる인 왕정치는 자타가 공인하는 일본의 간판타자였다. 1940년 생으로 와세다 실업학교의 에이스로서 고시엔甲子園대회의 우승 투수였던 그는 1959년 요미우리 자이언트 팀에 입단했다. 입단 이후, 그는 아라가와 히로시 코치의 집중적인 교육을 받고 타격 폼과 타이밍을 잡는 방법, 스윙 등을 바꿔가면서 외다리 타법을 고안해냈다. 외다리 타법이란 투수가 투구모션을 일으키는 것과 함께 앞다리를 들어 올려 한 발로 몸의 균형을 잡고 있다가 투수가 공을 던지는 순간, 들어올린 앞발을 내딛으면서 타격을 시도하는 폼을 말한다.

그런 노력을 통해 왕정치가 현역 시절에 거둔 실적을 보면 눈부시기 그지 없다. 비공인 세계 신기록인 통산 최다 홈런 868개, 최우수선수 9회, 홈런왕 타이틀 15회, 타점왕 타이틀 13회, 통산 최대 타점 2,170점, 통산 장타율 0.634, 통산 최대 득점 1,967점, 시즌 최다 홈런 55개, 7경기 연속 홈런, 1경기 4홈런 및 4타수 연속 홈런, 통산 최

• 현역시절의 왕정치 선수 (출처: www. ddazi.com) •

대 만루 홈런 15개 등 그의 야구 인생은 대단히 성공적이었다. 하지만 왕정치에게도 초보 시절이 있었다. 마치 개구리도 올챙이의 시절을 거쳐야 하는 것처럼 말이다. 그런데 초보 시절의 왕정치에게는 다른 선수들과 다른 게 하나 있었다. 바로 그것 때문에 왕정치는 자이언츠의 우로宇路 구단주의 눈에 들었고, 다른 선수들보다 훨씬 좋은 조건에서 연봉협상을 할 수 있었다. 1960년 12월, 신인 왕정치는 태어나서 처음으로 계약 갱신이란 것을 하게 되었다. 우로 구단주는 왕정치에게 "자네의 금년도 타율은 1할 6부 7리, 홈런은 7개, 타점은 25점밖에 안 되네. 그런데도 3진 아웃 수는 72개로 자이언츠 팀에서 제일 많아. 타율, 타점, 삼진 아웃 수, 거기에다 팀 공헌도 역시 숫자상으로 보면 감봉감이야!"라는 말을 했다. 이때 왕정치는 "올 연봉 협상은 글렀구나!"라고 생각하고 마

음속으로 감봉을 각오했다고 한다. 그런데 우로 구단주는 "왕군! 올해 연봉은 작년보다 1만 엔 인상된 13만 엔으로 하자"고 말하는 것이 아닌가? 순간 왕정치는 크게 놀랄 수밖에 없었다. 우로 구단주가 그런 결정을 내린 것은 전적으로 평소 야구공을 제 몸처럼 아끼는 왕 선수의 갸륵한 마음씨를 읽었기 때문이다.

인간승리는 하찮은 일에서부터 시작된다!

신인 왕정치는 야구공을 담당하는 역할을 맡았다. 그것은 분명 허드렛일에 불과했다. 하지만 그는 야구경기가 끝나면 경기장에서 야구공을 일일이 주운 다음, 실밥이 터진 야구공을 합숙소에 가지고 와서 밤늦게까지 정성껏 꿰맸다. 누가 하라고 시킨 일도 아니었다. 실밥이 터진 야구공 하나를 꿰매는 데 걸리는 시간은 약 30분이었다고 한다. 그런데 왕정치는 매일 밤 두 세 개씩 실밥이 터진 야구공을 꿰맸다. 우로 구단주는 오래전부터 그와 같은 왕정치 선수의 투철한 책임감과 일에 대한 남다른 애정을 정확하게 읽고 있었던 것이다. 남들이 귀찮아하고 싫어하는 야구공 꿰매는 작업을 말없이 하면서 왕정치는 훗날 일급 선수로 비상해 대활약을 하는 원대한 꿈을 꾸었을 것이다. 그리고 선배들을 하늘같이 모시면서 선배 선수들로부터 좋은 점과 반면교사로 삼아야 할 점들을 냉철하게 체크한 후 그것을 가슴 깊이 새기지 않았을까. 나는 그와 같이 겸손한 자세로 자신의 야구인생을 밑바닥부터 철저하게 다져나간 그에게 아낌없는 박수와 칭송을 보냈던 기억이 있다. 또 선수 개개인을 빈틈없이 체크하면서 숨은 곳에서 팀에게 무언無言의 공헌을 하고 있던 신인 왕정치를 발굴해서 격려하고 그의 선행을 외부에 알리는데 주저하지 않았던 우로 구단주의 열린 리더십에 경의를 표하지 않을 수 없었다.

세상에는 하기 좋은 일보다 그렇지 않은 일이 더 많다. 그런데 장래에 큰 인물이 될 사람은 평범한 일상생활에서 중요한 의미를 포착하고 거기에서 승부수를 띄운다. 요즘은 일부 의식 있는 직장여성들이 "저는 이 회사에 차 심부름하기 위해 온 것이 아닙니다."라고 항변을 하는 경우가 적지 않다고 한다. 그런데 회사 간부들에 따르면 "신입 초기에 마땅히 시킬 만한 일이 많지 않기 때문에 차 심부름이라도 시킨다"고 한다. 문제는 차 심부름을 하면서도 빨리 한 사람 몫의 업무를 제대로 소화할 수 있는 사람으로 성장함으로써 차 심부름만 시켜서는 안 되는 소중한 존재로 발전해야 한다는 점이다. 설령, 차 심부름을 하고 있는 동안에도 회사 안에서 가장 맛있는 차를 가장 친절하게 대접할 수 있는 프로 기질을 가져야만 크게 성공할 수 있다. 이와 마찬가지로 신입사원 시절에는 회사나 회사의 간부가 시키는 잡일 하나라도 모든 사람들로부터 칭찬을 받을 수 있도록 하고 그 일에서 하루속히 졸업한 후 자신의 주특기를 찾아나가려는 노력을 경주해야 한다. 적어도 우리 모두가 그런 열린 사고로 직장의 상사와 부하직원들이 의기투합

할 때 우리 사회는 지금보다 훨씬 살기 좋고 아름다운 사회로 변모할 수 있을 것이다.

나는 지금도 이따금씩 S교장과 우로 구단주, 여 교사와 왕정치 선수를 떠올려본다. 그러면서 우리 사회가 직면하고 있는 조직 내의 계급 갈등과 부조화의 문제를 생각해 본다. 비록 늦은 감이 있긴 하지만 우리가 상생의 정신으로 머리를 맞대고 가슴을 열면 현재 실타래처럼 꼬여 있는 각종 난제들도 한 여름철의 장대비처럼 시원스럽게 풀릴 것 같은 희망을 갖게 한다. 그러기 위해서는 무엇보다도 윗물격인 리더들부터 부하직원에 대한 따뜻한 애정과 열린 마음을 가져야 한다. 아주 사소한 일에서부터 인간승리의 실마리를 풀어나갔던 왕정치 선수 같은 젊은이들과 우로 구단주처럼 고감도 감성을 지닌 리더들이 많이 출현해서 삭막하고 살벌하기 그지없는 우리 사회에 무명無名의 헌신과 온기를 불러 일으켜주길 간절히 기대한다.

대한민국 공군 특수비행팀 블랙이글스의 전대장이자 공군사관학교 생도전대장을 역임한 이철희 공군대령한테서 들은 얘기다. 그도 어느 잡지에서 읽은 내용이라고 전제하면서 나에게 '100점짜리 인생'을 소개했다. 독자들에게 소개시켜줄 만한 얘기라고 판단되어 여기에 소개하고자 한다.

• 블랙이글스 대대장 시절의 이철희 중령 •

💡 100점짜리 인생

사람들은 누구나 다 100점짜리 인생을 살고 싶어 한다. 하지만 그것이 말처럼 쉽지 않다. 그런데 그 비법이 있다고 하니 놀랍기 그지없다. 나도 한번 그것을 실천해보고 싶다. 일단 A에 1점, B에 2점, C에 3점, D에 4점, E에 5점…이런 방식으로 26개 알파벳에 일련의 점수를 부여하면 Z는 26점이 된다. 이제 '열심히 산다.'라는 뜻의 'hard work'에 점수를 부여하면 98점(=8+1+18+4+23+15+18+11)이 된다. 이 세상은 일만 열심히 한다고 해서 멋진 삶을 사는 게 아니다. 여전히 2%가 부족하기 때문이다.

그렇다면 공부를 많이 해서 지식이 충만한 삶은 어떨까? 지식은 'Knowledge'이다. 이를 점수화시키면 96점이 된다. 어떤 분은 행운이 깃들면 성공한 삶이 될 수 있다고 주장할지 모른다. 행운은 'Luck'다. 그것을 점수화시키면 47점이다. 100점에는 크게 못 미치는 숫자다. 혹시 돈이 많다면 어떨까? 돈은 'Money'다. 그것을 점수화시키면 72점이다. 여전히 100점에는 미치지 못한다. 하긴 돈 많은 분들이 자살하는 경우도 종종 있는데, 그것을 보면 돈이 인생의 전부는 아닌 것 같다.

그러면 100점짜리 인생이 되려면 뭘 어떻게 해야 하나 궁금해진다. 그런데 해답은 의외로 간단하다. 첫째는 인생을, 또는 삶을 바라보는 자세다. 즉 'Attitude'다. 그것을 점수화하면 100점이 된다. 이는 인생에서의 진짜 행복은 마음먹기에 달려 있다는 것을 말해준다. 즉 100점짜리 인생은 누가, 어떤 대상 돈, 행운, 지식 등이 결정해주는 게 아니고 자신이 세상을 어떻게 바라보며 어떤 생각을 갖고 있느냐?에 따라 결정된다는 사실이다.

둘째는 스트레스Stress다. Stress도 점수화시키면 100점이 된다. 세상을 살다보면 스트레스를 받지 않을 수 없다. 문제는 그 스트레스를 어떻게 활용하면서 극복하느냐에 달려 있다. 적당한 스트레스를 삶의 활력, 강력한 동기부여 책으로 활용하면서 적극적인 삶을 살아간다면 그야말로 100점짜리 인생을 살 수 있게 된다.

셋째는 휴식이다. 'Take a Rest'이다. 이것도 점수화시키면 100점이다. 바쁜 가운데서도 휴식을 취하고 삶의 에너지를 재충전하는 지혜를 발휘할 수 있다면 업무 생산성도 높아지고 삶의 보람도 느끼게 될 것이다. 아무리 생각해도 명언이 아닐 수 없다. 이 책을 읽은 독자들께서도 태도, 스트레스, 휴식 등을 잘 관리해서 모두 다 100점짜리 인생이 될 수 있었으면 좋겠다.

1 리더십에 대한 오류 가운데 여성과 관련된 것이 적지 않다. 여성들은 조직생활에 취약하고 카리스마가 없으며 감성이 풍부하기에 리더십 발휘가 힘들다고 한다. 또 여성들은 관계기술에 취약하고 변화관리에 둔감하기 때문에 남성 리더십이 여전히 유효하다고 말한다. 하지만 이런 주장이 반드시 옳다고 할 만한 근거 역시 불충분하다. 어찌 보면 요즘 세상은 여성 리더십이 더 큰 영향력을 미칠 것 같다는 생각이 든다.

2 위미노믹스Womenomics는 여성Women과 경제학Economics의 합성어로서 여성들의 구매력 신장을 시사하는 용어다. 또 골드칼라는 톡톡 튀는 아이디어 노동자로서 새로운 가치를 창조해내는 지식창조형 전문가라고 한다. 이들은 남들이 흉내낼 수 없는 금빛 아이디어와 뛰어난 창의력을 무기로 세상을 변화시키는 사람들이다.

3 2016년 6월 6일, 미국의 경제전문지 「포브스」는 '2016년 가장 영향력이 있는 여성 100명의 명단'을 공개했다. 그 가운데서 세인들의 주목을 받는 것은 '세계 정상에 우뚝 선 10인의 여성 리더'들은 다음과 같다. 1위 메르켈 독일 총리, 2위 힐러리 클린턴 전 미국무부장관, 3위 재닛 L. 옐런 FRB 의장, 4위 멀린다 게이츠, 5위 메리 T. 베라 제너럴모터스 CEO, 6위 크리스틴 라가르드 IMF 총재, 7위 셰릴 샌드버그 페이스북 COO, 8위 수전 보이치키 유튜브의 CEO, 9위 맥 휘트먼 휴렛팩커드사 CEO, 10위 아나 파트리샤 보틴 산탄데르은행 CEO였다.

4 알파 리더십은 권위와 위계질서를 지향하며 분석적 내지 합리적 관점에서 사물과 현상을 바라보며 양적인 사고를 중시하는 리더십이다. 그에 반해 베타 리더십은 소통과 통합을 지향하며 직관적 관점으로 사물과 현상을 직시하며 질적인 사고를 중시하는 리더십이다.

5 성공적인 여성 리더가 되기 위해서는 여성성Feminity에 기초해서 모성 리더십, 즉 사회구조를 계급간 투쟁이나 이원론으로 바라보지 않고 통합론적 관점에서 사회 전체를 아우르는 자세를 견지해야 한다. 또 여성 리더는 권력에 대한 정확한 직시, 끊임없는 자기학습, 자신에 대한 자기성찰, 휴먼–네트워크 구축, 하트경영, 벤치마킹에 적극 임해야 한다.

01 다음 중 '두 사람의 뜻이 맞으면 육중한 금고도 부술 수 있다'는 '이인동심二人同心 기리단금其利斷金'의 출처는?
　① 『한비자』　　② 『논어』　　③ 『역경』　　④ 『맹자』

02 다음 중 아폴로 11호 우주선의 우주인이 <u>아닌</u> 사람은?
　① 닐 A. 암스트롱　　　　② 마이클 콜린스
　③ 에드윈 E. 올드린　　　④ 데이브드 J. 슈워츠

03 다음 중 우먼파워를 제고시키기 위한 전략으로 거리가 <u>먼</u> 것은?
　① 자기 확신　　② 자기 성찰　　③ 벤치마킹　　④ 하트 경영

04 다음 중 알파 리더십과 거리가 <u>먼</u> 것은?
　① 권위　　② 질적 사고　　③ 합리적 사고　　④ 위계질서

05 다음 중 금줄과 <u>무관한</u> 것은?
　① 솔가지　　② 빨간 고추　　③ 색종이　　④ 숯

※ 다음 빈칸에 들어갈 알맞은 용어를 적으시오.

01 갓난아이가 태어났을 때 악귀나 부정한 것의 유입을 막기 위해서 걸어놓는 금줄은 (   )일 동안 걸어두었다. 단, 숫자로 쓸 것!

02 여성들의 경제적 지위 향상과 그에 따른 구매력 신장을 의미하는 신조어인 '위미노믹스'를 맨 처음 사용한 사람은 골드만삭스의 일본지사 여성 수석전략 분석가로 일하고 있는 마쓰이 (   )(이)다.

03 소통과 통합을 지향하며 직관적 관점으로 사물과 현상을 직시하며 질적인 사고를 중시하는 리더십을 (   ) 리더십이라고 정의한다. 단, 두 자로 쓸 것.

04 마음의 에너지라고 할 수 있는 심력心力을 이용하는 경영활동을 (   )경영이라고 정의한다. 단, 한글로 쓸 것.

05 특유의 권위와 카리스마, 그리고 논리정연하고 냉철한 리더십으로 영국의 과도한 인플레이션과 실업률, 낮은 경제성장률, 공공부문 근로자들의 불법파업과 같은 영국병을 깨끗하게 치유하고 하늘나라로 떠난 영국의 총리는 (   )(이)다.

| 정답 |

객관식 01 ③   02 ④   03 ①   04 ②   05 ③

단답식 01 21   02 게이시   03 베타   04 하트   05 마거릿 대처

CHAPTER 14

21세기를 선도할
한국적 리더십을
새롭게 정립하자!

고 정주영 현대그룹 회장
(출처: 현대중공업 홈페이지)

공론公論과 부의浮議, 그리고 지식인

현재 우리 사회는 카오스의 블랙홀에 빠져 있다. 주위를 둘러봐도 난국해결의 돌파구가 보이지 않는다. 국정운영에 대한 청와대와 국회의 조정 및 타협 기능은 실종된 지 이미 오래다. 또 지금은 SNS를 활용한 비전문가들의 개인적 의견인 부의浮議가 사회적 여론인양 엄청난 위력을 발휘하고 있다. 공론公論 부재의 혼돈사회가 작금의 상황이다. 일찍이 율곡 이이는 『동호문답』에서 이런 말씀을 남기셨다. "공론이 조정에 있으면 나라가 다스려지고治, 항간에 있으면 나라가 어지러워지며亂, 공론 자체가 없으면 나라는 망한다. 따라서 공론은 나라의 원기元氣이며, 공론을 만드는 것은 전적으로 사림士林의 사명이다." 즉 율곡 이이는 지식인의 사회적 책무가 공론 형성에 있음을 강조했던 것이다. 한편 율곡 이이가 역설한 공론은 다수결 의견을 지칭하는 게 아니다. 많은 사람들은 공론을 다수결 의견으로 착각한다. 율곡 이이가 설파했던 공론의 진정한 의미는 '개인의 사소한 이해관계를 초월해서 오로지 국가와 공동체의 미래발전상을 생각하며 내린 지성인들의 집단적 의견'이었다. 또한 공론은 멸사봉공滅私奉公과 견리사의見利思義가 전제된 나라사랑, 가치 중립적 시각에서 공동체의 공동선共同善을 추구하는 올곧은 선비의 자세를 요구하는 개념이다.

그동안 우리는 미군 장갑차에 치어죽은 효선과 미선 양, 금강산관광 도중 북한군의 총격에 사망한 박왕자 씨 사건, 광우병촛불시위, 행정수도 이전, 천안함 침몰, 제주해군기지 건설, 국제과학비즈니스벨트조성사업, 한·미 FTA, 사드 배치 등에서 공론 부재의 실상을 뼈저리게 경험했다. 만약 우리나라의 정치 리더들이 대국적 견지에서 이런 문제들의 합리적 해결을 위한 공론을 여야 합의로 도출했다면 지금처럼 정치 리더들이 국민들로부터 극도의 불신과 조롱을 받는 불상사는 일어나지 않았을 것이다. 물론 정치 리더들이 그렇게 추락한 데는 우리 지식인들에게도

• 이율곡의 『동호문답』 (출처: 율곡기념관) •

• 쟝폴 사르트르 (출처: 정윤수의 Book) •

큰 책임이 있다. 일찍이 쟝폴 사르트르는 지식인을 '지배계급과 노동자계급 어디에도 속하지 못하는 회색분자'라고 정의했다. 또 그는 "지식인이 회색분자의 오명에서 벗어나기 위해서는 사회의 부조리와 모순을 고발하는데 적극 나서야 한다"고 역설한 바 있다.

그런데 현실은 쟝폴 사르트르가 말한 지식인의 역할보다 한 단계 더 진화한 새로운 형태의 지식인을 요구한다. 이제부터 지식인들은 자신의 정치이념에 편향된 색안경을 쓰고 끼리끼리의 횡포나 궤변을 양산하는 붕당구조의 틀을 깨는데 앞장서야 한다. 특히 진실 앞에 겸손하고 깨끗하게 승복할 줄 아는 지적 정직과 공동체이익을 제일 먼저 생각하는 애국·애족정신으로 향후 우리 사회가 나가야 할 미래비전과 대안까지 당당하게 제시해야 한다.

연예인, 작가, 방송인, 종교인, 정치지향적인 폴리페서, 심지어 시대의 양심이어야 할 법관들까지 나서서 엉터리 부의浮議를 대량생산하는 서글픈 현실을 보면서 이율곡 선생이 강조했던 공론의 중요성을 되새겨본다. 공론은 부의浮議와 차원이 다른 고차원적 개념이다. 민주주의 사회에서 정치 리더들은 지역유권자의 의견을 경청하고 존중해야 한다. 그러나 그것이 공론과 정면으로 배치될 경우에는 사즉생死則生의 자세로 공론을 선택하는 용기를 가져야 한다. 그것이 참된 정치 리더의 자세다. 이식위천以食爲天 사상에 입각해서 국가 미래와 국민들의 의식주 문제를 걱정하는 전문 지식인들과 정치 리더들이 공론을 만들고, 그것을 국정운영에 적극 반영하는 사회가 진정한 선진 일류사회다. 그런 의미에서 정치리더들의 개혁보다 더 시급한 것은 부의浮議에 동조, 침묵, 방관하고 있는 지식인 집단의 냉철한 자기반성이다.

21세기 한국적 리더십의 새로운 틀을 정립해보자!

이제 21세기 한국적 리더십이 추구해야 할 기본 방향 6가지를 제안하고자 한다. 즉 21세기 한국적 리더는 프런티어 정신을 발휘해야 하고, 국민대통합을 위한 상생의 공존공영을 모색하는데 열정을 쏟아야 한다. 또 풍부한 지적 교양과 균형 잡힌 거시적 안목으로 국가와 기업을 합리적으로 운영할 수 있어야 한다. 이에 더하여 따뜻한 감성지수로 실패학失敗學을 중시하고 제3의 자본이라고 일컫는 사회적 신뢰관계를 공고히 구축할 수 있는 사람이어야 한다. 여기서는 이들 사항에 대해 좀 더 자세히 언급하기로 한다.

프런티어 정신

21세기는 복잡계, 즉 카오스의 논리가 적용되는 시대다. 어느 누구도 우리 사회가 어느 방향으로, 어떻게, 어떤 속도로 흘러갈지 가늠하거나 예측하기 어렵다. 이런 상황에서 국가나 기업, 국민을 이끌고 나가야 하는 리더들은 미지의 낯선 세계를 개척하고 도전하려는 진취적인 기상으로 무장하지 않으면 안 된다. 21세기 리더에게는 프런티어 정신에 입각해서 주인 없는 땅을 선점하겠다는 정신으로 조직을 이끄는 자세가 요구된다. 프런티어 정신은 블루오션 전략과 일맥상통하고, 제로섬 게임을 의미하는 레드오션과는 정반대되는 개념이다. 한정된 시장을 놓고 피를 튀겨가며 시장점유율 경쟁을 벌이는 기업들, 한정된 몫을 놓고 조금이라도 자신의 파이pie를 더 가져가려고 다투는 노사갈등이 제로섬 게임의 대표적인 형태. 그런데 한 가지 재미있는 사실은, 역사의 발전은 주로 프런티어 정신을 가진 리더들과 그런 리더를 발굴해 낸 국민들에 의해서 이루어졌다는 점이다.

국민대통합을 지향하는 상생의 정신

기브 앤 테이크Give&Take의 논리, 즉 '당신도 잘 살고 나도 잘 사는' 상생의 공존공영만이 국가와 국민을 편안하고 행복하게 만들 수 있다. 21세기 리더를 꿈꾸는 사람들은, 과거 거대 공룡들이 멸종되는 비극적 환경에서도 꿀벌과 같은 작은 곤충들이 살아남을 수 있었던 비결을 철저하게 학습할 필요가 있다. 거대 공룡들은 지속가능한 상생 발전을 추구하지 않았다. 오로지 자기들끼리 죽고 죽이는, 먹고 먹히는 제로섬 경쟁에만 전념했다. 그 결과 먹잇감인 숲이 황폐해져 갔고, 마침내 온대지역에서 생존수단을 상실한 그들은 추운 지역까지 먹이를 찾으러 갔다가 그곳에서 모두 다 얼어 죽었다. 그것이 바로 '툰드라의 비극'이다. 그에 반해 꿀벌들은 꽃가루를 수정시켜 열매를 맺게 도와주면서 그 대가로 꿀과 꽃가루를 얻는 상생의 논리를 추구한 덕분에 멸종하지 않고 살아남을 수 있었다.

이 세상은 힘만 있다고 생존이 보장되는 사회가 아니다. 진정한 힘은 육체적인 물리력이 아니라 두뇌와 마음에서 우러나오는 지혜에 의해서 만들어진다는 사실이다. 따라서 21세기 국가와 기업, 국민을 이끄는 리더들에게 있어서 가장 중요한 것은 공존공영을 모색하면서 상생의 길을 추구하는 지혜라고 생각된다. 국민들을 편안하고, 배부르게 해주지 못하는 정권은 스스로 생존 기반을 붕괴시켜 자멸하고 만다는 것이 역사의 가르침이다. 그런 의미에서 빵 한 덩어리를 구입하기 위해 수 킬로미터나 줄을 서게 만든 구소련이 붕괴된 것은 어쩌면 필연적인 사건이었다. 또 기업과 고객, 대기업과 중소하청업체 사이에도 이러한 원칙이 그대로 적용되고 있다. 소비자에게 만족을 주지 못하는 기업, 하청업체를 발전시킬 생각은 하지 않고 오직 이윤극대화의 수단으로만 간주하는 대기업도 이제는 망할 수밖에 없다.

풍부한 지적 교양과 균형 잡힌 안목

21세기는 변화의 속도가 빠르고 불확실성과 위험요인이 많다. 게다가 풀어야 할 문제의 내용과 범위가 복잡다기한 특징을 보이고 있다. 따라서 부분해법에 능한 리더들은 많은 한계에 봉착할 수밖에 없다. 왜냐하면 현대사회는 우리들에게 일반균형적인 해법과 대안을 요구하고 있기 때문이다. 이러한 시대적 요구에 적극 부응하기 위해서는 우선 리더들부터 제한된 자신의 전공분야를 초월해서 관련 영역 전체를 조망하고 투시할 수 있는 거시적 안목과 균형 감각이 절대적으로 필요하다. 또 리더는 다양한 계층, 다양한 분야의 사람들과 원만한 휴먼-네트워크를 구축해야 하는데, 그러기 위해서는 어느 누구와도 소통을 잘할 수 있을 만큼의 폭넓은 교양과 지식을 갖고 있어야 한다. 21세기 리더를 꿈꾸는 사람은 다양한 분야에 걸친 폭넓은 독서를 통해 자신의 지적 수준과 교양을 높이면서 제너럴라이징 스페셜리스트generalizing specialist가 되기 위한 노력에 박차를 가해야 한다. 그래야만 성공할 수 있다. 여기서 제너럴라이징 스페셜리스트란, 한 분야에 정통하면서도 다방면에 해박한 지식과 교양을 갖추고 있는 인재를 의미한다.

감수성과 상상력, 그리고 창의성 겸비

감성지수는 타인의 마음과 심리상태를 헤아려주고 그들을 편안하고 행복하게 해줌으로써 타인들을 감동시킬 수 있는 능력을 말한다. 리더는 작업현장에서 직접 노동을 하는 사람이 아니다. 리더는 조직구성원들이나 국민들이 맡은 바 임무를 잘 수행할 수 있는 분위기를 만들어주고, 일하고 싶도록 동기부여를 해주는 게 그들의 미션이다. 따라서 리더는 조직구성원들과 국민이 절실히 원하는 것, 정말로 가려워하는 곳을 미리 미리 찾아서 그들보다 먼저 해결해 주는 역할에 최선을 다해야 한다. 아랫사람들에 대한 끊임없는 연민의 정, 사랑하고 챙겨주는 깊은 배려, 고통스런 일은 남보다 자신이 먼저 맡으려는 솔선수범과 자기희생이 전제될 때 리더의 감성지수가 빛을 발할 수 있다. 또 리더가 제대로 된 리더십을 발휘하기 위해서는 남들이 보지 못하는 세계를 볼 수 있는 안목, 즉 무에서 유를 창조해내는 상상력과 창의성을 가지고 있어야 한다. 상상력은 오랜 문제의식 속에서만 봄철의 죽순처럼 조용히 싹트고, 창의력은 무언가에 열중하여 무아지경에 빠졌을 때 자연스럽게 샘솟는 것이다. 백성들의 문맹퇴치를 위해 훈민정음을 창안했던 세종대왕, 왜적을 물리치기 위해 돌격선인 거북선을 창안했던 이순신 장군, 윈도우체계를 창안하여 지식정보화 사회를 앞당기는데 결정적으로 공헌했던 빌 게이츠가 이런 조건을 충족시켰던 위대한 리더였다.

실패에 대한 격려와 실패학 중시

실패를 밝히기 꺼려하거나 심지어 두려워하는 풍토가 조성되면, 조직 내부에 심각한 문제가 발생하게 된다. 조직이 발전하려면 실패는 은폐의 대상이 아니라 적극적인 공개 대상이 되어야 한다. 즉 실패를 공개해서 그 원인을 철저하게 분석하고 같은 실패를 반복하지 않으려는 학습활동을 활발하게 전개해야 한다. 이를 위한 전제조건은 최선을 다한 실패에 대해서는 징벌이 아니라 포상과 격려가 있어야 한다는 점이다. 그래야만 실패를 감추려하지 않기 때문이다. 리더는 이런 역할을 잘해야만 조직이 일신우일신을 거듭하며 발전할 수 있다. 다시 한 번 강조하건대, 실패를 은폐하거나 실패에 대해 침묵하는 사람은 21세기 리더로 부적합한 인물이다. 아래 표는 실패가 은폐되었을 때 나타나는 문제점을 요약해 놓은 것이다.

실패를 방치하거나 은폐할 경우 발생하는 문제점

01 작은 실패들이 숨겨진 채로 누적되고 악화되어 결국 큰 실패로 이어진다.
02 실패가 성공으로 보이도록 자료들이 왜곡될 가능성이 크다.
03 체면유지나 상호경쟁을 위해 타부서에 정보제공을 하지 않을 가능성이 있다.
04 CEO나 리더들에 대한 허위 및 누락 보고로 인해 잘못된 의사결정을 계속해서 초래할 가능성이 매우 크다.

05 실패가 노출되지 않으면 조직이 보수적인 성향을 띠게 된다.

06 진정한 실험은 회피하고 안전한 모의시험만 하면서 시간과 노력을 낭비하게 된다.

07 작은 실패가 용인되지 않으면 실패가 신속하게 조정되지 않고 무리수가 나타난다.

08 진실성과 즐거움이 사라지는 조직으로 전락하고 결국 자멸하게 된다.

사회적 자본인 신뢰 구축

21세기는 사회적 자본social capital이 경쟁력을 낳는 시대다. 세계사적 측면에서 바라볼 때, 자본의 개념은 물적 자본physical capital; 기계, 공장, 사회간접자본social overhead capital; 도로, 항만, 에너지공급시설, 상·하수도, 통신시설, 초고속정보통신망, 사회적 자본 순으로 발전해 왔다. 여기서 사회적 자본이란, 기업의 생산성 향상에 기여하는 신뢰와 투명성을 일컫는 말로 해석된다.

한편, 사회적 자본축적에 성공한 기업들은 원만한 노사관계로 인해 산업평화의 정착이 가능하고 고객인 소비자나 협력업체인 부품공급업체들과 견고한 신뢰관계를 구축할 수 있다. 이는 결국 생산성 향상으로 이어져 기업의 성장과 발전에 긍정적인 영향을 미치게 된다. 지금은 정치, 경제, 경영, 개인의 인생 등 모든 분야에서 사회적 자본을 먼저 축적한 사람이 승자勝者가 되는 시대다. 따라서 리더를 꿈꾸는 사람이나 현재 리더의 위치에 있는 사람들은 사회적 자본의 중요성을 깊이 인식하고, 자신이 속한 조직 내에 그것을 견고하게 구축하려는 노력을 기울여야 한다.

리더십 교육의 패러다임도 과감히 바꾸자!

오늘날 조직의 성장과 발전, 변화와 혁신의 성패成敗는 전적으로 조직의 운영을 책임지고 있는 리더의 리더십에 의해 크게 좌우된다. 신자유주의와 무한경쟁 속에서 생존을 도모해야 하는 기업들로서는 리더의 리더십 함양이 선택사항이 아닌 절대 덕목으로 간주되고 있다. 그런데 리더십은 저절로 얻어지는 게 아니다. 오랫동안에 걸친 경험과 경륜, 지속적인 교육과 학습을 통해서 연마되고 길러지는 게 리더십이다. 그러나 작금의 리더십 교육 실태를 살펴보면 아직도 부족한 게 한두 가지가 아니다. 우선 체계적인 리더십 연구가 이루어지지 않고 있다. 그래서 그런지는 몰라도 리더십 분야는 경제학과 같은 학문분야에 비해 이론적 토대가 취약한 실정이다. 또 역사상 성공한 리더와 실패한 리더들이 많았지만 그들을 자질, 행태, 상황 등의 관점에서 일관되게 엮어낼 수 있는 툴과 논리도 미흡하다. 리더십 연구자들이 자신의 주관적인 생각과 입맛에 따라 연구를 하는 것도 그와 무관하지 않다.

조직의 리더들도 경영에 막대한 영향을 미치는 리더십에 대한 이해 부족으로 그동안 조직 내의 리더십 교육에 대해 많은 관심을 기울이지 않았다. 기껏해야 외부 유명강사를 초청해서 전 직원들에게 특강을 시키는 것이 리더십 교육의 전부라고 생각하는 리더들도 적지 않다. 하지만 리더십 교육은 어느 특정인의 특강만으로 가능한 게 아니다. 조직의 모든 구성원들이 공동의 비전과 목표를 공유하면서 리더십과 관련된 제반이론과 실무경험을 꾸준하게 쌓아나가는 노력을 경주할 때 리더십이 쌓아지는 것이다. 한국의 특수한 환경이나 한국인의 특성에 대한 고려는 배제한 채, 외국의 리더십 이론만을 수입하여 국내에 천편일률적으로 소개하는 것도 이제는 그만해야 한다.

리더십 교육의 새로운 패러다임 구축이 시급하다.

외국에서 개발한 최신 리더십 이론에 대해 수受·파破·창創 프로세스를 작동시켰으면 한다. 수·파·창 프로세스에서 수受란, 선진국의 최신 이론을 있는 그대로 받아들여 철저하게 분석하는 것을 말하고, 파破는 그것을 창조적으로 파괴하면서 한국 특유의 리더십 이론으로 적용 발전시킬 수 있는지를 다각적으로 탐색하는 것을 뜻한다. 창創은 기존의 낡은 격식과 사고의 틀을 혁신시키면서 우리 고유의 독창적인 리더십이론으로 발전시켜 나가는 것을 의미한다. 그런 의미에서 우리는 세계 최고의 리더십의 사관학교라고 일컬어지는 미국 GE사의 크로톤빌Crotonvile 연수원의 교육 프로세스를 벤치마킹할 필요가 있다. 특히 크로톤빌 연수원의 리더십 교육, 변화관리 교육, 6-시그마, 혁신과제를 통한 리더십 교육을 벤치마킹하여 우리 실정에 알맞은 최적의 리더십 교육모형을 개발할 때가 되었다고 생각한다. 또한 주입식 강의는 가급적 최소화하고 토론과 최적의 실행을 통해 부서 간, 사업부문 간 장벽을 허물고 조직의 사업목표와 기업이 추구하는 가치에 대한 일체감을 도모하려는 크로톤빌 연수원의 교육방침도 심도 있게 검토했으면 한다.

• GE사의 크로톤빌 연수원 전경 (출처: GE코리아 공식블로그) •

한국적 리더십 교육의 패러다임 정립을 위한 제언

아무리 훌륭한 리더십 이론이라고 해도 그것이 한국적 상황이나 문화에 맞지 않으면 활용가치가 떨어지게 마련이다. 따라서 리더십 교육의 패러다임도 우리 실정에 부합하도록 가미할 것은 가미하고 뺄 것은 과감하게 빼야만 소기의 성과를 거둘 수 있다. 한국적 리더십 교육의 새로운 패러다임을 정립하기 위해서는 무엇보다도 한국의 고유문화에 대한 깊이 있는 통찰과 그에 따른 최적의 리더십 모형 구축이 선행되어야 한다. 또한 이념이나 이론지향적인 리더십 교육이 아니라 현장중심의 리더십 교육을 강화하면서 조직의 아이덴티티 확립 및 가치공유, 지식경영을 위한 지속적인 학습조직의 구축을 도모할 수 있도록 해야 한다. 이와 함께 복잡성 및 변화관리, 디지털 사회에 부합하는 속도관리, 성과중심의 조직문화 구축을 위한 리더십 교육에도 역점을 둘 필요가 있다. 이러한 제반 요소들이 충분히 반영되고 창조적으로 통합되는 리더십 교육의 패러다임을 설정한다면, 우리나라의 리더십 교육 프로그램은 가일층 현장의 문제해결능력을 높이는 우수한 프로그램으로 자리 잡을 것으로 확신한다.

더욱이 한국경제의 고도경제성장을 리드했던 고故 박정희 대통령을 비롯해서 삼성그룹의 고故 이병철 회장, 현대그룹의 고故 정주영 회장, LG그룹을 창업한 고故 구인회 회장, SK그룹의 고故 최종현 회장, 아남산업의 고故 김향수 회장과 같은 분들의 경영철학과 리더십을 학문적으로 접근하려는 시도도 체계적으로 이루어질 필요가 있다. 산업의 불모지였던 한국이 세계 11대 경제대국으로 도약할 수 있었던 것은 전적으로 이들 리더들의 공적을 무시할 수 없다. 따라서 이들 토종 리더들에 대한 학문적인 접근을 통해 한국 특유의 경영 이데올로기, 경영철학, 경영전략을 함께 묶어낼 수 있는 한국적 리더십 이론을 이제부터라도 제대로 정립해 나가야 한다. 성공했던 한국의 훌륭한 리더들을 배제시킨 리더십 이론은 국민들로부터 외면 받을 수밖에 없다. 또 '지피지기 백전불태'라는 말이 있듯이 우리 것을 제대로 알아야만 외국의 훌륭한 리더들도 제대로 분석할 수 있는 것이다. 또 우리 리더와 외국 리더들의 장단점을 정확하게 인식하고 있어야만 그들과의 리더십 이론 전쟁에서도 승리할 수 있다고 확신한다.

21세기 리더에게 요구되는 4가지 덕목을 학습하라!

삼심론三心論

21세기 리더들에게는 '삼심론'이라는 새로운 덕목이 요구되고 있다. 삼심론은 세 가지 마음으로서 감사하는 마음, 겸손한 마음, 깨끗한 마음을 의미한다. 자기 혼자의 힘으로 리더의 반열에 오른 사람은 거의 없다. 어느 한 사람이 리더의 자리에 오를 수 있기까지는 곁에서 그를 도와준 가족부터 주위 분들의 협조와 지지가 있었기 때문이다. 따라서 리더는 늘 감사하는 마음으로 일해야 한다. 또 리더는 조직의 최고위직을 맡고 있기에 상사보다는 부하들이 훨씬 더 많은 게 사실이다. 따라서 제대로 된 리더십을 발휘하려면 무엇보다 부하들에게 겸손할 필요가 있다. 왜냐하면 아랫사람에게 오만하고 불손한 리더에게 충성을 다할 부하들이 없기 때문이다. 마지막으로 리더는 깨끗한 마음으로 일해야 한다. 깨끗한 마음이란, 부정부패에 연루되지 않고 국가나 기업의 일을 마치 자신의 일처럼 생각하고 매사 최선을 다하는 자세로 일해야 한다는 것을 의미한다.

삼력론三力論

21세기 리더들에게는 '삼력론'이라는 덕목도 요구된다. 삼력론이란, 지력과 성력, 그리고 담력을 의미한다. 지력은 지혜로움이나 총명함을 의미하며, 성력은 성실한 자세, 담력은 용기를 뜻한다. 변화무쌍하고 불확실성과 혼돈이 교차하는 복잡계의 세상에서 리더가 제대로 된 리더십을 발휘하기 위해서는 사물의 이치를 꿰뚫어보는 지혜, 늘 한결 같은 자세로 성실하게 일하려는 자세, 어떤 어려움과 난관도 거침없이 뚫고 나갈 수 있는 용기가 전제되어야 한다.

삼무론三無論

21세기 리더들에게는 '삼무론'에 대한 자기경계도 필요하다. 삼무론은 리더가 경계해야 할 3가지의 악惡으로써 무기력, 무관심, 무책임을 의미한다. 먼저 리더는 조직의 발전과 번영을 이끄는 선도자의 역할을 맡아야 한다. 따라서 리더는 늘 활기찬 모습으로 조직을 이끌어야 한다. 무기력은 전염병 바이러스와 비슷하다. 리더가 무기력하면 어느 새 모든 조직구성원들도 무기력해지는 경향이 있다. 자신도 모르는 사이에 무기력 바이러스에 감염되기 때문이다. 또 리더는 자신이 맡은 일에 고도의 책임감을 갖고 임무완수에 사활을 걸어야 한다. 그래야만 조직구성원들도 리더처럼 자신의 임무완수에 최선을 다하게 된다. 이 삼무론을 보면 이양연의 한시 '야설'野雪이 생각난다.

야설野雪　이양연 作

천설야중거穿雪野中去: 눈 속을 뚫고 들판 길을 걸어 갈 때에
불수호란행不須胡亂行: 어지럽게 함부로 걷지 마라.
금조아행적今朝我行跡: 오늘 내가 밟고 간 이 발자국이
수작후인정遂作後人程: 뒷사람이 밟고 갈 길이정표이 될 테니까.

　리더의 발걸음은 팔로워들의 이정표가 된다. 따라서 리더가 책임감을 갖고 열정적으로 근무를 하면 팔로워들 역시 리더와 같은 자세로 근무하게 마련이다. 그래서 리더의 태도 하나하나가 중요한 것이다.

삼기론三氣論

　21세기 리더들에게는 '삼기론'이라는 덕목도 필요할 것 같다. 여기서 말하는 삼기란, 패기覇氣와 의기義氣, 화기和氣를 말한다. 패기란, 씩씩하고 굳센 기상과 자신만만한 태도, 그리고 박력이 넘쳐흐르는 모습이다. 인생에서 큰 뜻을 이루고자 한다면, 또 조직이 부여한 대업大業의 꿈을 실현시키기 위해서 어떤 고난과 어려움도 능히 극복하고 말겠다는 패기를 소유해야 한다. 또 리더는 정의감에 불타는 의로운 생각을 갖고 국가나 기업을 경영해야 한다. 의기는 양심에서 솟구치는 밝은 기운이며, 부정이나 정의롭지 못한 것을 비분강개할 수 있어야 한다. 기회주의적인 태도로 일관하는 사람은 리더로서 성공할 수 없다. 화기란, 화목한 기운인 동시에 훈훈하고 따뜻한 마음을 뜻한다. 화기는 서로 믿고 의지하며, 서로 이해하고 아껴줄 때 자연스럽게 이루어지는 분위기다. 리더는 조직 구성원들에게 즐거움과 희망을 선사하고, 조직 내부에 부드러움을 제공하는 화기를 창출할 때, 위대한 리더십을 발휘할 수 있다.

　　　위 글은 김성수 저, 『리더십 성공학』(2005), pp.288~290의 내용을 새롭게 각색한 것임을 밝힙니다.

성공적인 리더가 되기 위해 필요한 자질

21세기를 이끌어야 할 리더들의 전제조건으로 주목받는 것은 프레드릭 W. 테일러Frederick W. Taylor의 자질론과 피터 F. 드러커Peter F. Drucker의 자질론이다. 테일러는 21세기 리더가 갖춰야 할 전제조건으로 두뇌, 교육, 전문적 및 기술적 지식, 수완 또는 요령, 용기나 담력, 합리적 판단과 상식, 에너지, 정직, 건강 등을 꼽았다. 반면, 드러커는 합리적 의사결정능력, 전략, 전사적인 경영관리 등을 강조했다. 이하에서는 그들 내용을 좀 더 상세하게 살펴보고자 한다.

테일러의 자질론

1 두뇌 Brain

리더는 두뇌의 회전능력이 뛰어나야 한다. 즉 21세기 리더를 꿈꾸는 사람들은 적어도 머리 기술brain technology, 마음 기술mind technology, 손 기술hand technology을 자유자재로 활용할 줄 알아야 한다. 또 여기서 두뇌의 회전능력이 뛰어난 사람이란, 단지 지능지수만 높은 사람을 의미하는 것은 아니다. 오히려 냉철한 두뇌와 따뜻한 가슴, 사랑과 용서, 남들에게 먼저 다가가서 화해의 손을 내밀 수 있는 인간의 그릇이 큰 사람을 의미한다.

2 교육 Education

교육을 통한 리더의 지적 능력이 중요하다. 그렇다고 해서 리더가 반드시 박사학위까지 받아야 한다고 강조하는 것은 아니다. 다만, 리더가 합리적인 자세로 결재를 할 수 있을 만큼 평생교육을 받은 사람이면 충분하다. 또 다양한 분야의 책을 많이 읽을 뿐만 아니라 영화를 많이 감상하고 여행을 많이 해서 입체적인 사고를 할 줄 아는 사람, 또 무슨 일을 하든지 자신의 업무에 최선을 다하는 자세로 일을 하는 사람이면 족하다.

3 전문적 내지 기술적 지식 Special & Technical Knowledge

21세기에 요구되는 리더상은 20세기의 리더상과 확연하게 다르다. 21세기의 리더는 조직의 경영 상태를 정확하게 진단하고, 조직의 문제점을 슬기롭게 치유해 나갈 수 있는 고도의 전문지식과 경영노하우를 갖고 있어야 한다. 테일러는 "조직의 구조조정으로 실직을 했더라도 좌절하거나 방황하지 않고 자기의 특수한 지식이나 전문지식을 가지고 가족을 안심시키며 자기능력을 십분 발휘해 나갈 수 있는 리더십을 구비한 사람이 훌륭한 리더이다."라고 평가했다. 그런 사람이 바로 21세기가 필요로 하는 진짜 리더다.

4 수완 또는 요령 Tact

리더는 현장에서 재치와 기지를 발휘할 수 있을 만큼의 수완과 요령을 갖고 있어야 한다. 변칙적인 전략이 필요로 할 때는 변칙적인 전략을 사용할 줄 아는 리더가 바람직한 리더다. 또 리더는 시장 환경의 변화에 자신의 조직을 탄력적으로 대응시킬 수 있는 유연성을 갖고 있어야 한다. 시대 상황의 변화에 능동적으로 조직을 혁신시킬 수 있는 사람, 지식경영을 할 수 있는 사람, 새로운 상품의 생산, 새로운 생산방법의 도입, 새로운 시장의 개척, 새로운 자원의 발견, 새로운 경영조직의 결성 및 경영기법의 도입 등을 통해 자신이 이끄는 조직을 비약적으로 발전시킬 수 있는 사람이 필요하다.

5 용기나 담력 Grit

리더는 미지의 세계에 대한 도전정신이 충만하고 위기를 기회로 전환시킬 수 있는 담력의 소유자라야 한다. 담력을 가진 사람은 뜨거운 열정을 갖고 있으면서 조직구성원들의 부정적인 시각을 긍정적으로 바꿔놓을 수 있을 뿐만 아니라 부정부패와 부조리를 일소해 나갈 수 있는 정신자세를 갖고 있기 때문에 리더로서 성공할 가능성이 매우 크다.

6 합리적 판단과 상식 Judgement & Commonsense

리더는 합리적 판단력과 건전한 상식을 소유하고 있어야 한다. 특히 리더는 국내외 정치 및 경제 환경의 변화에 슬기롭게 대처할 수 있는 안목과 예리한 판단력을 구비하고 있어야 조직구성원들의 고통을 미연에 방지할 수 있다.

7 에너지 Energy

리더는 에너지가 넘치고, 그 에너지를 조직구성원들에게 나누어 줄 수 있어야 한다. 리더의 박력과 정력, 그리고 어떠한 압력 앞에서도 비굴하지 않는 용기를 갖고 있을 때, 리더십을 발휘할 수 있다. 왕성한 체력과 정력을 갖고 조직 내에 신바람과 혁신의 가치를 불러일으킬 수 있는 사람만이 리더로서 대성할 수 있다.

8 정직 Honesty

리더는 정직한 성품을 갖고 투명경영과 윤리경영을 강력하게 추진해야 한다. 사정사상四正思想, 즉 정도正道사상, 정심正心사상, 정각正覺사상, 정행正行사상 등을 지닌 사람만이 21세기의 리더로서 훌륭한 업적을 남길 수 있다. 또 그런 사람만이 리더로서 크게 성공할 수 있다.

9 건강 Health

21세기 리더는 정신적 건강과 육체적 건강을 동시에 소유하고 있어야 한다. 따라서 21세기 리더를 꿈꾸는 사람은 육체적 건강을 지키기 위해서 끊임없는 체력관리를 게을리 하지 말아야 하며, 정신적 건강을 유지하기 위해서는 마음의 평화와 위안을 구하는 자기 나름대로의 비법을 갖고 있어야 한다.

드러커의 자질론

21세기의 리더가 가져야 할 자질에 대해 언급한 피터 드러커의 얘기는 지금까지 논의한 사항들을 종합하고 있다는 느낌이 든다. 즉 올바른 경영목표를 설정하고 목표 달성에 최선을 다할 수 있는 사람, 조직 내 환경변화에 따른 각종 위험부담을 신속하게 파악하고 그것을 합리적으로 해결할 수 있는 능력을 갖고 있는 사람이 훌륭한 리더라고 주장했다. 그는 또 전략적 의사결정을 수행할 능력과 그 목표에 대한 성공적인 확신을 갖고 있는 동시에 팀워크를 잘하는 사람을 유능한 리더라고 보았다. 그밖에도 정보전달기능의 신속화와 경영정보시스템MIS을 이용해서 선진화를 추구할 수 있는 사람, 경영관리를 미시적 관리micro management와 거시적 관리macro management로 구분해서 수행할 줄 아는 사람이 리더로서 성공할 가능성이 크다고 주장했다. 이에 더하여 전사적 경영관리total management의 성공적 수행을 위해서는 리더 자신이 국제경제, 국내경제, 인류사회의 동향에 대해서 해박한 지식과 정보를 갖고 있어야 한다고 역설했다.

김성수 저, 『리더십 성공학』(2005), pp.215~221의 내용 부분 참조.

노웨어 시대를 선도하는 정보 리더가 되어라!

지금은 노하우가 아닌 노웨어의 시대다!

노하우know-how란, 제2차 세계대전 이후 세계 각국에서 기술개발이 활발해지면서 나타난 개념으로 산업에 이용할 수 있는 기술적인 창작과 그 응용에 필요한 구체적인 지식, 자료, 경험 등 널리 공개되지 않은 것을 말한다. 과거에는 특정의 제조 비법과 같은 노하우가 필요했지만 지금은 그 중요성이 크게 퇴색된 상태다. 그 이유는 많은 자금과 시간을 투입하여 개발한 제조 방법이나 제조 기술의 수명주기가 급속도로 짧아지고 있기 때문이다. 그래서 요즘에는 노웨어know-where 의 중요성이 날로 커지고 있다. 노웨어란, 내가 필요한 정보나 자료가 어디에 있는가를 알아내는 기술을 의미한다. 또 그것은 정보의 필요성과 정보의 출처를 연결하는 기술을 의미하며, 노웨어에 능한 사람은 손가락 정보활동과 발가락 정보활동을 매우 잘하는 사람이라고 말할 수 있다.

확대되는 정보전쟁: 다양한 종류의 간첩들!

정보에 눈먼 리더는 전투에서 백전백패를 당할 수밖에 없다. 『손자병법』은 정보의 중요성을 매우 강조한다. 『손자병법』의 저자인 손무는 "정보요원을 갖지 못한 군대는 눈이나 귀가 없는 인간과 마찬가지다."라고 갈파했다. 또 그는 정보요원을 크게 향간鄕間, 내간內間, 반간反間, 사간死間, 생간生間으로 구분하고, 이 다섯 종류의 정보요원을 동시에 사용하는 것을 신기神紀라고 정의했다. 손무가 정의한 정보요원의 5가지 유형은 다음과 같이 요약된다.

01 향간은 적敵의 고향사람 가운데서 선발한 간첩을 말한다. 주로 적의 허실을 파악하는 데 활용한다.

02 내간은 적敵의 내부 관리 중에서 선발한 간첩을 뜻한다. 적의 관료 가운데 직책을 잃은 자, 처벌을 받고 불만을 가진 자, 회색분자 기질이 있는 자에게 뇌물이나 좋은 직책으로 유인해서 간첩활동을 시키는 게 대부분이다. 일반적으로 내간이 향간보다는 고급 간첩에 속한다.

03 반간은 적敵의 첩자를 아군의 첩자로 역이용하는 것이다. 물론 실패로 끝났지만 임진왜란 당시 왜장 고니시 유키나가의 첩자였던 요시라를 조선 조정이 역이용하려 했는데 그것이 바로 반간계의 대표적인 예다. 반간의 활용에 있어서는 각별한 주의와 세심한 관찰이 필요하다. 자칫하면 역이용 당할 가능성이 매우 크기 때문이다.

04 사간은 우리 측 간첩을 적에게 체포되도록 한 후, 거짓진술로 적을 혼란에 빠트리게 하고 죽음을 당한 간첩을 지칭한다. 충직한 사간을 활용하기 위해서는 사간의 유족들에 대해 국가가 무한책임을 져야 한다. 그렇지 않으면 어느 누구도 사간을 지원하려고 하지 않기 때문이다.

05 생간은 적진에 파견해서 적의 높은 사람들과 일정기간 친하게 교류하면서 적의 동태와 허실에 대한 정보를 갖고 생환하는 간첩을 의미한다. 사간과 다른 점은 살아서 돌아온다는 사실이다. 그런 만큼 사간보다 적진에 대한 생생한 정보를 얻을 수 있다는 이점이 존재한다.

정보 리더가 되기 위한 9가지 법칙

1 따끈따끈한 정보를 남보다 먼저 입수하라!

① 생생하고 따끈따끈한 정보를 남들보다 먼저 입수하기 위해서는 평소 타인들과 폭넓은 교제, 행사 참여, 현장 방문, 동료들과의 소통을 적극적으로 해야 한다.

② 탁월한 현장 감각까지 소유하면 금상첨화다.

2 정보를 남들과 기꺼이 공유하라!

① 정보는 물건과 달리 나눌수록 그 가치가 커지는 특성이 있다. 즉 '1+1=2'가 아니라 그 이상의 상승효과를 갖는다.

② 정보는 일종의 품앗이다. 내가 먼저 남들에게 정보를 나눠주면 남들도 내가 필요한 정보를

알려준다. 그러니 정보 독점에 목숨을 걸지 마라.

3 늘 분석하는 자세를 견지하라!

① 분석分析은 나눌 분分에다 나눌 석析을 합한 것이다. 즉 나누고 또 나누어서 보는 것이 분석이다. 그러니 늘 사물에 대해 분석하는 자세를 견지하라.

② 로빈슨 크루소는 어떤 나무의 열매가 먹을 수 있는지를 파악하기 위해 새똥부터 면밀하게 조사했다. 그 이유는 새똥 속에서 발견되는 씨의 열매는 독이 없다는 것을 시사해주기 때문이다. 만약 로빈슨 크루소에게 분석력이 없었다면 그는 아마 굶어서 죽었거나 독이 든 열매를 먹고 죽었을 가능성이 크다.

4 정보를 믹스해서 새로운 정보를 만들어내라!

① 정보믹스information mix란, 정보계획의 구성요소들을 효과적으로 결합함으로써 최적의 정보 효과를 얻는 것을 의미한다.

② 기능별, 규모별, 시차별, 지역별, 출처별, 부서별 정보를 믹스하면 다양한 정보뿐만 아니라 고차원적인 정보까지 획득할 수 있다.

5 그래픽 정보를 최대한 활용하라!

① 입체적인 사고를 갖기 위해서는 전체를 조망하기 쉽도록 작성된 그래픽 정보가 필요하다.

② 정보가 제공하는 언외의 뜻을 파악하는데도 그래픽 정보는 아주 유용하게 활용할 수 있다.

6 듣기 거북한 정보부터 먼저 챙겨라!

① 나폴레옹은 "좋은 전황보고가 들어왔을 때엔 내 잠을 깨우지 않아도 된다. 그러나 나쁜 전황에 대한 보고가 들어오면 즉시 나를 깨우라!"고 일갈했다.

② 좋은 일은 늦게 대처해도 큰 문제가 발생하지 않는다. 하지만 불리하거나 화급을 다투는 일은 재빠르게 대응하는 게 상책이다. 따라서 리더는 나쁜 정보, 불리한 정보부터 챙기려는 자세를 일관되게 견지해야 한다.

7 남의 헛소리도 경청하라!

① 정보는 여백이 있는 사람, 다른 사람의 사소한 말에도 경청해 주는 사람에게 달려가는 속성이 있다.

② 정보는 남의 헛소리에도 묻어서 가는 특성이 있다. 그러니 남이 하는 빈말도 예사롭게 듣지 말고 집중하라. '언중유골'言中有骨도 이런 것을 두고 하는 말이다.

8 심적 정보를 최대한 활용하라!

① 정보에는 지적 정보와 심적 정보가 있다. 지적 정보는 컴퓨터로 처리할 수 있는 기호계記號系로서 숫자, 언어, 그림, 소리 등을 의미하고 심적 정보는 촉감, 맛, 냄새, 기분, 육감 등과 같은 비기호계非記號系를 의미한다.

② 사람들의 마음과 연결되지 않은 정보는 모두 저차원의 정보에 불과하다.

9 불필요한 정보를 과감하게 폐기처분하라!

머리가 꽉 차면 새로운 정보가 들어갈 수 없음은, 마치 꽉 찬 냉장고에 다른 물건을 넣을 수 없는 것과 마찬가지다. 지금은 잘 버리는 사람이 유능한 인재로 평가 받는 시대다. 그러니 불필요한 정보는 과감하게 지워버려라.

부유한 노동자 고故 정주영 회장을 기리며…

21세기를 주도해나갈 한국적 리더십을 모색할 때, 내가 제일 먼저 참조하고 싶은 인물은 우리나라 지폐 속 인물이 아니라 현대 HYUNDAI를 세계적인 브랜드로 일궈냈던 정주영 회장이다. 시대적인 측면에서 바라볼 때 정 회장은 20세기 한국의 산업화 사회를 선도한 기업가이었고, 21세기가 막 시작되던 2001년에 자신의 소임을 다하고 역사의 뒤안길로 사라져 간 인물이다.

• 사원들과 씨름을 즐기는 고 정주영 현대그룹 회장
(출처: 정주영 현대그룹 명예회장 사이버 박물관) •

어떤 학자들은 "시대의 변화로 새로운 경영패러다임이 요구되고 있기 때문에 정 회장의 리더십도 이제는 끝났다!"고 진단한다. 하지만 나는 그런 견해에 찬성하지 않는다. 왜냐하면 정 회장에게서 21세기 디지털 리더십의 전형이 대거 발견되고 있기 때문이다. 나는 20세기의 정 회장에 대해 매우 긍정적으로 평가하는 사람이다. 그는 21세기를 화려하게 장식하고 있는 벤처기업가보다 더 벤처정신이 왕성했던 인물이었다. 그의 젊은 사고思考, 한 치의 오차 없이 정확했던 뛰어난 판단력, 지칠 줄 모르는 도전정신과 용기, 부하직원을 중시했던 따뜻한 감성과 기발한 창의력, 신용을 목숨처럼 소중히 여겼던 신용제일주의는 그가 다른 CEO들과 차별되는 핵심요소다. 만약 정 회장의 육신이 쇠잔해지지 않은 채, 21세기를 살고 있었다면 그는 지금도 21세기 한국의 지식정보화사회를 이끄는 디지털 CEO로서 자기역할을 훌륭하게 소화해냈을 것이다. 그 근거를 한번 얘기해 보고자 한다.

창의력이 출중했던 국졸 출신의 CEO

1998년 6월 16일, 정 회장은 500마리의 소 떼를 몰고 판문점을 거쳐 방북했다. 누구도 상상하지 못한 방법으로 그는 이미 대북경협사업의 미래를 꿰뚫어 보았던 것이다. 이것을 보고 세계적인 문화비평가인 프랑스의 기소르망Guy Sorman은 '세기의 예술적 이벤트'라고 격찬했다. 또 1953년 겨울, 잔디를 구할 수 없는 상황에서 푸른 색깔의 보리싹을 떠다가 부산 유엔군 묘지의 잔디밭을 조성했던 일화, 세계의 토목역사상 유례를 찾아볼 수 없는 유조선공법서산A지구 방조제 물막이 공사 때, 정 회장이 활용했던 폐유조선공법을 말함은 정 회장만이 할 수 있었던 특허상품이었다. 1974년에 개발한 100% 국산자동차 포니의 생산, 1975년 사우디아라비아의 주베일 산업항 공사 때 가로 18미터, 세로 20미터, 높이 36미터, 무게 550톤의 철 구조물 89개를 울산항에서 주베일항까지 바지선으로 끌고 갔던 기상천외한 발상도 정 회장이 아니면 불가능했다. 또 신격호 롯데그룹 회장과 함께 했던 빨간 골프공 사건눈이 쌓인 골프장에서 정 회장은 빨간색 칠을 한 골프공으로 평소처럼 골프를 즐겼다고 함은 창의적 신동神童의 천진난만함까지 느끼게 한다. 게다가 충무공 이순신 장군과 거북선이 그려진 500원짜리 지폐를 활용한 옥스퍼드 유머로 영국의 버클레이즈 은행으로부터 천문학적 숫자의 조선소 건립자금을 대출 받을 수 있었던 것도 그 특유의 창의력이 있었기에 가능했다.

정 회장의 학력은 자신의 할아버지가 운영하던 서당을 다닌 것과 강원도 통천의 송전 초등학교를 졸업한 것이 전부다. 그렇게 가방 끈이 짧았던 그는 주요 고비 때마다 뛰어난 창의력과 역발상으로 '현대'라는 대기업을 비약적으로 업그레이드시켰다. 그 이면에는 어린 시절 정 회장이 서당에서 3년 동안 갈고 닦은『소학』,『대학』,『자치통감』,『한시漢詩』에 대한 교양과 독서, 그리고 각 분야에서 일가를 이룬 뛰어난 예술가들과의 폭넓은 교류가 있었다. 그것을 보면 예나 지금이나 독서를 통한 지적 교양의 함양과 문화에 대한 깊은 이해가 디지털 리더십의 절대 덕목임을 재확인할 수 있다.

탁월한 감성지수로 인간미가 뛰어났던 부유한 노동자

세계의 일류 CEO들이 그랬듯이 정 회장도 인재를 무척 중시했던 사람이다. 그는 인재를 선발할 때, 유비가 제갈공명에게 한 것처럼 '삼고초려'三顧草廬의 자세로, 막내 사윗감을 고르듯이 신중했다고 전해진다. 또 인재를 뽑으면 그들에게 최대한의 권한을 부여해주고 책임을 묻는 경영방식으로 일관했다. 그렇게 해서 선발한 공채 사원 가운데 대표적인 인물로는 이명박 전 대통령, 김윤규 전 현대아산 사장, 박세용 전 현대상선 사장, 이병규 전 현대백화점 사장 등이 있다. 그럼에도 불구하고 이른바 공채 출신의 이들 가신그룹은 그를 회장님이 아니라 아버님으로 부르며 따랐다고 한다. 또 그는 일반 사원들에게도 근로자와 사용자의 관계가 아니라 한솥밥을 먹는 대가족의 입장에서 마치 큰형님 같은 존재였다는 것이 현대 맨들의 공통된 의견이다. 일반사원들의 연수 모임이나 수련회에 참여해서 씨름 시합을 하고, 자신의 18번인 '이거야 정말'이란 노래를 스스럼없이 부르면서 새벽녘까지 그들과 막걸리 파티를 벌이는데 주저하지 않았던 그의 인간적인 모습이 그것을 입증해준다. 그는 말단 근로자의 가정집을 방문하는 것도 게을리 하지 않았다. 사글세나 전세를 사는 근로자의 가정집을 찾아가서 그들의 형편을 살펴보며 애로사항을 듣는 일도 빠트리지 않았다. 이것은 '자신의 식솔인 근로자들을 따뜻하게 대해주고 소중하게 여기는 것이 일등 상품과 서비스를 창출해내는 첩경'이라는 사실을 직시하고 인재를 중요시했다.

그는 평소 현대 맨들에게 "나는 성공한 기업가가 아니라 단지 부유한 노동자일 뿐이다."라는 말을 즐겨 사용했다고 한다. 하지만 이 말의 진의는 그가 하늘나라로 떠난 후에 소상하게 밝혀졌다. 현대그룹의 총수로서 83개의 계열사와 1,000억 달러의 연간매출액130조원을 기록하며, 미국의 GE사나 일본의 도요타와 같은 초일류기업들과 어깨를 나란히 하며 세계의 경제계를 호령하던 그의 안방 모습은 가히 충격적이었다. 청운동 자택에는 10년 이상은 족히 신었을 것 같은 낡은 구두, 구멍 난 면장갑, 카펫 대신 깔았던 흰 광목 천, 낡은 금성사의 텔레비전이 주인을 잃은 채 그의 담백했던 인생을 소리없이 입증해주고 있었다. 일반 서민의 살림살이만도 못했던 거부巨富의 소박했던 삶의 모습은 우리들에게 많은 것을 얘기해줬다. 화려한 스포트라이트를 받으며 한국 경제발전의 제1세대 선봉장 역할을 맡았던 그는 철저하게 보통사람으로 열심히 살다가 보통사람의 담백한 모습으로 떠났던 것이다.

시대정신을 누구보다 잘 읽어냈던 20세기의 거인

정 회장은 돈 냄새에 예민한 후각을 지닌 사람이었다. 그는 주위 사람들에게 "돈이 있는 곳이라면 어디든 정주영이 간다.", "큰물에 나가야 커다란 물고기를 잡을 수 있다."라는 말을 자주 했다고 한다. 돈의 흐름에 대한 그의 뛰어난 동물적 감각은 어린 시절에 결행했던 가출 사건에서 극명하게 드러난다. 뼈가 바스러지도록 일을 해도 식구들 입에 풀칠조차 하기 힘든 농사일이 그에게는 더 이상 매력적이지 않았다. 그래서 그는 돈 벌 기회가 상대적으로 많을 것 같은 서울로의 탈출을 4번씩이나 시도했다. 4번째의 가출을 통해 난생 처음으로 얻은 직장은 쌀가게였던 복흥상회의 배달원 자리였다. 그는 거기서 특유의 성실한 자세로 주인의 신임을 얻은 후, 그 가게를 물려받는 수완을 발휘한다. 그리고는 시대를 앞서가는 혜안慧眼으로 돈벌이가 되는 새로운 사업거리의 발굴을 위해 끊임없이 노력했다. 자동차의 시대가 열릴 것이라는 확신에서 자동차수리공장인 아도서비스를 인수하여 사업경험을 쌓은 후, 현대자동차공업사를 설립한 것이 1946년이다. 또 대구와 거창을 잇는 고령교 건설과 태국 파타니의 나라티왓 고속도로 공사를 수주 받아 엄청난 손해를 보아가면서 토목과 건설경험을 쌓은 후, 경부고속도로의 건설과 사우디아라비아의 주베일 산업항 공사를 성공적으로 완수함으로써 현대건설을 세계 굴지의 일류회사로 발전시키는데 성공했다. 특히 그가 주도했던 주베일의 산업항 공사는 1973년 오일쇼크 후, 달러가 귀해진 우리 경제에 천금 같은 공사 대금 9억 3,114

만 달러를 벌어들임으로써 국가 발전에 크게 공헌했다. 더욱이 그 건설공사는 자신이 가장 아끼고 사랑했던 아우 정인영과 다른 참모들이 모두 반대했음에도 불구하고, 그 특유의 뚝심과 배짱으로 밀고나가 대성공을 거둔 초대형 건설프로젝트였다. 비록 현재는 불경기의 늪에 빠져 있긴 하지만 그동안 한국 경제의 고도성장을 이끌어왔던 조선造船산업의 눈부신 발전도 미래의 사업가능성을 정확하게 예견했던 그의 남다른 투자 감각이 있었기에 가능했다. 그는 "뭐든지 어렵다고 생각하면 한없이 어렵고 쉽게 생각하면 한없이 쉬운 게 일이고 인생이다."라는 자세로 일생을 살았던 낙천주의자였다. 거의 불가능하게만 보였던 천문학적 숫자의 조선소 건립비용의 해외 조달도 그의 낙천주의적 성격에서 비롯된 옥스퍼드 유머와 완벽한 사업계획서, 매사에 최선을 다하는 그에게 이순신의 천상天上후원이 있었기에 가능했다고 본다.

영국의 버클레이즈 은행으로부터 조선소 건립비용을 조달하기 위해 정 회장은 런던의 A&P 애플도어사에 현대의 사업계획서와 추천서를 의뢰했다. 조선소를 지을 미포만의 황량한 모래사장을 찍은 사진만을 가져온 그에게 A&P 애플도어사의 롱바톰 회장은 회의적인 태도로 일관했다. 이때 그는 호주머니에서 500원짜리 지폐를 꺼냈다. 그리고는 "여기에 거북선이 그려져 있습니다. 이것은 우리 한국이 1500년대 말에 철갑선을

• 과거에 사용되었던 500원짜리 지폐
(출처: 화폐 박물관) •

만들었다는 증거입니다. 당신네 영국의 조선 역사는 대략 1800년대부터라고 들었습니다. 거기에 비하면 300년이나 한국이 앞선 셈입니다. 그만큼 한국은 조선 분야에 있어서 많은 잠재력을 갖고 있습니다. 그동안 쇄국정책으로 산업화가 늦어져 국민들의 능력과 아이디어들이 빛을 보지 못했을 뿐 선박 건조에 대한 잠재력은 결코 적지 않다고 자부합니다."라고 말했다. 자신에 찬 그의 말에 감동한 롱바톰 회장은 버클레이즈 은행의 부총재를 만날 수 있도록 주선해주는 동시에 완벽한 사업계획서를 짜는데 결정적인 도움을 줌으로써 현대가 조선소 건립을 할 수 있게 되었다. 나는 그런 내용의 글을 접하면서 조국의 경제발전을 위해 열정을 불사르는 그에게 이순신 장군께서도 감동을 하시고 힘을 보태주신 것이 아닌가? 라는 생각을 가져보았다. 사실, 나라사랑에 대한 이순신의 열정이나 그의 열정은 서로 비슷한 점이 매우 많기 때문이다.

'현대'의 브랜드를 일궈낸 경영의 신

정 회장은 평생 동안 기업 활동을 해오면서 숱하게 부딪치는 난관과 시련 앞에서 조금도 좌절하거나 절망하지 않았다. 평소 그가 즐겨 사용했던 말, 즉 "모든 일은 나에게 맡겨라. 자신이 없거든 집에 가서 누워서 기다려라.", "이것은 시련이지 실패가 아니다. 내가 실패라고 생각하지 않는 한, 그것은 결코 실패가 아니다"에서 그의 강인한 도전정신을 느낄 수 있다. 그는 가족이나 부하 직원들이 자신이 추진하려는 사업에 대해 제동을 걸거나 부정적인 견해를 피력하면, "임자, 해보기나 했어!"라는 퉁명스런 직접화법으로 그들의 나약함과 우유부단함을 사정없이 비판했다. 그러고는 자신의 의지를 끝까지 관철시킴으로써 현대그룹의 비약적인 도약을 일궈냈다. 그는 "경험이 부족하면 아이디어를 내고, 능력이 부족하면 밤이라도 새워라!"를 외치며 끝없는 도전정신을 부추기는 불도저식 리더십을 시종일관 견지했다. 그런 그가 있었기에 현대건설이 태국의 폭우와 밀림 속에서 고속도로 공사를 하고, 포탄이 쏟아지고 독충이 우글거리는 베트남의 메콩강 델타에서 준설작업을 마무리할 수 있었던 것이다. 또 그는 평소 "사업가는 시작과 끝을 중히 여겨야 한다"를 말하면서 '신뢰'와 '신용'을 매우 강조했다. 그는 사업을 추진하다가 큰 손해를 봐도 당초 계약의 완수에 최선을 다했으며, 자신의 회사가 입은 금전적 피해를 비싼 수업료로 치부해버리는 의연함을 잃지 않았다. 그렇게 함으로써 그는 자신에게 일을 맡긴 사람이나 미래의 잠재고객에 대해 확실한 믿음과 신뢰를 줄 수 있었다.

21세기에 더욱 더 그리워지는 인간 정주영!

혹자는 말한다. 정 회장의 역할은 끝났다고. 하지만 나는 분명하게 말한다. 아직도 정 회장의 역할은 끝나지 않았다고. 그는 국졸 학력이 전부였지만 미국의 미래학자들과 견줄만한 뛰어난 혜안과 뛰어난 위기관리능력, 그리고 남들이 흉내 낼 수 없는 변화지수를 가졌던 CEO였다. 또 그는 항상 청년정신으로 미지의 세계와 미지의 비즈니스 분야를 개척해 나갔으며 그 어떠한 시련에도 좌절하지 않았다. 그가 가졌던 기발한 발상과 창의력은 아이들의 창의적인 생각을 말살하는 정규교육을 받지 않았기에 가능했는지도 모른다. 아무튼 그는 남이 보지 못하는 것을 보았고, 남이 가지 않는 길로 과감하게 나갔기에 자신의 삶과 기업이 블루오션에 기초한 경쟁력을 확보할 수 있었다. 이러한 자세는 21세기 지식정보화 사회의 CEO들에게 절대적으로 요구되는 덕목이다. 정주영! 비록 그는 세상의 순리에 밀려 하늘나라로 떠났지만, 아직도 그의 소박한 열정과 피 끓는 청년정신은 한국의 경제발전에 주춧돌로 남아 있음을 부인할 수 없다.

Reading Data 28

카피경영과 창조경영

요즘 경영 관련 용어들을 검색해보면 별의별 경영개념들이 등장한다. 감성경영, 지식경영, 서번트servant경영, 가치경영, 카피copy경영 등. 시대적 트렌드를 반영하는 각종 단어 뒤에다 경영이란 말만 붙이면, 신종 경영용어로 각광을 받는 양상인 것 같다. 그런데 삼성그룹의 이건희 회장이하 이 회장마저 '창조경영'이라는 화두話頭를 우리 사회에 제시함으로써 경제용어사전을 만드는 사람들을 바쁘게 했다. 이 회장은 2006년 6월 29일 서울 한남동 승지원에서 개최된 독립계열사 사장단 회의에서 향후 삼성이 지향해야 할 미래발전좌표로 '글로벌 창조경영'을 제시했다. 또 그는 "삼성의 주요 제품들이 국내외 시장에서 선두권에 진입해 있는 만큼, 다른 기업의 경영을 벤치마킹하거나 모방해서는 곤란하다. 앞으로 우리 삼성이 세계 초일류기업으로 살아남으려면 삼성 고유의 독자성과 차별성을 구현할 수 있는 창조경영을 추구해야 한다."라고 말했다.

그 발언의 배경에는 삼성그룹의 미래를 바라보는 이 회장 특유의 위기의식이 작용했던 것 같다. 즉 한국 경제의 대외개방이 가속되고 있는 상황에서 중국 기업들의 눈부신 약진이 이 회장에게 일종의 공포감으로 다가왔을 것이다. "향후 삼성그룹이 창조적인 지식경영시스템의 정립과 창의적인 인재확보에 실패할 경우, 우리는 어떠한 기회도 선점하지 못하고 역사의 뒤안길로 사라질 수밖에 없다"는 그의 비장한 발언이 그것을 대변해준다.

무엇이 창조경영인가?

창조란, '아직 이 세상에 존재하지 않는, 것을 처음으로 만들어 내는 것'을 의미한다. 가령, 우마차牛馬車가 주요 교통수단으로 사용되고 있을 때, 어느 누가 세계 최초로 내연기관에 의해 움직이는 자동차를 만들었다면 그것이 창조인 셈이다. 또 세계 최초로 증기기관을 발명한 제임스 와트James Watt, 비행기를 개발한 라이트 형제Wright brothers, 백열전등을 개발한 발명왕 토마스 A. 에디슨Thomas A. Edison 같은 사람이 창조를 실천했던 위대한 인물들이다.

한편, 창조경영은 말 그대로 '기존의 경영 패러다임을 새롭게 바꾼다.'라는 의미다. 기존의 경영시스템이 값싼 임금에 기초해서 저가低價의 코스트cost경쟁시대를 헤쳐 나가는데 주안점을 두었다고 가정하자. 이때 어느 CEO가 취임해서 기술 및 지식집약적인 제품생산을 통해 수익구조를 획기적으로 개선하는 경영 패러다임을 정립시켰다면 그것이 곧 창조경영이다. 일반적으로 창조경영은 고객감동을 목표로 고효율·저비용의 경영시스템을 구축하고, 현재보다는 미래의 가치추구를 위해 모험과 도전정신으로 미지의 세계를 개척해나가는데 주안점을 두는 경향이 강하다. 이와 같은 창조경영이 소기의 목적을 달성하면, 해당 기업은 인간을 중시하는 제품, 디자인이 뛰어난 감각적인 제품, 안전하고 사용하기 편리한 제품, 우리 고유의 문화적 특성을 반영한 제품 생산이 가능하기 때문에 기존의 수익구조를 크게 개선시킬 수 있다. 그런데 창조경영은 CEO가 원한다고 해서 언제나, 누구나 할 수 있는 게 아니다. 창조경영을 시도하기 위해서는 기업 내에 그것을 뒷받침해줄 만한 인프라예: 창의적인 인재, 기술개발능력, 경영관리, 선진기업문화, 자금동원능력 등가 견고하게 구축되어 있어야 한다. 이는 이류기업이나 삼류기업처럼 기업 스스로 무엇을 창조하고 혁신할 능력은커녕 잘나가는 선진기업을 흉내 내며 쫓아가기에 바쁜 기업은 창조경영을 시도할 수 없다는 얘기다.

• 비행기를 개발했던 라이트 형제 (출처: 나무위키)•

이 회장이 비장의 카드로 '창조경영'을 꺼내든 이유는 간단하다. 그는 삼성이 세계 초일류기업군에 진입했다는 확신을 갖고 있다. 그러나 완전개방과 무한경쟁의 룰이 통용되는 세계시장에서 삼성 특유의 아이덴티티를 확보하지 않는 한, 삼성의 무한질주는 더 이상 불가능하다는 것이 이 회장의 판단인 것 같다. 그가 독립계열사의 사장단 회의에서 "세계 초일류기업이 만든 제품이나 모방하면서 자리보전에만 연연하는 CEO는 지금 당장 삼성을 떠나라!"고 호통을 쳤던 것도 카피경영의 한계를 누구보다 정확하게 인식하고 있기 때문이다. 앞서가는 기업의 경영전반을 베끼거나 흉내만 내는 카피경영은 창업 초기부터 이류기업의 단계에서나 활용할 만한 경영기법이다. 물론 카피경영은 '추종자follower의 이점'을 충분히 챙기면서 경영에 따른 위험과 불확실성을 최소화시킬 수 있다는 장점이 존재한다. 하지만 그것은 일류기업이 선택할 만한 경영기법은 분명 아니다. 일단 초일류기업으로 발돋움하면, 카피경영을 과감하게 포기하고 자기 특유의 아이덴티티를 갖는 창조경영을 시도해야 한다. 창조경영은 초일류기업이 지켜야 할 사회적 책임인 동시에 시장에서 도태되지 않고 당당하게 서바이벌 할 수 있는 글로벌 스탠더드임을 인식할 필요가 있다.

창조경영의 성공을 위한 3가지 충분조건

앞에서 말한 인프라 구축은 단지 창조경영을 위한 필요조건에 불과하다. 창조경영이 소기의 목적을 달성하기 위해서는 적어도 3가지 충분조건이 충족되어야 한다.

첫째, CEO부터 말단사원에 이르기까지 모든 조직구성원의 감성지수가 활발하게 작동해야 한다. 감성지수에 대한 정의는 길가는 행인들의 이름만큼이나 다양하다. 그러나 창조경영과 관련지어 정의를 내리면, 감성지수는 '고객이 간절하게 원하는 필요$_{need}$와 기호$_{嗜好}$를 감지해서 그것을 재빠르게 충족시켜줄 수 있는 정서적 능력'이라고 말할 수 있다. 물론 우연한 기회에 창조가 일어날 수도 있다. 그러나 대부분의 창조는 필요에 의해서 강력한 동기부여를 받게 되며, 발명가들의 열정과 몰입에 의해서 최종적으로 완성된다. '필요는 발명의 어머니'라는 말도 그것을 대변해준다.

우수한 발명품의 탄생배경을 들춰보면, 거기에는 하나같이 발명가들의 따뜻한 감성지수가 내재되어 있음을 알 수 있다. 일례로, 조선의 대표 브랜드이자 조선 최고의 성군$_{聖君}$으로 추앙받는 세종대왕은 백성을 나라의 고객으로 간주하고, 그들이 절실하게 원하는 니즈가 무엇인지 정확하게 꿰뚫어 보고 있었다. 즉 그는 선비들이 독점했던 지식$_{한문}$으로부터 소외된 백성들이 겪어야 하는 고통이나 불편을 직시하고, 그것을 해소시켜주기 위해 한글창제에 나선 것이다. 만약 세종대왕이 백성들의 간절한 니즈를 인식하지 못했거나 알아차렸다고 해도 최고 통치자의 오만으로 그것을 외면했다면 현재 우리가 사용하는 한글은 세상 빛을 보지 못했을 것이다. 더욱이 감동적인 것은 세종대왕이 훈민정음을 만들 시기에는 그가 당뇨 합병증으로 시력이 급격하게 떨어진 상태였다. 아마도 그는 앞이 잘 보이지 않는 자신의 고통과 한자$_{漢字}$를 몰라서 늘 양반계급들에게 일방적으로 당하는 백성들의 고통을 오버랩시킨 후, 그들을 구하기 위해서 한글창제에 전념했던 것으로 보인다. 이것이 가능했던 것은 세종대왕의 뛰어난 감성지수가 있었기에 가능했다.

둘째, 창조경영이 성공하려면 조직구성원의 상상력이 만개할 수 있는 직장 내 열린 분위기를 조성해 나가야 한다는 점이다. 정형화된 사고의 틀만 요구되는 닫힌 조직에서는 극소수 괴짜들의 상상력이 꾸지람이나 핀잔의 대상이 될 뿐이다. 심지어는 조직

내 문제아로 낙인 찍혀 퇴출을 강요받기도 한다. 하지만 세계적인 창조의 이면에는 그런 괴짜들의 상상력이 큰 몫을 하고 있는 것으로 조사되고 있다. 제주도를 대표하는 생수로서 국제적인 명성을 얻고 있는 '삼다수' 개발도 그 가운데 하나다. '삼다수'를 개발한 사람은 당시 국가 공무원으로 근무하고 있던 한규언 씨다. 그에 대한 얘기를 소개하면 다음과 같다.

> 1970년까지만 해도 제주도의 지하수에 관한 연구보고서는 한결같이 "제주도는 화산에서 분출한 용암이 굳어서 된 다공성多孔性의 지층이라서 비가 오면 빗물이 밑으로 스며들어 바닷물과 합류하므로 지하수가 존재할 수 없다"고 주장했다. 그러나 정부는 제주도민들의 생계를 해결하기 위해 지하수 개발을 강행하기로 했지만 선뜻 나서는 사람이 없었다. 그런데 농림부현 농림자원부 산하 지하수개발팀에서 근무하고 있던 한규언 씨가 자신이 하겠다고 나선 것이다. 그는 제주도로 전임되기를 희망했다. 한씨는 지하수가 나올 만한 곳을 탐색하던 중 해안 근처 여기저기서 솟아오르는 용출수湧出水를 발견하고 용기를 얻었다. 한씨가 지급받은 지하수개발 장비는 몇 개의 회전날개가 바람개비처럼 돌아가면서 흙이나 모래층을 뚫고 들어가는 범용장비였다. 그런 장비로는 암반에 대한 굴착이 불가능하다고 판단한 한씨는 자신의 상상력으로 그 장비를 개조시키는데 성공했다. 즉 기존장비의 회전날개 끝에 붙어있던 텅스텐 조각을 떼어내어 그것을 철강 파이프의 끝에 용접해 붙인 것이다. 이 철강 파이프를 모터로 회전시키면 견고한 암반이 원형으로 깎이면서 파이프 속으로 들어오는 암석만 제거하면 관정管井이 된다는 것이 그의 상상력이었다. 이러한 끈질긴 노력 끝에 그는 지하 27미터에서 지하수를 발견하는데 성공했다. …(중략)…
>
> 윤석철 저, 『경영·경제·인생 강좌 45편』, 위즈덤하우스, pp.61~65.

따라서 창조경영을 구상하는 조직의 리더는 역발상에 능하고 상상력이 풍부한 괴짜들이 마음 놓고 활동할 수 있는 분위기를 조성해줄 필요가 있다. 일례로 하루 근무시간 중 10%는 자기 마음대로 자유롭게 쓰도록 한다든가, 정기적으로 1주일에 1~2시간 정도는 업무혁신과 관련한 브레인스토밍을 한다든가, 조직 내에 지식마켓을 개설해서 창의적인 제안자에게 금전적인 포상을 실시하는 방안을 강구할 필요가 있다.

셋째, 창조는 혼魂을 필요로 하는 숭고한 작업이다. 혼은 어떤 일을 하는데 있어서 목숨을 걸고 할 정도로 최선을 다하려는 자세를 일컫는 말이다. 세계적인 발명가들을 보면, 그들은 하나같이 자신의 상상 속에서 간절하게 추구했던 실체나 대상을 발견하기 위해서 혼의 자세로 노력했다는 공통점이 있다. 알프레드 B. 노벨Alfred B. Novel이 대표적인 사례다. 그는 니트로글리세린과 흑색화약을 혼합한 다이너마이트를 발명하고, 그것의 대량생산을 위한 공업화를 시도하던 도중, 공장폭발 사고로 동생을 잃는 비운을 겪었다. 하지만 그는 좌절하지 않고 연구와 실험을 계속해서 다이너마이트의 대량생산을 가능하게 했고 마침내 큰 부자가 되었다.

창조경영은 그 특성상 맨 처음으로 시도하는 경영기법이니만큼 실패할 가능성, 위험에 처하게 될 가능성, 불확실성이 높을 수밖에 없다. 따라서 돌다리도 두드려보고 건너려는 안전제일주의형 리더는 근본적으로 창조경영에 부적합한 사람이다. 창조경영을 성공적으로 수행할 수 있는 리더는 용기와 결단력을 가진 사람, 입체적 사고로 사물을 보며 미래에 대한 예측능력을 구비한 사람, 혼의 정신으로 자신에게 주어진 미션을 100% 완수하기 위해 최선을 다하는 사람들이다. 또 조직구성원과 비전과 거시적 목표를 공유하면서 그들의 열정과 혼의 정신을 이끌어낼 수 있는 리더가 있어야만 비로소 창조경영을 이뤄낼 수 있을 것이다.

💡 3인의 뛰어난 종교지도자: 김수환 추기경, 성철 스님, 법정 스님

불행하게도 나는 아직까지 믿는 종교가 없다. 종교를 가지려고 해도 종교인들의 실망스런 모습을 보면, '차라리 무교無敎로 지내다가 저 세상으로 가는 게 훨씬 더 행복할 것 같다'는 생각마저 든다. 사실 세계사도 따지고 보면 종교전쟁사라고 볼 수 있다. 1991년의 걸프전, 2001년의 9·11테러, 2003년의 이라크 전쟁, 2011년에 있었던 버락 오바마Barack Obama 대통령의 오사마 빈 라덴Osama Bin Laden 제거도 결국은 기독교와 이슬람 문명 간의 충돌로 귀결된다. 종교에 내재된 특유의 아집과 배타성이 전쟁을 비롯한 수많은 갈등을 야기했고, 그 강도는 시간이 지날수록 더욱 더 심해지고 있는 게 현실이다.

'이 뭐꼬?'와 열반송의 가르침

• 성철 스님의 생전 모습 (출처: 나무위키) •

하지만 우리 주변에는 종교인의 참다운 모습을 보여주고 저 세상으로 돌아가신 분들이 여럿 있다. 성철 큰스님, 김수환 추기경님, 법정 스님이 대표적인 분들이다. 성철 큰스님이 우리들에게 던지신 화두는 '이 뭐꼬?'셨다. 일생동안 수행정진 이외에 다른 것에 한 눈을 팔지 않으셨던 어른이셨기에 '이 뭐꼬?'는 내게 큰 충격을 던져 주었다.

나는 지금도 성철 큰스님의 말씀을 머리맡에 두고 산다. 그것은 항상 '네가 누구이며, 무엇을 위해 이 세상에 왔으며, 지금 현재 어떻게 살고 있는가?'에 대해 자문자답하라'는 준엄한 가르침이기 때문이다. 또 그것은 내게 있어서 '늘 본질에 대해 늘 고민하고 생각하라'는 말씀으로 다가온다. 성철 큰스님에 대해서 감동한 것이 또 하나 있는 데 그것은 그 어른께서 임종하시면서 남기신 '열반송'이다.

生平欺狂男女群생평기광남녀군: 일생동안 남녀의 무리를 속였으니

彌天罪業過須彌미천죄업과수미: 하늘을 넘치는 죄업은 수미산을 지나치네.

活陷阿鼻恨萬端활함아비한만단: 산체로 무간지옥에 떨어져서 그 한이 만 갈래라

一輪吐紅掛碧山일륜토홍괘벽산: 둥근 한 수레 바퀴 붉음을 내뱉으며 푸른 산에 걸렸도다.

혹자는 이 열반송을 보고 성철 스님이 승려로 살았던 삶을 후회했고, 죽어서도 극락이 아니라 지옥에 떨어졌다고 말하는 모양이다. 나는 그런 자들이야말로 무지의 극치에 서있는 사탄 중에 사탄이라고

본다. 열반송을 통해 성철 스님이 남기고 싶었던 진정한 메시지는 세상 사람들이 순수한 불성을 지녔음에도 불구하고 자신이 좀 더 수행정진을 하지 못한 탓으로 모든 중생들을 계도하지 못한데 따른 반성과 아쉬움이었다. 하지만 성철 스님은 생전에 장좌불와長坐不臥의 용맹정진을 즐겼던 어른이만큼 그의 열반송은 오히려 성자聖者로서 갖는 겸손의 표현이자 회한이라고 보는 게 옳다.

"나는 바보입니다."

평생 동안 '바보'임을 자처하며 낮은 데로 임하는 자세로 겸손한 삶을 살다 가신 김수환 추기경님도 분명 우리가 존경하고 기억할 만한 종교지도자다. 자신이 '바보'임을 아는 사람은 진정한 천재다. 역설적인 얘기 같지만, 천재급 인재가 되어야만 자신이 모자란 것을 볼 수 있기 때문이다. 김수환 추기경님은 박정희의 유신독재가 서슬퍼런 칼날을 휘둘렀을 때도 추악한 권력의 편에 서지 않았다. 그는 항상 민주인사들의 편에 서서 한국의 민주화를 앞당기는데 크게 공헌하셨다. 그리고 온화한 모습과 다정다감한 언행으로 일상의 삶에 지치고 찌들은 우리 서민들에게 늘 위로와 위안을 안겨주셨다.

더욱이 교조적인 천주교의 교리를 지양하고 생활 속의 천주교로서 돌아가신 부모님들께 제사를 지내는 것까지 허용해주셨던 모습은 무교주의자였던 내가 천주교에 대해 관심을 갖게 만들어주셨다. 종교는 자신의 삶을 속박하는 게 아니라 생활 속에서 종교가 지향하는 삶의 철학과 자세를 견지하는 게 보다 더 중요하다는 김수환 추기경님의 생각에 나는 지금도 절대적인 지지를 보낸다. 특히 타 종교에 대해서도 배타적인 자세를 지양하고 함께 공존 공영하는 모습을 보여주신 것도 참으로 존경스러웠다. 법정 스님과 동행하는 모습을 통해 참다운 종교가 무엇인지에 대해 무언으로 역설해주시기도 했다. 매년마다 12월 25일이 되면 김수환 추기경님께서는 법정 스님을 명동성당으로 초대해서 천주교 신자들을 대상으로 부처님에 대한 강론을 하게 했다. 강연자인 법정 스님이나 강의를 듣는 김수환 추기경님과 신도들의 모습은 무교주의자인 나의 가슴을 울렁거리게 했다. 바로 그런 모습이 진정한 구도자의 아름다운 모습이리라.

'무소유'의 빛나는 가르침

나는 법정 스님에게서 큰 가르침을 받고 부족하나마 그것을 실천하고 있는 사람이다. 내가 법정 스님을 위대한 종교지도자라고 생각하는 이유는 그가 남긴 '무소유'의 빛나는 가르침 때문이다. 국가 간 전쟁, 폭력, 마약, 탈세, 도박, 편법증여, 부정입학 등을 비롯한 모든 악은 남들보다 조금이라도 더 많이 갖고자 하는 물질적 욕망에서 비롯된 것이다. 하지만 우주를 관장하는 절대 신은 우리 인간에게 그것을 허락하지 않는다. 독자들은 조용히 눈을 감고 어린 아이가 태어날 때와 천수를 누린 어른이 저 세상으로 돌아갈 때를 한번 비교해보라. 두 가지는 같고, 한 가지는 분명하게 다르다는 것을 인식할 것이다. 즉 태어나는 자와 죽는 자는 두 가지 측면에서 똑같다. 똥을 싸고 왔다가 똥을 싸고 돌아간다. 눈물을 흘리고 왔다가 눈물을 흘리고 돌아간다. 반면 어린 아이가 태어날 때는 두 손을 꼭 쥐고 있다. 그것은 이 세상의 모든 것을 내것으로 만들겠다는 강력한 의지표현이다. 하지만 돌아가는 어른의 손은 힘없이 쭉 펴져있다. 이것이 무엇을 의미하는가? 이 세상의 모든 것을 갖기 위해 발버둥을 쳤지만 정작 죽을 때는 아무것도 갖고 갈 수 없다는 것을 시사한다. 백만장자나 무일푼의 거지나 이 세상을 하직할 때는 유족들이 자신의 입속에 넣어주는 동전 몇 닢과 불린 쌀 몇 톨이 전부다. 그런데도 우리 인간들은 물질적 소유욕을

• 법정 스님과 김수환 추기경 (출처: 연합뉴스) •

버리지 못하고 조금이라도 더 갖기 위해 수단 방법을 가리지 않는다. 그것을 호되게 가르쳐 준 분이 바로 법정 스님이었다. 또 법정 스님은 김수환 추기경님처럼 타 종교에 대한 배타성을 갖지 않았다. 그분도 사월 초팔일이 되면 길상사로 김수환 추기경님을 초청해서 예수님에 대한 강론을 하게 하셨다. 이번에는 불교 신자들이 김수환 추기경님의 예수님 강론을 들으면서 진정한 종교가 무엇인가를 깨닫게 하셨다.

만약 이 세상의 모든 종교가 성철 스님, 김수환 추기경님, 법정 스님이 가르쳐준 대로 인생의 본질에 대해 고민하게 하고, 타 종교를 포용하면서 물질적 소유욕망을 자제하도록 했다면 오늘날과 같은 각종 사고나 갈등이 일어나지 않았을 것이다. 그런 의미에서 이 세분의 위대한 종교지도자들이 우리 곁을 떠났다는 게 너무나도 큰 손실이다. 천박하기 이를 데 없는 사교도 집단의 최순실 일당이 대통령의 측근임을 빙자해서 국정을 농단하고 국민 혈세를 도둑질해온 기막힌 세태를 바라보면서 종교의 진정한 의미에 대해 진지하게 고민해본다.

1 21세기 디지털 리더십의 바람직한 틀은 프런티어 정신, 공존공영을 모색하는 지속 가능한 리더십의 구축, 거시적 안목과 지적 교양, 감성, 실패중시의 리더십, 신뢰관계의 구축에서 찾아야 한다.

2 탁월한 리더의 양성을 위해서는 무엇보다 학습방법의 창조적 통합을 통한 리더십 교육의 혁신이 절대적으로 필요하다. 선진국의 리더십 교육을 벤치마킹하고 우리 고유의 문화적 특성을 가미시켜 한국 특성에 알맞은 리더십 교육모형을 개발해야 한다.

3 21세기 리더에게 요구되는 4가지 절대 덕목은 삼심론三心論, 삼력론三力論, 삼무론三無論, 삼기론三氣論이다.

4 성공으로 가는 21세기 CEO의 자질조건으로서 프레데릭 W. 테일러Frederick W. Taylor는 Brain, Education, Special & Technical Knowledge, Tact, Grit, Judgement & Commonsense, Energy, Honesty, Health를 주장했다. 또 피터 F. 드러커Peter F. Drucker는 경영목표 및 목표관리능력, 위기관리능력, 네트워크구축 능력, 지식경영능력, 경영관리능력, 전사적 경영능력 등을 주장했다.

5 지금은 노하우know-how의 시대가 아니라 노웨어know-where의 시대다. 따라서 성공적인 리더가 되기 위해서는 정보의 수집 및 활용에 뛰어난 능력을 발휘할 수 있어야 한다.

객관식

01 다음 중 간첩의 종류에 속하지 <u>않는</u> 것은?
① 향간   ② 내간   ③ 신간   ④ 반간

02 다음 중 프레드릭 W. 테일러가 지적한 리더의 자질과 거리가 먼 것은?
① Education   ② Grit   ③ Commonsense   ④ Tatal Management

03 다음 중 삼무론에 해당되지 <u>않는</u> 것은?
① 무기력   ② 무관심   ③ 무예절   ④ 무책임

04 다음 중 정보 리더가 되기 위한 것과 거리가 <u>먼</u> 것은?
① 정보를 공유하라
② 생생한 정보를 입수하라
③ 남의 헛소리에는 크게 신경쓰지 마라
④ 듣기 거북한 정보부터 확실하게 챙겨라

05 다음 중 삼심론에 해당되지 <u>않는</u> 것은?
① 정결한 마음   ② 미안한 마음
③ 겸허한 마음   ④ 감사하는 마음

※ 다음 빈칸에 들어갈 알맞은 용어를 적으시오.

01 『동호문답』을 통해 "공론이 조정에 있으면 나라가 다스려지고治, 항간에 있으면 나라가 어지러워지며亂, 공론 자체가 없으면 나라는 망한다. 따라서 공론은 나라의 원기元氣이며, 공론을 만드는 것은 전적으로 사림士林의 사명이다"와 같은 명언을 남긴 사람은 (   )(이)다.

02 역사적으로 볼 때, 자본의 개념은 물적 자본, (   ), 사회적 자본 순으로 발전해왔다.

03 리더십의 절대 덕목으로 강조되는 삼력론은 크게 지력, (   ), 담력을 의미한다.

04 리더십의 절대 덕목으로 강조되는 삼기론은 크게 패기, 의기, (   )(을)를 의미한다.

05 북한에서 망명했던 고 황장엽 씨는 손자가 이미 정의했던 5가지 종류의 정보요원 중에서 (   )에 해당된다.

| 정답 |

객관식 01 ③ 02 ④ 03 ③ 04 ③ 05 ②

단답식 01 이율곡 또는 율곡 이이 02 사회간접자본 03 성력 04 화기 05 내간

찾아보기

ㄱ

권도, 공자, 공론, 급성호흡기증후군, 감성지능, 관리격자이론, 구조조정, 가사마끼 가쓰토시, 감성지수(EQ), 기록지수(RQ), 교환가치, 국부론, 관인팔법, 그린 칼라, 골드 칼라, 가부키, 고니시 유키나카, 김성일, 규범적 시나리오, 고수익형 시나리오, 거북선, 권율, 김시민, 김종서, 강희맹, 권한위임, 구상 시인, 궁구불박, 기성자, 김춘추, 김유신, 견리사의, 경기침체, 권근, 공양왕, 간택, 김현, 김용운, 김형석, 김현승, 김정현, 김연아, 경제지대, 김태균, 구글, 고틀립 다임러, 김수현, 개인화, 김향수, 구인회, 기호계, 기소르망, 김운규, 김수환 추기경, 경영권 분쟁

ㄴ

넬슨, 난중일기, 논어, 노구치 요시아키, 나대용, 나치용, 누레오치바, 노자, 노담, 노량해전, 닉슨, 노마드, 노블레스 오블리주, 닐 A. 암스트롱, 노웨어, 노하우, 내간, 남은

ㄷ

동호문답, 드와이트 D. 아이젠하워, 다니엘 골만, 다양성 지수(MQ), 도덕지수(MQ), 도고 헤이하치로, 도널드 J. 트럼프, 동기부여, 돔 헬더 카마라, 대체고용권, 도요토미 히데요시, 당악, 답험손실법, 도쿠가와 이에야스, 데미안, 덕홍군 이초, 도요타 키이치로, 데이비드 J. 슈워츠

ㄹ

로널드 W. 레이건, 랠프 M. 스토그닐, 레오나르도 다빈치, 리처드 대프트, 록펠러, 리틴 노리아, 리차드 월튼, 라이올 왓슨, 론 크로스랜드, 러일전쟁, 로직트리, 레드오션, 록인, 로맹 롤랑, 루트비히 판 베토벤, 리스먼, 로버트 켈리, 롱바톰, 라이트 형제

ㅁ

멘토, 마크 저커버그, 멜린다 게이츠, 메살라, 미케일 비어, 맹자, 미케일 미칼코, 메꾸라부네, 면천법, 마하트마 간디, 무용의 용, 모리야 히로시, 메기이론, 면종복배, 무위, 목계, 무심, 문정왕후 윤씨, 명량해전, 멸사봉공, 밀턴 프리드먼, 매스 미디어, 멀티 미디어, 마이클 암스트롱, 마쓰시다 고노스케, 마이클 콜린스, 멀린다 게이츠, 메리 T. 배라, 맥 휘트먼, 미셸 오바마, 마거릿 대처, 물적 자본

ㅂ

빅터 H. 브룸, 빌게이츠, 변화지수(CQ), 블랙이글스, 박정희 대통령, 블루오션, 브레인스토밍, 벤허, 블루리봉위원회, 보이드 클라크, 병자호란, 비변사, 박연, 블레이즈 파스칼, 병형상수, 부쟁의 덕, 배설, 바디 랭귀지, 브랜드, 브랜드가치, 브랜드파워, 베블렌효과, 블루칼라, 베타 리더십, 부의, 복잡계, 반간, 비기호계, 박세용, 법정 스님, 박경록, 박지성

저자 약력

김 덕 수

충북대학교 사회과학대학 경제학과 졸업
고려대학교 대학원 경제학과 석사과정 졸업
고려대학교 대학원 경제학과 박사과정 졸업
한국증권거래소 조사부 근무
KAIST 경제분석연구실에서 국책연구수행
고려대학교 정경대학 경제학과 시간강사(경제수학, 재정학, 공공경제학)
국무총리실 산업기술연구회(KOCI) 정부출연(연)평가위원 역임
자유민주연합 혁신위원회 위원장 역임
공주대학교 기획연구부처장, 교수회장, 대외협력본부장 역임
NIS 산업기술보호센터 정책자문위원 역임

(현) 공군 역사자문위원, 육군 리더십센터 자문위원, 한국경제교육학회, 한국사회과교육학회 이사,
    공군특수비행팀 블랙이글스 명예조종사
(현) 공주대학교 사범대학 일반사회교육과 교수

저 서

김덕수 교수의 통쾌한 경제학(한국경제신문, 2001)
김덕수 교수의 경제 EQ 높이기(한국경제신문, 2004)
맨주먹의 CEO 이순신에게 배워라(밀리언하우스, 2004)
한국형 리더와 리더십(이코북, 2006)
마셜이 들려주는 시장과 가격이야기(자음과모음, 2007)
파워리더십(와이북스, 2012)
하늘에 새긴 영원한 사랑, 조국(21세기북스, 2013)
블랙이글스에게 배워라(21세기북스, 2015)
이순신의 진실(플래닛미디어, 2016)
항공징비록(21세기북스, 2017) 외 30여 권

블랙벨트 리더십

초판인쇄   2017년 3월 5일
초판발행   2017년 3월 15일

지은이   김덕수
펴낸이   안종만

편 집   배우리
기획/마케팅 이영조
표지디자인   권효진
제 작   우인도·고철민

펴낸곳   (주) 박영사
           서울특별시 종로구 새문안로3길 36, 1601
           등록 1959.3.11. 제300-1959-1호(倫)
전 화   02)733-6771
f a x   02)736-4818
e-mail   pys@pybook.co.kr
homepage   www.pybook.co.kr
ISBN   979-11-303-0406-9 03320

정 가 28,000원